Ein Jahr im Sattel

EIN JAHR IM SATTEL

365 Geschichten aus der Welt des Radsports

Geschrieben von Giles Belbin
Mit Bildern von Daniel Seex

Aus dem Englischen von Klaus Bartelt

Verlag Freies Geistesleben

Die Originalausgabe erschien 2015 bei Aurum Press, London
unter dem Titel **A Year in the Saddle**.
www.aurumpress.co.uk

Giles Belbin arbeitet als freier Journalist mit dem Schwerpunkt Radsport.
Er veröffentlichte Artikel in den Radsportmagazinen *Procycling* und *Boneshaker*
sowie in *The Independent* und *The Guardian online*.
Gilbert Belbin berichtete zudem während der Olympiade 2012 in London über die
Radsport-Events für den *Olympic News Service*.

Daniel Seex arbeitet seit einigen Jahren als professioneller Illustrator für
renommierte Auftraggeber wie Google, Channel 4, Johnnie Walker und Chivas
Regal sowie für Radsportzeitschriften wie *Ride Journal* und *Boneshaker*. Meist
zeichnet er mit Tusche und fügt Farbe und Schraffuren später digital ein. Oft entstehen
seine Bilder aus mehreren Zeichnungen. Nach einigen Jahren in Edinburgh lebt er
inzwischen in Wien.
www.thejoyofseex.co.uk

ISBN 978 3 7725 2821 7

1. Auflage 2016

Verlag Freies Geistesleben
Landhausstraße 82 · 70190 Stuttgart
www.geistesleben.com

Text Copyright © Giles Belbin 2015
Illustration Copyright © Daniel Seex 2015
Deutsche Ausgabe: © 2016 Verlag Freies Geistesleben
& Urachhaus GmbH, Stuttgart
Gestaltungskonzept: Neal Cobourne
Printed in China

INHALT

JANUAR
06

FEBRUAR
34

MÄRZ
58

APRIL
86

MAI
120

JUNI
150

JULI
178

AUGUST
208

SEPTEMBER
236

OKTOBER
264

NOVEMBER
290

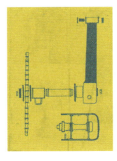
DEZEMBER
322

Glossar 350
Danksagung und Bibliografie 352

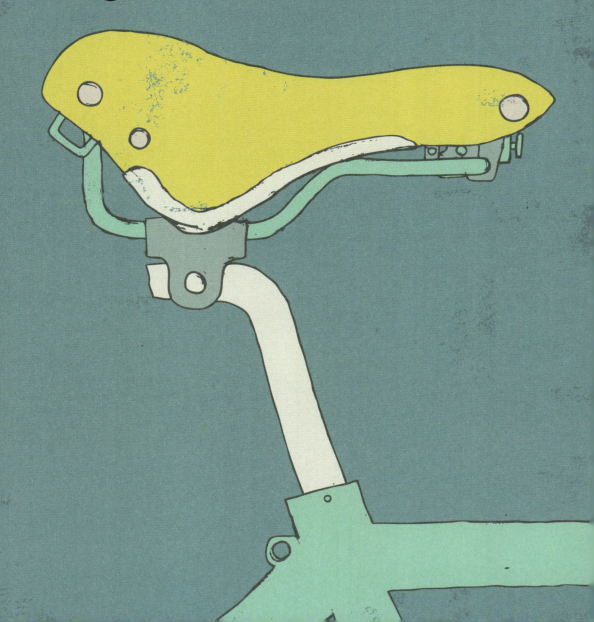

1. Januar

Den ersten GP Sven Nys gewinnt .... Sven Nys
(2000)

Für den Uneingeweihten ist Cyclocross ein Sport, bei dem Leute mitten im Winter so schnell wie möglich mit dem Fahrrad auf Rundkursen durch ein Gelände brettern, dessen tiefer Matsch sie nach kürzester Zeit von oben bis unten bedeckt. Über der ganzen Szene liegt der Geruch von Bier und Fritten, den die Zuschauer verbreiten, die in Hut und Mantel an der Strecke stehen und den immer schwärzer werdenden Fahrern zujubeln. Auch bei minus fünf Grad. Dann ist es zumindest nicht so matschig.

Manchmal macht der Streckenzustand das Fahren unmöglich. Dann gehen die Fahrer aber nicht nach Hause und schnurstracks an den Kamin. Im Gegenteil: Sie schultern ihr Rad und laufen weiter, meistens einen gemein steilen Hügel hinauf, bevor sie oben wieder in den Sattel springen. In der Tat, das ist Cyclocross. Eine ziemlich heftige Angelegenheit. Und Sven Nys ist einer der Besten, den es in diesem Sport je gegeben hat.

Nys ist Jahrgang 1976, geboren im belgischen Ort Bonheiden. Als U23-Weltmeister der Jahre 1997 und 98 kam er 1998 zum niederländischen Rabobank-Team. In seiner ersten Profisaison sicherte er sich den Sieg beim Superprestige, einer seit 1983 ausgeführten Rennserie über die gesamte Saison. Das sollte ihm in den Folgejahren weitere zwölf Mal gelingen, ein Rekord und vermutlich noch nicht das letzte Wort.

Nur 15 Monate nachdem er Profi geworden war, gab es bereits ein Rennen, das seinen Namen trug. Es wurde vom Fanclub in seiner Heimatstadt Baal ausgerichtet und als Grand Prix Sven Nys zum ersten Mal im Jahr 2000 ausgetragen. Nys gewann. Das war vielleicht zu erwarten, zumindest wenn man sich die Ergebnisse der Folgejahre ansieht. Das Rennen fand seitdem jedes Jahr statt; es führt über einen Rundkurs von 2,7 km Länge und zieht ein Weltklassefeld an. Von den bisher 16 Austragungen gewann Nys zwölf.

Klar, gewinnen ist einfach sein Ding. Er ist bisher zweifacher Weltmeister, neunfacher nationaler Meister, dreizehnfacher Superprestige-Gewinner, siebenfacher Worldcup-Gewinner und achtfacher Gewinner der Trophée GVA (seit 2013 BPost Bank Trophy; Gewinner 2014: Sven Nys). Und das betrifft alles nur das Cyclocross. Im Mountainbiken hat er sich ebenfalls schon vier nationale Meisterschaften gesichert. Bisher. Alles zusammen genommen ist er einer der besten Rennfahrer, die Belgien je hatte.

2. Januar

Fausto Coppi stirbt

(1960)

Bis zum heutigen Tag gilt Fausto Coppi als einer der Größten überhaupt im Radsport. Er verkörperte Würde wie Kampfgeist und hatte einen Fahrstil von einzigartiger «souplesse» (Geschmeidigkeit), der die Anstrengung, die er in seine sportlichen Leistungen investierte, nicht entfernt erahnen ließ. Am besten hat es wohl sein Fahrerkollege André Leducq ausgedrückt, der von Coppi sagte, er würde pedalieren, «wie ein großer Künstler ein Aquarell malt».

Coppi wurde 1919 in Castellana, einem Ort im Nordwesten Italiens (Piemont), geboren. Er entwickelte seine Radsportbeine schon früh, und zwar als Zustelljunge eines Schlachters. Sein erstes Rennen gewann er 1938 in Castelleto d'Orba, einem ebenfalls im Piemont (Region Alessandria) liegenden Ort. Seinen Durchbruch hatte er dann 1940, als er zuerst Italienischer Meister im Bahnrennen wurde, dann eine Etappe und schließlich auch die Gesamtwertung des Giro d'Italia gewann: der erste von fünf Siegen bei diesem bedeutendsten italienischen Rennen.

Obwohl er durch den Zweiten Weltkrieg einige Jahre verlor, sicherte ihm die Liste seiner Rennerfolge (Palmarès) einen Platz unter den Größten des Radsports. Der erste Teil seiner Karriere war durch die intensive Rivalität mit seinem italienischen Kollegen Gino Bartali geprägt, die den Radsport und ganz Italien in zwei Lager spaltete. Coppi gewann zweimal die Tour de France, triumphierte fünfmal bei der Lombardeirundfahrt (davon viermal hintereinander), siegte dreimal bei Mailand-San Remo und wurde 1953 Weltmeister. Den Stundenweltrekord hielt er von 1942 bis 1956.

Sein Leben abseits des Radsports verlief weniger glücklich. Sein jüngerer Bruder Serse – ebenfalls Radsportler mit einem Sieg beim Klassiker Paris-Roubaix – starb 1951 nach einem Sturz im Zielbereich der Piemontrundfahrt. Auch seine beiden Schwestern starben früh. Später kam Coppi in Konflikt mit der katholischen Kirche, deren Moralvorstellungen durch seine Beziehung zu Giulia Occhini herausgefordert wurde. Der in der Presse als «weiße Dame» bezeichneten Liebe seines Lebens war er bei einem Rennen begegnet. Beide waren bereits verheiratet und weigerten sich, ihre Beziehung zueinander aufzugeben; schließlich wurden sie wegen Ehebruchs zu Bewährungsstrafen verurteilt. Sogar der Papst hatte Coppi aufgefordert, zu seiner Frau zurückzukehren; zudem verweigerte er dem Peloton des Giro seinen Segen, weil Coppi unter den Fahrern war. Coppis Sohn Faustino entstammt dieser Verbindung.

Im Dezember 1959 – er hatte sich im Laufe des Jahres vom Radsport zurückgezogen – reiste Fausto Coppi in das heutige Burkina Faso (bis 1984 Obervolta, franz. Kolonie). Bei seiner Rückkehr fühlte er sich unwohl; es wurde eine Lungenentzündung diagnostiziert. Tatsächlich hatte er sich mit Malaria infiziert und starb am Morgen des 2. Januar 1960. Viele Tausende begleiteten seinen Sarg.

3. Januar
Ein Jet kommt zur Welt ...
(1974)

Zu seinen besten Zeiten war Alessandro Petacchi, Spitzname «Ale Jet», einer der schnellsten Männer im Peloton. 1996 war er beim italienischen Team Scrigno Profi geworden, 2000 wechselte er zu Fassa Bortolo. Bis heute hat Petacchi in den zwanzig Jahren seiner Karriere mehr als 175 Siege bei Profi-Rennen eingefahren, davon 48 (!) Etappensiege bei den großen nationalen Rundfahrten.

Der erste dieser Siege entstand aus einem Massensprint bei der achten Etappe der Spanienrundfahrt in Salou. Drei Jahre später gewann er Etappen beim Giro und bei der Tour de France, bei der er im Lauf des Jahrzehnts noch diverse Etappensiege erreichte. «Ale Jet» ist einer der wenigen Fahrer, die jemals ein Sprintertrikot von allen drei großen Rundfahrten nach Hause tragen konnten.

Aber die dreiwöchigen Rundfahrten waren nicht der einzige Pfeil in Petacchis Köcher. Sein vielleicht größter Sieg war der bei Mailand–San Remo 2005: sein einziger Sieg bei einem der fünf sogenannten «Monumente», den großen Eintagesklassikern des Radsports.

4. Januar
Thomas Stevens ist um die Welt geradelt
(1887)

Das Jahr 1887 ist kaum vier Tage alt, da erreicht ein Dampfer aus Yokohama den Hafen von San Francisco. 17 Tage vorher war er in Yokohama ausgelaufen. An Bord war ein Mann namens Thomas Stevens mit seinem Hochrad.

Stevens stammte aus einer nach Missouri ausgewanderten englischen Arbeiterfamilie und hatte einige Jahre als Gelegenheitsarbeiter verbracht. Irgendwann kam der Abenteurer in ihm durch und er beschloss, die Vereinigten Staaten von Amerika mit dem Hochrad (damals das Fahrrad der Wahl) zu durchqueren. Er startete in San Francisco am 22.1.1884 und fuhr zunächst quer durch den Kontinent nach Boston.

Aber das reichte ihm nicht. Vom Magazin *Outing* ermutigt, reiste er einfach weiter. Er nahm ein Schiff nach Liverpool und durchquerte von dort aus Europa und Vorderasien sowie Indien. Er erreichte Singapur und Hongkong und rollte durch Südchina. Schließlich kam er nach Japan, von wo aus er den Kreis mit besagter Dampferfahrt über den Pazifik abschloss. Er hatte fast 22 000 Kilometer hinter sich und mehr als dreieinhalb Jahre gebraucht. Die «Schnapsidee eines Träumers» war Wirklichkeit geworden.

Stevens hat seine Reise gut dokumentiert und den Reisebericht später veröffentlicht. Seine Ankunft in San Francisco wurde daran mit den zwar nicht falschen, aber die Wirklichkeit nur andeutenden Worten «... die Tagespresse berichtete über diesen Rekord» sehr zurückhaltend beschrieben.

5. Januar
Alfred Dreyfus wird degradiert
(1895)

Die Wurzeln der Tour de France lassen sich bis zu einem Ereignis zurückverfolgen, das etwa neun Jahre vor der ersten Rundfahrt den französischen Staat erschütterte.

Im Jahr 1894 wurde der Elsässer Alfred Dreyfus, ein Artillerie-Hauptmann in der französischen Armee und jüdischer Abstammung, der Spionage für Deutschland beschuldigt. Ein zweifelhafter Indizienprozess führt zu seiner öffentlichen Degradierung am 5.1.1895 und schließlich zu einer Verurteilung zu lebenslänglicher Haft.

Der Fall wurde sehr kontrovers diskutiert und spaltete Frankreich in Unterstützer und Gegner von Dreyfus. Die einen hielten ihn für einen Verräter, die anderen für das Opfer eines Justizirrtums und des weit verbreiteten Antisemitismus.

Unter den Unterstützern war Pierre Giffard, Gründer einer Sport-Tageszeitung mit Namen *Vélo*. Seine öffentliche Unterstützung des Offiziers missfiel manchen seiner Geldgeber, darunter einem gewissen Albert de Dion.

De Dion zog schließlich seine Unterstützung zurück und gründete zudem im Jahr 1900 eine rivalisierende Sportzeitung: *L'Auto-Vélo*. Diese Zeitung sollte später in *L'Auto* umbenannt werden (vgl. 16. Januar) und später die Tour de France organisieren.

Im Juli 1906 wurde Dreyfus vollständig rehabilitiert, zum Major befördert und zum Ritter der französischen Ehrenlegion ernannt. So wurde ein Justizirrtum korrigiert, der auf Umwegen zur Entstehung des bedeutendsten Radrennens der Welt beigetragen hatte.

6. Januar
Antonio Suárez stirbt
(1981)

Der spanische Radrennfahrer Antonio Suárez wurde 1932 in Madrid geboren und starb am 6. Januar 1981 im Alter von 48 Jahren.

Suárez ist einer von nur drei Radsportlern, die sowohl die Gesamtwertung als auch die Punkte- und Bergwertung der Vuelta a Espana gewinnen konnten. Die beiden anderen sind Tony Rominger und Laurent Jalabert.

Rominger und Jalabert gewannen die drei Spitzenwertungen jeweils in einem Jahr (1993 bzw. 1995); Suárez sicherte sich das Gesamtklassement und die Bergwertung 1959 und die Punktewertung zwei Jahre danach.

Suárez war zehn Jahre lang Profi und in dieser Zeit bei nicht weniger als dreizehn Teams unter Vertrag. Sein überragendes Jahr war 1959. Zwei Etappen der Spanienrundfahrt gingen neben dem Gesamtsieg und der Bergwertung an ihn, zudem wurde er Spanischer Meister. Diesen Titel konnte er im Jahr darauf erfolgreich verteidigen.

Aber auch außerhalb Spaniens war Suárez erfolgreich: 1961 gewann er eine Etappe des Giro d'Italia und erreichte bei einer weiteren das Podium.

7. Januar

Neustart der Sechstagerennen in Bremen
(1965)

Das erste Sechstagerennen in Bremen fand bereits 1910 statt und war eine der ersten Veranstaltungen dieser Art in Europa überhaupt. 4000 Zuschauer sahen damals Willy Arend und Eugen Stabe zu, als sie sich den Titel auf der 95 m langen Holzplankenbahn im Festsaal des Schützenhofes sicherten.

Dann gab es eine kleine Unterbrechung von 55 Jahren, bevor das Sechstagerennen nach Bremen zurückkehren sollte.

Im Januar 1965 war es wieder soweit, diesmal in der gerade neu erbauten Stadthalle. Während der gesamten sechs Tage kamen mehr als 70 000 Besucher und genossen das Spektakel.

Den Gesamtsieg holte sich der Niederländer Ric van Steenbergen im Team mit seinem dänischen Schwiegersohn Palle Lykke. Den größten Preis gewannen jedoch Willy Altig (der Bruder von Rudi) und Bernd Rohr: Ein riesiger Schinken und 25 Flaschen Schnaps waren die Prämie für den Sieg in einem der Vorläufe.

Die Veranstaltung war ein voller Erfolg und wird seitdem jedes Jahr im Januar ausgetragen. Heute ist sie eines der lebendigsten Events im Sechstagezirkus, mit Live-Musik, Disco, Schwenkgrills und einer 50 m langen Bar ...

8. Januar

Der Geburtstag von Jacques Anquetil
(1934)

«Maître» Jacques dominierte den Radsport für mehr als ein Jahrzehnt. In der zweiten Hälfte der Fünfzigerjahre bis tief in die Sechziger war er der Patron des Peloton. Er war der Mann, den es zu schlagen galt, wenn die Spitzenkräfte des Sports sich für die großen Rundfahrten warmfuhren. In dieser Zeit gelang es ihm als erstem Fahrer überhaupt, die Tour de France fünfmal zu gewinnen (1957, 1961, 1962, 1963, 1964); er war ebenfalls der Erste, der alle drei großen Landesrundfahrten gewinnen konnte: den Giro 1960 und 1964 und die Vuelta 1963.

Aber auch die Klassiker lagen ihm und er holte sich Siege bei Lüttich-Bastogne-Lüttich, Gent-Wevelgem und bei Bordeaux-Paris (600 km, 1891-1988).

Anquetil wurde in Mt. Saint Aignan geboren, wo seine Eltern Erdbeeren anbauten. Sein erstes Rennen fuhr er mit 18 Jahren; er siegte, und das sollte sich noch oft wiederholen.

Auf dem Grand Prix der Nationen 1953 machte er sich dann landesweit einen Namen. Seinen ersten Sieg bei der Tour fuhr er 1957 ein; eine Austragung, bei der einige etablierte Fahrer nicht angetreten waren und andere aufgeben mussten. Es war seine erste Tour, und er sicherte sich das Gelbe Trikot auf der 5. Etappe. Zwei Tage später musste er es wieder abgeben, aber auf der 10. Etappe holte er es sich zurück und gab es bis Paris nicht wieder her.

Seine dominanteste Tour war die von 1961. Die Austragung begann mit einer geteilten Etappe. Morgens gewann André Darrigade, aber im nachmittäglichen Zeitfahren siegte Anquetil so deutlich, dass er den Tag in Gelb beendete. Und genau in dieser Farbe stieg er 21 Tage und 4 232 km später in Paris wieder vom Rad – niemand hatte ihn auch nur für eine Etappe daraus verdrängen können.

Es war eine überragende Vorstellung, aber sie gefiel nicht allen. Tour-Direktor und *L'Équipe*-Gründer Jaques Goddet persönlich veröffentlichte eine dramatische Anklage in *L'Équipe*, in der er Anquetils Rivalen vorwarf, «mit ihrer Mittelmäßigkeit zufrieden» zu sein.

Anquetil gewann die Rennen, aber nie die Herzen der Zuschauer. Er siegte nicht nach dramatischen Kämpfen oder mit unwiderstehlichen Attacken, sondern mit perfekter Taktik. «Monsieur Chrono» spielte seine Überlegenheit im Zeitfahren gnadenlos aus und beschränkte sich in den Bergen darauf, seinen Vorsprung zu verteidigen. Das war ungeheuer effektiv. Aber es wirkte kalt, berechnend und methodisch. So war Jacques Anquetil eine Art kalte Dusche mitten in der vielleicht romantischsten Periode des Radsports.

9. Januar

Mat Hoffman, BMX-Fahrer, hat Geburtstag
(1972)

Mat Hoffman ist ein Pionier des Freestyle-BMX und einer der größten Vert-Ramp-Fahrer in der Geschichte dieses jungen Sports. Er hat mehr als 100 Tricks und Moves eingeführt und zudem das «Big Air», ein BMX- und Skateboard-Event, aus der Taufe gehoben.

Hoffmans echte Höhenflüge begannen 1990. Als er bei einer TV-Show auftrat, überzeugte ihn ein Stuntman davon, dass er mit einer größeren Rampe seine Flughöhen verdoppeln könne – mehr Zeit in der Luft = mehr Zeit für Moves ...

Also baute Hoffman sich mit ein paar Freunden eine 6,4 Meter (21 Fuß) hohe Quarterpipe und sprang damit 1991 einen Weltrekord. 2001 legte er noch einmal mit einer um einen Meter höheren Rampe nach. Er ließ sich von einem Motorrad beschleunigen und erreichte eine freie Höhe von noch einmal 8 Metern darüber – neuer Weltrekord plus Eintrag in das Guinness-Buch der Rekorde.

Seine Shows ließen aus den Big Air-Events Wettbewerbe wie die X-Games werden. Hoffman hat den Sport verändert.

10. Januar

Tour de France-Gewinner Bernard Thévenet hat Geburtstag
(1948)

Bernard Thévenet ist der Mann, der die Ära des Eddy Merckx bei der Tour de France beendete.

Im Jahr 1975 hatte Merckx bereits fünfmal die Tour gewonnen (1969, 1970, 1971, 1972, 1974). Wiederum erreichte er die Alpen in Gelb, und obwohl er bei der Etappe zum Puy de Dôme kurz vor dem Ziel einen Faustschlag in die Seite bekam (s. 11. Juli), sah es so aus, als wäre der sechste Sieg schon fast perfekt. Aber auf der Etappe nach Pra Loup brach Merckx ein, und Thévenet sah seine Chance gekommen.

Er ließ Merckx stehen und stiefelte auch Felice Gimondi davon, der die Etappe anführte. Im Ziel hatte er zwei Minuten Vorsprung vor Merckx – genug, um ihm das Gelbe Trikot abzunehmen. Am nächsten Tag gewann er mit einem Solo über den Izoard hinein nach Serre-Chavalier.

Thévenet hatte diesen ersten Tourgewinn im sechsten Anlauf erreicht. Es war ein großartiger Sieg mit vollem Einsatz und vor dem besten Fahrer, den die Welt je gesehen hatte. Es war zudem das erste Mal, dass die Tour auf den Champs-Élysées endete; Thevenet war also der Erste, der die zweifellos prestigeträchtigste Ziellinie des Radsports im Gelben Trikot überquerte.

Thévenet gewann die Tour im Jahr 1977 noch einmal. 2001 wurde er Ritter der französischen Ehrenlegion – eine der größten Ehrungen, die Frankreich zu vergeben hat.

11. Januar

Cameron Meyer wird an seinem Geburtstag Australischer Meister

(2011)

Der 1988 geborene Australier Cameron Meyer machte sich zu seinem 23. Geburtstag ein besonderes Geschenk: Er verteidigte seinen Meistertitel im Einzelzeitfahren bei den Australischen Meisterschaften.

Meyer war bereits Junioren-Weltmeister auf der Bahn und wurde später noch mehrfacher Weltmeister in diversen Bahn-Disziplinen. 2009 wurde er beim Team Garmin-Chipotle Profi und verhalf dem Team zum zweiten Platz im Zeitfahren des Giro d'Italia.

Sieben Monate später schnappte er sich den ersten nationalen Meistertitel, wobei er auf dem 39 km langen Kurs um 28 Sekunden schneller war als John Anderson. Ein Jahr darauf, als er 23 wurde, verteidigte er diesen Titel in Ballard/Victoria mit einem Vorsprung von knapp 13 Sekunden gegen Jack Bobridge (die beiden waren auf der Bahn oft im Team gefahren). Meyer krönte diesen Januar 2011 dann noch mit einem Etappen- und schließlich sogar dem Gesamtsieg bei der Tour Down Under, ein international besetztes Rennen in und um Adelaide. Das war bisher sein bedeutendster Sieg bei einem Straßenrennen.

12. Januar
Helen Wyman zum achten Mal britische Cross-Meisterin
(2014)

Helen Wyman ist Großbritanniens erfolgreichste Cyclocross-Fahrerin. Bis jetzt wurde sie bereits neunmal Britische Meisterin in dieser Disziplin, zum ersten Mal im Jahr 2006. 2013 verlor sie ihn an Nikki Harris, nachdem sie früh im Rennen in einen Sturz verwickelt war.

2014 war sie wieder auf der Siegerstraße und nahm Nikki Harris bis ins Ziel mehr als eine Minute ab. Neben diesen neun nationalen Meistertiteln gewann Wyman auch zweimal die Europameisterschaften. Sie sicherte sich auch den Sieg beim Koppenberg Cross, einem der härtesten Rennen des Cross-Zirkus, das auch den legendären Anstieg auf den Koppenberg beinhaltet.

Was die Weltmeisterschaft angeht, war Wymans bestes Resultat bisher der dritte Platz im Jahr 2014. Auf diesem Podium, das hat sie sich vorgenommen, will sie noch zwei Stufen zurücklegen.

13. Januar
Im Vélodrome d'Hiver findet das erste Sechstagerennen statt
(1913)

Oft nur liebevoll verkürzt als Vél' d'Hiv bezeichnet, war das Pariser Vélodrome d'Hiver jahrzehntelang die Bühne für Sechstagerennen – das erste Mal 1913. Seine Ursprünge liegen in den Salles de Machines in der Nähe des Eiffelturms, in denen 1902 eine 333 m lange Radrennbahn errichtet worden war. Sieben Jahre danach wurde das Gebäude abgerissen, die Rennbahn zog um und bekam den neuen Namen Vélodrome d'Hiver.

Die Sechstagerennen waren in England entstanden und dann in den USA sehr populär geworden; 1913 hatte diese Variante des Radsports auch Kontinentaleuropa erreicht. Fahrer in Zweier-Teams versuchten dabei, auf einer Kreisbahn innerhalb von sechs Tagen die weitestmögliche Distanz zurückzulegen. Es wurde Tag und Nacht gefahren; Spannung und Show zogen die Massen an, so auch am 13.1.1913 im Vél' d'Hiv.

20 000 Menschen kamen, um dem Spektakel beizuwohnen. Im Gegensatz zu heute, wo das Publikum fast überall von Tribünen außerhalb der Bahn aus zuschaut, drängte sich die Menge damals im Zentrum des Vél' d'Hiv und schubste Fahrer und Mechaniker auch gern mal zur Seite. Die Reichen und Schönen genossen sitzend gutes Essen und Champagner, die weniger Begüterten standen mit dem Bier in der Hand dicht gedrängt an der Bahn und feuerten ihre Helden an.

Das erste Rennen wurde von Alf Goullet und Joseph Fogler (einem Australier und einem Amerikaner) gewonnen, die eine Strecke von 4 467,58 km zurücklegten und die Franzosen Victor Dupré und Octave Lapize auf den zweiten Platz verwiesen. Im Vél' d'Hiv wurden bis zum Jahr 1958 Sechstagerennen veranstaltet – im Abschlussjahr gewannen die französischen Stars Jacques Anquetil und André Darrigade.

Neben all den sportlichen Dramen auf seiner Bahn musste das Vél' d'Hiv auch einem wirklich abgründigen Kapitel der Geschichte Raum geben: Im Jahr 1942 sperrten die deutschen Nationalsozialisten, die Paris und den größten Teil Frankreichs militärisch besetzt hatten, innerhalb von nur zwei Tagen 13 000 Menschen jüdischen Glaubens oder jüdischer Abstammung in das Vélodrome. Viele mussten dort unter schlimmsten Bedingungen

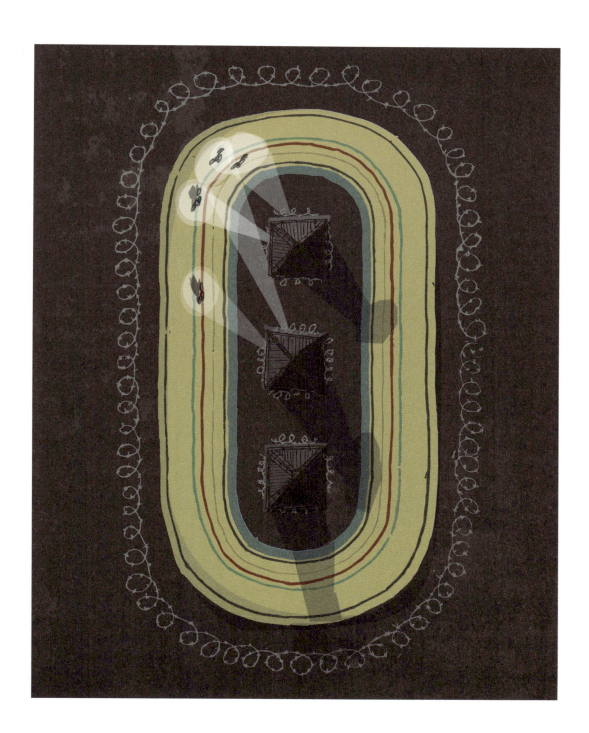

fünf Tage ausharren, bevor sie in andere Konzentrations- und Vernichtungslager gebracht wurden. Weniger als 400 von ihnen sollten den Krieg und den Nationalsozialismus überleben. 1959 wurde das Vélodrome d'Hiver bei einem Brand zerstört und später abgerissen.

14. Januar

Nicole Cooke tritt vom aktiven Sport zurück

(2013)

Am 14. Januar 2013 saß Nicole Cooke vor einigen am Radsport interessierten Journalisten in London und verlas ein Statement, in dem sie unter anderem mitteilte, dass sie sich vom aktiven Radsport zurückziehen wolle.

Cooke ist eine der großartigsten Radsportlerinnen der britischen Insel. Sie wurde 1983 in eine Familie von Radsportverrückten hineingeboren. Im Verlauf ihrer elf Jahre dauernden Profi-Karriere gewann sie praktisch jedes Rennen von Bedeutung: Tour de France, Giro d'Italia, Wallonischer Pfeil, Amstel Gold Race und Flandernrundfahrt; dazu wurde sie Olympiasiegerin im Straßenradsport und mehrfache nationale Meisterin. Wie Cooke den Journalisten mitteilte, hatte sie in ihrer aktiven Zeit «eine ganze Menge T-Shirts» eingesammelt. Sie ist die erste Radsportlerin, die sowohl den Olympiasieg als auch die Weltmeisterschaft im gleichen Jahr erreichte – bei den Männern ist das noch niemandem gelungen.

Nicole Cookes Weg an die Spitze war keineswegs leicht. Es stellte sich schnell heraus, dass sie ein großes Talent war, aber die Infrastruktur, dieses Talent zu fördern, war nicht vorhanden. Es gab nicht nur wenig Unterstützung, es gab schlichtweg kaum Rennveranstaltungen, an denen sie teilnehmen konnte. Wie sie so treffend sagte: «Es ist ein gewisses Handicap, wenn du zeigen möchtest, wie gut du auf dem Fahrrad bist, aber nicht fahren darfst.»

Cooke und ihr Vater machten sich daran, die Dinge zu ändern. Sie kämpften um mehr Veranstaltungen, und wenn das nicht klappte, suchten sie im Kleingedruckten der Verbandsregeln und bei Rennbestimmungen anderer Events nach Lücken, durch die sie schlüpfen konnte. Auf diese Weise erkämpfte Cooke sich einen Start, der ihr die erste nationale Meisterschaft bringen sollte. Als es für sie als Sechzehnjährige keine Startkategorie gab, entdeckte ihr Vater einen Passus, der es ihr erlaubt hätte, in der nächsthöheren, der Junioren-Kategorie zu starten – wenn es eine gegeben hätte. Dem war zwar nicht so, aber so konnte sie noch eine weitere Kategorie höher starten (Junioren durften das): bei den Senioren. Also fuhr die Sechzehnjährige gegen die besten Fahrerinnen Englands. Diese Medaille, sagt Cooke, wird ihr immer ganz besonders wichtig sein.

Nicole Cooke schlug eine Schneise für den Frauenradsport in Großbritannien und verbesserte die Bedingungen grundlegend. Dieser Fortschritt beruht ganz wesentlich auf der Hartnäckigkeit, mit der sie und ihr Vater dieses Ziel verfolgten. Neben all den T-Shirts, die sie eingesammelt hat, ist dies vielleicht ihre größte Trophäe.

15. Januar
Francesco Moser fährt den Veteranen-Stundenrekord
(1994)

Im Jahr 1994 ist Francesco Moser 43 Jahre alt. Zehn Jahre zuvor war er nach Mexico City gefahren, um den Stundenweltrekord zu brechen. Er hatte Erfolg und verbesserte während seines viertägigen Aufenthalts die bisherige Bestmarke in zwei Schritten auf 51,151 Meilen (82,319 km).

Dieser Rekord bestand neun Jahre, bis der Schotte Graeme Obree ihn 1993 einstellte. Kurz darauf fuhr Chris Boardman eine neue Bestmarke ein. Also kam Moser im Januar 1994 erneut nach Mexico, um sich den Titel des Stundenweltrekordlers zurückzuholen.

An einem sonnigen und beinahe windstillen Vormittag begann seine Stunde des Leidens, um genau 10:45 Uhr. Fans aus Italien hatten ihn begleitet und feuerten ihn an.

Moser begann stark und hatte nach fünf Kilometern neun Sekunden Vorsprung auf Boardman. Aber im Laufe der Minuten verringerte sich dieses Polster. Im Ziel hatte Moser eine Distanz von 51,840 Meilen (83,428 km) zurückgelegt, deutlich mehr als bei seiner letzten Rekordfahrt – aber 430 m weniger als Boardman.

Immerhin war diese Distanz die weiteste, die je ein Veteran (Männer über 35 Jahre alt) in 60 Minuten zurückgelegt hatte. Also hatte Moser wieder einen Rekord gefahren, wenn auch nicht genau den, um den es ihm gegangen war.

16. Januar
Die erste Ausgabe von *L'Auto* wird publiziert
(1903)

Gegründet nach dem Zerwürfnis zwischen Pierre Giffard, dem Herausgeber der Sportzeitung *Vélo*, und Albert de Dion (vgl. 5. Januar), war *L'Auto-Vélo* am 16. Oktober 1900 auf den Markt gekommen, auf auffallendem gelben Papier und unter der Leitung eines gewissen Henri Desgrange. Dieser war zuvor in der PR-Abteilung eines Auto-Herstellers tätig gewesen. Eigentümer war Adolphe Clément-Bayard. De Dion hatte ebenfalls Geld in die aufkommende Auto-Industrie gesteckt und bei Clément-Bayard um Unterstützung für den Aufbau seiner Zeitung gebeten. Der empfahl daraufhin Desgrange.

Vélo und *L'Auto-Vélo* lieferten sich ein Kopf-an-Kopf-Rennen um die Gunst des Publikums. 1903 gewann Giffard einen Prozess um die Verwendung des Wortes *Vélo* im Titel, aber der Erfolg brachte ihm kein Glück. Am 16. Januar desselben Jahres kam die erste Ausgabe des Konkurrenzblattes unter dem neuen Namen *L'Auto* auf den Markt. Nur sechs Tage später kündigte *L'Auto* auf der Titelseite groß die Durchführung einer Tour de France im Sommer des Jahres an.

L'Auto wurde mit dem Erfolg dieses Rennens größer und größer. *Vélo* dagegen stellte 1904 das Erscheinen ein.

17. Januar
Flanderns erstes Indoor-Crossrennen findet statt
(2007)

Was machen die Belgier, wenn es einfach zu dunkel ist, um mit dem Cross-Bike über matschige Felder und Wiesen zu heizen? Den Modder nach drinnen schaffen und das Licht anknipsen, klar. Der Cross-Sport ist bei unseren Nachbarn so populär, dass ein bisschen fehlendes Licht die Begeisterung nicht stoppen kann.

Und so wurde das Flanders Indoor Cyclocross-Rennen aus der Taufe gehoben. Die erste Austragung fand in Mechelen statt, zwischen Brüssel und Antwerpen; Sven Nys (wer sonst?! – vgl. 1. Januar) gewann in der mit Rampen, Hindernissen, Matsch und Sand präparierten Nekkerhal (18 500 m^2), vor Niels Albert und Tausenden von jubelnden Fans.

Im Folgejahr zog das Rennen in die Ethias Arena in Hasselt um. 2010 wurde es umbenannt und hieß von nun an Cyclocross Masters. Die Neuigkeit eines unter Dach stattfindenden «Matsch-und-Schnee-Rennens» verlor in den Folgejahren etwas an Zugkraft, und 2013 ging man wieder nach draußen – unter Flutlicht. Man blieb also bei einer nächtlichen Austragung, unter blendendem Kunstlicht, und so blieb dem Rennen ein guter Teil seines ganz besonderen Charmes erhalten.

18. Januar
Thor Hushovd hat Geburtstag
(1978)

Der norwegische Recke Thor Hushovd wurde 1978 in Grimstad geboren. Im englischen Sprachraum wird er gern als «der norwegische Donnergott» bezeichnet; nun, das lag vielleicht nahe, bei diesem Vornamen. Es gehörte aber auch noch ein Körperbau dazu, der zwar nicht für das Podium einer dreiwöchigen Rundfahrt entworfen worden war, aber umso besser für Eintagesklassiker und lange, hügelige Etappen taugte. Von den Sprintankünften ganz zu schweigen.

Hushovd gewann Gent–Wevelgem und den Omloop Het Nieuwsblad, wurde dreimal Norwegischer Meister auf der Straße und dreimal Norwegischer Zeitfahrmeister. Er gewann Etappen bei allen drei großen Landesrundfahrten, bei der Tour de France allein zehn. Er sicherte sich dort zweimal das Grüne Trikot des Punktbesten (2005 und 2009) und trug neun Tage lang das Gelbe Trikot (in drei verschiedenen Jahren). Und er gewann 2006 die Schlussetappe auf den Champs-Élysées, die inoffizielle Weltmeisterschaft der Sprinter.

2010 holte er sich dann auch noch das richtige Regenbogentrikot, als er die Weltmeisterschaft im Straßenrennen in Geelong/Victoria (Australien) gewann. Damit war er der erste Norweger, dem dieser Titelgewinn gelang!

19. Januar

Die erste Tour Down Under

(1999)

Vor 1999 gab es in Australien keine große (UCI-) Rundfahrt. Dass es dazu kam, lag in gewisser Weise an der Formel 1.

Bis 1995 war der Große Preis von Australien, ein Rennen der Formel 1, in Adelaide heimisch. Als diese Veranstaltung nach Melbourne weiterzog, suchte man in Adelaide nach einem international besuchten Ersatz und gründete die Tour Down Under. Mit starker Unterstützung der Politik konnte die UCI schließlich überzeugt werden, das Rennen ab 1999 in ihren Rennkalender aufzunehmen.

Die erste Austragung verlief über sechs Tagesetappen. Bis auf die dritte endeten alle mit einem Massensprint, die dritte gewann Stuart O'Grady mit einem Solo. Seine fünf Sekunden Vorsprung im Ziel reichten aus, um ihm auch den Gesamtsieg zu sichern. 2001 wiederholte er diesen Erfolg. Seine beiden Siege wurden als Erstes von André Greipel egalisiert (2008 und 2010) und dann von Simon Gerrans übertroffen (2006, 2012, 2014).

In den letzten Jahren entwickelte sich die Tour Down Under von einer Art Sprint-Festival zu einer vielseitigen Rundfahrt weiter. Ihre Bedeutung im Radsport ist parallel dazu gewachsen, sodass sie heute eines von nur vier Radrennen außerhalb Europas ist, die den Status einer UCI-World-Tour haben.

20. Januar
Cyrille Guimard hat Geburtstag
(1947)

Cyrille Guimard war ein französischer Bahn-Champion, der sich auch im Straßenradsport als Sprinter einen Namen machte. Sein bestes Jahr bei der Tour war 1972, als er vier Etappen gewann und acht Tage lang in Gelb fuhr. Das Trikot hatte er Eddy Merckx zweimal abgenommen, bevor dieser es sich endgültig überstreifen konnte.

Nachdem er Kopf an Kopf mit Merckx durch die Pyrenäen, über den Mont Ventoux und die Alpen gekommen war und in Aix-les-Bains und Mont Revard gewonnen hatte, musste er schließlich aufgeben. Obwohl er Zweiter im Gesamtklassement war und das Grüne Trikot trug, hatte er keine Wahl: Seine Knie waren kaputt. Sein Team musste ihn bereits zum Fahrrad tragen, und zwei Tage vor Paris war endgültig Schluss. Auf dem Podium in Paris nahm Merckx das Grüne Trikot, das ihm danach zustand, nur an, um es sofort an Guimard zurückzugeben.

Aber den größten Namen machte Guimard sich dann als Teamchef; er brachte Lucien van Impe, Bernard Hinault und Laurent Fignon zum Toursieg. Er wurde als taktisches Genie angesehen, wobei seine Methoden gelegentlich etwas unorthodox waren. 1976 zum Beispiel, auf der Etappe nach St. Lary-Soulon, drohte er Lucien van Impe aus dem Teamfahrzeug heraus damit, ihn von der Straße zu drängen, wenn er nicht attackieren würde. Was blieb van Impe übrig? Er attackierte, gewann die Etappe und das Gelbe Trikot – und gab es bis Paris nicht mehr her.

21. Januar
Robbie McEwens letzter Etappengewinn bei der Tour Down Under
(2007)

Australiens Sprinteras Robbie McEwen ist Zweiter auf der Etappensiegerliste seiner heimatlichen Tour Down Under. Er hat nie die Gesamtwertung gewonnen, aber zwölfmal als Erster eine Etappenziellinie überquert. Darin wurde er bis heute nur von André Greipel übertroffen.

McEwens erster Etappengewinn bei dieser Rundfahrt gelang ihm im Jahr 2000, als er für das Farm Frites Team fuhr. Es war die letzte Etappe des Rennens, ein 96 km langer Rundkurs um Adelaide, und McEwen setzte sich am Ende gegen Jaan Kirsipuu und Stuart O'Grady durch. Sieben Jahre später fuhr er seinen letzten TDU-Etappensieg ein, ebenfalls in Adelaide. Während der siebzehn Jahre seiner Karriere gewann McEwen jeweils zwölf Etappen bei der Tour de France und beim Giro und dreimal das Grüne Trikot der Tour.

Es gab eine Phase in den 2000er-Jahren, da gehörten McEwens ausgebreitete Arme und das fast ebenso breite Grinsen in seinem Gesicht beim Überqueren einer Ziellinie zu den meistgesehenen Motiven im Straßenradsport.

22. Januar
Der Geburtstag von Henri Pélissier
(1889)

Einer der größten französischen Fahrer der Zwischenkriegszeit, Henri Pélissier, war der älteste von vier Brüdern, von denen drei (Henri selbst, Francis und Charles) Radsportprofis wurden.

Pélissier war ein Champion mit Feuer und Selbstbewusstsein und geriet im Laufe seiner Karriere mehrfach mit dem Tour-Chef Henri Desgranges aneinander, wenn es um die Bedingungen ging, unter denen die Fahrer damals ihren Job zu erledigen hatten. 1911 traf er seinen persönlichen Helden, Lucien Petit-Breton, in Paris, der ihn zu einem Rennen nach Italien einlud. Er musste kein zweites Mal fragen.

Im gleichen Jahr gewann Pélissier die Lombardeirundfahrt, obwohl er auf den letzten Metern mit Costante Girardengo zusammenstieß. Pélissier gelang es, wieder auf das Rad zu kommen, und er siegte im Angesicht einer tobenden Menge, die nichts davon hielt, dass ihr Favorit von einem französischen Emporkömmling geschlagen wurde.

Pélissiers Trainingsmethoden waren sehr fortschrittlich. Er konzentrierte sich auf Geschwindigkeit, Ernährung und auf sein Equipment. In seiner achtzehn Jahre dauernden Karriere, die vom Krieg unterbrochen wurde, gewann er zehn Etappen der Frankreichrundfahrt sowie 1923 den Gesamtsieg. Daneben gewann er die Lombardeirundfahrt noch zweimal, ebenfalls zweimal Paris–Roubaix, außerdem Mailand–San Remo, Bordeaux–Paris, Paris–Tours und Paris–Brüssel. Eine wirklich beeindruckende Liste.

23. Januar
Der Todestag von Emile de Beukelaer, dem ersten Präsidenten der UCI
(1922)

Emile de Beukelaer war der Sohn von François-Xavier de Beukelaer, dem Schöpfer des seit 1863 in Antwerpen hergestellten Kräuterschnapses Elixir d'Anvers. Emile war in den 1880er-Jahren Radrennfahrer und wurde zweimal Belgischer Amateur-Meister.

Mit den Anforderungen des Familiengeschäftes im Nacken war seine Karriere ein wenig belastet. Aber er blieb seinem Sport treu, wurde Chef der Ligue Vélocipédique Belge und Präsident des Antwerpener Fahrradclubs, und leitete den Bau eines neuen Velodroms in der Stadt. Außerdem war er Mitglied zahlreicher Veranstaltungskomitees.

Im Jahr 1900 wurde er zum ersten Präsidenten der Union Cycliste International (vgl. 14. April) gewählt; ein Posten, den er 22 Jahre lang innehatte. Im Winter 1922 aber steckte er sich mit der damals Europa heimsuchenden sogenannten Spanischen Grippe an und starb am 23. Januar im Alter von nur 55 Jahren.

24. Januar
Die erste Ausgabe von *Cycling Weekly* erscheint
(1891)

Das wachsende Interesse am Fahrradfahren und am Radsport im Europa der 1880er-Jahre brachte auch die Druckmaschinen ins Rotieren: Überall entstanden Fahrradzeitungen und -magazine, die den Trend aufnahmen und sich an die vielen Enthusiasten wandten, sowohl auf den Straßen als auch in den Velodromen.

Die erste Ausgabe der britischen *Cycling* erschien am 24. Januar 1891. Auf rosa Papier gedruckt und mit einem lebendigen, begeisterten Tonfall, der sie von anderen Presseprodukten unterschied, war sie etwas, «das die Welt noch nicht gesehen hatte» – so sah es zumindest der frühere Herausgeber Arthur C. Armstrong im Jahr 1946.

Das Magazin sah viele Entwicklungen im Bereich Fahrrad kommen und gehen und veränderte sich selbst ebenfalls häufig im Verlauf der letzten gut 120 Jahre. Heute erscheint es unter dem Namen *Cycling Weekly* bei der Time Inc. UK. Zwischendurch flirtete es mit Autos und Mopeds und stemmte sich nicht immer sinnvoll gegen Veränderungen des Sports, aber es ist noch am Markt, und möge das lange so bleiben. Radfahren in Großbritannien wäre ärmer ohne die wöchentliche Ausgabe des auf der Insel liebevoll «the Comic» genannten Blattes.

25. Januar

Alberto Contador wird wegen Clenbuterol gesperrt
(2011)

Die Tour de France von 2010 hatte eines der knappsten Ergebnisse ihrer Geschichte. Am Ende trennten den Spanier Alberto Contador oben auf dem Treppchen nur 39 Sekunden vom Zweiten, dem Luxemburger Andy Schleck.

Sein Sieg war etwas umstritten. Bei der 15. Etappe war Andy Schleck die Kette vom Blatt gesprungen und Contador attackierte. Viele Fans rümpften die Nase – es ist ein ungeschriebenes Gesetz des Radsports, technische Defekte eines direkten Konkurrenten nicht auszunutzen. Wie viel Zeit Contador bei dieser Aktion gewann? 39 Sekunden ...

Das war aber nur eine Art Vorspiel.

Nach dem Rennen stellte sich heraus, dass Contador positiv auf die verbotene Substanz Clenbuterol getestet worden war, ein abschwellendes Mittel, das bei Asthma-Patienten eingesetzt wird. Contador gab an, dass er diese Substanz über kontaminiertes Fleisch zu sich genommen hätte. Nun begann ein langes juristisches Tauziehen.

Im Januar 2011 legte der Spanische Radsportverband die Sache zu den Akten und verzichtete auf Konsequenzen. Die UCI und die Welt-Antidoping-Agentur WADA brachten den Fall daraufhin vor den Internationalen Sportgerichtshof CAS. Fast ein Jahr später sprach dieser schließlich eine Sperre gegen Contador aus – rückwirkend ab dem Datum der ersten Anhörung, dem 25.1.2011.

Und in Folge dieses Schuldspruchs wurde Andy Schleck doch noch zum Sieger der Tour de France 2010 erklärt, mehr als 18 Monate nach dem so knappen Ende des Rennens.

CLENBUTEROL
$C_{12}H_{18}Cl_2N_2O$

26. Januar
Ercole Baldini hat Geburtstag
(1933)

In den späten 1950ern war Italien sicher, den Nachfolger von Fausto Coppi gefunden zu haben. Der Campionissimo näherte sich dem Ende seiner Karriere und Ercole Baldini stand bereit, um in seine Schuhe zu schlüpfen.

Baldini war mit 24 Jahren zum Profisport gekommen, also vergleichsweise spät, aber er hatte als Amateur bereits den Stundenrekord eingestellt und nationale wie internationale Titel auf der Bahn gewonnen. Außerdem Gold im Straßenrennen bei den Olympischen Spielen.

Eine Weile sah es ganz so aus, als wäre Baldini der Aufgabe auch gewachsen. 1958 gewann er sowohl den Giro als auch die Weltmeisterschaft in Reims. Der Gewinn einer großen Rundfahrt plus der Straßenweltmeisterschaft innerhalb eines Jahres ist nur wenigen Radsportlern gelungen, nicht wenige davon gehören zu den Größten des Sports überhaupt: Coppi, Merckx, Bobbet, Hinault, Roche und LeMond.

Baldini sollte diese Art Größe jedoch nicht erreichen. Er setzte leicht Gewicht an, und man sagte ihm nach, dass er die Früchte seines frühen Ruhms eine Spur zu gerne genoss. Er konnte den Sieg beim Giro nicht wiederholen und zog sich schließlich 1964 aus dem aktiven Sport zurück.

27. Januar
Das Berliner Sechstagerennen wird zum 100. Mal ausgetragen
(2011)

Das älteste Sechstagerennen der Welt feierte 2011 seine 100. Austragung mit dem Sieg des deutschen Duos Robert Bartko und Roger Kluge vor den Australiern Leigh Howard und Cameron Meyer.

Berlin ist seit 1909 Gastgeber von Sechstagerennen und hat damit eine der längsten Austragungstraditionen in Europa (s. 21. März). Anfangs wurden sie in einer Messehalle am Zoologischen Garten ausgetragen, wanderte dann aber an wechselnde Punkte der Stadt. Seit 1999 finden sie nun im Velodrom in der Landsberger Allee statt. – Rekordstarter in Berlin ist Klaus Bugdahl, der allein hier 29 Mal am Start stand. Zwischen 1958 und 1970 gewann er neunmal davon auch das Rennen, damit ist er auch Rekordgewinner in Berlin. Aber Berlin war nicht alles: In seiner 21 Jahre währenden Karriere gelangen ihm insgesamt phänomenale 37 Siege, was ihn zu einem der größten Sechstage-Fahrer überhaupt macht.

28. Januar
Der Todestag von Gustave Garrigou
(1963)

1907 wird Gustave Garrigou Profi und fährt in seiner 18 Jahre dauernden Karriere für Peugeot und Alcyon. Er wurde 1907 Frankreichs erster Nationaler Meister und verteidigte den Titel 1908. Er gewann auch Paris-Brüssel, die Lombardeirundfahrt und Mailand-San Remo.

Am bekanntesten wurde Garrigou für seine Leistungen bei der Tour de France. Er fuhr jede Austragung über den gesamten Ablauf seiner Karriere hinweg mit, war immer unter den ersten fünf, gewann acht Etappen und 1911 den Gesamtsieg.

Damals hatte er auf der Etappe nach Dünkirchen das Gelbe Trikot erobert, musste es aber am Folgetag wieder abgeben. Auf der vierten Etappe holte er es sich zurück und gab es bis Paris nicht wieder her. Auch nicht an den Hängen des Galibier, der damals seine Premiere bei der Tour hatte (s. 10. Juli).

Bei diesem Sieg war ein bisschen Glück im Spiel. Sein Verfolger Paul Duboc rückte ihm in den Pyrenäen nahe auf den Pelz, bis er sich eine Lebensmittelvergiftung zuzog. Ein Verdacht fiel auf Garrigou, der den meisten Nutzen davon hatte, und dieser musste das Rennen verkleidet fortsetzen, um dem Zorn von Dubocs Fans zu entgehen; später wurde er aber rehabilitiert. Er starb 1963 an einer Lungenentzündung.

29. Januar
Die erste Cyclocross-Weltmeisterschaft der Frauen findet statt
(2000)

Erst ein halbes Jahrhundert nach Austragung der ersten Querfeldein-Weltmeisterschaften der Männer vergab die UCI erstmals einen Weltmeisterschaftstitel für die Frauen in dieser Disziplin.

Den ersten Titel holte sich die Deutsche Hanka Kupfernagel. In Sint-Michielsgestel setzte sie sich trotz schlechter Wetterbedingungen vom Start weg vom Feld ab und blieb die gesamten dreizehn Kilometer allein an der Spitze. Sie gewann auch 2001, 2005 und 2008. Dies war ihr Rennen. Nur einmal erreichte sie zwischen 2000 und 2010 nicht das Podium: 2007 hatte sie bis zur letzten Runde geführt und fiel dann mit einem technischen Problem auf den fünften Platz zurück.

Außer im Cyclocross wurde Hanka Kupfernagel auch auf der Bahn und auf der Straße Weltmeisterin. Und schließlich krönte sie ihr vielseitiges Talent noch mit dem Sieg im Einzelzeitfahren bei der Weltmeisterschaft 2007 in ihrer Heimat Deutschland. Hut ab!

30. Januar

Tom Boonen dominiert die Qatarrundfahrt

(2006)

Die Einschätzung, dass die Qatarrundfahrt ein erfolgreiches Jagdrevier für den belgischen Klassiker-Spezialisten Tom Boonen sei, wäre eine echte Untertreibung: Er dominiert dieses Rennen, das 2002 erstmals ausgetragen wurde.

Seinen ersten Etappengewinn errang Boonen 2004. Im nächsten Jahr kamen zwei weitere dazu, aber 2006 legte er dann richtig los: Von den fünf Etappen der 820 km langen Rundfahrt gewann er vier, sowie den Gesamtsieg.

2007 gewann er dann alle fünf Etappen, auch das Team-Zeitfahren zum Auftakt. Den Gesamtsieg holte sich sein Teamkollege Wilfried Cretskens, aber Boonen stand 2008 wieder ganz oben auf dem Podium. Ebenso 2009 und 2012. Vier Gesamtsiege sind aktueller Rekord.

Seit 2014 hat er auch die meisten Etappensiege eingefahren, nämlich 24 (davon zwei beim Team-Zeitfahren). Um die Dimensionen zu klären: Als Nächstes in der Liste folgt Mark Cavendish, mit acht Etappensiegen …

31. Januar

Der Geburtstag von Henri Desgrange

(1865)

Es macht Spaß, einmal zu spekulieren, wie der Radsport heute wohl aussehen würde, wenn Henri Desgrange sich nicht eingemischt hätte.

Desgrange wurde 1865 in Paris geboren. Er war ein erfolgreicher Radrennfahrer, der eine ganze Anzahl von Rekorden aufstellte – darunter den ersten offiziellen Stundenrekord im Jahr 1893. Im folgenden Jahr publizierte er ein Trainingsbuch mit dem Titel *La Tête et les Jambes* («Der Kopf und die Beine») in Form eines Briefwechsels zwischen einem jungen Radfahrer und einem Trainer. Später arbeitete er in der Werbeabteilung eines Automobilherstellers, aber dann spülte ihn das Schicksal an die Spitze der Sportzeitung *L'Auto* (s. 5. und 16. Januar). Und dort brauchte er dringend mehr Auflage.

Was folgte, sollte den Radsport für immer verändern. Desgrange fragte seine Mitarbeiter nach guten Ideen. Ein Journalist mit Namen Géo Lefèvre schlug ein langes Radrennen rund ums ganze Land vor. Die Tour de France war erfunden!

Desgrange war ein vorsichtiger Fuchs. Die Sache war ihm anfangs nicht ganz geheuer; er blieb dem Start des Rennens fern und tauchte erst auf, als es sich zu einem Erfolg zu entwickeln versprach. Außerdem liebte er das Pathos – und genauso die dazugehörigen Leiden der Fahrer. Solange er die Tour unter sich hatte, blieb die Gangschaltung von ihr verbannt. Seine ideale Tour, ließ er gern verlauten, sei die, bei der nur ein einziger Fahrer ins Ziel käme ... Wenn er etwas Sehenswertes beobachtet hatte, ließ er seine Leser darüber in keinster Weise im Unklaren. Als die Tour erstmals in die Alpen rollte, schrieb er dazu: «Tragen sie nicht Flügel, diese Männer, die sich heute hinauf in Höhen schwangen, in die Adler ihnen nicht folgen können ... die Welt lag zu ihren Füßen!»

Henri Desgrange regierte die Tour bis 1936, solange es sein Gesundheitszustand zuließ. Er starb 1940. Heute erinnert ein Denkmal an den Vater der Tour de France, nah dem Gipfel seines liebsten Berges, dem Col du Galibier.

1. Februar

«La Course by Le Tour de France» wird vorgestellt
(2014)

Die steigende Popularität des Frauenradsports veranlasste die Amaury Sports Organisation (ASO) als Veranstalterin der Tour de France dazu, ein neues Rennen anzukündigen: *La Course by Le Tour* (deutsch etwa «Das Rennen von der Tour»).

Es gab eine Tour de France der Frauen bis zum Jahr 2009. Das war zwar eine prestigeträchtige Veranstaltung, aber sie litt unter beständigem Mangel an Sponsoren. Über die Jahre verlor sie an Länge und Bedeutung und schließlich auch ihren Namen. Die letzte Austragung führte nur noch über vier Etappen.

2013 zirkulierte dann eine Petition, die eine erneute Auflage dieser Frauenrundfahrt zusammen mit der Tour der Männer forderte, auf der gleichen Strecke, nur einige Stunden vor der Durchfahrt der Männer. Die Petition erhielt über 97 000 Unterschriften.

Im Februar 2014 kündigte die ASO dann «La Course by Le Tour» an. Statt einer dreiwöchigen Rundfahrt war das allerdings nur ein Rundrennen über die Champs-Élysées, in der Tat einige Stunden vor der Ankunft der Männer.

Die Sache wurde ein großer Erfolg. Marianne Vos gewann das in alle Welt übertragene Rennen; sie sprintete ihren Konkurrentinnen im Regenbogentrikot der amtierenden Weltmeisterin davon. Die ASO kündigte in einer Pressemitteilung an, dass aus «La Course» eine Ikone mit festem Platz im Rennkalender werden würde. Das wird sich noch herausstellen, aber eine der besten Radsportlerinnen aller Zeiten im Regenbogentrikot auf dem Siegertreppchen der Veranstaltung ist schon mal ein prima Anfang.

2. Februar

Der Geburtstag von Leon Meredith
(1882)

Der in London geborene Brite Leonard Meredith war dreifacher Olympia-Teilnehmer und zwischen 1904 und 1913 siebenfacher Weltmeister.

Mit dem Radfahren begann Meredith im Jahr 1901. Er hatte schnell Erfolg, bereits am Ende dieses Jahres war er nationaler Meister. Drei weitere Jahre später fuhr er an der Weltspitze, und zwar buchstäblich: Er gewann die Weltmeisterschaft der Steher (hinter einem motorgetriebenen Windschattengeber) vor sieben anderen Teams trotz eines heftigen Crashs auf den letzten Kilometern. Sechs weitere Weltmeistertitel sollten folgen.

Seinen ersten Olympia-Auftritt hatte er 1908, als er die Goldmedaille in der Team-Verfolgung eroberte und dabei das deutsche Team mit mehr als 10 Sekunden Vorsprung schlug. 1912 war er wieder dabei und erreichte die Silbermedaille im Team-Zeitfahren; bei seiner dritten Teilnahme 1920 wurde er noch Achtzehnter im Straßenrennen.

Meredith war ein sehr vielseitiger Fahrer und konnte Rennen unterschiedlichster Länge gewinnen. Aber damit waren seine Möglichkeiten auf Rädern noch lange nicht erschöpft: Er fuhr auch erstklassig Rollschuh (Geschwindigkeit) und erreichte dort mehrfach nationale Titel. Zudem stellte er diverse britische Rekorde auf. Später gehörten ihm mehrere Rollschuhbahnen.

Trotz offensichtlicher körperlicher Fitness starb Meredith früh. Mit nur 47 Jahren erlag er einem Herzanfall, der ihn bei einem Aufenthalt in der Schweiz überraschte.

3. Februar
Hennie Kuiper hat Geburtstag
(1949)

Die Radsportweltmeisterschaften 1975 fanden in Yvoir in Belgien statt. Das Land hatte allerhöchste Erwartungen an das dreizehnköpfige belgische Team, denn es versammelte unter anderem Merckx, De Vlaeminck, Van Impe und Maertens. Die Truppe war derart stark, dass Merckx die anderen in der Woche vorher zum Frühstück einlud, um zu besprechen, wer letztlich als Erster über die Ziellinie rollen sollte.

Am Tag des Rennens schaltete die Nation (soweit sie nicht an der Strecke stand) die Übertragungsgeräte ein und wartete mit entspannter Vorfreude auf die Nachricht, welcher dieser Radsport-Könige am Abend das Regenbogentrikot unter dem Hermelin tragen würde. Aber einer der Rennteilnehmer hatte andere Pläne: Hennie Kuiper.

Kuiper war erst zwei Jahre zuvor Profi geworden und stand in Yvoir als Niederländischer Meister am Start. Zwei Runden vor Schluss setzte er sich ab und fuhr eine Führung heraus; derweil kontrollierten seine Teamkollegen De Vlaeminck und Merckx. Bald darauf wurde es Ernst mit der Verfolgung, aber Kuiper rettete im Angesicht der staunenden Zuschauer 16 Sekunden Vorsprung bis ins Ziel. De Vlaeminck konnte der Menge nur noch einen Zielsprint auf den zweiten Platz bieten.

Kuiper erarbeitete sich im Lauf seiner erfolgreichen Karriere den Ruf eines gewieften Taktikers. Berühmt wurde sein Bonmot «Rennen bedeutet, den Teller deines Gegners abzulecken, bevor du mit deinem eigenen überhaupt beginnst». Innerhalb von fünfzehn Jahren gewann er vier Monumente und wurde zweimal Zweiter bei der Tour. Er siegte bei drei Tour-Etappen, davon zweimal hintereinander in L'Alpe d'Huez. Seinen letzten großen Sieg errang er 1985 bei Mailand–San Remo.

4. Februar
Nairo Quintana hat Geburtstag
(1990)

Kolumbiens jüngster Radsport-Superstar ist der zweite Kolumbianer, der eine der drei großen Rundfahrten gewinnen konnte. 2014 sicherte er sich den Gesamtsieg beim Giro, nachdem sein Landsmann Louis Herrera 1987 die Vuelta gewonnen hatte. Und doch war es bei seiner vielversprechenden Vorgeschichte keine allzu große Überraschung, als er im Rosa Trikot in Mailand stand und die große Trophäe in den Himmel stemmte.

Quintana wurde als Bauernsohn in der Provinz Boyacá geboren und entwickelte seine Radsportmuskulatur auf seinem 16 km langen Schulweg. 2010 war er bereits in Europa und gewann zwei Etappen bei der Tour de l'Avenir – sowie den Gesamtsieg. Quintana war in der Spur.

2012 ging er dann zum Team Movistar und legte richtig los. Er gewann die Murciarundfahrt und eine Etappe der Dauphiné, die über Columbière und Joux-Plane verlief. Mit 22 Jahren hatte Quintana bereits gezeigt, dass er es in einem großen Rennen mit den Besten aufnehmen konnte.

Im Juli 2013 startete er dann bei der Tour. Es war erst sein zweites dreiwöchiges Rennen (2012 war er bei der Vuelta mitgefahren und 36. Geworden). Bei der Tour war er *die* Sensation: Er gewann eine Etappe, wurde Zweiter in der Gesamtwertung und trug das gepunktete Bergtrikot, zudem das Weiße Trikot des besten Jungprofis. Das war die beste Leistung, die ein Kolumbianer bei der Tour bis dahin gezeigt hatte, besser noch als Fabio Parras dritter Platz 1988.

Dann kam der Sieg beim Giro 2014. Es sieht ganz so aus, als würde eine großartige Karriere gerade erst beginnen.

5. Februar
Die erste Dubairundfahrt
(2014)

Die Globalisierung des Radsports schreitet schnell voran. Ein großer Schritt in Richtung Osten war die Austragung der ersten Tour Dubai im Jahr 2014.

Das Rennen lief über vier Tagesetappen und zog sechzehn Profi-Teams mit insgesamt 127 Fahrern an. Im Peloton fuhren auch einige der ganz Großen mit, darunter Fabian Cancellara, Marcel Kittel, Peter Sagan und Tony Martin.

Es gab zwei Flachetappen, ein Zeitfahren und eine gemäßigt bergige Etappe. Alle drei Straßenetappen endeten mit einer Sprintankunft – alle drei gewann Tony Martin. Also wurde das Zeitfahren entscheidend für den Gesamtsieg, und das hatte Taylor Phinney mit 14 Sekunden Vorsprung gewonnen. Weder die 14 Sekunden noch das Blaue Trikot des Führenden gab er bis ins Ziel wieder ab.

Die Dubai Tour ist die jüngste der in den letzten Jahren entstandenen Rundfahrten in Asien und dem Mittleren Osten, neben den ebenfalls im Februar angesiedelten Veranstaltungen in Oman und Qatar. Sie bringen erstklassigen Radsport in Länder außerhalb Europas und ermöglichen den Sportlern gleichzeitig die Arbeit bei erfreulicheren Temperaturen, als sie der europäische Winter bieten kann.

6. Februar
Der Geburtstag von Charles Bartlett
(1885)

Die Olympischen Spiele 1908 in London litten unter grauenhaftem Wetter. Bei den Bahnrennen, die im White City Stadion unter freiem Himmel stattfanden, waren die Sportler dem Regen schutzlos ausgesetzt, zudem stand die Bahn selbst oft unter Wasser.

Die britischen Radsportler beherrschten die Disziplin und gewannen fünf der sechs Goldmedaillen. Es gab noch ein siebtes Rennen, das vom Franzosen Maurice Schilles gewonnen wurde, aber dessen Sieg wurde wegen Überschreitens des Zeitlimits für ungültig erklärt.

Unter den britischen Goldmedaillengewinnern war auch Charles Bartlett. Er war in London geboren und 23 Jahre alt, als er im strömenden Regen an der Startlinie des 100 km-Finalrennens stand. Er war weder Favorit noch Englands stärkste Hoffnung an diesem Tag – beides vereinte der amtierende Weltmeister Leon Meredith (s. 2. Februar).

Aber im Verlauf des Rennens dünnte die Teilnehmerzahl aus, teils wegen Schwäche, teils nach Stürzen. Es traf auch Meredith, der nach einem Sturz und einer vergeblichen Aufholjagd vom Rad stieg.

Als es dem Finish entgegenging, war Bartlett Teil einer vierköpfigen Führungsgruppe. Eingangs der letzten Runde verlangsamte sich das Tempo, und die taktischen Spielchen begannen. Bartlett entschied sich für den Angriff, stürzte sich in die Ideallinie und zog voll durch. Angefeuert von Tausenden von Zuschauern, rettete er einen Laufraddurchmesser-Vorsprung ins Ziel und sicherte sich den größten Erfolg seiner Karriere.

7. Februar

Learco Guerra stirbt
(1963)

Die Fans nannten ihn «die menschliche Lokomotive», denn Learco Guerra war ein unglaublich starker Fahrer in der Ebene und gegen die Zeit. Nur die Berge konnten ihn etwas einbremsen. Er dampfte durch Europa und sicherte sich Siege auch bei den größten Rennen.

Seine Zeit begann, als Alfredo Bindas große Jahre sich dem Ende zu neigten. In Stil und Persönlichkeit völlig unterschiedlich, kämpften die beiden miteinander um Siege und die Gunst des Publikums.

Guerra konnte die Resultate des einzigartigen Binda nicht erreichen, aber das Publikum liebte ihn trotzdem. Er hatte ein charismatisches Lächeln und sah auf eine etwas zerzauste Art ungemein gut aus. Die regierenden Faschisten vereinnahmten ihn gern, um ihr Image mit seinen Erfolgen aufzupolieren.

Und er gewann deutlich mehr als die meisten. 1930 kam er als Italienischer Meister in Bindas Diensten zur Tour. Der *Campionissimo* musste auf der zehnten Etappen aussteigen, und Guerra versuchte daraufhin, das Beste aus seiner neuen Freiheit zu machen. Er holte sich drei Etappensiege, trug sieben Tage lang Gelb und wurde Zweiter in Paris. Drei Jahre später kehrte er zurück, gewann fünf Etappen und wurde wiederum Zweiter im Gesamtklassement.

Der Meisterschaftstitel 1930 war übrigens der erste von fünfen hintereinander.

1931 war Guerra einer der Favoriten beim Giro, der in diesem Jahr nicht allzu bergig war, abgesehen von der vorletzten Etappe hinauf nach Sestrière. Guerra gewann die Eröffnungsetappe und streifte sich somit als erster Fahrer überhaupt das Rosa Trikot über, das in diesem Jahr eingeführt wurde. Dennoch endete das Rennen für ihn sehr unglücklich: Auf der neunten Etappe führte er gerade das Peloton an, als er von einem neben ihm laufenden Fan zu Fall gebracht wurde und das Rennen beenden musste. Italien war geschockt.

Aber Guerra kam zurück. Er gewann Etappen auf den Italienrundfahrten der Jahre 1932 und 33 und schließlich zehn Etappen und den Gesamtsieg 1934.

Als Weltmeister des Jahres 1931 und Sieger bei Mailand-San Remo und der Lombardeirundfahrt gewann er praktisch alles, was es in Italien zu gewinnen gibt. Mit seinen 31 Etappensiegen beim Giro ist er derzeit Dritter auf der Liste der Top-Gewinner dort.

Der Kriegsausbruch 1939 bedeutete das Ende von Guerras Karriere. Er starb 1963, nachdem er an der Parkinsonschen Krankheit gelitten hatte. «Er war mein Lehrer», sagte der legendäre Gino Bartali über ihn.

8. Februar

Das Mailänder Sechstagerennen beginnt

(1999)

Das erste Mailänder Sechstagerennen fand 1927 statt und wurde von Italiens Besten gewonnen: Costante Girardengo und Alfredo Binda sicherten sich den Titel der ersten Austragung. Girardengo wiederholte diesen Erfolg im nächsten Jahr mit Pietro Linari als Partner, dem Gewinner von Mailand–San Remo 1924.

Trotz dieses prominent besetzten Ausgangs verschwand die Veranstaltung bald darauf wieder aus dem Rennkalender und wurde erst 1961 wieder aufgenommen, nun aber sehr erfolgreich. Bis 1984 wurde das Rennen jedes Jahr veranstaltet (mit Ausnahme von 1974 und 75). Radsportlegenden wie Peter Post, Gianni Motta, Eddy Merckx, Felice Gimondi, Patrick Sercu und Francesco Moser sonnten sich in den Erfolgen auf Mailands Bahn.

Als schwere Schneelasten 1985 die Dächer sowohl des Velodrom Vigorelli als auch des Palasport di San Siro beschädigten, war das Rennen erst einmal wieder Geschichte. 1996 fand es dann erneut statt und bot dem Italiener Silvio Martinello eine ideale Basis für Erfolge. Er hatte 1996 bereits olympisches Gold gewonnen und holte sich hier nun vier Sechstage-Titel in Folge; drei davon zusammen mit Marco Villa, mit dem er auch zwei Madison-Weltmeistertitel einfuhr; ein weiterer mit dem Belgier Etienne De Wilde.

Martinellos Lauf endete 1999, als das Rennen erneut eine letzte Austragung erlebte. Es hatte dann noch ein Comeback im Jahr 2008: Der ehemalige Weltmeister und Olympiagoldträger Paolo Bettini holte dort den letzten Titel seiner Profi-Karriere. Das war's. Bis jetzt.

9. Februar

Die Herald Sun Tour wird im Buschfeuer geröstet

(2014)

Australien stöhnte unter unerträglicher Sommerhitze und starken, heißen Winden, als sich das Peloton am 9. Februar 2014 an der Startlinie zur letzten Etappe der 61. Jayco Herald Sun Tour einfand.

Unter dem Namen Sun Tour 1952 gegründet, ist sie das älteste Etappenrennen des roten Kontinents. Keith Rowley, ein Schafzüchter, gewann die erste Austragung und ewigen Ruhm unter den Augen von geschätzt einer halben Million Zuschauer.

2014 wurde das Rennen bereits im UCI-Kalender geführt. Die Schlussetappe sollte drei Anstiege auf den Arthurs Seat beinhalten, einen 300 m hohen Hügel auf der Halbinsel Mornington, von dem aus man die Port Philip Bay übersehen kann;

Zielankunft am Ende der dritten Auffahrt. Ein tolles Finale für ein schon legendäres Rennen. Aber Australien erlebte einen der schlimmsten Sommer seiner Geschichte. Getreu dem Namen des Rennens, brannte die Sonne wochenlang vom Himmel. Dutzende Buschfeuer flammten um Victoria herum auf, Häuser waren bereits verloren gegangen, Leben in Gefahr. Die Einsatzgruppen waren mit ihren weit verteilten Kräften am Limit. Ein Fahrradrennen war nicht mehr zu sichern.

So wurde die letzte Etappe nur Minuten vor dem geplanten Start gestrichen. Der Gesamtsieg ging an Simon Clarke, der als Führender in den letzten Tag gegangen wäre. Es gibt schönere Siegerehrungen als mit einer vom Feuer belagerten Landschaft im Hintergrund.

10. Februar
Gunn-Rita Dahle Flesjå hat Geburtstag
(1973)

Im August 2004 stürmte die Norwegerin Gunn-Rita Dahle Flesjå vom Start weg zum Sieg beim Olympischen Mountainbike-Rennen. Trotz eines Sturzes und mechanischer Probleme führte sie vom Beginn an und distanzierte die Zweite um fast eine Minute. Damit holte sie das zweite olympische Gold im Radsport für Norwegen, nach Knut Knudesens Titel im Verfolgungsrennen 1972.

Dahle Flesjå war 1995 mit 22 Jahren zum Mountainbiken gestoßen. Wäre ihre Erfolgsgeschichte Inhalt eines Romans, würde man diesen vermutlich kopfschüttelnd zur Seite legen. Zu unglaubwürdig. Aber hier handelt es sich um Tatsachen. Innerhalb von zwei Monaten war sie Norwegische Meisterin, drei weitere Monate später Nordische Meisterin. Wenige Wochen später holte das American Eagle Team sie in den Profisport.

Seitdem läuft Dahle Flesjås Karriere auf Hochtouren. Als dieses Buch geschrieben wird, hat sie vier Weltmeistertitel im Cross-Country, vier Weltcup-Titel im Cross-Country, fünf Weltmeisterschaften im Mountain Bike Marathon, 27 Weltcup-Siege sowie sechs europäische und acht nationale Titel eingefahren. Neben dem olympischen Gold.

Besonders bemerkenswert war die Saison 2004: Sechs der sieben Weltcup-Rennen gewann Dahle Flesjå, damit natürlich auch die Gesamtwertung. Dazu Gold bei Olympia, die Weltmeisterschaften im Cross-Country und im Marathon sowie den nationalen und den europäischen Meistertitel. Sie war einfach unschlagbar.

Noch ist ihre Karriere nicht beendet, aber klar ist, dass Dahle Flesjå als eine der besten Mountainbikerinnen in die Geschichte eingehen wird, die je ein Bärentatzen-Pedal in Drehung versetzt haben.

11. Februar
Der Boston Cycling Club wird gegründet
(1878)

Der Boston Cycling Club war der erste seiner Art in den USA und erreichte eine ganz besondere Bedeutung für die Geschichte des Radfahrens in Amerika. In Massachusetts griff die neue Mode des Fahrradfahrens schneller um sich als in allen anderen Bundesstaaten, und im Boston Cycling Club formierte sich die Avantgarde der Bewegung. Die erste Großgruppen-100-Meilen-Fahrt, das erste Fahrradrennen, das erste Dreiradrennen, das erste 100-Meilen-Rennen, das erste Bergaufrennen – sie alle wurden vom Boston Cycling Club veranstaltet.

Der Verein erreichte schnell nationale Bedeutung. 1880 wurde die League of American Wheelmen (LAW) gegründet; ihr erster Präsident war Charles E. Pratt, der Herausgeber des in Boston erscheinenden Magazins *Bicycling World* und gleichzeitig Präsident des Boston Cycling Club.

Mit fast 25 Prozent aller Mitglieder der LAW wohnhaft in Massachusetts, wurde der Staat im Jahr 1894 wohl zu Recht als der Fahrradstaat der USA bezeichnet. Und das war zum allergrößten Teil ein Verdienst des Boston Cycling Club.

12. Februar

Melinda McLeod hat Geburtstag

(1993)

Australiens BMX-«Speed Machine» Melinda McLeod will 2016 in Rio an den Olympischen Spielen teilnehmen. Sie hat bereits Weltmeistertitel sowohl bei den Mädchen als auch bei den Juniorinnen erobert. Der BMX-Virus erwischte sie im zarten Alter von vier Jahren, als sie von der Rückbank des väterlichen Autos erste Eindrücke des Sports erhaschte. Seitdem hat sie sich zu einer der besten BMX-Fahrerinnen Australiens entwickelt.

Und der Wettbewerb Down Under ist hart. Ende 2014 waren drei Australierinnen unter den Top 15 der UCI-Weltrangliste, darunter die Führende, Caroline Buchanan, und die drei Jahre jüngere McLeod auf Platz 13.

McLeod sicherte sich ihren ersten Weltmeistertitel 2007. Im Jahr 2011 fuhr sie dann zu den Weltmeisterschaften nach Kopenhagen und kam mit zwei Goldmedaillen bei den Juniorinnen zurück: im Zeitfahren und im Rennen. 2013 und 2014 gewann sie dann die nationalen Meistertitel, ihre ersten bei der Elite.

13. Februar

Freddy Maertens hat Geburtstag

(1952)

Der Belgier Freddy Maertens hatte seine erfolgreichste Zeit als Sportler zwischen 1975 und 1981. In diesen sechs Jahren holte er sich alle seine großen Siege. Er gewann 35 Etappen bei großen Rundfahrten, drei Grüne Trikots bei der Tour, mehrere Weltmeisterschaften und einmal die Vuelta.

1976 siegte Maertens bei 57 Rennen – ein Rekord, den er sich mit Eddy Merckx teilt. Dazu gehörten acht Etappen bei der Tour, eine weitere Gemeinsamkeit der beiden Belgier.

Maertens hielt diese unglaubliche Form bis in das Jahr 1977. Schon zeitig im April war er bei der Flandernrundfahrt die Lokomotive. Mit Roger De Vlaeminck zusammen führte er das Rennen an. Am Koppenberg wechselte er das Rad. Die Rennleitung erklärte das für irregulär und disqualifizierte ihn umgehend. Maertens erfuhr das zwar sogleich, setzte das Rennen aber unbeirrt fort.

Mit dem Regenbogentrikot des amtierenden Weltmeisters am Leib führte Maertens das Rennen bis zum Ende an. Er hatte seinen Kollegen De Vlaeminck im Windschatten, bis er ihn kurz vor dem Ziel von der Leine und den Sieg einfahren ließ. Das Rennmuseum der Flandernrundfahrt in Oudenaarde hat die Namen aller Sieger in Pflastersteine eingravieren lassen. Die Ausstellung zeigt zwei Namen für 1977, einen für De Vlaeminck und einen für Maertens. Unter dem zweiten steht «Morele Winnaar»: moralischer Sieger.

Maertens sicherte sich bald darauf den realen Sieg bei der Vuelta. Sein Zeitpolster von etwas unter drei Minuten wird seiner Dominanz des Rennens in keinster Weise gerecht: Er gewann 13 der 20 Etappen und führte vom Start bis zum Ende. Diese Häufung von Etappengewinnen ist Rekord bei einer großen Landesrundfahrt.

Nach der Flandern- und der Spanienrundfahrt kam der Giro. Dort gewann Maertens sieben der ersten elf Etappen – danach musste er wegen eines gebrochenen Handgelenkes vom Rad steigen. Aber im Folgemonat siegte er schon wieder bei der Tour de Suisse.

Er beendete das Jahr 1977 mit 56 Siegen. Ohne den Monat unfreiwillige Pause hätte er seinen Rekord vom Vorjahr zweifellos übertroffen.

In seiner Karriere ging es auf und ab. Sein letzter Erfolg von Bedeutung war die erneute Weltmeisterschaft 1981. Als einer der besten Eintagesrennen-Fahrer, der niemals eines der Monumente gewinnen konnte, war er noch bis 1987 aktiv. In diesen letzten sechs Jahren konnte er allerdings nur noch zweimal den ersten Platz erreichen; beides Rennen der zweiten Reihe.

14. Februar

Der Todestag von Marco Pantani
(2004)

«Mehr Künstler als Athlet» – mit dieser Beschreibung von Marco Pantani war Lance Armstrong der Wahrheit einmal so nah wie vielleicht selten. Pantani war ein begnadeter Kletterer, der für eine viel zu kurze Periode die Berge des Radsports unter seine Räder nahm, als hätte er Flügel.

Dieses große und leider tragische Talent starb am Valentinstag 2004 in einem kleinen Hotel im winterlichen Rimini. Die ärztliche Untersuchung gab eine akute Kokain-Vergiftung als Todesursache an. Die Familie hat dies angefochten und 2014 die Neuaufnahme der Untersuchung erreicht. Zum Zeitpunkt dieser Recherche dauert sie noch an.

Was auch immer noch ans Licht kommen wird, Pantanis Geschichte wird eine von großem Erfolg und tiefem Fall bleiben. Armstrongs Beschreibung passte wirklich. Wer Pantani beim Erklettern eines mörderisch langen Alpenanstiegs zusah, sah einen Künstler bei der Arbeit. Das Rad war sein Meißel, die Beine der Schlegel – mit ihnen formte Pantani legendäre sportliche Kunstwerke in die Flanken der Gebirgsriesen bei der Tour und beim Giro. Das waren die Rennen, bei denen ihm Flügel wuchsen. Er konnte mit den Eintagesklassikern nicht viel anfangen. Auch die Weltmeisterschaften waren nichts für ihn, genauso wenig kurze Etappenrennen. Pantani war ein reines Klettergenie, und er brauchte die wirklich hohen Berge, um sein Talent wirklich gut umzusetzen. Kurze, gemeine Anstiege taugten dafür nicht, aber Kilometer um Kilometer pausenlosen Anstiegs waren seine idealen Rampen, um sich zu erheben und den anderen Fahrern uneinholbar davonzutanzen.

Und dennoch sind seine Palmarès für ein solches Talent bedrückend kurz: ein Gesamtsieg beim Giro, ein Gesamtsieg bei der Tour; beides 1998. Das war's. Finito. Er zog häufig das Pech an und verlor manche Saison aufgrund übler Crashs. Später kam dann der Dopingverdacht. Zwei Tage vor Mailand und mit dem Rosa Trikot am Leib wurde er 1999 aus dem Giro geworfen, weil er bei einer Dopingprobe mit mehr als 50 % Hämatokrit getestet wurde (ein erhöhter Hämatokritspiegel gilt als Hinweis auf EPO-Doping; 50 % war der gültige Grenzwert).

In einer Zeit, in der der Radsport immer mehr von Zahlen, Leistungskurven und Blutwertanalysen bestimmt wurde, fuhr Pantani mit Gefühl. Er trug keine Pulsuhr und hatte keine Leistungsmessung am Rad. Wenn er sich gut fühlte und seiner Meinung nach der richtige Moment gekommen war, stiefelte er einfach los. Seine Siege waren immer purer Kampfgeist. Ob es die Etappen in den Dolomiten beim 1994er-Giro, der Tanz hinauf nach L'Alpe d'Huez 1997 oder der Anstieg zum Plan di Montecampione bei Giro 1998 war: Pantani, «der Pirat», lieferte immer ein echtes Epos ab. Diesem Künstler zuzusehen war ein Genuss.

15. Februar
Der Geburtstag von Antonin Magne
(1904)

Als der Franzose Antonin Magne 1931 seine erste Tour de France gewonnen hatte, sagte er, dass er die Belastung, die er soeben hinter sich gebracht hätte, nicht für alles Geld der Welt noch einmal auf sich nehmen würde.

Solche Worte aus dem Mund eines gerade gefeierten Siegers in Paris! Zwei Wochen lang, ab der neunten Etappe, hatte er das Rennen angeführt und Welle auf Welle von Angriffen abgewehrt, wobei er sich auf seine Teamkameraden verlassen musste. Das hatte sehr viel Kraft gekostet, der Sieg hatte einen hohen Preis.

Im folgenden Jahr startete Magne nicht, aber 1934 kehrte er zurück und gewann das Rennen erneut. Diesmal verdankte er seinen Sieg René Vietto (s. 17. Februar).

Mit zwei Tour-Siegen in der Tasche reiste er 1936 nach Bern zu den Weltmeisterschaften, Auf einer hügeligen Strecke und bei Wind und Regen führte Magne das Rennen an, bereit zur Antwort auf jedwede ernsthafte Attacke. Seine Konkurrenten fielen einer nach dem anderen zurück, schließlich war nur noch der Däne Gundhal Hansen an seiner Seite.

Als das Rennen in seine letzte Phase ging, konnte auch Hansen nicht mehr mithalten. Dann verlor sein Reifen auch noch Luft, und er war zu erschöpft, um sich wieder heranzuarbeiten. Magne gewann mit mehr als neun Minuten Vorsprung und nahm das Regenbogentrikot mit nach Hause.

Nach seiner Fahrerlaufbahn wurde Magne ein hoch respektierter Sportlicher Leiter, der unter anderem Louison Bobet und Raymond Poulidor unter seinen Schützlingen hatte.

16. Februar
Chris Hopkins Weltmeister bei den 24 Stunden von Sebring
(2014)

Mit einem Meisterstück, gegen das die Tagesleistungen der Tour de France-Fahrer irgendwie ein wenig blass aussehen, fuhr der Brite Chris Hopkins 2014 erneut den Sieg bei den 24 Stunden von Sebring der Ultra Marathon Cycling Association ein. Als einer der besten Ausdauerfahrer der Welt schraubte Hopkins die in 24 Stunden gefahrene Strecke auf 468,1 Meilen (753,334 km). Er gewann mit 27 Meilen (43,452 km) Vorsprung, was wiederum 36 Meilen (57,936 km) weiter war als die Strecke, mit der er sich den Titel im Jahr davor gesichert hatte.

Hopkins begann erst im Alter von 31 Jahren mit dem Radfahren, als er 1998 auf das Fahrrad als Transportmittel für den Weg zur Arbeit umstieg. Offensichtlich hatte er der dabei gelegentlich auftretenden Infektion mit dem Fahrradvirus nichts entgegenzusetzen. Inzwischen hält er diverse Ausdauerrekorde und Meistertitel. 2005 war er der erste Brite, der das Race Across America (RAAM) als Solist beendete. Für die mehr als 3000 Meilen (4828 km) lange Strecke benötigte er knapp unter zwölf Tagen. 2013 war er einige Stunden schneller, 2014 blieb er einen ganzen Tag unter seiner Marke von 2005.

Aber damit war er noch lange nicht zufrieden. Er fuhr ein paar weitere nationale Rekorde, setzte Bestzeiten bei London–Cardiff und Cardiff–Edinburgh, gewann ein 1000 Meilen-Zeitfahren in Texas mit mehr als sieben Stunden Vorsprung und holte sich dann den Titel des 24-Stunden-Weltmeisters seiner Altersgruppe, den er 2014 bestätigte. Derzeit assistiert er Steve Abraham bei dem Versuch, den Jahreskilometerrekord von Tommy Godwin zu brechen (s. 31. Dezember).

17. Februar
Der Geburtstag von René «Le Roi» Vietto
(1914)

1914 in der Nähe von Cannes, geboren fand René Vietto im Jahr 1934 Eingang in die Legenden des Radsports, als er seinem Teamchef Antonin Magne den Sieg bei der Tour de France rettete.

Vietto war ein ungeheuer talentierter Kletterer und nutzte seine Fähigkeiten, als die Tour 1934 in die Alpen kam. Er gewann die siebte Etappe, über den Galibier nach Grenoble, mit drei Minuten Vorsprung. Zwei Tage später gewann er wieder, diesmal bezwang er den Col de Vars und den Col d'Allos auf dem Weg nach Digne. Dann gewann er die Etappe hinein in seine Heimatstadt, bejubelt von den Fans, die ihren Lokalhelden gewinnen sehen wollten. «Er zeigte sich als siegreicher Feldherr vor den sich drängenden Massen», schrieb Louis Nucero in seiner Vietto-Biografie.

Noch besser als an König Renés Einzug in Cannes aber sind seine Taten in den Pyrenäen im kollektiven Gedächtnis des Radsports verankert, wo er Magne die Tour rette.

Magne war gestürzt und hatte ein Acht in einem Rad. Sein schärfster Rivale um den Toursieg, Guiseppe Martano, war auf und davon. Vietto bot seinem Teamchef sofort das entsprechende eigene Rad an. Magne akzeptierte, aber das Rad passte nicht gut, sodass er sich bald darauf das eines weiteren Teamkollegen ausleihen musste. Das konnte Vietto nicht trösten – der wartete nämlich immer noch auf das Teamfahrzeug mit den Ersatzrädern. Eine Fotografie von damals zeigt ihn trübselig auf einer Mauer sitzen, den Kopf in die Hand gestützt.

Am nächsten Tag kollabierte Magnes Rad erneut, auf dem Anstieg zum Portet d'Aspet. Diesmal war Vietto schon über den Pass und in der Abfahrt, erhielt aber Nachricht vom Pech des Teamkapitäns. Vietto stoppte, strampelte die Abfahrt wieder hinauf und tauchte als rettender Engel aus dem Nichts vor seinem Chef auf. Er drückte ihm sein Rad in die Hand und schickte ihn weiter in Richtung Paris. Tatsächlich gewann Magne diese Tour. Vietto, der ihn zweimal gerettet hatte, wurde Fünfter. Er wurde vielfach zum moralischen Sieger erklärt und hatte seinen Ehrenplatz in den Annalen des Radsports sicher.

König René konnte die Tour nie selbst gewinnen – Verletzungen, Meinungsverschiedenheiten und der Krieg sollten es verhindern. Aber der Fahrrad-Autor Cristophe Penot beschrieb ihn nichtsdestotrotz als einen der besten Kletterer, die das Peloton je gesehen hatte: «Besser als Gaul, besser als Bahamontes...», schrieb er. «Allein – dieser einzigartige Fahrer tanzte nur für einen Sommer.»

18. Februar

Der Geburtstag von Henry George
(1891)

Nach dem Ausfall der Austragung 1916 wegen des Ersten Weltkrieges fanden die Olympischen Spiele wieder im Jahr 1920 in Antwerpen in Belgien statt. Radfahren war wieder Teil des Programms. 1912 war nur Zeitfahren ausgetragen worden, aber nun kamen die Bahnrennen zurück.

Der in Charleroi geborene Henry George war einer den heimatlichen Starter. Erstaunlicherweise hatte Belgien trotz seiner Radsportkultur noch keine olympische Goldmedaille im Radfahren erringen können.

George startete auf der 50 km-Strecke. Die Rennen waren eher schwach besucht, berichteten die Korrespondenten, aber wer dort war, wurde Zeuge eines Stücks Radsportgeschichte. George gewann mit 15 cm Vorsprung vor dem Briten Cyril Alden und sicherte Belgien damit die erste Goldmedaille im Radfahren.

Es sollte noch 44 Jahre dauern, nämlich bis 1964, als Patrick Sercu das 1000 m-Zeitfahren gewann, bevor die nächste Goldmedaille im Bahnsport hinzukam. Allerdings hatte Belgien 1948 bereits das Teamzeitfahren auf der Straße gewinnen können.

George gewann zwar kein weiteres bedeutendes Rennen mehr, aber seinen Platz in Belgiens Radsportgeschichte hat er trotzdem sicher.

19. Februar

Valverde gewinnt die Auftaktetappe der Andalusienrundfahrt
(2014)

Zum ersten Mal wurde die Andalusienrundfahrt 1925 ausgetragen, als einwöchiges Etappenrennen. Gewinner war Ricardo Montero Hernández, der damals amtierende Spanische Meister. Danach verschwand das Rennen wieder aus dem Kalender. Erst dreißig Jahre später sollte es zurückkehren.

Inzwischen ist es eines der liebsten Jagdreviere von Alejandro Valverde. Der Spanier gewann 2012 und 2013 und kam 2014 offensichtlich immer noch hungrig zurück. Er pulverisierte die Konkurrenz bei der Auftaktetappe, als er volle sieben Sekunden schneller als sein nächster Rivale um den sieben Kilometer langen Zeitfahr-Rundkurs rauschte und dabei sogar sein Begleitmotorrad überholte.

Die nächsten beiden Etappen sicherte er sich auch; die hügeligen Strecken lagen ihm und unterstützten seine Dominanz über das Rennen. Zwei Tage später hatte er auch diesen Gesamtsieg im Sack.

Valverdes drei Siege (und das auch noch in Folge) sind Rekord bei diesem von den Spaniern beherrschten Rennen: Mehr als die Hälfte aller bisher 61 Austragungen wurde von spanischen Fahrern gewonnen.

20. Februar

Sarah Hammer gewinnt fünften Titel in der Einerverfolgung
(2013)

Die US-Amerikanerin Sarah Hammer ist Mehrfach-Champion auf der Bahn; mit ihrem 2013 gewonnenen fünften Regenbogentrikot fehlt ihr nur noch eines, um mit Rebecca Twigg (USA) und Tamara Garkushina (Russland) gleichzuziehen.

Hammers Karriere hätte beinahe gar nicht stattgefunden. Sie beindruckte schon als Juniorin und wechselte mit 17 Jahren in die Elite. Dann ließ sie den Sport jedoch noch vor ihrem 20. Geburtstag fallen und arbeitete stattdessen in einem Bagel-Shop.

Glücklicherweise (vor allem für den US-Bahnradsport) war es nur ein zeitweiliger Rückzug. Nachdem sie die Olympischen Spiele in Athen 2004 verfolgt hatte, griff sie sich ihr Rad und fuhr wieder los. «Ich musste erst weg vom Rennsport, um zu begreifen, wie sehr ich ihn liebte», sagte sie dem Magazin *Bicycling* 2012.

Zum Zeitpunkt der Entstehung dieses Buches ist Hammer siebenfache Weltmeisterin mit zwei Omnium-Titeln, die sie sich 2013 und 2014 zusätzlich zu ihren fünf Titeln in der Einerverfolgung sicherte. Abseits der Weltmeisterschaften hält sie den Weltrekord in der Verfolgung, hat 20 nationale Meistertitel eingesammelt und zwei Silbermedaillen von den Olympischen Spielen in London mit nach Hause gebracht.

21. Februar

O'Grady gewinnt die Classic Haribo
(1999)

Australiens Radsport-Champion Stuart O'Grady war im Laufe seiner 18 Jahre dauernden Karriere Weltmeister auf der Bahn und nationaler Meister auf der Straße. Zwischen 1995 und 2013 gewann er Paris–Roubaix und zwei Etappen bei der Tour. Dort ist er mit 17 Starts auch Mitinhaber des Rekordes bei der Anzahl der Teilnahmen; 15 Mal davon kam er auch ins Ziel. Insgesamt neun Tage fuhr er in Gelb.

1999 siegte er zum ersten Mal in Frankreich, bei der Classic Haribo. Der Australier war das komplette Rennen über aktiv, lancierte mehrere Angriffe und lag schließlich mit 45 Sekunden allein in Führung. Was tat er? Er nahm etwas Dampf heraus, ließ sich einholen und gewann dann den Zielsprint.

Die Classic Haribo war ein Eintagesrennen im Süden Frankreichs, das zum saisonumspannenden Coupe de France gehörte. Es begann vor dem Musée du Bonbon (Süßigkeitenmuseum) in Uzès und führte nach Marseille. Hauptsponsor war natürlich die Firma Haribo, die kämpferisches Fahren förderte, indem sie das Gewicht des entsprechenden Fahrers in Haribo-Produkten aufwog.

Die Veranstaltung fand von 1994 bis 2006 statt, als Haribo die Förderung einstellte. Häufig blies ein heftiger Mistral. O'Gradys Sieg war der einzige eines außereuropäischen Fahrers. Jaan Kirsipuu hat dieses Rennen als Einziger mehrfach gewonnen, nämlich dreimal innerhalb von vier Jahren.

22. Februar
Der Todestag von Romain Maes
(1983)

Romain Maes war klein und stark; als Profi fuhr er von 1933 bis zum Ausbruch des Krieges, der Weiteres verhinderte.

Maes verblüffte die Radsportwelt mit seinem Tourgewinn 1935. Das war kein Gewinn wie manch anderer, im Gegenteil. Maes gelang, was vor ihm nur vier Männern gelungen war (Garin 1903, Thys 1914, Bottecchia 1924 und Frantz 1928) und nach ihm niemandem mehr: Er führte das Rennen von der ersten bis zur letzten Etappe an.

Das war keineswegs vorauszusehen gewesen. Maes war bei der Tour erst einmal gestartet und hatte sie dann auf der zehnten Etappe verlassen. Sein bestes Ergebnis bis dato war ein Etappensieg bei Paris–Nizza. Aber bei der Auftaktetappe der Tour 1935 setzte er sich vom Peloton ab und erreichte Lille allein, mit 53 Sekunden Vorsprung.

Tourgründer Henri Desgrange beschrieb ihn als «Muskelkugel»; nun setzte diese Kugel alles daran, ihre Führung zu verteidigen. Man erwartete, dass Maes mit seinem eher zum Sprint geeigneten Körper in den Bergen einbrechen würde. Nichts da! Er kam mit drei Minuten Vorsprung aus den Alpen. Danach gewann er eine weitere Etappe in Cannes und hielt über die Pyrenäen ein Zeitpolster von zwei Minuten fest. In der letzten Woche wurde die Kugel dann eher noch stärker. Maes baute seinen Vorsprung aus und gewann auch in Paris. Zum Schluss hatte er seinen Vorsprung auf fast 18 Minuten ausgebaut.

Maes beendete die Tour kein zweites Mal. 1936 überquerte er die Ziellinie bei Paris–Roubaix als Erster, die Schiedsrichter sahen jedoch fälschlicherweise Georges Speicher im Schlusssprint vorn.

Romain Maes starb 1983 im Alter von 70 Jahren.

23. Februar
Erik de Vlaeminck gewinnt die Querfeldein-Weltmeisterschaft
(1969)

Der in Eeklo in Belgien geborene Erik de Vlaeminck ist vermutlich der beste Querfeldein(Cyclocross)-Fahrer, den die Welt je gesehen hat.

Zum ersten Mal Weltmeister im Alter von 20 Jahren, beendete Erik seine Karriere mit sieben Weltmeistertiteln, sechs davon hintereinander gewonnen. Es wären acht hintereinander geworden, wenn ihn ein beschädigtes Rad nicht 1967 auf den fünften Platz ausgebremst hätte. Sein Bruder Roger sicherte sich 1975 ebenfalls den Weltmeistertitel, also gab es zwischen 1966 und 1975 nur zwei Weltmeisterschaften, bei denen kein De Vlaeminck oben auf dem Podium stand.

1969 gewann Erik zum dritten Mal, diesmal in Magstadt. Er gewann mit mehr als eineinhalb Minuten Vorsprung vor dem deutschen Heim-Champion und dreifachen Weltmeister Rolf Wolfshohl.

De Vlaeminck wurde auch vierfacher Belgischer Meister. In diesen Jahren begann die belgische Dominanz beim Querfeldeinsport. Zurzeit sind in den 50 Jahren, seit De Vlaeminck seine erste Weltmeisterschaft für Belgien gewann, 27 Mal belgische Sportler erfolgreich gewesen. Als Nächstes folgt Frankreich mit zehn Siegen.

Neben seiner dominanten Roll im Cyclocross war De Vlaeminck auch auf der Straße unterwegs. Er gewann eine Tour-Etappe und kam mehrfach unter die ersten fünf bei Eintagesklassikern. Und als er selbst nicht mehr um Medaillen fuhr, wurde er belgischer Nationaltrainer.

24. Februar
Die letzte Austragung des Mont Chauve
(1975)

Mit Hängen, die zu den gefürchtetsten im Radsport gehören, erhebt sich der Mont Ventoux hoch über die Landschaft der Provence. Drei Straßen führen hinauf zum Gipfel, von denen die Route von Bédoin aus, einem Städtchen am südwestlichen Fuß des Berges, im Radsport am bekanntesten ist.

Steil und lang steigt die Straße zuerst durch Wälder, bis sie die Zone oberhalb der Vegetationsgrenze erreicht. Weiße Felsen reflektieren gnadenlos die Hitze der Sonne bis hinauf zum Gipfel. Völlig ungeschützt werden der Berg und jeder Besucher, der mutig genug ist, sich hier hinaufzuwagen, von heftigen Winden durchgeschüttelt. Genau hier wurden Frankreichs stärkste Windböen gemessen, genau hier fand Tom Simpson 1967 den Tod (s. 13. Juli).

Seit den frühen 1900er-Jahren haben sich Fahrradfahrer an diesem Berg versucht; der bekannteste von ihnen war vielleicht Velocio (s. 29. April) im Jahr 1903. Aber erst 1922 fand das erste echte Rennen an diesem Berg statt.

Es lief unter dem Namen Mont Chauve, nach dem Spitznamen «kahler Berg», den der dominierende Gipfel seinem Anblick aus der Ferne verdankt. Der erste Gewinner war Jean Alavoine, damals Französischer Meister. Dritter war der 19 Jahr alte Alfredo Binda. Der Italiener sollte das Rennen im folgenden Jahr gewinnen.

Nur sporadisch veranstaltet, fand die letzte der insgesamt elf Austragungen am 24. Februar 1975 statt. Inzwischen war daraus eine Zweier-Kombination aus einem Massenstart-Rennen gefolgt von einem Zeitfahren geworden. Raymond Delisle gewann beides und addierte diesen Sieg zu seinen Palmarès, zu denen eine Französische Meisterschaft und Etappensiege bei der Tour und der Vuelta gehörten.

25. Februar
Antoine Gutierrez gewinnt den letzten GP Valencia
(1979)

Der letzte GP Valencia fand 1979 statt und wurde von Antoine Guiterrez gewonnen, einem Franzosen mit einer eher kurzen Karriere als Profi. Das Rennen war 1969 zum ersten Mal ausgetragen worden. 1981 kam es mit neuem Namen zurück; es hieß nun nach dem Retter der Spanienrundfahrt Trofeo Luis Puig.

Der 1915 geborene Spanier Luis Puig Esteve war selbst Sportler, wenn auch kein Top-Athlet, und widmete sein Arbeitsleben dem Sport. Er stand diversen Sportverbänden in Valencia und Spanien vor, sowie dem Spanischen Radfahrverband. Er organisierte verschiedenste Radrennen und sprang finanziell und organisatorisch in die Bresche, als sich die bisherigen Organisatoren zwei Monate vor Austragung der Vuelta plötzlich zurückzogen. 1981 wurde er Präsident des Weltradsportverbandes UCI.

Die Trofeo Luis Puig gab es von 1981 bis 2005. Unter ihren Gewinnern finden sich Bernard Hinault, Sean Kelly, Mario Cipollini und Erik Zabel. Puig starb 1990 an den Folgen eines Schlaganfalls, der ihn im UCI-Büro traf.

26. Februar
Das Team Sky wird vorgestellt
(2009)

Als der Pay-TV-Gigant British Sky Broadcasting, kurz BSkyB (inzwischen Sky PLC) 2009 bekanntgab, man wolle ein neues Radsport-Team auf die Beine stellen und innerhalb von fünf Jahren einen Mann in Gelb auf dem Podium in Paris haben, sorgte das weithin für ungläubiges Kopfschütteln. In den 72 Jahren, seit der erste Brite an der Tour de France teilgenommen hatte, war dem Land kein einziges Podiumsplätzchen bei irgendeiner Austragung vergönnt gewesen. Und Sky glaubte, das in fünf Jahren schaffen zu können?!

Der Auftritt des Teams 2010 zog aber schon mal eine Menge Aufmerksamkeit auf sich, vor allem durch seine akribische Detailarbeit. Am beeindruckendsten war der Team-Bus, der alleine mehr Schlagzeilen produzierte als der gesamte Rest des britischen Radsports.

Der Anfang war nicht schlecht. Bradley Wiggins gewann eine Etappe bei der Tour Down Under und das Zeitfahren beim Giro. Aber bei der Tour kam man unter die Räder. Dreimal unter den ersten drei, das war die Ausbeute der Etappen; in Paris fand sich nur ein einziger Sky-Fahrer unter den ersten 20 der Gesamtwertung. «Wir sind ein junges Team, wir haben viel gelernt und wir werden wiederkommen und neu durchstarten»; sagte Teamchef Dave Brailsford hinterher.

Er sollte recht behalten. Zwei Jahre später stand Wiggins in Gelb oben auf dem Treppchen in Paris. Zwölf Monate später folgte Chris Froome. Vom ersten Rennen bis zum Tourgewinn in vier Jahren. Die unmögliche Deadline war übertroffen.

27. Februar
Der Geburtstag von André Leducq
(1904)

Mit zwei Gesamtsiegen bei der Tour und je einem Erfolg bei Paris–Roubaix und Paris–Tour sowie einem Weltmeistertitel war André Leducq einer der besten Radsportler der späten 1920er- und frühen 30er-Jahre.

Er sah gut aus, war charmant und witzig und eines der ersten Sex-Symbole des Radsports. Sein Spitzname war «der fröhliche Dédé», er wurde aber auch gern mal «der schöne Dédé» genannt. Sein Auftreten erhöhte das weibliche Interesse an der Tour signifikant ...

Geboren in Paris, erhielt Leducq sein erstes Fahrrad im zarten Alter von fünf Jahren. 15 Jahre später rollte er im Trikot des Weltmeisters durch seine Heimatstadt.

Profi wurde er im Jahr 1927; die erste Tour-Teilnahme beendete er auf dem vierten Platz, nachdem er unterwegs drei Etappensiege mitnahm.

Es sollten noch einige folgen – am Ende seiner Karriere waren es 25, ein Rekord, den erst Eddy Merckx übertreffen sollte.

Als guter Allrounder, der auch schon mal beim Sprint und in den Bergen mitmischen konnte, gewann Leducq 1928 bei Paris–Roubaix. Seinen ersten Tour-Sieg erreichte er dann 1930, nachdem er sich mit dem Italiener Learco Guerra drei Wochen lang duelliert hatte. Dies war die erste Austragung, bei der Nationalmannschaften gegeneinander fuhren, und Leducq profitierte von einer selten guten Zusammenarbeit im Team. Frankreich war entzückt von seinem neuen Champion. Leducq wiederholte seinen Tour-Gewinn 1932.

Seinen letzten Sieg erreichte er bei der Tour 1938, als er die letzte Etappe gewann, Arm in Arm mit Antonin Magne, der ebenfalls seine letzte Tour fuhr.

28. Februar

Djamolidine Abdoujaparov hat Geburtstag
(1964)

Der Mann mit dem komplizierten Namen wurde meist einfach «Abdou» genannt; allerdings war er im Peloton auch unter dem Spitznamen «Tashkent Terror» bekannt. Abdou war in der Tat eine Kanone, und nur selten gut gesichert. Er eroberte drei Grüne Trikots bei der Tour sowie je einmal die entsprechende Punktewertung beim Giro und bei der Vuelta, mit (vorsichtig formuliert) recht unkonventionellen Methoden. Er zwängte sich durch die Reihen und kurvte mit ausgefahrenen Ellbogen wild hin und her auf dem Weg ins Ziel. Mehr als ein Fahrer bezeichnete ihn als Gefahr, als einen Unfall, der nur darauf warte, zuschlagen zu können.

Und genau dieser Unfall geschah.

Auf der letzten Etappe der Tour 1991 führte Abdoujaparov die Punktewertung uneinholbar an. Er brauchte nur noch ans Ziel zu kommen und dort sein erstes Grünes Trikot der Gesamtwertung in Empfang zu nehmen.

Aber die letzte Etappe der Tour mit dem Finish auf den Champs-Élysées ist einer der größten Bühnen des Radsports. Abdou wollte bei dieser klassischen Sprinterankunft vor den Augen der ganzen Welt unbedingt gewinnen. Als die letzten Kilometer vor ihm lagen, stand er bis zum Scheitel unter Strom und war bereit zur Schlacht.

Die Sprintzüge formierten sich. Abdou, Kopf gebeugt, die Beine auf Touren wie eine Maschine am Limit, kurbelte rechts außen, nahe an der Absperrung. Zu nahe, wie sich herausstellen sollte. Völlig fokussiert auf die Ziellinie, streifte er bei einem seiner typischen Schlenker ein Gitter und wurde über den Lenker gewirbelt. Es war ein spektakulärer Hochgeschwindigkeitscrash, der mindestens zwei andere Fahrer mit zu Fall brachte. Abdou brach sich das Schlüsselbein, und statt auf das Podium ging es direkt ins Krankenhaus – nachdem man ihm erst noch über die Ziellinie geholfen hatte, 15 Minuten nach dem Sturz.

1. März

Der Geburtstag von Reg Harris

(1920)

Am Abend des 11. August 1948 standen Reg Harrris und sein Rennpartner Alan Bannister bei fast völliger Dunkelheit an der Startlinie des Herne Hill Velodroms im Londoner Süden. Es war das Finalrennen im 2000 m-Tandem bei den Olympischen Spielen. Der Gegner war Italien, es ging um Gold.

Eine Woche vorher hatte es gar nicht so ausgesehen, als wäre Harris überhaupt dabei. Das Training des britischen Olympia-Teams sagte ihm nicht zu, er fuhr nach Hause und trainierte auf eigene Faust. Der Verband beorderte ihn zurück und strich seine Nominierung, als er sich weigerte. Es bedurfte einer hastig einberufenen Anhörung, um ihn wieder anzumelden.

Das Tandem-Finale wurde später als spannendstes Rennen des gesamten olympischen Radsportprogramms bezeichnet. Schade nur, dass kaum einer etwas sah. Es war so dunkel, dass die Schiedsrichter auch nicht genau erkennen konnten, wer die Ziellinie zuerst überfuhr. Schließlich wurde Italien der Sieg zugesprochen. Das war sicher nicht das, was Harris sich gewünscht hatte, aber es war nicht schlecht, allemal nicht, wenn man bedenkt, dass er weniger als sechs Monate vorher noch mit gebrochenem Rücken im Krankenhaus gelegen hatte.

Nach den Olympischen Spielen wechselte Harris zu den Profis und wurde einer der besten Sprinter der Welt. Er türmte vier Weltmeistertitel bei den Profis auf den Amateurweltmeistertitel, den er sich 1947 gesichert hatte – ein Tag, der im Golden Book of Cycling (1932 vom Magazin *Cycling* gegründet) als «Großbritanniens größter Radsporttag innerhalb einer Generation» bezeichnet wurde.

Reg Harris starb 1992. Eine Statue, die ihn zeigt, steht heute im Velodrom in Manchester.

2. März

Peter van Petegem gewinnt den Omloop Het Volk

(2002)

Der Eintagesrennen-Spezialist Peter van Petegem hat in den siebzehn Jahren seiner Karriere einige Frühjahrsklassiker gewonnen. Seine größten Erfolge waren die beiden Siege bei der Flandernrundfahrt 1999 und 2003 und der bei Paris–Roubaix 2003 (Van Petegem ist einer von nur zehn Fahrern, die diesen Klassiker plus die Flandernrundfahrt im gleichen Jahr gewinnen konnten). Aber beim belgischen Halb-Klassiker Omloop Het Volk hat er die meisten Siege erzielt.

Dieses Rennen hat seinen Namen in den siebzig Jahren seiner Geschichte viermal gewechselt; heute läuft es unter der Bezeichnung Omloop Het Nieuwsblad. Von 1961 bis 2008 hieß es Umloop Het Volk (beides Namen belgischer Zeitungen), also auch in der Zeit, in der Van Petegem seine Siege einfuhr.

Wie bei den meisten Rennen mit langer Geschichte hat sich der Kurs selbst über die Jahre verändert, aber die Essenz blieb immer gleich: Kopfsteinpflaster und Anstiege.

Der Sieg von 2002 war Van Petegems dritter. Er sprang dem Peloton davon und schloss zum allein Führenden auf, um diesen dann im Zielsprint hinter sich zu lassen. Mit diesem Sieg zog er mit Ernie Sterckx und Jos Bruyere gleich, die ebenfalls mit drei Siegen vorn liegen – mehr hat noch keiner geschafft.

3. März

Der Geburtstag von Maurice Garin
(1871)

Der erste Gewinner der Tour de France, Maurice Garin, wurde 1871 in Arvier in Nordwest-Italien in eine große Familie hineingeboren. Er hatte vier Brüder und vier Schwester, und das Leben dort war hart. So hart, dass seine Eltern sich entschieden, nach Frankreich zu gehen. Ob gemeinsam oder getrennt ist unklar; es gibt auch die Legende, dass der kleine Maurice einem Franzosen zum Arbeiten mitgegeben wurde, im Tausch gegen ein Rad Käse.

Wie auch immer er gekommen war, in den 1890ern arbeitete Garin als Kaminkehrer in Nordfrankreich – den Spitznamen Kaminkehrer sollte er seine gesamte Karriere hindurch behalten. 1893 gewann er in Dinan sein erstes Radrennen; im nächsten Jahr wechselte er zu den Profis.

Die Liste seiner Erfolge ist nicht übermäßig lang, aber ihre Bedeutung macht das mehr als wett. 1896 wurde er bei der ersten Austragung von Paris-Roubaix Dritter; die nächsten beiden Austragungen gewann er. 1901 siegte er bei der zweiten Ausgabe von Paris-Brest-Paris. Ein Jahr darauf gewann er Bordeaux-Paris, nachdem er dort schon zweimal Zweiter geworden war.

Zum Zeitpunkt seines Sieges bei der ersten Tour war Garin einer der besten Langstreckenfahrer der Welt und gehörte klar zu den Favoriten. Dieser Einschätzung wurde er mehr als gerecht: Er gewann die erste Etappe (467 km von Paris nach Lyon) und gab die daraus resultierende Führung in den achtzehn Tagen bis Paris nicht mehr ab. Auf den insgesamt 2400 Kilometern gewann er drei Etappen und fuhr einen Vorsprung von mehr als zwei Stunden heraus.

Obwohl er damals sehr gefeiert wurde, wandte er sich nach 1904 von diesem Rennen ab. Damals wurde ihm nach einer provisorischen Zuerkennung der Sieg schließlich abgesprochen (s. 2. Dezember). Danach startete Garin nicht wieder bei der Tour.

Garin starb 1957 im Alter von 85 Jahren. Aber auch nach seinem Tod mischte er den Radsport noch einmal auf. 2004 tauchten Dokumente auf, nach denen seine Einbürgerung in Frankreich erst einige Jahre später stattgefunden hatte, als man bis dahin glaubte. Wenn das stimmt, hätte es Folgen (s. 28. März).

4. März

Jean Robic gewinnt die erste Querfeldein-Weltmeisterschaft
(1950)

Obwohl die ersten nationalen Querfeldein-Wettbewerbe bis in das Jahr 1902 zurückreichen, als Frankreich seine erste Landesmeisterschaft durchführte, hat es bis 1950 gedauert, bis eine Weltmeisterschaft durchgeführt wurde.

Vor 1950 hatte das Critérium International de Cyclocross als inoffizielle Weltmeisterschaft gedient. Dieses Rennen bestand seit 1924. Als die Popularität des Sports zunahm, beschloss die UCI dann die Durchführung einer offiziellen Weltmeisterschaft.

Im Bois de Vincennes, einem Park am Ostrand von Paris, den Napoleon III. anlegen ließ, entwickelte sich ein Zweikampf zwischen zwei französischen Radsportchampions. Jean Robic hatte die Tour und das Critérium International de Cyclocross 1947 gewonnen, Roger Rondeaux war dreifacher nationaler Querfeldeinmeister und hatte das Critérium zweimal gewonnen. Hier fuhren zwei Freunde Kopf an Kopf.

Rondeux stürzte auf der dritten Runde, kämpfte sich aber wieder heran. Das war sehr beeindruckend, aber schließlich siegte der Tour-Champion von 1947 doch noch im Sprint. Damit war er der erste offizielle Weltmeister in dieser Spielart des Radsports. «Ich habe mein Ziel erreicht; ich bin sehr glücklich», sagte Robic hinterher.

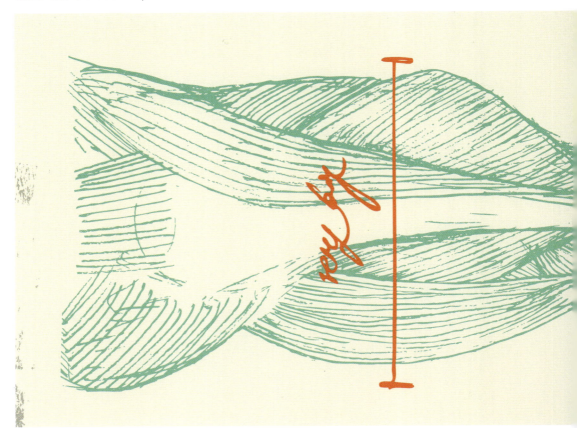

5. März
Robert Förstemann hat Geburtstag
(1986)

Robert Förstemann ist ein deutscher Bahnradfahrer mit nationalen Meistertiteln in den Disziplinen 1000 m Zeitfahren, Sprint und Teamsprint. Dazu kommen Europa- und Weltmeistertitel sowie auch Worldcup-Erfolge und eine Bronzemedaille bei Olympia (London 2012).

Ein beeindruckender Bahnfahrer also, aber das ist nicht alles. Etwas unterscheidet ihn von allen andern dort draußen auf den Radsportrennbahnen, und das sind nicht seine Siege, sondern seine Beine. Rundheraus gesagt: Der Mann hat enorme Oberschenkel.

Internationale Aufmerksamkeit erhielten seine Arbeitswerkzeuge während der Olympischen Spiele in London, als der Neuseeländer Greg Henderson ein Foto von Förstemann und seinem Kollegen André Greipel twitterte: beide in engen Hosen und mit geradezu quadratischen Oberschenkeln (soweit Oberschenkel quadratisch sein können). Greipels gigantische Muskelpakete waren dabei, das muss hier noch gesagt werden, nur Beiwerk: Förstemann ist der Schenkelkönig. Völlig eindeutig.

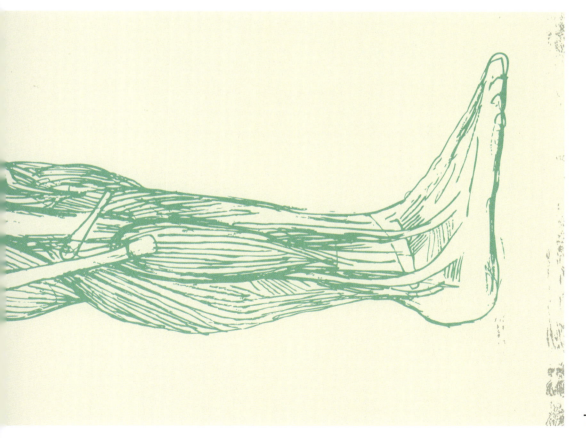

6. März
Der Geburtstag von Gerrie Knetemann
(1951)

In seiner fünfzehn Jahre dauernden Profi-Karriere gewann der Niederländer Gerrie Knetemann die Straßenweltmeisterschaft, mehrere Tour-Etappen und verschiedene Eintagesklassiker, zudem die nationale sowie die Europameisterschaft und diverse Sechstagerennen auf der Bahn. Insgesamt gelangen ihm mehr als 125 Siege.

Knetemann wurde in Amsterdam geboren und 1974 Profi. Bereits in seiner ersten Saison gewann er das Amstel Gold Race. Im folgenden Jahr holte er sich den ersten Etappensieg bei der Tour: Er war 80 km vor dem Ziel zusammen mit dem Italiener Giovanni Cavalcanti dem Peloton davongefahren und ließ diesen dann beim Zielsprint in Albi hinter sich.

Sein bestes Jahr kam 1978. Er gewann drei Etappen und den Gesamtsieg bei Paris-Nizza und darauf zwei Etappen (inklusive der letzten mit Zielsprint auf den Champs-Élysées) bei der Tour. Zudem fuhr er zwei Tage in Gelb. Dann kamen die Weltmeisterschaften.

Diese fanden 1978 auf dem Nürburgring statt. Auf den letzten Kilometern waren Knetemann und der Vorjahressieger Francesco Moser vorn. Der Italiener wollte seinen Erfolg aus Venezuela verteidigen und zog seinen Sprint etwa 150 m vor dem Ziel an. Knetemann blieb dran und riss sich das Regenbogentrikot schließlich mit weniger als einer Reifenbreite Vorsprung unter den Nagel.

Gerrie Knetemann zog sich 1989 aus dem aktiven Sport zurück. Fünfzehn Jahre später starb er nach einem Herzanfall, den er beim Mountainbiken mit Freunden erlitt.

7. März
Jörg Jaksche gewinnt die erste Etappe bei Paris-Nizza
(2004)

2004 war das beste in den zwölf Jahren der Karriere von Jörg Jaksche; damals fuhr er für das Team CSC. Als verlässlicher Helfer seiner Teamkapitäne hatte das Siegen vorher nicht zu seinen Aufgaben gehört, aber im Februar 2004 gewann er die Mittelmeerrundfahrt im Februar und stand dann bei Paris-Nizza am Start.

Jaksche gewann das Eröffnungszeitfahren über 13 km gegen Davide Rebellin. Der nächste Tag sah ganz nach einer Sprintankunft aus, aber es wehte ein starker Wind, und CSC ließ sich diese Chance nicht entgehen. Man setzte sich vorn fest, nahm die anderen auf die Windkante und rettete das Gelbe Trikot für Jaksche.

Und so ging es weiter. Die Etappen gewannen andere, unter anderem dreimal Alexandre Vinokourov von T-Mobile. Jaksche blieb in Gelb. Er beendete das Rennen mit 15 Sekunden Vorsprung vor Davide Rebellin. Das war das beste Resultat seiner Karriere und erst das zehnte Mal, dass ein Fahrer von Anfang bis Ende führte. Jaksche war damit in Gesellschaft von Größen wie Merckx, Maertens und Kelly.

Drei Jahre später war Schluss mit dem Radsport. Jaksche war in den von der spanischen Operación Puerto aufgedeckten Dopingskandal verwickelt und gab später zu, leistungssteigernde Medikamente verwendet zu haben. Er sprach auch von systematischem Doping im Radsport. An einem professionellen Rennen nahm er nie wieder teil.

8. März
Roger de Vlaeminck gewinnt Mailand–Turin
(1972)

Im März 1972 stand Roger de Vlaeminck noch am Anfang seiner großen Karriere (s. 24. August). Er hatte bereits Lüttich–Bastogne–Lüttich gewonnen, aber in dieser Saison sollte der Klassikerjäger so richtig in Fahrt kommen.

Nachdem De Vlaeminck das Jahr mit einem Etappengewinn bei der Sardinienrundfahrt begonnen hatte, startete er bei Mailand–Turin, dem ältesten der italienischen Klassiker. Zum ersten Mal 1876 ausgetragen, fand dieses Rennen zwar nur sporadisch statt (zwischen der ersten und der zweiten Austragung lag eine Pause von 18 Jahren; später gab es weitere Unterbrechungen), aber mit der Zeit hatte das Rennen dank bekannter Sieger wie Girardengo, Magni und Kübler an Bedeutung gewonnen.

Der Kurs führte über den Superga, den Hügel mit Blick auf Turin, an dem die italienische Fußball-Nationalmannschaft 1949 bei einem Flugzeugunglück ums Leben gekommen war.

Und an eben diesem Superga griff De Vlaeminck an. Anfangs konnte ihm nur der Schwede Gösta Petterson folgen. Schließlich wurde der Belgier wieder eingeholt, aber den Zielsprint gewann er dennoch. Das war der Auftakt eines grandiosen Frühjahrs. Fünf Tage später startete er seine Serie bei Tirreno–Adriatico (s. 16. März), bevor er sich seinen ersten Sieg bei Paris–Roubaix sicherte (s. 17. April).

Mailand–Turin steht nach einer fünfjährigen Unterbrechung seit 2012 wieder im Radsportkalender, nun mit dem Finish auf dem Superga.

9. März
Paris–Nizza erreicht Nizza und endet fünf Tage später in Rom
(1959)

Aus Gründen, die im Wesentlichen nur den Organisatoren bekannt waren, entschieden diese, die Austragung des traditionsreichen Rennens Paris–Nizza 1959 über Nizza hinaus bis nach Rom zu verlängern. So wurde in diesem Jahr aus Paris–Nizza das Rennen Paris–Nizza–Rom.

Die Veränderung verlängerte die Strecke um gute 800 km und die Gesamtdauer auf elf Tage. Das Rennen war in zwei Sektionen aufgeteilt worden: Paris–Nizza und Nizza–Rom. Es gab drei Klassifikationen. Die Gewinner jedes Abschnitts wurden einzeln gewertet, der Fahrer mit der besten addierten Zeit wurde Gesamtsieger.

69 Fahrer starteten, 64 von ihnen kamen ins Ziel. Zum zweiten Abschnitt durften nur diejenigen antreten, die den ersten geschafft hatten. Das Rennen wurde schließlich vom Franzosen Jean Graczyk gewonnen. Er fuhr für Jacques Anquetils Helyett-Hutchinson-Team und führte das Peloton nach Nizza. Den zweiten Abschnitt gewann Gérard Saint, aber Graczyk hatte die beste Gesamtzeit und wurde daher außerdem zum Gesamtsieger erklärt.

Das Experiment hatte keinen Erfolg. Die neue Variante sei zu lang und unnötig kompliziert, hieß es aus dem Radsport. Also ließ man die Nizza–Rom-Verlängerung wieder fallen und kehrte zum alten Modus zurück (s. 10., 12. und 14. März).

10. März
Bei Paris-Nizza wird ein Punktetrikot eingeführt
(1954)

Eine Sprintpunktwertung gab es bei Paris-Nizza schon 1938, aber der Gewinner Jules Lowie bekam dafür kein besonderes Trikot. Nicht, dass ihm das viel ausmachte – er hatte auch die Gesamtwertung gewonnen und so bereits das damals in Blau und Orange gehaltene Trikot des Gesamtführenden am Leib. Für die folgenden 17 Jahre sollte es bei Paris-Nizza dann erst einmal keine weitere Punktewertung geben.

Als sie 1954 wiederkam, ging das einher mit der Einführung eines eigenen Trikots. 1953 hatte die Tour das Grüne Trikot als Kennzeichen des Führenden in der Punktewertung eingeführt, und nun zog Paris-Niza nach, ebenfalls mit einem grünen Hemd. Raymond Impanis war der erste Gewinner dieser Trophäe; er sicherte sich auch den Gesamtsieg der Austragung dieses Jahres.

Die Wertung war mal in Mode, mal nicht, mal fand sie statt, mal fiel sie aus. Rik Van Loy und Sean Kelly haben sie jeweils viermal gewonnen, Freddy Maertens dreimal. Unter den anderen Gewinnern des Grünen Trikots bei Paris-Nizza sind Eddy Merckx, Laurent Jalabert und Bradley Wiggins.

11. März
Das erste Rennen Tirenno-Adriatico findet statt
(1966)

Die Bedeutung dieses einwöchigen Etappenrennens von der West- hinüber zur Ostküste Italiens lässt sich am besten an der illustren Teilnehmer- und Siegerliste ablesen, die es aufzuweisen hat.

Obwohl es früh in der Saison stattfindet, zieht es auch die ganz Großen des Radsports an. Und sie nehmen es ernst. In den letzten Jahren standen Nibali, Froome, Contador und Quintana, alles Sieger bei großen Rundfahrten, hier auf dem Podium.

Die Erstaustragung fand 1966 statt und wurde von Dino Zandegù gewonnen, der auch mehrere Etappen beim Giro sowie 1967 die Flandernrundfahrt gewann. Es ist die Rennstrecke selbst, die die Attraktion der Veranstaltung ausmacht. Mit dem Beinamen «Rennen der zwei Meere» führt es vom Tyrrhenischen Meer durch das Inland, überquert Italiens Rücken und erreicht die Adria bei San Benedetto del Tronto. Mit Zeitfahren, Bergetappen und Sprintankünften sowie mindestens einer langen, hügeligen Ausreißeretappe hat es für jeden etwas zu bieten.

Sowohl seine gehobene Bedeutung in den Palmarès als auch seine zeitliche Einordnung im Frühjahr machen es zu einem beliebten Vorbereitungs- oder Eröffnungsrennen für die beginnende Saison. Und wem all das noch nicht reicht, den lockt vielleicht der einen Neptun schmückende Dreizack, der als Trophäe verliehen wird.

12. März

Sean Kelly siegt zum siebten Mal bei Paris-Nizza
(1988)

Sean Kelly bestritt Paris-Nizza das erste Mal im Jahr 1977. Damals fuhr er als Domestik für Freddy Maertens ins dessen Flandria-Team und verbrachte seine Tage damit, Flaschen heranzufahren und Windschatten zu geben, während Maertens das Rennen dominierte und fünf Etappen sowie die Gesamtwertung für sich entschied. Kelly wurde 40. und kam eine gute halbe Stunde nach Maertens ins Ziel.

Fünf Jahre später gewann Kelly in Nizza das erste Mal selbst. Das war der Beginn einer bemerkenswerten Serie. Zum Ende des Jahrzehnts war der Ire unangefochtener König des «Rennens zur Sonne».

Sieben Jahre dauerte seine Regentschaft; er gewann alle Austragungen von 1982 bis 1988 und sammelte unterwegs auch noch 14 Etappensiege ein. Über die Jahre war er so sehr zum Chef der Veranstaltung geworden, dass die Organisatoren ihm 1988 das Trikot des Führenden zu früh übergaben. Sie drückten es ihm schon nach der Etappe zum Mont Faron in die Hand, bevor sie bemerkten, dass Sean Yates der tatsächlich Führende war. Die Macht der Gewohnheit, könnte man sagen.

Am folgenden Tag holte Kelly sich dann ordnungsgemäß als Führender das Trikot, mit 16 Sekunden Vorsprung vor dem Zweiten, Ronan Persec. Dieser 12. März war der vorletzte Tag des Rennens. Der letzte brachte noch eine Doppeletappe. Kelly hielt seinen Vorsprung auf der 100 km-Straßenetappe und gewann danach das abschließende Zeitfahren hinauf zum Col d'Eze.

Der siebte Sieg war seiner.

13. März
Der Todestag von Louison Bobet
(1983)

Im Jahr 1953 fuhr Louison Bobet seine sechste Tour de France. Seine bisherigen Erfolge dort waren durchwachsen. 1948 war er Vierter geworden, 1950 hatte er einen Podiumsplatz und das Bergtrikot erreicht. Aber er war auch schon zweimal unterwegs ausgestiegen und 1951 nur 20. geworden. Aber trotzdem war er 1953 einer der aussichtsreichsten Fahrer, auch wenn er sich mit allerlei Gezänk im französischen Team herumplagen musste.

«Auf dem Izoard werden die Karten auf den Tisch gelegt. Da wird die Tour gewonnen», sagte Bobet. Und entsprechend ging er an die Arbeit. Er griff sich das Gelbe Trikot nach einem beeindruckenden Solo über den Alpengiganten hinein nach Briançon, bei dem der Rest des Pelotons nur hinterhersegeln konnte. Coppi stand an diesem Tag am Izoard, die Kamera im Anschlag, und sah Bobet dabei zu, wie er die Fundamente seines Tour-Sieges aushob. Heute steht ein Denkmal für die beiden an den Hängen des Izoard.

Als ausgezeichneter Bergfahrer und zudem mit mehr als guten Zeitfahrqualitäten gesegnet, wurde Bobet der erste Fahrer, der die Tour dreimal hintereinander gewinnen konnte (1953-1955). Die erste Hälfte der 1950er-Jahre waren seine ganz große Zeit. Neben den drei Tour-Austragungen gewann er bei Mailand-San Remo, der Lombardeirundfahrt und Paris-Roubaix. 1955 siegte er bei der Flandernrundfahrt auf eine Weise, die – so beschrieb es Pierre Chany – den Zuschauern die Fritten aus der Hand fallen ließ.

1954 sicherte er sich auch die Weltmeisterschaft. Nach einem Radwechsel in der vorletzten Runde musste er sich wieder an die Spitze heranarbeiten – um dann Leute wie Coppi, Gaul und den jungen Anquetil stehen zu lassen und mit 22 Sekunden Vorsprung durchs Ziel zu jagen. Es war das erste Mal nach 18 Jahren, dass ein Franzose Weltmeister wurde. «Maman, je suis champion du Monde!», rief er danach aus. Das bedarf keiner Übersetzung.

Bobet fuhr seine letzte Tour im Jahr 1959. Die Alpen, die er so oft mit Leichtigkeit überflogen hatte, zwangen ihn dieses eine Mal in die Knie. Oben auf dem Col d'Iseran stieg er ab.

Er starb 1983 im Alter von 58 Jahren.

14. März

Paris–Nizza wird gestartet
(1933)

Die erste Austragung von Paris-Nizza begann um 4 Uhr in der Frühe. Nachdem der Startschuss neben dem Café Rozes am Place d' Italie gefallen war, nahm das Peloton Kurs auf Dijon, mehr als 300 km von Paris entfernt.

Das Rennen war eine Idee des Zeitungsmannes Albert Lejeune. Er besaß zwei Blätter: *Le Petit Journal* in Paris und *Le Petit Niçois* in Nizza. Sein Plan war es, die beiden Zeitungen miteinander zu verknüpfen, und dazu schien ein Radrennen perfekt geeignet.

Ursprünglich hieß die Veranstaltung «Le Six Jours de la Route» (Die sechs Tage auf der Straße). Sie sollte sowohl den Erfolg der winterlichen Sechstagerennen auf die Straße bringen als auch an die große Popularität der Tour anknüpfen. Die erste Austragung wurde durch die beiden Zeitungen massiv begleitet. Gewinner war Alfons Scheppers, der vom Anfang bis zum Ende führte.

Heute bekannt unter dem Beinamen «das Rennen zur Sonne», ist Paris-Nizza eines der prestigereichsten Etappenrennen. Viele große Radsportler haben *La course du soleil* gewonnen, darunter Bobet, Anquetil, Merckx und Indurain. Sean Kelly hält den Rekord für die meisten Siege (s. 12. März).

Nachdem das Rennen durch mehrere Hände ging, gehört es heute der ASO, ebenfalls Eigentümerin der Tour. 2015 feierte es seine 75. Austragung.

15. März

Jean-Pierre Monseré wird bei einem Rennen getötet
(1971)

An diesem Tag im März 1971 fuhr «Jempi» Monseré ein Kermesse-(Kirmes-)Rennen in und um Retie, einer Kleinstadt in Nordosten Belgiens. Er war einer der Besten im Peloton, ein junger Mann, der bereits mehr gewonnen hatte, als manch anderer sich je erträumt hat. Einer mit dem Potenzial, ein ganz Großer zu werden.

Monseré war 22 Jahre alt und bereitete sich auf die Klassiker dieser Saison vor. Er hatte bereits eines der Monumente in seinen Palmarès, denn 1969 war ihm der Sieg bei der Lombardeirundfahrt zugesprochen worden, nachdem Gerben Karstens positiv auf Dopingmittel getestet worden war. Jempi war damals erst seit wenigen Wochen Profi gewesen.

Weniger als ein Jahr später wurde er Weltmeister, indem er sich 1970 in Leicester gegen Felice Gimondi durchsetzte. Nur Karel Kaers hat die Weltmeisterschaft in noch jüngeren Jahren gewonnen (s. 18. August). Alles deutete auf eine wirklich große Karriere hin.

Jempi starb mit dem Regenbogentrikot am Körper. Er führte mit einer kleinen Gruppe das Rennen an, als er auf der Straße zwischen Gierle und Lille mit einem Auto zusammenstieß. Er war sofort tot. Ein junges Leben und eine junge Karriere waren von einem Moment zum nächsten durchschnitten. Heute steht ein Denkmal am Ort dieser Katastrophe.

Und als wäre dies alles nicht schon tragisch genug gewesen, kehrte das schlimme Schicksal noch einmal in Monserés Familie zurück. Fünf Jahre nach dem Tod des Vaters wurde sein junger Sohn ebenfalls Opfer eines Zusammenstoßes mit einem Auto. Ebenfalls beim Fahrradfahren. Auch er starb.

16. März
Roger de Vlaemincks Rekordgewinn bei Tirreno-Adriatico
(1977)

Den unangefochtenen Rekord bezüglich der Gesamtsiege bei Tirreno-Adriatico hält Roger de Vlaeminck. Obwohl er vor allem als großer Klassikerjäger in die Radsportgeschichte eingegangen ist, gefiel ihm offensichtlich auch das «Rennen zwischen den Meeren» ganz ausgezeichnet.

Der Belgier erreichte seine sechs Siege in den sechs aufeinanderfolgenden Jahren zwischen 1972 und 1977. Dieser Serie ist nie wieder jemand nahe gekommen. Die Austragung 1977 begann in Ferentino, mit einer 182 km langen Etappe nach Santa Serena. Der Italiener Alfio Vandi gewann sie, aber das war es dann auch für die gastgebende Nation. De Vlaeminck entschied die folgenden beiden Etappen für sich und bereitete damit seinen Gesamtsieg vor. Sein Landsmann Rik van Linden gewann Etappe vier, und beim abschließenden Zeitfahren über 18 Kilometer siegte Knut Knudsen aus Norwegen. De Vlaeminck gewann schließlich die Gesamtwertung mit fünf Sekunden Vorsprung vor Francesco Moser.

Nach dieser Serie glückte ihm zwar kein Gesamtsieg mehr, aber er gewann weitere Etappen in den Jahren 1979 und 1980. Im Ganzen fuhr er 15 Etappensiege bei Tirreno-Adriatico ein. Ein weiterer Rekord.

17. März
Albertus Geldermans hat Geburtstag
(1935)

Die Profi-Karriere von Albertus Geldermans war nicht allzu lang, aber die Tour de France sollte dennoch einen bleibenden Platz in seinem Kalender bekommen.

Der Holländer kam 1959 zu den Profis, im Team St. Raphael-Geminiani. Ab dem Folgejahr startete er bei jeder Tour, bis er 1966 seine Profi-Karriere beendete; viermal davon kam er bis Paris.

Sein bestes Jahr bei der Tour war 1962. Auf der sechsten Etappe hatte er sich einer fünfzehnköpfigen Fluchtgruppe angeschlossen, die den Zieleinlauf in Brest unter sich ausmachte. Er entschied zwar nicht den Schlusssprint für sich, war aber der Bestplatzierte der Gruppe im Gesamtklassement. Als der bisher führende Rudi Altig erst mehr als fünf Minuten später ins Ziel rollte, wanderte sein Gelbes Trikot weiter an Geldermans. Dieser behielt es für die nächsten beiden Tage und war damit erst der vierte Niederländer an der Spitze des Rennens. Paris erreichte er schließlich als Fünfter.

Seinen wichtigsten Sieg fuhr Geldermans 1960 bei Lüttich-Bastogne-Lüttich ein. Damit war er der erste Niederländer, der diesen ältesten aller Klassiker für sich entscheiden konnte. Nachdem er 1966 vom Profisport zurückgetreten war, blieb er ihm dennoch treu und leitete zwei Jahre später das Niederländische Team, als Jan Janssen einen weiteren niederländischen Ersterfolg erzielte und die Tour de France gewann.

18. März

Der Geburtstag von Costante Girardengo
(1893)

Der in Novi Ligure, einem Örtchen in der italienischen Provinz Piemont geborene Costante Girardengo war der erste, ursprüngliche Träger des Titels *Campionissimo* (Champion der Champions). Diesen Beinamen durften später auch Alfredo Binda und danach Fausto Coppi tragen, aber zuallererst gehörte er Girardengo. Im Verlauf der Giro-Austragung von 1919 verlieh Emilio Colombo, der Herausgeber der *Gazzetta dello Sport*, diesen Ehrentitel an «Gira».

Girardengo dominierte diese Austragung. Er gewann sieben der zehn Etappen und führte das Rennen vom Start bis ins Ziel an. Es war das erste Mal, dass einem Teilnehmer diese ununterbrochene Führung gelang, und nur Binda, Eddy Merckx und Gianni Bugno haben es bisher nachmachen können. In Mailand gewann Gira mit einem Vorsprung von fast 52 Minuten.

Das erste Mal war er den Giro im Alter von 20 Jahren mitgefahren, 1913. Er gewann eine Etappe und wurde Sechster der Gesamtwertung. Wenn das auch ein vielversprechender Einstieg war, so dauerte es doch, bis Girardengo dieses Versprechen umsetzen konnte. Im darauffolgenden Jahr stieg er unterwegs aus. Dann kam der Krieg.

Während der Kriegsjahre fuhr Gira Siege bei Mailand–Turin und bei Mailand–San Remo ein, aber seine eigentlich große Zeit begann erst mit dem Giro-Sieg 1919.

Was dann folgte, war wirklich erstaunlich. Zwischen 1919 und 1928 holte Girardengo sich fünf weitere Gesamtsiege bei Mailand–San Remo, drei bei der Lombardeirundfahrt und weitere drei bei Mailand–Turin. 1921 stieg er strahlend in den Giro ein und gewann die ersten vier Etappen. Dann erlitt er als Gesamtführender einen Sturz und fand sich in einer atemlosen Aufholjagd hinter seinem Rivalen Gaetano Belloni wieder. Schließlich konnte er nicht mehr. Er stieg vom Rad und malte ein Kreuz in den Straßenstaub. Vor dem Crash hatte er unbesiegbar ausgesehen, aber nun war es vorbei für dieses Jahr.

Zwei Jahre später glich Girardengo seine Rechnung mit dem Giro durch seinen zweiten Gesamtsieg wieder aus. Dieses Mal hatte er acht der zehn Etappen gewonnen, dennoch war sein Sieg deutlich knapper als 1919: Es trennten ihn nur 37 Sekunden vom Zweitplatzierten Giovanni Brunero.

Girardengo hält immer noch den Rekord bei den Italienischen Meisterschaften. Zwischen 1913 und 1925 gewann er jede Austragung, die stattfand; das brachte ihm neun Meistertitel. 1927 kam er dann bei der Erstaustragung der Weltmeisterschaften hinter Alfredo Binda ins Ziel. Seine Zeit an der Spitze neigte sich dem Ende zu. Der alte *Campionissimo* machte Platz für den neuen.

19. März

Coppi gewinnt das erste Mal Mailand-San Remo
(1946)

Auch unter dem Beinamen la Primavera (das Frühjahr) bekannt, ist das Radrennen Mailand-San Remo das erste Monument im Jahresverlauf. Es ist mit 193 km Länge ebenfalls das längste dieser Klassikerrennen und führt das Peloton über den Passo del Turchino und die berühmten Anstiege nach Cipressa und Poggio nach San Remo

Fausto Coppi hatte den ganzen Winter über für dieses Rennen trainiert. Den Giro hatte er bereits gewonnen, nun wollte er sich seinen ersten Klassiker holen. Nach nur 50 km jagte er bereits einer Fluchtgruppe hinterher. Es war gegen jede Taktik, sich so früh zu verausgaben – «lass andere die Arbeit machen und die Jungs einholen und spare deine Kraft für später», so lautet üblicherweise die Devise. Aber Coppi fuhr an diesem Tag nicht mit dem Kopf, sondern mit dem Herzen.

Als er aus dem Tunnel oben am Turchino herauskam, lag er in Führung. Allein. Nach nur der Hälfte des Rennens. Aus einer Minute Vorsprung wurden zwei, schließlich fünf. Die Legende berichtet, dass eine Gruppe Fans dicht gedrängt in einem Café an der Strecke die Radioübertragung verfolgte. Plötzlich sahen sie Coppi heranfahren. Sein Vorsprung war so groß, dass er abstieg, einen Espresso trank, zahlte und sich immer noch allein wieder auf den Weg machte ...

Coppis Vorsprung betrug im Ziel schließlich 14 Minuten, und das blieb der größte der Nachkriegszeit. Der Radiokommentator musste um die Einspielung von Musik bitten, um die Zeit bis zum Eintreffen der Verfolger zu überbrücken. Coppi hatte nicht nur sein erstes Monument gewonnen, sondern Schockwellen durch den Radsport geschickt.

20. März

Das erste Critérium International wird ausgetragen
(1932)

Ursprünglich als Critérium National de la Route bezeichnet und von der Zeitung *Paris-Soir* als inoffizielle französische Meisterschaft organisiert, fand die erste Austragung des Rennens 1932 statt. Es war ein Eintagesrennen, zu dem nur französische Fahrer zugelassen waren. Sieger wurde Léon Le Calvez, der hier seinen einzigen Sieg von Bedeutung einfuhr.

Seitdem hat sich das Rennen mehrfach verändert. Inzwischen führt es über drei Etappen. In den späten 1970er-Jahren wurde es auch für Nichtfranzosen, die in französischen Teams fuhren geöffnet, bald darauf auch für nichtfranzösische Teams. Damit einher ging 1980 der Wechsel des Namens zu Critérium International.

Aktuell auf der Insel Korsika ausgetragen, beinhaltet das Rennen eine Flachetappe, eine Bergetappe und ein Zeitfahren und kann so nur von guten Allroundern gewonnen werden. Bobet, Anquetil, Hinault, Kelly, Fignon und Indurain sind darunter. Den Rekord von fünf Siegen halten Raymond Poulidor und Jens Voigt gemeinsam.

Der berühmteste Teilnehmer des Rennens in den letzten Jahren hatte allerdings kein Rad, sondern vier Hufe. 1997 sprang ein radsportbegeistertes Pferd über den Zaun seiner Weide, schloss sich dem vorbeisausenden Hauptfeld an und arbeitete sich langsam nach vorn. Offensichtlich zufrieden mit seinem Erfolg, bog es dann in eine andere Richtung ab und beendete seine kurze, aber gut dokumentierte Radsportkarriere.

21. März

Erstes vollständiges Sechstagerennen auf dem europäischen Festland

(1909)

Zur Welt gekommen in England und groß geworden in den USA, kam das Spektakel der Sechstagerennen in den 1900er-Jahren schließlich auch nach Kontinentaleuropa.

Die erste dokumentierte Veranstaltung dieser Art fand 1906 in Toulouse in Frankreich statt. Sie wurde von Emile und Léon Georget gewonnen, litt aber unter Störungen. Nach zwei Tagen wurde das Rennen für fast einen ganzen Tag unterbrochen, bevor man dann doch weiterfuhr.

Das erste vollständig durchgeführte Sechstagerennen fand dann drei Jahre später in Berlin statt. Diese erste Austragung des mittlerweile weltweit am längsten veranstalteten Sechstagerennens wurde von den US-Amerikanern Floyd McFarland und Jimmy Moran gewonnen, die dabei 2425 Meilen (3902,6 km) auf der Bahn zurücklegten. Nur eine Runde trennte sie nach dieser ungeheuren Strecke von den zweitplatzierten Marcel Berthet und John Stol.

Die Sache war ein großer Erfolg, und bald schon gab es überall in Deutschland weitere Rennen. Innerhalb weniger Jahre hatten sich auch in Bremen, Hamburg, Hannover, Dresden und Frankfurt Sechstagerennen etabliert.

22. März

Marcel Buysse gewinnt die zweite Flandernrundfahrt

(1914)

Marcel Buysse, dessen Bruder Lucien 1926 die Tour de France gewinnen sollte (s. 11. September), gewann das wichtigste Rennen seiner Karriere, als er 1914 bei der zweiten Austragung der Flandernrundfahrt den Sieg einfuhr.

Damals musste sich das in Gent beginnende und endende Rennen seine Bedeutung als eines der prestigereichsten Rennen des Radsportkalenders erst noch erarbeiten. Buysses Sieg, bei dem er sieben andere Fahrer nach zehn Stunden harter Arbeit ausgestochen hatte, war der sehr radsportfreundlichen Zeitung *Le Petit Journal* nur zwei kurze Absätze wert. Es kamen ohnehin nur 19 Fahrer ins Ziel. Das Rennen löste ganz offensichtlich (noch) nicht die fieberhafte Aufmerksamkeit aus, die andere Veranstaltungen dieser Jahre begleitete.

Buysse hatte die Tour bereits einmal auf dem Podium beendet: Bei der Austragung von 1913 war er Dritter geworden, nachdem er sechs Etappen gewonnen hatte. Später kamen noch ein zweiter Platz bei Bordeaux–Paris und ein Podiumsplatz beim Giro hinzu, aber einen Sieg bei einem Rennen, das einmal eine solche Bedeutung wie die Flandernrundfahrt erlangen sollte, ist ihm nicht wieder gelungen.

23. März
Henri van Lerberghes Überraschungssieg in Gent
(1919)

1914 wurde Henri van Lerberghe Zweiter bei der Flandernrundfahrt. Dann wurde er eingezogen und hatte wesentlich ernstere Kämpfe auf den Feldern Flanderns zu bestehen, Kämpfe, die den Radsport in unerreichbare Ferne rücken ließen.

Schließlich kam im November 1918 der Frieden. Vier Monate später war die Flandernrundfahrt wieder da, mit insgesamt 47 Teilnehmern an der Startlinie in Gent. Einer von ihnen war Henri van Lerberghe.

Van Lerberghe hatte bereits eine Tour-Etappe gewonnen und war ein Mann von bemerkenswerter Persönlichkeit. Er kam mit einem alten Drahtesel zum Start, der eindeutig nicht in der Lage war, ihn durch dieses Rennen zu tragen. Jules Masselis, ein Fahrer, der bereits mehrere Monumente auf dem Podium beendet hatte, mochte seinen Augen nicht trauen. Er drückte Van Lerberghe ein Rennrad in die Hand und sagte ihm, er solle «den Schrott da» stehen lassen.

Die anderen Fahrer lachten. Van Lerberghe forderte sie auf, das zu lassen, er würde sie alle abhängen. Sie lachten weiter. Van Lerberghe war offensichtlich nicht ganz zurechnungsfähig, fanden sie.

Falsch gedacht. Am Kwaremont war Van Lerberghe mit vier anderen vorn und griff an. Er riss schnell eine Lücke, und das war's dann schon. Bis die anderen begriffen hatten, dass er einen ernsthaften Vorsprung hatte, war er schon auf und davon.

Auf dem Weg ins Ziel musste Lerberghe einen Bahnübergang überqueren, der gerade von einem stehenden Güterzug blockiert wurde. Kein Hindernis für ihn: Van Lerberghe schulterte sein Rad, kletterte über einen unbeladenen, offenen Waggon und kurbelte weiter. Der Legende nach hielt er kurz vor dem Ziel und mit einem todsicheren Vorsprung versehen an einer Bar an, um schon mal ein Bierchen auf seinen Sieg zu heben. Und noch eines. Und noch ein drittes. Sein Trainer musste ihn aus der Kneipe zerren. Im Ziel, vielleicht ein kleines bisschen angeheitert, rief er den Fans zu, sie könnten jetzt auch nach Hause gehen, er hätte einen halben Tag Vorsprung.

Es sollten insgesamt 14 Minuten Vorsprung werden, mit denen er gewann. Plus drei Bier. Bis heute der größte Abstand in der Geschichte dieses Rennens. Prost.

24. März
Johann Museeuw gewinnt das letzte Dwaars door België
(1999)

Gestartet im Jahr 1946, wurde das Rennen *Dwaars door België* («Quer durch Belgien») 1999 zum letzten Mal unter diesem Namen ausgetragen, danach hieß es Dwaars door Vlaanderen.

Als das erste einer Serie von flämischen Eintagesrennen, die schließlich in der Flandernrundfahrt kulminierte, nutzte es viele Straßen, die auch von der berühmten älteren Schwester befahren wurden. Diese 1999er-Austragung wurde von Johan Museeuw gewonnen, der mit Michel Van Haecke zusammen ausgerissen war und den Schlussspurt dann locker für sich entschied. Es war sein zweiter Sieg (nach 1993) bei diesem Rennen; damit zog er mit elf anderen Fahrern gleich. Drei oder mehr Siege hat niemand geschafft.

Museeuw, Spitzname «der Löwe von Flandern», war ein überragender Klassikerfahrer, der in den siebzehn Jahren seiner Profi-Karriere je dreimal Paris–Roubaix und die Flandernrundfahrt gewinnen konnte. Er siegte auch einmal bei Paris–Tours und eroberte 1996 das Regenbogentrikot des Weltmeisters

25. März
Der Geburtstag von Wim van Est
(1923)

Der Niederländer Wim van Est gewann je einmal die Flandernrundfahrt und Bordeaux–Paris. Wirklich bekannt wurde er aber durch einen Zwischenfall bei der Tour de France 1951.

Van Est gewann die zwölfte Etappe nach Dax und übernahm die Gesamtführung. Er war der erste Holländer, der sich das Goldene Vlies überstreifen durfte. Ein Etappengewinn und das Gelbe Trikot: Seine Tour lief blendend.

Der nächste Tag führte das Feld in die Pyrenäen und über den Col d'Aubisque. Die Abfahrt auf der Ostseite des Berges ist schmal und anspruchsvoll. Van Est kam damit nicht gut zurecht. Nach ein paar Beinahe-Stürzen nahm er ein Mäuerchen mit und segelte kopfüber in eine etwa 70 Meter tiefe Schlucht. Unglaublicherweise überlebte er. Aber wie sollte man ihn da wieder herausbekommen?

Seine Retter knüpften sich eine Sicherungsleine aus Ersatzreifen und brachten ihn in Sicherheit. Das Rennen war jedoch für ihn vorbei.

Der Vorfall war die Grundlage für eine der berühmtesten Werbeanzeigen der Niederlande. Teamsponsor Pontiac, ein Uhrenhersteller, schaltete eine Anzeigenserie, bei der Van Est mit schmerzlichem Ausdruck im Gesicht in Radsportkleidung an einem Abhang saß. Der Text lautete: «70 Meter fiel ich, und mein Herz stand still. Aber meine Pontiac nicht. So eine Pontiac hält wirklich etwas aus.»

Heute zeigt eine Hinweistafel den Ort an, an dem dieser Unfall mit gutem Ausgang geschah.

26. März

Simpson feiert seinen ersten großen Sieg

(1961)

Der in der Grafschaft Durham geborene Engländer Tom Simpson ging 1959 nach Frankreich, um Karriere im Straßenradsport zu machen. Er war bereits nationaler Meister und Olympia-Bronze-Inhaber im Bahnsport, sah seine Zukunft aber beim Straßenrennen. Damals hieß das ganz klar: umziehen nach Kontinentaleuropa.

Nachdem er ein paar Monate als Semi-Profi gefahren war und gleich einige Sieg eingesammelt hatte, kam er beim Team St. Raphael-Geminiani unter. Er war jetzt ein voll entwickelter Radsportprofi und fuhr mit den Besten der Welt. Nun wollte er auch gegen sie gewinnen.

Seinen ersten großen Sieg errang er 1961. Simpson hatte schon bei einigen wichtigen Rennen geführt, z. B. bei Mailand-San Remo und Paris-Roubaix. Es war ihm aber noch nicht gelungen, seine Führung bis ins Ziel zu halten. Das sollte sich bei dieser 1961er-Austragung der Flandernrundfahrt ändern.

Gegen Ende des Rennens fuhr Simpson zusammen mit dem Italiener Nino Defilippis vorn. Der war wesentlich erfahrener als Simpson und hatte schon Etappen der Tour, des Giro und der Vuelta gewonnen sowie eine Austragung der Lombardeirundfahrt. Als sie sich dem Ziel näherten, entschied sich Simpson für eine kleine Kriegslist.

Er zog seinen Sprint sehr früh an und nahm dann wieder etwas Druck aus den Pedalen. Defillipis nahm an, dass Simpson zu früh in den Wind gegangen war und nun einbrach, und zog jetzt seinerseits den Sprint an, vermutlich etwas früher, als er es sonst getan hätte. Simpson blieb dran, zog dann an Filippis vorbei und war Augenblicke später zuerst im Ziel.

Die Italiener reichten noch Protest ein – ein starker Wind hatte die Zielmarkierung umgeweht, deshalb war die genaue Ziellinie nicht gut zu erkennen gewesen –, aber es blieb dabei: Simpson hatte sein erstes Monument gewonnen.

Es sollten noch zwei weitere hinzukommen: Mailand-San Remo 1964 und die Lombardeirundfahrt 1965 – fünf Wochen, nachdem Simpson sich sein erstes und einziges Regenbogentrikot (Straßenweltmeisterschaft) gesichert hatte. Zwei Jahre später starb Tom Simpson bei der Tour an den Hängen des Mont Ventoux (s. 13. Juli).

27. März

Bei Paris-Roubaix werden Schrittmacherfahrzeuge verboten
(1910)

Das Rennen Paris-Roubaix, die «Hölle des Nordens», war ursprünglich (erste Austragung 1896) ein Schrittmacherrennen. Die Fahrer kurbelten soweit möglich im Windschatten von motorisierten Schrittmacherfahrzeugen, teilweise Motorräder, teilweise sogar Autos.

Das war damals durchaus üblich. Paris-Roubaix wurde vor allem als Vorbereitungsrennen auf das damals wesentlich prestigereichere Rennen Bordeaux-Paris angesehen – ebenfalls ein Schrittmacherrennen. In den 1900er-Jahren änderte das Rennen dann seine Regeln und begrenzte die Schrittmacherstrecken. Manche Fahrer begrüßten dies ausdrücklich: Octave Lapize, der erste Dreifachgewinner in Roubaix, formulierte es so: «Mit all diesen Fahrzeugen ist das Risiko eines Unfalls sehr groß. Ich bin anderen ausgeliefert und muss ständig ungeheuer aufpassen.»

!909, als Lapize das erste Mal gewann, war die Schrittmacherstrecke schon auf die Eröffnungsphase des Rennens begrenzt worden. Hinter Beauvais, also nach etwa einem Drittel der Strecke, waren die Fahrer auf ihre eigenen Beine angewiesen. Ein Jahr später wurden die Schrittmacher völlig aus dem Rennen verbannt. Autos konnten das Rennen zwar begleiten, aber das Windschattengeben war nun streng verboten und wurde sanktioniert.

Lapize gewann die Austragung mit zwei Längen Vorsprung und damit seinen zweiten Titel bei diesem Rennen. Einer sollte noch folgen. Das Rennen selbst machte seinen weiteren Weg zu einem der eindrucksvollsten Ereignisse des Radsports von 1910 an ohne Schrittmacherfahrzeuge.

28. März

Rossi gewinnt als erster Italiener bei Paris–Roubaix. Oder nicht?
(1937)

Als Jules Rossi bei der 38. Austragung des Rennens Paris–Roubaix vor dem Belgier Albert Hendrickx als Sieger die Ziellinie überfuhr, sah es ganz so aus, als hätte er gerade Radsportgeschichte geschrieben. Kein Italiener vor ihm hatte hier bisher gewinnen können. Rossi war zwar schon in jungen Jahren nach Frankreich gezogen, hatte aber nie um die französische Staatsbürgerschaft nachgesucht. «Gewiss hat Rossi gegenüber Girardengo, Belloni, Linardi und Binda den Vorteil, dass er unter unserem Himmel aufgewachsen ist», schrieb *Le Petit Journal*, «aber trotzdem hat sein Erfolg auf der anderen Seite der Alpen eine erhebliche Bedeutung.»

Rossi hatte etwas erreicht, was selbst diesen Radsportheroen nicht gelungen war, etwas, das noch kein Italiener vorher erreicht hatte. Oder etwa doch?

Im Jahr 1897 hatte Maurice Garin, der später die erste Austragung der Tour de France gewinnen sollte, ebenfalls in Roubaix gesiegt. 1898 wiederholte er diesen Erfolg. Genau wie Rossi war auch Garin ein gebürtiger Italiener, den das Schicksal nach Frankreich verschlagen hatte (s. 3. März). Im Gegensatz zu Rossi hatte Garin aber die französische Staatsbürgerschaft angenommen.

Man ging lange davon aus, dass diese Einbürgerung im Jahr 1892, an seinem 21. Geburtstag, vollzogen wurde. Das bedeutete, dass alle seine Siege als Profi französische Siege waren. 2004 aber grub der Autor Franco Cuaz bei Nachforschungen zu Garins Lebenslauf Dokumente aus, nach denen Garins Einbürgerung erst 1901 vollzogen wurde – neun Jahre später, als man vorher geglaubt hatte. Diese überraschende Entdeckung bedeutete, dass Garin noch Italiener war, als er Paris–Roubaix (zweimal) gewann. Die Radsportgeschichte musste korrigiert werden.

29. März

Cadel Evans gewinnt die Settimana Internazionale Coppi e Bartali
(2008)

1984 wurde die Settimana Ciclista Internazionale (auch als «International Cycling Week» bekannt) das erste Mal ausgetragen. In ihrer über dreißigjährigen Geschichte hat sie sowohl den Namen als auch den Austragungsort mehrfach gewechselt.

Moreno Argentin gewann die erste Austragung auf Sizilien. Dort blieb das Rennen für eine Dekade. Dann wechselte es kurz nach Sardinien und von dort aus in die Emilia Romagna. 1999 wurde es zum Memorial Cecchi Gori; seit 2001 heißt es nun Settimana Internazionale Coppi e Bartali und ehrt mit diesem Namen zwei von Italiens größten Rennfahrern.

Nur zwei außereuropäische Fahrer konnten dieses Rennen bisher für sich entscheiden, und beide waren Australier. 1991 gewann Phil Anderson, siebzehn Jahre später folgte Cadel Evans bei der Austragung 2008.

In dieser Zeit begann Evans' erfolgreichste Karrierephase. Er hatte bereits eine Austragung der Tour de Romandie und einen zweiten Platz bei der Tour de France gewonnen, aber in den folgenden fünf Jahren sollte er der erste Australier werden, der sowohl die Tour als auch die Weltmeisterschaft für sich entscheiden konnte (s. 15. Mai). Dazu kamen Siege beim Fléche Wallonne (Wallonischer Pfeil), bei Tirreno–Adriatico und ein weiterer Titel bei der Tour de Romandie, außerdem Podiumsplätze beim Giro und der Vuelta.

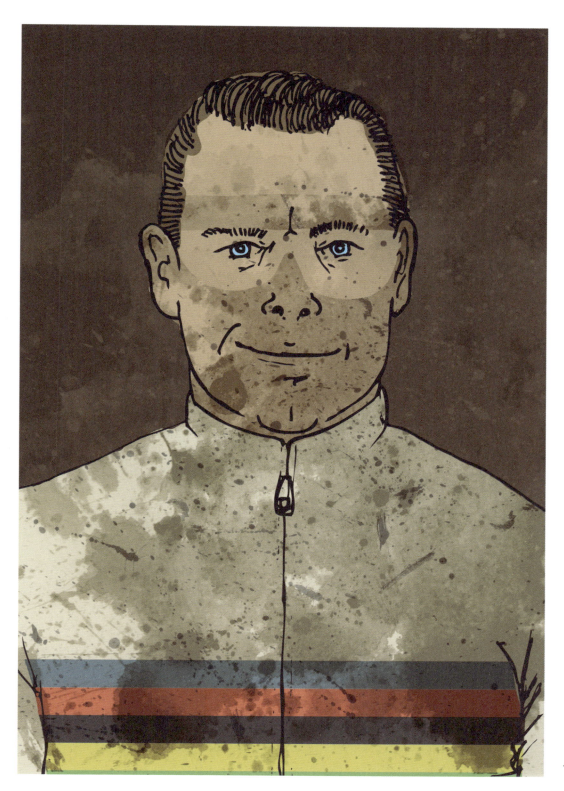

30. März

Pollentier spielt auf Risiko und gewinnt einen Klassiker
(1980)

Als die 1980er-Austragung der Flandernrundfahrt ihrem Finale zustrebte, waren drei Mann vorn, die den Sieg unter sich ausmachen sollten: der Italiener Francesco Moser, der Niederländer Jan Raas und der Belgier Michel Pollentier.

Moser war ehemaliger Weltmeister, hatte Paris-Roubaix zweimal gewonnen und mehrfach die Lombardeirundfahrt. Raas war der aktuelle Weltmeister, hatte bereits bei Paris-Tours gewonnen und dreimal das Amstel Gold Race. Dazu Mailand-San Remo und die Flandernrundfahrt. Beide gehörten klar zu den besten Klassikerfahrern im Peloton. Sie wussten genau, worauf es bei diesen Eintagesrennen ankam.

Pollentier war ebenfalls alles andere als unerfahren – er war schon Zweiter der Flandernrundfahrt geworden und hatte Top-5-Platzierungen bei anderen Klassikern erreicht. Eigentlich war er aber eher auf Etappenrennen spezialisiert. Er hatte bereits den Giro und die Schweizrundfahrt gewonnen. Aber im Finale der Flandernrundfahrt gegen Moser und Raas? Keine Chance. Richtig?

Falsch!

Moser war den ganzen Tag über sehr aggressiv gefahren. Er hatte immer wieder angegriffen, die Geschwindigkeit hoch gehalten und die Konkurrenz mürbe gefahren. Alle hatte er abgeschüttelt, bis auf Raas und Pollentier. 500 m vor dem Ziel und im Wissen, dass er bei einem echten Schlusssprint keine Aussichten hatte, zog Pollentier früh an und riss ein kleines Loch. Moser und Pollentier zögerten – einen Moment zu lange. Pollentier hatte alles auf eine Karte gesetzt und war zuerst im Ziel. Die Schlagzeile der italienischen Tageszeitung *La Stampa* fasste es am nächsten Tag perfekt zusammen: «Moser dominiert, Pollentier gewinnt.»

31. März

Der Oude Kwaremont wird in die Flandernrundfahrt aufgenommen

(1974)

Der Oude Kwaremont ersetzt seit 1974 den bis dahin von der Flandernrundfahrt genutzten (Nieuwe) Kwaremont. Bis vor kurzer Zeit stand er dabei etwas im Schatten der berühmten Muur van Gerardsbergen – dem bekanntesten der gemeinen Anstiege, die dieser Rundfahrt ihre spezielle Würze geben. Das ist vorbei. Heute ist der Oude Kwaremont der Anstieg, an dem sich das Rennen entscheidet.

Die Muur fiel 2012 aus dem Rennen heraus – eine Entscheidung, die ungläubiges Entsetzen auslöste. Diese «Mauer» hatte das Rennen definiert! Ein steiler Anstieg, Kopfsteinpflaster, enge Kurven und unbefestigte Ränder boten jedes Jahr Tausenden von Fans ein perfekt zu beobachtendes Spektakel: das Peloton der Rundfahrt explodierte. Ungefähr 15 km vor dem Ziel in Meerbeke geradezu perfekt positioniert, war dies der Ort, an dem jeder, der bei der Flandernrundfahrt etwas reißen wollte, seine Karten auf den Tisch legen musste. Oben stand zudem auch noch eine hübsche kleine Kapelle, die den Fotografen einen wunderbaren Hintergrund für ihre Schnappschüsse der entscheidenden Phase lieferte. Die Muur war eine Ikone.

Als dann die Rennleitung entschied, das Ziel nach Oudenaarde zu verlegen, gab es eigentlich nur eine Frage: Was wird aus der Muur? Die Antwort war kurz und hart: Sie war Geschichte.

Es war nicht das erste Mal in der Geschichte des Sports, dass ein Rennen seine Route änderte, um weiter wachsen zu können, und es ist nicht das letzte Mal gewesen. Hier bedeutete es aber, dass etwas gefunden werden musste, was das berghohe Loch ausfüllen konnte, welches diese Entscheidung gerissen hatte.

Und siehe da: Der Oude Kwaremont passte genau in dieses Loch. Obwohl er schon seit Jahrzehnten seine Rolle in diesem Rennen spielt, übernahm er nun problemlos den Job des sogenannten Scharfrichters. Er ist nicht so steil wie die Muur, aber mit 2,2 Kilometern (davon 1,6 km Kopfsteinpflaster) ist er länger. Entscheidend ist aber die Tatsache, dass er im Verlauf der Rundfahrt nun dreimal überquert werden muss. Das erste Mal bereits recht früh, aber dann weitere zwei Mal auf den letzten 55 km des Rennens, beide Male gefolgt vom Paterberg. Heute ist das Oude Kwaremont/Paterberg-Tandem die entscheidende Passage des Rennens – eine wiederholte Rechts-links-Kombination, die Fahrern mit echten Ambitionen alles an Atem aus der Lunge boxt, was sie haben. Und noch ist das Ziel nicht erreicht.

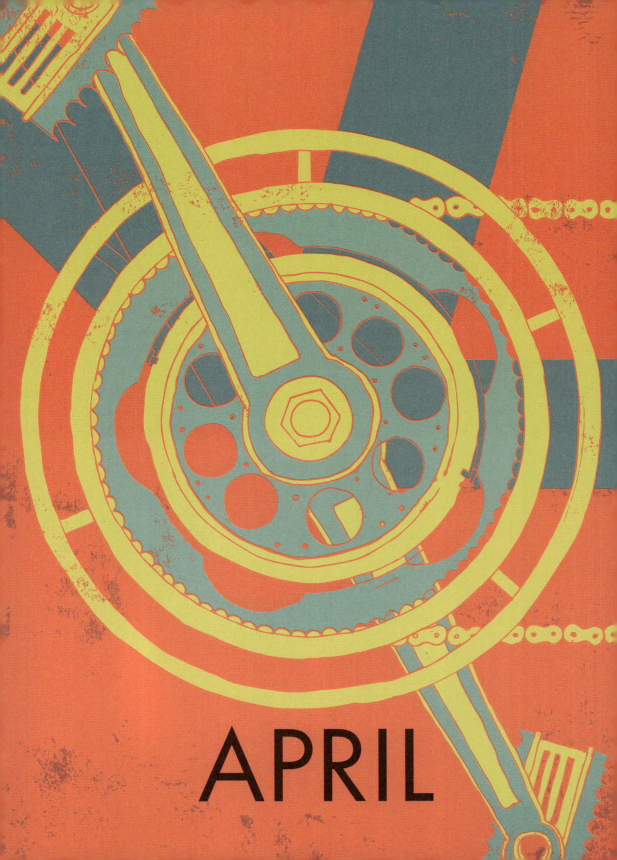

1. April
Heiri Suter gewinnt das Flandern/Roubaix-Doppel
(1923)

Am 18. März 1923 setzte sich der Schweizer Heinrich «Heiri» Suter im Zielsprint der Flandernrundfahrt gegen zwei andere Fahrer durch und war damit der erste Nicht-Belgier, der dieses Rennen gewinnen konnte. Das sollte erst 26 Jahre später erneut gelingen, und zwar dem Italiener Fiorenzo Magni.

Zwei Wochen später schrieb der Schweizer erneut Radsportgeschichte. Suter war in Gränichen im Kanton Aarau geboren und wurde 1918 Profi. Im Frühjahr 1923 war er bereits dreifacher Schweizer Meister und sollte noch zwei weitere Nationalmeisterschaften gewinnen, bevor er seine Karriere beendete – ein Rekord, den er sich mit Ferdi Kübler teilt.

Am Start von Paris–Roubaix herrschte 1923 ein ziemliches Gedränge: Zu den Profis gesellten sich sogenannte Unabhängige (Halb-Profis) und diverse Amateure; insgesamt gingen 389 Starter auf die 270 km lange Strecke. Morgens um 6:30 Uhr fiel der Startschuss.

Ganz vorne dirigierte Henri Pelissier das Rennen, der Gewinner von 1919 und 1921, zusammen mit seinem Bruder Francis und den beiden Belgiern Charles Deruyter und René Vermandel. Zusammen forcierten sie das Rennen an den Kopfsteinpflaster-Abschnitten (pavés) und fuhren im Laufe des Tages alles in Grund und Boden, was kein vergleichbares Feuer in den Beinen hatte. Und das waren nur wenige.

Aber Suter hatte seine Flandern-Form bewahren können. Zudem war er strategisch geschickt gefahren. Trotz der großen Anstrengungen der beiden Franzosen und der Belgier, die ihn tatsächlich auch einmal abgehängt hatten, war er mit 21 anderen Fahrern wieder zur Spitze aufgefahren, bevor es in den entscheidenden Sprint ging.

Nach knapp neun Stunden harter Plackerei schoss Suter an allen anderen vorbei und gewann das Rennen mit zwei Längen Vorsprung. Damit war er der erste Schweizer, der Paris–Roubaix gewinnen konnte, und der Erste überhaupt, der das heute legendäre Double Flandernrundfahrt/Paris–Roubaix gewinnen konnte – ein Erfolg, der bis heute nur neun anderen Fahrern gelungen ist.

2. April
Van Steenbergen gewinnt die Flandernrundfahrt
(1944)

Im April 1944 war Rik van Steenbergen 19 Jahre alt. Geboren im belgischen Städtchen Arendonk, war er im Jahr zuvor Profi geworden und hatte sich gleich die Belgische Meisterschaft sichern können. Nun fuhr er seine erste Flandernrundfahrt.

Niemand erwartete viel von ihm. Dies war ein Rennen für alte Hasen. Unter den Favoriten war auch Alberic «Briek» Schotte, der dort bereits gewonnen hatte und dessen Karriere für immer mit diesem Rennen verbunden bleibt (s. 7. September).

Aber trotz seiner Jugend war Van Steenbergen in der neunköpfigen Führungsgruppe, als sich das Rennen nach 225 km dem Ziel in Gent näherte.

In der Anfahrt zum Kuipke-Velodrom kollidierte Georges Claes mit Frans Sterckx. Beide stürzten schwer. Andere mussten weiträumig ausweichen. Sterckx kam schneller wieder auf das Rad und blieb vorn, aber Claes' Chancen waren dahin – er kam erst mit mehr als einer Minute Rückstand ins Ziel. Im entscheidenden Sprint auf der Zielgeraden hatte Van Steenbergen dann die frischesten Beine; er siegte mit einer Länge Vorsprung vor Schotte. Damit war er der jüngste Fahrer, der dieses Rennen je gewonnen hatte – und diesen Rekord hält er bis heute.

Van Steenbergen sollte die Flandernrundfahrt 1946 erneut gewinnen. Er siegte auch bei Paris–Roubaix 1948 und 1952 (s. 13. April) sowie bei Mailand–San Remo 1954. Dazu kamen noch drei Weltmeisterschaftstitel.

3. April
71 starten, vier kommen ins Ziel: Mailand–San Remo
(1910)

Heftiger Regen und starker Wind begrüßten die 71 Fahrer am Start in Mailand bei der vierten Austragung des Rennens Mailand–San Remo im Jahr 1910. Schlimmeres war vorhergesagt: Schneesturm auf dem Turchino-Pass, der den höchsten Punkt der Classicissima markiert. Die Fahrer rechneten damit, dass das Rennen abgesagt werden würde, aber damals liebten es die Rennorganisatoren, ihre Fahrer leiden zu lassen.

Als das Feld dem Turchino näher kam, verwandelte sich der Regen wie vorhergesagt in Schnee. Die Fahrer mussten immer wieder schieben. Bald waren es mehr als 20 cm Schnee, die sich auf der Straße angesammelt hatten. Durchfroren, vom Wind gebeutelt und nass bis auf die Haut, stiegen die Fahrer zu Dutzenden aus.

Unter den Startern war auch Eugène Christophe. Er wollte nicht aussteigen, aber er war in größten Schwierigkeiten. Von Magenkrämpfen geplagt, frierend und erschöpft nach der Überquerung des Turchino, brauchte er dringend Wetterschutz. Einer der wenigen Zuschauer schob ihn in eine Gaststätte, wo er Decken, trockene Kleidung und einen Schluck Rum bekam.

Dann sah Christophe eine Handvoll Fahrer vorbeikurbeln, und er raffte sich auf, stieg wieder aufs Rad und warf sich in den Wind. Er holte die anderen ein, ließ sie hinter sich und erreichte San Remo allein an der Spitze. Er war fast zwölfeinhalb Stunden unterwegs gewesen.

Nur sieben der gestarteten Fahrer kamen überhaupt ins Ziel. Drei davon wurden später disqualifiziert, sodass nur vier der 71 Starter gewertet wurden. Christophe hatte einen Sieg erzielt, der zur Legende werden sollte – und verbrachte die nächsten Wochen in einem Krankenhaus ...

4. April
Die Flandernrundfahrt startet das letzte Mal in Gent
(1976)

Von ihrer ersten Austragung 1913 an hatte die Flandernrundfahrt ihren Start immer auf den mit Kopfsteinen gepflasterten Straßen von Gent gehabt. Aber das Rennen wurde immer größer und benötigte einen neuen Ausgangspunkt. Schließlich entschieden sich die Organisatoren dazu, ab 1977 den Startschuss in Sint-Niklaas, 40 km nordwestlich von Gent, abzugeben.

Unter den Fahrern, die 1976 zum letzten Mal von Gent aus auf die Strecke gingen, war auch Walter Planckaert. Nach 261 km und 6 Stunden 10 Minuten gewann er den Zielsprint gegen Francesco Moser und Marc Demeyer und sicherte sich damit den bedeutendsten Sieg seiner Karriere.

Dem einen oder anderen Fahrer stieß das sauer auf. Planckaert, lautete der Vorwurf, hätte sich einfach nur drangehängt und selbst nichts für den Erfolg der Ausreißergruppe getan. Roger de Vlaeminck nannte es sogar einen Skandal, dass «ein Hinterradlutscher» dieses Rennen gewonnen hätte.

Das Kapitel Gent war 1976 also abgeschlossen. Aber es begann ein neues, denn 1977 war der Koppenberg das erste Mal Teil der Rundfahrt. Sein Kopfsteinpflaster gepaart mit der gemeinen Steigung von bis zu 22 % zwangen alle Fahrer bis auf fünf aus dem Sattel. Es ist vielleicht kein Zufall, dass diese fünf später die fünf vorderen Plätze belegten. Selbst Eddy Merckx hatte am Koppenberg schieben müssen.

Das Peloton war nicht erfreut über diese «Bereicherung» des Rennens, aber der Koppenberg blieb dabei. Bis zu den Ereignissen im Jahr 1987 (s. 5. April).

5. April
Jesper Skibby wird am Koppenberg abgeräumt
(1987)

Jesper Skibby war in seinem zweiten Profi-Jahr, als er 1987 das erste Mal bei der Flandernrundfahrt mitfuhr. Er ging voller Enthusiasmus ins Rennen, übernahm irgendwann die Führung und baute einen kleinen Vorsprung aus. Als der Koppenberg näher kam, schrumpfte sie bereits wieder und alles sah danach aus, dass er auf dem Anstieg eingeholt werden würde. Aber es konnte auch noch anders kommen: Wenn das Feld in die enge, steile Passage einfuhr, würde (wie immer) das Chaos ausbrechen. Vielleicht schaffte Skibby es vorher bis nach oben, konnte sich wiederum absetzen und seinen Vorsprung ins Ziel retten? Möglich war es.

Und in der Tat: Am Koppenberg brach das Chaos aus. Nur war Skibby unglücklicherweise der Mittelpunkt des Tumults. Denn als der Däne sich in Schlangenlinien den steilen Hang hinauf wuchtete, kam der Fahrer eines offiziellen Begleitfahrzeuges direkt hinter ihm in die Zwickmühle: vor ihm ein praktisch stillstehender Fahrer, hinter ihm ein heransausendes Feld. Keine schöne Situation. Er geriet in Panik und versuchte zu überholen.

In diesem Moment verlor Skibby weiter an Schwung und schwankte weit über die enge Fahrbahn. Das Auto berührte sein Hinterrad und er fiel um. In Führung liegend durch ein Begleitfahrzeug vom Rad geholt zu werden – schlimmer geht's nicht. Sollte man meinen. Ging es aber doch: Das Auto fuhr über Skibbys Rad hinweg und brauste über den Berg davon.

Claude Criquielion gewann schließlich das Rennen, während Jesper Skibby noch versuchte, mit dem Geschehen klarzukommen. Das Fahrzeug, das ihn abgeräumt und sein Fahrrad plattgefahren hatte, wurde im Ziel mit Gebrüll und einem Hagel aus Flaschen und Steinen begrüßt.

Skibby sollte die Flandernrundfahrt nie gewinnen, und der Koppenberg wurde von der Strecke genommen – bis 2002.

6. April
Ellen van Dijk gewinnt die Flandernrundfahrt
(2014)

Die Flandernrundfahrt der Frauen findet seit 2004 statt, am gleichen Tag und auf teilweise der gleichen Strecke wie die Austragung der Männer. Inzwischen ist sie zu einem der bedeutendsten Rennen im Frauen-Welt-Cup geworden.

Mit steilen Anstiegen und mörderischen Kopfsteinpflaster-Passagen hat das Frauenrennen viele der Highlights dieser belgischen Rennikone zu bieten. Zurzeit sind Mirjam Melchers-van Poppel aus den Niederlanden und die Deutsche Judith Arndt die beiden einzigen Fahrerinnen, die hier mehr als einmal gewinnen konnten. Mirjam Melchers-van Poppel gewann 2005 und 2006, Judith Arndt 2008 und 2012.

Die Austragung 2014 wurde von der Niederländerin Ellen van Dijk gewonnen. Van Dijk ist Zeitfahrweltmeisterin und setzte ihre Alleinfahrterfahrungen optimal um: Am Kruisberg fuhr sie dem Feld davon und blieb die letzten 27 km unangefochten in Führung. Sie siegte mit mehr als einer Minute Vorsprung.

«Ich wollte immer drei Rennen gewinnen in meiner Karriere: die Weltmeisterschaft, die Flandernrundfahrt und Olympia. Jetzt ist nur noch eines übrig», sagte sie nach ihrem Sieg. Und diese Aussage bringt die Bedeutung, die die Flandernrundfahrt für den Frauenradsport erreicht hat, perfekt auf den Punkt.

7. April
Grégory Baugé gewinnt den siebten Weltmeistertitel
(2012)

Es war der siebte Weltmeistertitel, den sich der französische Bahnsprinter Grégory Baugé 2012 durch seinen Sieg im Sprintrennen bei der Weltmeisterschaft in Sydney sicherte.

Sechs Regenbogentrikots besaß er bereits. Viermal hatte er den Teamsprint gewonnen (2006 – 2009), zweimal den Sprint (2009 und 2010). An der Weltmeisterschaft 2012 konnte Baugé nach Ablauf einer zwölfmonatigen rückwirkenden Sperre wegen Auslassens einer Dopingprobe bei einem Wettkampf wieder teilnehmen. Die Sperre war mit Gültigkeit ab Dezember 2010 verhängt worden, was bedeutete, dass Baugés Resultate von 2011 annulliert wurden, einschließlich seines in dieser Zeit eingefahrenen dritten Weltmeistertitels beim Sprint.

Dieser Titel ging dann an den Briten Jason Kenny, der Zweiter geworden war. Das war der Beginn eines faszinierenden achtzehnmonatigen Duells zwischen den beiden Fahrern.

Bei der Weltmeisterschaft 2012 war Baugé überlegen und dominierte Kenny. Dieser hatte ein Auftaktrennen verloren und war daher gezwungen, ab dem zweiten Finalrennen (von drei) auf Sieg zu fahren. Tatsächlich kam Kenny auch zuerst ins Ziel, hatte in den Augen der Jury aber Baugés letzten Sprint behindert. So ging der Sieg an den französischen Star.

Vier Monate später sah es anders aus. Bei den Olympischen Spielen in London stand Kenny ganz oben auf dem Treppchen, nachdem er den Franzosen vor jubelndem Heimpublikum in die Schranken gewiesen hatte. Nichtsdestotrotz war 2015 wieder ein gutes Jahr für Baugé: Er fügte seiner Sammlung die Weltmeistertitel acht und neun hinzu.

8. April

Das erste Fahrradrennen bei den Olympischen Spielen findet statt

(1896)

Nach dem heute allgemein verwendeten Gregorianischen Kalender fanden die ersten Olympischen Spiele der Neuzeit vom 6. bis zum 15. April 1896 statt. Griechenland nutzte damals noch den Julianischen Kalender, weshalb manche Quellen die Daten 25. März bis 3. April nennen.

Der dritte Tag der Spiele brachte die ersten Radfahrwettbewerbe, die in dem extra für dieses Ereignis erbauten Velodrom Neo Faliro stattfanden. Als erster Wettkampf der Radsportler wurde das 100 km-Rennen ausgetragen, das bedeutete 300 Runden auf dem 333 m langen Oval. Zehn Fahrer nahmen an diesem kalten, windigen Nachmittag daran teil. Der offizielle Bericht spricht von einem langsam zurückgehenden Enthusiasmus der Zuschauer angesichts einer gewissen Monotonie beim Betrachten der Runde um Runde vorbeirauschenden Fahrer.

Nur zwei von ihnen kamen ins Ziel. Der Franzose Léon Flameng siegte trotz eines Sturzes mit einer Zeit von 3 Stunden 8 Minuten vor dem Griechen Georgios Kolettis, der elf Runden hinter ihm war. Flamengs Sieg bedeutete, dass er der erste Radfahrer war, der sich eine olympische Medaille sichern konnte.

Vier weitere Bahnrennen wurden 1896 ausgetragen: Sprint über eine Runde, 2000 m Sprint, 10 km Rennen und ein Zwölfstundenrennen. Der Franzose Paul Mason dominierte diese Wettbewerbe und gewann alle mit Ausnahme des Zwölfstundenrennens, das der Österreicher Adolf Schmal für sich entscheiden konnte. Das Straßenrennen über 87 km wurde von Aristidis Konstantinidis gewonnen. Die olympische Geschichte des Radsports hatte begonnen.

9. April

Jan Raas gewinnt das Amstel Gold Race

(1977)

Auf den letzten Kilometern des Amstel Gold Race im Jahr 1977 war der Frisol-Gazelle-Thirion-Fahrer Jan Raas so etwas wie die Füllung eines TI-Raleigh-Sandwiches.

Nachdem er einen weiteren Verfolger abgehängt hatte, musste der Niederländer Raas sich nun mit seinen beiden Landsleuten Gerrie Knetemann und Hennie Kuiper auseinandersetzen, die beide für TI-Raleigh fuhren. Knetemann hatte das Rennen bereits 1974 gewonnen, Kuiper war Weltmeister und Olympiasieger. Raas selbst hatte bereits Mailand–San Remo gewonnen. Alle drei hatten also schon bewiesen, dass sie bei großen Rennen siegen konnten. Raas hatte gegen dieses TI-Gespann aber natürlich kaum eine Chance.

Er war selbst in den Jahren 1975 und 1976 für TI-Raleigh gefahren, dann aber für die 77er-Saison zu Frisol gewechselt. Seine beiden Ex-Teamkollegen nahmen ihn nun nach allen Regeln der Kunst in die Mangel. Sie griffen immer abwechselnd an, zwangen ihn zu reagieren und gönnten ihm keinen Moment Pause. Aber Jan Raas blieb dran, und als Kuiper schließlich seinen finalen Sprint lancierte, schoss Raas an ihm vorbei und war zuerst im Ziel. Kuiper und Knetemann konnten nicht mehr gegenhalten.

Das war der erste von fünf Amstel-Gold-Siegen, mit denen Jan Raas den Rekord hält. Während seiner elf Jahre dauernden Karriere gewann er auch die Flandernrundfahrt, Paris–Roubaix und die Straßen-Weltmeisterschaft.

10. April

Tom Boonen gewinnt sein erstes Flandern/Roubaix-Double
(2005)

Seit Mitte der 2000er-Jahre gehört der Belgier Tom Boonen zu den besten Klassikerfahrern der Welt. Er hat auch einen Straßenweltmeistertitel errungen (2005) und das Grüne Trikot der Tour (2007), aber es sind seine Leistungen bei der Flandernrundfahrt und bei Paris-Roubaix, die ihm seinen Spitznamen «Tornado Tom» eingebracht haben.

Boonen kam 2003 zu Quick Step und ist diesem Team durch alle Wandlungen hindurch treu geblieben. 2004 gewann er seine ersten wichtigen Rennen: das E3 Harelbeke, Gent-Wevelgem und mehrere Tour-Etappen. Aber im Jahr 2005 sauste er wirklich durch die Decke.

Zuerst gewann er die Flandernrundfahrt, indem er neun Kilometer vor Schluss angriff und die Verfolger stehen ließ, um schließlich mit 35 Sekunden Vorsprung ins Ziel zu kommen. Eine Woche später stand er an der Startlinie von Paris-Roubaix. Dort war er in seinem Debütjahr 2002 schon mit einem beeindruckenden dritten Platz auf das Podest gekommen. Nun, mit der geballten Kraft des Quick Step-Teams hinter sich, wollte er noch höher hinaus.

Was ihm auch gelingen sollte.

40 Kilometer vor dem Ziel war Boonen mit vier anderen Fahrern vorn: Magnus Bäckstedt, Juan Antonio Flecha, Lars Michaelsen und George Hincapie. Es folgte eine Art Zermürbungskrieg. Im Laufe der nächsten Stunde mussten Bäckstedt und Michaelsen schließlich abreißen lassen; übrig blieben Boonen, Flecha und Hincapie für die finale Runde im Velodrom von Roubaix. Boonen lancierte seinen Sprint absolut perfekt: Er stürzte sich am Ausgang der vorletzten Kurve von der Überhöhung hinunter, nahm sich die Ideallinie und ließ niemanden mehr an sich vorbei. Es war erst das neunte Mal, dass einem Fahrer dieses Double gelang. Im Alter von nur 24 Jahren hatte Tom Boonen erreicht, was Legenden wie Eddy Merckx und Johan Museeuw in ihren unglaublichen Karrieren nicht vergönnt gewesen war.

Sieben Jahre später, 2012, wurde Boonen der erste Fahrer der Radsportgeschichte, der dieses Double wiederholen konnte. Das sollte bisher nur seinem größten Konkurrenten, Fabian Cancellara, ebenfalls gelingen (2008 und 2013).

Den Rekord für die meisten Siege bei Paris-Roubaix (vier) teilt Boonen sich mit Roger de Vlaeminck, den Rekord bei der Flandernrundfahrt (drei Siege) mit fünf anderen Fahrern, darunter Museeuw und Cancellara.

11. April
Der Film «A Sunday in Hell» wird gedreht
(1976)

«Jahr für Jahr ist diese Hölle der Hintergrund für ein wahrhaftig danteskes Inferno voller unglaublicher Qualen und Martern. Manchmal verwandeln sich die Bankette in Schlammlöcher und die Kopfsteinpflaster in Eisbahnen. Und diese Hölle ist die Heimat der flämischen Superhelden. Eine exklusive Veranstaltung, ausschließlich für die Härtesten der Harten.»

So erklingt die Stimme von David Saunders, einem britischen Radsportjournalisten, aus dem Off, während die Kamera Schwarzweißbilder von schwankenden und schliddernden, strauchelnden und fallenden Radfahrern zeigt. Schlammbedeckte, aufgeschürfte Rennfahrer sind zu sehen, die ihre Räder aus dem Dreck ziehen und schultern oder gleich sonstwohin ausweichen, um dem mörderischen Kopfsteinpflaster zu entgehen. Dies ist *A Sunday in Hell*, ein Dokumentarfilm des Dänen Jørgen Leth, der die 74. Austragung von Paris–Roubaix im Jahr 1976 mit der Kamera begleitete (dänischer Originaltitel *En Forarsdag i Helvede*). – Der Film zeigt alle Aspekte des Rennens. Von der präzisen Vorbereitung eines Rades durch einen Mechaniker über Eddy Merckx und Roger de Vlaeminck beim Check des Equipments, bei der Beinrasur und einer Massage ist er ein intimes Porträt alles dessen, was während eines der bedeutendsten Rennen des Radsportkalenders geschieht.

Der Film kontrastiert die Stille eines Morgens über dem Platz, an dem die Fahrer später starten werden, mit dem Tumult eines Nachmittages voller Entscheidungsschlachten auf den pavés.

Und er ist noch nicht einmal vorbei, wenn die Fahrer im Ziel sind. Die Kamera läuft weiter und folgt den Fahrern sogar bis in die legendären (und antiquierten) Duschen im Velodrom von Roubaix.

Der Film ist ein ikonografisches Stück Filmkunst, das sich seinen ganz eigenen Platz in der Radsportgeschichte erobert hat.

12. April
Hinault gewinnt Paris–Roubaix und erklärt es für Blödsinn
(1981)

«Paris–Roubaix, c'est une connerie» (Paris–Roubaix, das ist Bölsinn), so das berühmt gewordene Urteil von Bernard Hinault nach der Austragung 1981. Erstaunlich insofern, weil er diese soeben gewonnen hatte.

Hinault war diesmal im Regenbogentrikot des amtierenden Straßenweltmeisters gestartet. Im Jahr 1978 war er bereits Vierzehnter geworden, 1979 Elfter und 1980 Vierter. Mittlerweile war es 25 Jahre her, seit Louison Bobet als letzter Franzose in Roubaix gewinnen konnte. Es wurde Zeit, dass Frankreich sich dieses Rennen aus den Händen der Belgier und Italiener, die es das letzte Vierteljahrhundert dominiert hatten, zurückholte. – Hinault hatte sich gut vorbereitet und ging in Topform an den Start. Zehn Tage vorher hatte er das Amstel Gold gewonnen. Aber es ist unmöglich, sich auf all das vorzubereiten, was einem während Paris–Roubaix zustoßen kann: Hinault stürzte siebenmal, und einmal musste er mit dem geschulterten Rad über einen Acker laufen.

Trotz dieser Stürze und Umwege kam er mit fünf anderen an der Spitze des Rennens ins Velodrom in Roubaix. Darunter waren drei ehemalige Gewinner: Roger de Vlaeminck, Francesco Moser und Marc Demeyer. Aber schließlich war es der Mann im Regenbogentrikot, der sich durchsetzte, den Sprint gewann und Frankreichs lange Abstinenz in der Siegerliste von Paris–Roubaix beendete.

13. April
Die 50. Austragung des Rennens Paris–Roubaix
(1952)

Die 50. Austragung von Paris-Roubaix 1952 sollte eines der großartigsten Duelle mit sich bringen, die das Rennen je gesehen hat. Zwei sehr unterschiedliche Champions trafen hier aufeinander: Der große Stilist Fausto Coppi, der eher bei den Rundfahrten und den italienischen Klassikern zu Hause war (obwohl er in Roubaix zwei Jahre zuvor auch schon gewonnen hatte), und Rik van Steenbergen, dem die belgischen Klassiker eindeutig mehr lagen und der bereits zweimal die Flandernrundfahrt und 1948 ebenfalls in Roubaix gewonnen hatte.

50 Kilometer vor dem Ziel fuhr Coppi mit vier anderen Fahrern vorn. Van Steenbergen lag weit zurück. Dann aber startete er eine furiose Aufholjagd. Coppi seinerseits zog ebenfalls das Tempo an und ließ die anderen seiner Ausreißergruppe einen nach dem anderen stehen.

Aber Van Steenbergen zeigte eine ungeheure Leistung von Kraft und Willen. Es gelang ihm, alleine bis zu Coppi aufzuschließen. Noch waren es 20 Kilometer bis ins Ziel. Coppi musste Van Steenbergen loswerden, denn der Sprint im Velodrom war für den Belgier – das war Coppi klar – nur eine Formalität.

Wieder und wieder griff Coppi an, aber irgendwie blieb Van Steenbergen dran. Coppi warf alles in die Waagschale, was er hatte, aber es war nicht genug. Zusammen erreichten sie das Velodrom und Van Steenbergen gewann den Sprint. Unmittelbar danach, mit ausgebranntem Blick aus einem schmutzverkrusteten Gesicht, gab er zu, dass ein einziger weiterer Angriff von Coppi sein Ende gewesen wäre.

Der berühmte Radsportjournalist Pierre Chany schrieb später von einer Schlacht der Titanen zwischen zwei absoluten Champions und nannte dieses Duell dem Jubiläum des großen Rennens mehr als würdig.

14. April
Die Gründung der UCI
(1900)

Die bis heute arbeitende Dachorganisation des weltweiten Radsports wurde im Jahr 1900 gegründet, nachdem mehrere Länder ihrem Vorläufer, der International Cycling Association (ICA), den Rücken gekehrt hatten. Die ICA gab es seit 1892, und sie wurde von den britischen Verbänden dominiert. Als die kontinentale Radsportszene dann immer größer wurde, fanden immer mehr Mitgliedsländer, dass Großbritannien mit seinen gesammelten Stimmen von England, Schottland, Irland und Wales überproportionalen Einfluss ausüben würde. Sie beschlossen, etwas dagegen zu tun.

Am 14. April 1900 gründeten Radfahrverbände aus Frankreich, Italien, Belgien, der Schweiz und den Vereinigten Staaten von Amerika die Union Cycliste International (UCI), mit dem Ziel einer gerechteren Berücksichtigung der Interessen der beteiligten Länder.

Der Belgier Emile de Beukelaer war der erste Präsident der UCI. Diesen Posten hatte er bis zu seinem Tod 1922 inne (s. 23. Januar). Bis heute sind ihm erst neun Personen (sämtlich Männer) nachgefolgt. Der Italiener Adriano Rodoni versah diesen Dienst am längsten: von 1958 bis 1981.

2002 wurde der Hauptsitz der UCI von Lausanne in das Schweizerische Aigle verlegt.

15. April
Luperini gewinnt den ersten Wallonischen Pfeil der Frauen
(1998)

Zwar gibt es den Wallonischen Pfeil bereits seit 1936, aber er sollte erst mehr als 60 Jahre später auch als Frauenrennen im Radsportkalender auftauchen. Im Jahr 1998 war es dann soweit: Das erste Flèche Wallone Féminine wurde ausgetragen. Über hundert Fahrerinnen starteten in das 84 Kilometer lange Rennen mit dem Finish am Scheitelpunkt der mörderischen Mur de Huy, einem 1,3 km langen Anstieg mit durchschnittlich über 9,5 % Steigung. Einzelne Passagen erreichen mehr als 18 % ...

Das Rennen wurde von der Italienerin Fabiana Luperini gewonnen. Luperini dominierte den Straßenradsport der Frauen in der zweiten Hälfte der 1990er-Jahre, sollte aber noch bis 2008 immer wieder große Rennen gewinnen. Sie gewann fünfmal den Giro d'Italia der Frauen und dreimal die Tour de France Féminine.

Luperini gewann diese erste weibliche Austragung des Pfeils, indem sie der Finnin Pia Sundstedt am letzten Anstieg davonzog und mit neun Sekunden Vorsprung ins Ziel kam. Im Folgejahr wurde das Rennen Bestandteil des UCI World Cup und ist es seitdem geblieben. Luperini gewann drei der ersten fünf Austragungen. Als Erste sollte Nicole Cooke diesen Rekord einstellen. Und schließlich wurde er dann von Marianne Vos übertroffen, die hier fünfmal siegen konnte.

16. April
Der Geburtstag von Phil O'Shea
(1889)

Phil O'Shea, Spitzname «Wizard on Wheels» (Hexenmeister auf Rädern), beherrschte den neuseeländischen Radsport für 20 Jahre. 1989 geboren, war Shea trotz einer von Krankheiten belasteten Jugend zu einem guten Cricket-Spieler herangewachsen. Aber der Radsport war seine erste Liebe gewesen, und er blieb diesem Sport ebenfalls treu, wenn auch nur durch das Lesen der Zeitungsberichte. Im Oktober 1909 nahm er an seinem ersten Fahrradrennen teil und gewann einen neuen Satz Reifen für sein Rad. Eine Woche später stand er am Start des 180 km langen Rennens von Timaru nach Christchurch, einer der bedeutendsten Radsportveranstaltungen Neuseelands.

Hierbei handelte es sich um ein Handicap-Rennen, und da O'Shea bisher keine Erfolge aufzuweisen hatte, bekam er einen Vorsprung vor den bereits bekannten Fahrern. Den er nutzte: Obwohl es ein erstes Rennen dieser Art war, tauchte O'Shea zusammen mit vier anderen Fahrern an der Spitze des Rennens vor dem Ziel auf und gewann den Zielsprint mit Leichtigkeit. Das alleine war durchaus bemerkenswert, aber dazu kam, dass er diesen Sprint mit einem Schlag im Rad fuhr – die Folge eines kleinen Zusammenstoßes unterwegs.

Und so begann ein Zeitalter, das von O'Shea dominiert wurde. Zwei Jahre später gewann er das Rennen erneut. Wieder war er unterwegs gestürzt und erreichte das Ziel diesmal mit einer Bandage um den Kopf. Die Belohnung war die Teilnahme an den australischen Meisterschaften. O'Shea reiste nach Melbourne und besiegte die Favoriten vor 20 000 Zuschauern. Er war einer der besten Radsportler des australischen Raumes geworden.

1929 wurde er dann zum größten Radrennfahrer erklärt, den Neuseeland je hervorgebracht hatte. Nach weiteren nationalen und internationalen Titeln zog O'Shea sich erst 1932 mit 43 Jahren aus dem aktiven Sport zurück.

17. April

De Vlaeminck gewinnt zum vierten Mal Paris-Roubaix
(1977)

Zwischen 1970 und 1981 stand der Belgier Roger de Vlaeminck neun Mal auf dem Podium von Paris-Roubaix. Bei vier dieser neun Gelegenheiten war er es, der auf dem obersten Treppchen stand. Wegen seiner engen Bindung an das Rennen bezeichnete ihn die große französische Sportzeitung *L'Equipe* als «Mr. Paris-Roubaix». Vier Siege waren Rekord bis 2012, als Tom Boonen ausglich. Die 1977er-Austragung hatte im Vergleich zu den Vorjahren einige Änderungen erfahren. Die Organisatoren hatten erfolgreich nach weiterem Kopfsteinpflaster gesucht, das sie dem Peloton vor die Räder legen konnten. Im Ganzen gab es jetzt sechs neue Pflasterstein-Passagen; der Start war nach Compiègne verlegt worden, um sie zu integrieren.

Trotz dieser teilweise neuen Route war das Ergebnis nichts grundsätzlich Neues. De Vlaeminck, ein überragender Pflasterfahrer, fuhr in seiner eigenen Kategorie. Andere stürzten oder zerschlissen ihre Reifen, während er einfach nur fuhr. 25 Kilometer vor dem Ziel sprang er den anderen komplett davon und rollte ganz alleine mit eineinhalb Minuten Vorsprung über die Ziellinie im Velodrom in Roubaix. Eddy Merckx bemerkte später, es hätte ausgesehen, als kenne De Vlaeminck jeden einzelnen Pflasterstein persönlich. *La Stampa* nannte ihn schlicht «unwiderstehlich».

De Vlaeminck sollte aber kein weiteres Mal gewinnen. Er wurde 1978, 1979 und 1981 aber jeweils Zweiter. Seine letzte Teilnahme erfolgte 1982, da wurde er Sechster.

18. April

Der Todestag von Denis Verschueren
(1954)

Denis Verschueren, 1897 in Berlaar/Belgien geboren, war ein Klassiker- und Bahnspezialist, der 1923 Profi wurde. Während seiner Karriere gewann er einige der wichtigsten Rennen seiner Zeit, darunter zweimal Paris-Tours (1925 und 1928) und einmal die Flandernrundfahrt (1926).

Sein Sieg bei Paris-Tours 1928 verhinderte ein Comeback von Charles Pélissier. Dieser wollte es seinen Brüdern Henri und Francis nachtun, die hier bereits beide gewonnen hatten. Pélissier hatte vorübergehend den Anschluss an eine sechsköpfige Spitzengruppe verloren, zu der auch Verschueren gehörte. Vier Kilometer vor dem Ziel hatte er sich allerdings wieder herangekämpft. Im Sprint sicherte sich aber Verschueren – ein sehr zäher Fahrer – den Sieg mit einer halben Radlänge Vorsprung. Das Zielfoto zeigt ihn in perfekter Sprintposition über den Lenker gebeugt, die Ellbogen ausgefahren. Pélissier dahinter sieht erschöpft aus, mit weit offenem Mund zeigt sein Gesicht die Enttäuschung darüber, dass sein Kraftakt zu nichts geführt hat.

Verschueren, Spitzname «der Riese von Itegem», betrieb nach seinem Rückzug aus dem aktiven Sport ein Fahrradgeschäft. Er erlebte den Tod zweier seiner Kinder und eines Enkelkindes und starb selbst 1954 im Alter von 75 Jahren.

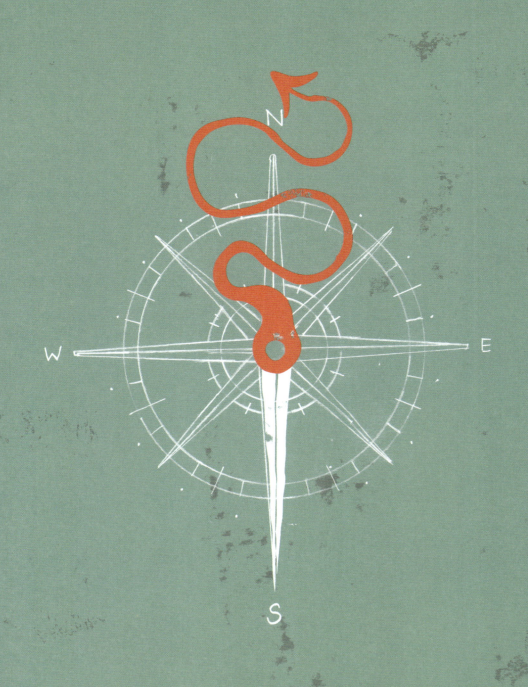

19. April

Josef Fischer gewinnt die erste «Hölle des Nordens»

(1896)

«Die Hölle des Nordens» ist der Beiname des heutzutage bedeutendsten Eintagesklassikers im Radrennsportkalender: Paris–Roubaix. Verdient hat ihn sich das Rennen mit den gemeinen Kopfsteinpflasterpassagen (franz. pavé), die die Strecke immer wieder unterbrechen und Fahrern und Material das Letzte abverlangen.

Die erste Austragung erfolgte im Jahr 1896. Die beiden Textilhändler Théodore Vienne und Maurice Perez wollten sich die wachsende Popularität des Radrennsports zunutze machen; sie hatten in Roubaix bereits ein Velodrom erbaut. Nun kamen sie auf die Idee, ein Rennen von Paris aus dorthin zu veranstalten. Es gelang ihnen, die Sportzeitung *Paris-Vélo* ins Boot zu holen, zudem lobten sie attraktive Preise aus. 51 Fahrer standen am 19. April 1896 an der Startlinie des damals 280 km langen Rennens.

Die erste Austragung gewann der Deutsche Josef Fischer. Er hatte in einer wilden Aufholjagd einen Rückstand von vier Minuten auf den Führenden, den Waliser Arthur Linton, wettgemacht. Linton kam kurz darauf durch einen herumstromernden Hund zu Fall. Fischer gewann schließlich mit 25 Minuten Vorsprung das Rennen.

Ursprünglich als «warm up» für das berühmte Rennen Bordeaux–Paris konzipiert, gewann Paris–Roubaix schnell an eigener Bedeutung. Heute ist es eines der prestigereichsten Eintagesrennen des Radsportkalenders. Es gilt als Königin der Klassiker und ist auch als La Pascale (das Osterrennen) bekannt. Aber eben auch als «Hölle des Nordens» ...

Nachdem Belgien bis zur 13. Austragung auf den ersten belgischen Sieger warten musste (Cyrille van Hauwaert 1908), ist es heute das Land mit den meisten ersten Plätzen: 55 der bisher 113 Austragungen (2015) hatten einen belgischen Sieger.

20. April

Hinault gewinnt Lüttich–Bastogne–Lüttich

(1980)

Lüttich-Bastogne-Lüttich ist das älteste der sogenannten Klassikerrennen des europäischen Radsports; daher der Beiname *La Doyenne* (franz. «die Älteste»). 1980 fand die 66. Austragung statt (s. 8. November zur 1. Austragung); sie sollte als eine der härtesten Radsportveranstaltungen überhaupt in die Geschichte eingehen. Es waren wahrhaft außergewöhnliche Witterungsbedingungen, mit denen es die 174 Starter aufnehmen mussten.

Der Starschuss in Lüttich fiel bei Schneefall und Temperaturen am Gefrierpunkt. Bald stiegen die Fahrer zu Dutzenden aus, und nach nur einer halben Stunde war das Feld auf die Hälfte zusammengeschrumpft. Auch Bernard Hinault, der Gewinner der Austragung von 1977 und damals schon zweimaliger Tour-Sieger, hatte genug. Als die Temperaturen weiter fielen und der Schneefall zunahm, signalisierte er seinem Team, dass er vom Rad steigen wollte, ließ sich aber überreden, bis Bastogne durchzuhalten und erst dann zu entscheiden.

Als die Hälfte der Strecke geschafft war, hielten sich nur noch weniger als 60 Fahrer im Rennen, Hinault unter ihnen. Vorneweg fuhr Rudy Pévenage, hinter ihm eine kleine Verfolgergruppe. Hinault traf nun seine Entscheidung – und nahm das Rennen auf! Er beschleunigte an der Côte de Stockeu, zog an der Verfolgergruppe vorbei und hängte sich an Pevenages Hinterrad. Am nächsten Anstieg, der Côte de la Haute-Levée, griff er erneut an. Niemand wollte oder konnte ihm folgen. Er hatte noch 80 km zu fahren und war auf sich allein gestellt. Also nahm er den Kopf zwischen die Schultern und kurbelte weiter.

Unter den vielleicht unangenehmsten Witterungsbedingen, die jemals ein Radrennen heimgesucht haben, zog er mit purer Willenskraft durch. Er überstand die gefährlich glatten Straßen, die bittere Kälte und den Schnee im Gesicht bis Lüttich und erreichte das Ziel nach etwas über sieben Stunden. Mit mehr als neun Minuten Vorsprung! Wobei ohnehin nur 20 weitere Fahrer ins Ziel kamen.

Hinaults Teamgefährten hatten dieses unglaubliche Solo mit Faszination und Entsetzen zugleich verfolgt. Und ihm im Teamhotel ein heißes Bad eingelassen …

Hinault war von der Kälte so durchgefroren, dass er Wochen brauchte, um sich zu erholen. Es heißt, dass einer seiner Finger noch heute ohne Gefühl sei.

21. April
Fermo Camellini gewinnt den Wallonischen Pfeil
(1948)

1948, in seinem zwölften Jahr, unterzog sich der belgische Frühjahrsklassiker Wallonischer Pfeil einigen Änderungen. Im Jahr davor hatte das Rennen über 276 km von Mons nach Liège geführt. Nun war es Teil des neu konzipierten Ardennen-Wochenendes (s. 10. Mai). Der Start war nach Charleroi verlegt und die Streckenlänge auf 231 km reduziert worden.

Diese Veränderungen kamen Fermo Camellini offensichtlich ganz recht. Er war 1914 in Italien geboren worden und sollte später die französische Staatsbürgerschaft annehmen. Als talentierter Kletterer hatte er 1946 das Etappenrennen Paris-Nizza gewonnen und sich 1947 den ersten von zwei Etappengewinnen bei der Tour in den Alpen gesichert. Dort war er als Führender über den Croix de Fer, den Galibier und schließlich bis nach Briançon gekommen. Paris erreichte er dann als Siebter im Gesamtklassement.

Zum Wallonischen Pfeil 1948 kam er in guter Form; in der Woche zuvor hatte er sowohl bei Mailand-San Remo als auch bei Paris-Brüssel einen Platz unter den ersten Fünf erreicht. Im Laufe des Rennens bildete sich eine Gruppe von sieben Fahrern heraus, die das Geschehen bestimmte, unter ihnen Camellini. Im Laufe der Zeit blieben die anderen zurück, und oben am Malchamps war Camellini allein – mit mehr als zwei Minuten Vorsprung. In Verviers, nur etwas mehr als 30 km vom Ziel entfernt, waren es schon fünf. Bis zur Einfahrt nach Lüttich hatte Briek Schotte davon zwar schon wieder einiges abgebaut, aber das Rennen war nun bereits gelaufen.

Camellini siegte mit mehr als drei Minuten Vorsprung und war nun der erste Nicht-Belgier, der den Flèche Wallone gewinnen konnte. Als gelernter Zimmermann baute er sich von seinem Preisgeld ein Haus an der Côte d'Azur. Dies sollte sein größter Sieg bei einem Eintagesrennen bleiben.

22. April
Der Todestag von Hippolyte Aucouturier
(1944)

Mit seinem weit geschwungenen Schnurrbart, den oft auffällig quergestreiften Wolltrikots und der typischen Mütze war Hippolyte Aucouturier eine ganz besondere Erscheinung unter den Radrennfahrern der beginnenden 1900er-Jahre.

Aucouturier war Langstreckenspezialist und einer der Favoriten bei der ersten Tour de France. Deren Gründer Henri Desgrange hat ihm den Beinamen «le Terrible» verpasst. Er musste die erste Etappe zwar abbrechen, aber damals war es den Fahrern gestattet, sich weiter an der Jagd nach Etappensiegen zu beteiligen (wobei der Gesamtsieg nicht mehr in Frage kam). Aucouturier blieb daher im Rennen und sicherte sich zwei Etappen. Er gehörte im Folgejahr zu den disqualifizierten Fahrern (s. 2. Dezember). 1905 kam er dann doch noch zu einem Podiumsplatz in Paris, als er nach drei Etappengewinnen auch den zweiten Platz in der Gesamtwertung erreichte. Das sollte sein bestes Ergebnis bei diesem später einmal größten Radrennen der Welt sein.

Abseits der Tour hatte Aucouturier zweimal hintereinander Paris-Roubaix gewonnen (1903 und 1904), zudem zweimal bei Bordeaux-Paris, was damals noch ein erheblich prestigereicheres Rennen war.

23. April

Der Florist gewinnt Paris–Roubaix
(1905)

Louis Trousselier, genannt «der Florist» wegen des Blumengeschäftes, das seine Familie betrieb, erreichte 1905 den Höhepunkt seiner Radsportkarriere. In diesem Jahr gewann er sowohl Paris–Roubaix als auch die Tour de France und war damit der erste Fahrer, dem dieser Doppelsieg im gleichen Jahr gelang. Das klingt im ersten Moment nicht besonders beeindruckend, nachdem die Tour damals erst in ihrem dritten Jahr statt, aber es erhält eine andere Bedeutung, wenn man sich vergegenwärtigt, dass es nur drei Fahrern überhaupt gelungen ist, dieses Double zu wiederholen: Octave Lapize (1910), Eddy Merckx (1970) und Bernard Hinault (1981).

Trousselier siegte in Roubaix vor René Pottier und Henri Cornet. Cornet war frühzeitig in Führung gegangen und hatte diese zwischendurch auf vier Minuten ausgebaut. Aber kurz hinter Doullens waren es dann vier Fahrer, die das Rennen anführten: Cornet, Poittier, Trousselier und der Gewinner von 1903 und 1904 Hippolyte Aucouturier. Trousselier erwies sich an diesem Tag als der Stärkste. Er setze sich an die Spitze, zog davon und kam schließlich mit sieben Minuten Vorsprung ins Ziel. Drei Monate später sicherte er sich fünf Etappensiege und den Gesamtsieg bei der Tour.

Der Florist sollte insgesamt noch sieben weitere Etappensiege bei der Tour erreichen, und zwar keinen Gewinn bei Paris–Roubaix mehr, aber einen bei Bordeaux–Paris 1908. Der Ausbruch des Krieges 1914 setzte seiner Karriere dann ein Ende. Trousselier starb 1939.

24. April

Der Geburtstag von André Darrigade
(1929)

Der Franzose André «Dede» Darrigade ist einer der besten Sprinter, den die Tour in den über hundert Jahren ihrer Geschichte zu sehen bekam. Zwischen 1953 und 1966 startete er bei jeder Austragung und kam nur 1963 nicht ins Ziel. In dieser Zeit gewann er 22 Etappen, was ihn damals hinter André Leducq mit 25 Etappen zum Zweiten der «ewigen Bestenliste» machte. Eddy Merckx, Bernard Hinault und Mark Cavendish sind die einzigen Fahrer, die diese Zahl bis heute übertreffen konnten.

Darrigade wurde im Departement Landes im Südwesten Frankreichs geboren. 1949 wurde er bekannt, als er beim Bahnrennen im Vél d'Hiv in Paris gewann, aber es waren dann doch die Straßen, genauer: die Straßen Frankreichs im Juli, auf denen er sich seinen Namen machen sollte.

Bei der Tour arbeitete Darrigade als Super-Wasserträger für einige der besten Fahrer der Zeit – Bobet, Anquetil und Bahamontes –, aber das hinderte ihn nicht daran, seine Sammlung von Etappensiegen Stück für Stück zu ergänzen. Er hat allein fünf Siege bei Auftaktetappen auf seinem Konto – ein Rekord.

Neben den vielen Triumphen, die er hier feiern konnte, verwickelte der Radsport ihn auch in eine Tragödie: 1958 zog er gerade seinen Sprint im Parc des Princes in Paris an, als er mit dem Chef des Velodroms, Constant Wouters, zusammenstieß, der sich etwas zu weit nach vorn gewagt hatte. Darrigade kam mit einer Kopfwunde noch ins Ziel, aber Wouters erlag nach elf Tagen seinen schweren Verletzungen.

Jenseits der Tour wurde André Darrigade 1966 Französischer Meister, gewann 1956 die Lombardeirundfahrt und wurde 1959 Weltmeister.

25. April
Alejandro Valverde hat Geburtstag
(1980)

Der im spanischen Murcia geborene Alejandro Valverde kombiniert große Klettererqualitäten mit beeindruckender Geschwindigkeitsfestigkeit, was ihn zu einem der «vollständigsten» Fahrer (aus dem Französischen: *coureur complet*) im Peloton macht. Seine bisherige Karriere hat ihm Siege in Eintagesklassikern, bei einer großen Rundfahrt und bei einem einwöchigen Etappenrennen eingebracht.

Valverde begann mit nur neun Jahren mit dem Radsport. Profi wurde er 2002 beim Team Kelme-Costa Blanca. Seinen ersten Sieg fuhr er im folgenden Jahr ein, als er eine Etappe der Vuelta al País Vasco gewann (und dann Dritter in der Gesamtwertung wurde). Zudem sicherte er sich eine Etappe bei der Spanienrundfahrt, die er später auch noch gewinnen sollte (s. 20. September).

Mit perfekten Qualitäten für die hügeligen Ardennen-Klassiker ausgestattet, hat Valverde den Wallonischen Pfeil bisher dreimal gewonnen (Rekord), sowie ebenfalls dreimal Lüttich–Bastogne–Lüttich. Nun fehlt ihm nur noch das Amstel Gold, um mit Eddy Merckx, Bernard Hinault und Philippe Gilbert als Sieger aller drei Ardennen-Klassiker gleichzuziehen. 2013 wurde er dort schon einmal Zweiter.

Im Jahr 2010 wurde Valverde wegen seiner Verwicklung in den Dopingskandal um den spanischen Arzt Eufemanio Fuentes (der auch für Kelme gearbeitet hatte) für zwei Jahre gesperrt (Operación Puerto, s. auch 7. März).

2012 kehrte er als Kapitän beim Team Movistar ins Peloton zurück, wo er seitdem fährt und sich die Kapitänspflichten inzwischen mit Nairo Quintana teilt.

26. April
Die 28. Austragung der Spanienrundfahrt beginnt
(1973)

Im April 1973 war Eddy Merckx unstritig als erfolgreichster Rennradfahrer, der jemals eine Pedalkurbel bewegt hatte, etabliert.

Er hatte bereits viermal die Tour de France gewonnen, dreimal den Giro und jedes der sogenannten Monumente (manche davon mehrfach). Außerdem war er bereits zweimal Weltmeister geworden. Natürlich würden weitere Titel folgen, aber als die 1973er-Rundfahrtensaison begann, klaffte vor allem eine Lücke, die noch zu füllen war: die Vuelta a España.

Die 18. Austragung der Vuelta sollte die Einzige bleiben, bei der Merckx je an den Start ging. Man kann annehmen, dass das eine gute Nachricht für das Vuelta-Peloton war, denn Merckx tat in Spanien genau das, was Merckx immer tat: Er siegte. Oder besser: Er dominierte.

Er griff sich das Trikot des Führenden bei der Auftaktetappe und lieh es danach eigentlich nur aus. Er gewann zwei Etappen und holte sich das Trikot auf der elften endgültig zurück. Als das Rennen in San Sebastián endete, hatte Merckx es über volle neun Etappen in einer Reihe angeführt. Mit diesem Gesamtsieg war er erst der dritte Fahrer, der alle drei großen Rundfahrten gewinnen konnte, nach Jacques Anquetil und Felice Gimondi (inzwischen sind Bernard Hinault, Alberto Contador und Vincenzo Nibali hinzugekommen).

Nach seinem Sieg verließ Merckx Spanien in Richtung Italien und gewann dort zum vierten Mal den Giro – das erste Mal, dass überhaupt jemand das Vuelta/Giro-Double gewonnen hatte.

27. April
Graeme Obree holt sich den Stundenrekord zurück
(1994)

Der Schotte Graeme Obree ist ein Spezialist für Verfolgungsrennen auf der Bahn, der das Zeitfahren (vorübergehend) revolutionierte, indem er mit dem Fahrraddesign und der Sitzposition auf dem Rad experimentierte, um möglichst aerodynamische Lösungen zu finden.

Mit sehr geringer Unterstützung nahm Obree 1993 den Stundenrekord ins Visier. Er designte und baute sein Fahrrad selbst und nannte es «Old Faithful». Im Juli des Jahres reiste er nach Norwegen, um die neun Jahre zuvor vom Italiener Francesco Moser gesetzte Rekordmarke zu übertreffen. Der erste Anlauf misslang, aber am folgenden Tag führten Raddesign und die berühmt gewordene «Tuck»-Position mit an den Oberkörper gepressten Armen zum Ziel: Obree verbesserte die Rekordmarke um 445 Meter. «Wegen meines Scheiterns am Tag zuvor und dem Gefühl des Versagens wollte ich lieber sterben als noch einmal scheitern», sagte Obree später. «Das hat mein Leben verändert.»

Obrees Rekord hielt genau sechs Tage, bis Chris Boardman ihn in Bordeaux bei einem eigenen Rekordversuch übertraf. Obrees spezielle Fahrposition wurde bald darauf von der UCI für ungültig erklärt. Damit war Obree keineswegs einverstanden, aber er hatte eine Antwort. Nachdem er Boardman im August 1993 beim Verfolgungsfahren geschlagen und sich seinen ersten Weltmeistertitel geholt hatte, reiste Obree im April 1994 ebenfalls nach Bordeaux, um sich seinen Rekord zurückzuholen. Eine neue Fahrradkonstruktion ermöglichte ihm die sogenannte «Superman»-Position mit ausgestreckten Armen. Obree hob den Rekord auf 52,719 Kilometer. Diese Marke hatte etwas mehr als vier Monate Bestand, bevor Miguel Indurain sie weiter verbesserte.

Im Jahr 2000 entschied die UCI, auch diese Fahrposition nicht anzuerkennen, und annullierte alle Rekorde der davor liegenden Jahre, soweit sie nicht mit weitgehend regulären Bahnrädern oder Straßenrennrädern gefahren worden waren.

28. April

Der Circuit des Champs de Bataille beginnt
(1919)

Auf der zweiten Seite ihrer Ausgabe vom 28. April 1919 gab die in Paris erscheinende Zeitung *Le Petit Journal* eine Vorschau auf ihre neueste Rennveranstaltung: «Heute Morgen um 6:00 Uhr fiel der Startschuss zur ersten Etappe beim Circuit des Champs de Bataille, über 275 km von Straßburg nach Luxemburg.»

Die Schlachtfeldrundfahrt. Der Name sagt alles. Nur wenige Monate nachdem endlich die Waffen schwiegen, die über vier Jahre lang die Welt in vorher ungekannter Weise umgepflügt hatten, brachte *Le Petit Journal* den Radrennsport zurück in eine Region, die vom Krieg ganz besonders verwüstet worden war. Die Rundfahrt war als Zeichen der Rückkehr zum Leben und des Respekts gegenüber den Opfern gedacht. Einige der damals besten Fahrer nahmen teil, darunter Marcel Buysse, Gewinner der Flandernrundfahrt, sowie der Schweizer Meister und Paris–Tours-Gewinner Oscar Egg. Außerdem der mehrfache Touretappengewinner Jean Alavoine. Berühmte Namen, die «den immensen sportlichen Erfolg des Circuit des Champs de Bataille» garantieren würden, so das Journal.

Trotz allen Blätterrauschens, das *Le Petit Journal* veranstaltete, wurde das über sieben Etappen und 2000 Kilometer führende Rennen alles andere als ein Erfolg. Eine solche Distanz durch eine Landschaft zurückzulegen, die bis zur Unkenntlichkeit zerbombt und zerschossen worden war, über die Schlachtfelder an der Somme und bei Ypern, wo erst vor Kurzem Hunderttausende ihr Leben gelassen hatten, wäre für viele bereits mehr als genug gewesen. Aber der April 1919 brachte zudem noch schreckliches Wetter mit sich: Eis, Schnee, Regen und bitterkalten Wind. Die von der verwüsteten Landschaft bereits gebeutelten Fahrer mussten auch noch gegen die Elemente kämpfen.

Das Rennen stand nach der Etappe von Brüssel nach Amiens vor dem Abbruch. Wetter und Straßenbedingungen waren so schlecht, dass der Etappensieger Charles Deruyter fast 18,5 Stunden für die 323 Kilometer benötigte. «Dieser Fahrer ist mehr als ein Champion. Er ist mehr als ein Sieger. Er ist, im wahrsten Sinne des Wortes, ein Mann», so heißt es im Etappenbericht des *Petit Journal*. Bis der letzte Fahrer dieses Etappenziel erreichte, sollten noch 36 Stunden vergehen ...

Deruyter gewann schließlich auch das gesamte Rennen. Er erreichte Straßburg am 11. Mai mit einem Vorsprung von zwei Stunden und 20 Minuten.

29. April
Der Geburtstag von Vélocio
(1853)

Paul de Vivie, bekannt geworden unter seinem Pseudonym Vélocio, war ein Seidenhändler in St. Étienne, der sich in den 1880er-Jahren vom Fahrrad faszinieren ließ und sein weiteres Leben eng damit verknüpfte. Der Seidenhandel hatte ihn u. a. nach England gebracht, wo er die dortige Qualität der Fahrräder und das Miteinander der Radfahrer schätzen lernte. Er führte das erste Radrennen der Region durch, gründete eine Fahrradfabrik und ein Magazin, das später den Namen *Le Cycliste* bekam. Es behandelte alles, was mit dem Fahrrad und dem Radsport zu tun hatte, und erreichte erheblichen Einfluss. Es feierte das Radfahren und ermutigte die Menschen, sich das neue Fortbewegungsmittel zu eigen zu machen. De Vivie schrieb viele Artikel selbst und unterzeichnete dann mit Vélocio. Er selbst war ein begeisterter Langstreckenfahrer und gilt als Erfinder des Begriffs «Cyclotourist».

Sein Name ist auch mit der Einführung der Gangschaltung verbunden, die sich im Radsport nur langsam durchsetzen konnte und auf erhebliche Widerstände traf. Tour de France-Gründer Henri Desgrange zum Beispiel bezeichnete sie als etwas Künstliches: Es wäre besser, «durch Muskelkraft zu triumphieren». Schaltungen seien etwas für Greise und Frauen ...

De Vivie ließ sich aber nicht beirren und bewies den Vorteil seiner Erfindung verschiedener Kettenblätter und Ritzel sowie eines Umwerfers, der während der Fahrt funktionierte, immer wieder am berühmten Col de la République südlich von St. Étienne. Langsam setzte sie sich durch, allerdings hatte Velocio keinen finanziellen Gewinn davon, weil er kein Patent darauf besaß.

In seinem Magazin veröffentlichte De Vivie viele praktische Hinweise für Radfahrer, unter anderem seine berühmt gewordenen sieben «Goldenen Regeln» des Radfahrens:

1. Halte nur selten und kurz Rast, damit du nicht aus dem Rhythmus kommst.
2. Iss, bevor du hungrig bist, und trink, bevor du Durst bekommst.
3. Fahre nie bis zu dem Punkt der Erschöpfung, an dem du nicht mehr essen und nicht mehr schlafen kannst.
4. Ziehe dir etwas über, bevor du frierst; ziehe etwas aus, bevor dir zu warm ist.
5. Verzichte unterwegs auf Alkohol, Tabak und Fleisch.
6. Halte dich mit der Geschwindigkeit zurück, vor allem in den ersten Stunden deiner Fahrt.
7. Fahre nie, um andere zu beeindrucken.

Paul de Vivie starb 1930, nachdem er von einer Straßenbahn angefahren worden war – er hatte sein Fahrrad geschoben.

30. April
Raymond Poulidor fährt erstmals die Vuelta
(1864)

Raymond Poulidor, in Frankreich «Poupou» genannt, ist vor allem für die Rivalität mit Jacques Anquetil zu Beginn seiner Karriere bekannt und für die Tatsache, dass er acht Mal auf dem Podium der Tour stand, sie aber nie gewinnen konnte. Das brachte ihm den Beinamen «der ewige Zweite» ein. Im Frühjahr 1964 startete Poulidor das erste Mal bei der Spanienrundfahrt.

Sein Spitzname war mehr als ein bisschen ungerecht. Poulidor war ein starker und vollständiger Fahrer, dessen Karriere nur leider in eine Zeit fiel, die zuerst von Anquetil und dann von Eddy Merckx dominiert wurde, zwei der größten Fahrer aller Zeiten. Und trotz dieses Etikettes gewann Poulidor durchaus: Am Start der 1964er-Vuelta war er bereits Französischer Meister gewesen und hatte Mailand–San Remo gewonnen. Das sind Erfolge, die nur den wenigsten gelingen.

In Spanien siegte er nun auch einmal bei einer der großen Rundfahrten. Die Austragung 1964 führte über 17 Etappen, von denen zwei geteilt waren, und 2860 Kilometer. Achtzig Fahrer starteten, 49 sollten das Ziel in Madrid erreichen. An der Spitze der Gesamtwertung stand Poulidor. Er hatte sich das Trikot des Führenden zwei Tage zuvor übergestreift, als er die Etappe nach Valladolid gewann. In Madrid hatte er einen Vorsprung von 33 Sekunden auf Luis Otano.

Raymond Poulidor sollte auch noch eine Austragung von Paris–Nizza und das Critèrium du Dauphiné gewinnen, bevor er seine Karriere 1977 beendete.

1. Mai

Der *Strafgefangene der Landstraße* Henri Pélissier wird erschossen

(1935)

Henri Pélissier war einer der ersten großen Radsportler Frankreichs, aber sowohl auf dem Rad als auch jenseits des Sports war er eine sehr kontrovers diskutierte Persönlichkeit (s. 22. Januar und 5. Oktober zu seinen sportlichen Erfolgen). Er war ein reizbarer Typ, der sich wiederholt und gern mit in seinen Augen unfähigen Autoritäten anlegte. Und manchmal hatte er damit auch nicht ganz Unrecht. 1924 stieg er zusammen mit seinem Bruder Francis und einem weiteren Teamkollegen auf der dritten Etappe aus der Tour de France aus, nachdem Rennkommissäre die Zahl seiner Trikots überprüfen wollten – es galt die Regel, dass die Tour mit dem Material und der Ausrüstung beendet werden musste, mit denen man gestartet war.

Pélissiers Ausstieg war ein Knaller. Er hatte das Rennen im Vorjahr gewonnen und war Frankreichs größter Radsportstar. Die drei Fahrer setzten sich gemeinsam in ein Café und erzähltem dem Journalisten Albert Londres einiges aus dem Alltag der Radsportler, das üblicherweise nicht in der Presse zu lesen war. Der daraus resultierende Artikel war eine Sensation und warf ein ganz neues Licht auf die Zumutungen an Zähigkeit und Stehvermögen, denen die Fahrer ausgesetzt waren. Die drei zeigten Londres, was sie in ihren Taschen so mit sich führten: «Das ist Kokain für die Augen, und das ist Chloroform fürs Zahnfleisch ...», sagte Henri Pélissier. «Wir fahren mit Dynamit ...», sagte Francis.

Der Artikel selbst war pures Dynamit. Die Titelseite des *Le Petit Journal* vom folgenden Tag war das explosivste Stück Radsport-Journalismus der Epoche. Später bekam diese Enthüllung den Titel *Les Forcats de la Route* – «die Strafgefangenen der Landstraße».

Weniger als elf Jahre später wurde der «Strafgefangene» erschossen. Pélissiers Frau hatte 1933 Selbstmord begangen. 1935 hatte er eine Freundin namens Camille Tharault, 20 Jahre jünger als er. Im Laufe einer gewalttätigen Auseinandersetzung mit ihr und ihrer Schwester zog Pélissier ein Messer und verletzte sie im Gesicht. Tharault gab später zu Protokoll, dass sie um ihr Leben gefürchtet und nach der Pistole gegriffen hätte, mit der Pélissiers Frau sich zwei Jahre zuvor erschossen hatte. Nun sollte sie auch das Leben von Henri Pélissier beenden.

«Das tragische Ende eines Champions», titelte *Le Petit Journal* am nächsten Tag.

2. Mai

Die Vuelta klettert zu den Lagos de Covadonga
(1983)

Mit knapp über 14 Kilometern Länge und einer durchschnittlichen Steigung von fast 7 % wird der Anstieg hinauf zu den Lagos de Covadonga oft mit der Anfahrt nach l'Alpe d'Huez verglichen. Die Lagos können zwar bezüglich der Serpentinen nicht mithalten, haben aber genug andere Highlights zu bieten. Die Rampe beginnt an der schönen Basílica de Santa Maria la Real de Covadonga und windet sich himmelwärts in Richtung der Picos de Europa bis zu den beiden Seen Enol und Ercina. Ein dritter mit Namen Bricial entsteht nur vorübergehend nach besonders heftigen Regen- oder Schneefällen.

Die Anfahrt zu den beiden Seen wurde 1983 erstmals in das Rennen integriert, als die Vuelta auf der Suche nach ihrem eigenen legendären Anstieg war. Die Tour hatte l'Alpe d'Huez, den Galibier, den Tourmalet und den Ventoux, der Giro hatte den Stelvio und den Mortirolo. Die Vuelta benötigte eine vergleichbare Kraftprobe, an der Legenden entstehen und Mythen geschmiedet werden konnten.

Der Plan sollte sofort aufgehen. Marino Lejarretta zündete eine Rakete hinauf zu den Seen und gewann mit über einer Minute Vorsprung vor Bernard Hinault. Ein sensationelles Finale, schrieb die spanische Zeitung *ABC*. Hinault sollte allerdings zuletzt lachen – er sicherte sich den Gesamtsieg bei dieser Austragung (s. 8. Mai).

Bis heute hat die Vuelta den beiden Seen 18 Besuche abgestattet. Pedro Delgado und Luis Herrera gewannen dort jeweils auf ihrem Weg zum Gesamtsieg (1985 und 1987) und gehören gleichzeitig zusammen mit dem Franzosen Laurent Jalabert zu den wenigen Fahrern, die dort bisher mehr als einmal gewinnen konnten; allen dreien gelang es zweimal.

3. Mai

Armand Desmet gewinnt das erste Rennen E3 Harelbeke
(1958)

Das E3 Harelbeke ist ein belgisches Straßenrennen und gehört zur WorldTour der UCI. Gegründet wurde es unter dem Namen Harelbeke-Antwerpen-Harelbeke 1958. Es ist Bestandteil der sogenannten Pflastersteinwochen in Belgien, die in der Flandernrundfahrt kulminieren.

Die erste Austragung wurde von Arman Desmet gewonnen, der zu dieser Zeit bereits seit 14 Jahren Profi war. Er siegte ebenfalls bei der Belgienrundfahrt und sicherte sich Top-5-Platzierungen bei der Tour und der Vuelta. Desmet gewann im Sprint gegen Lucien Demunster und Briek Schotte.

Das Rennen verläuft über eine Route, die mehrere der berüchtigten mit Kopfstein gepflasterten Anstiege der Ronde van Vlaanderen integriert, aber etwa 50 Kilometer kürzer ist. Diese Verhältnisse machen es zu einem idealen Vorbereitungsrennen für alle, die bei der Flandernrundfahrt ganz vorn sein wollen.

Über die Jahre hat das Rennen seinen Namen geändert. 1979 wurde es anlässlich der Eröffnung der neuen Autobahn umgetauft in E3 Prijs Harelbeke; seit 2011 heißt es schlicht E3 Harelbeke.

Als Bestandteil der WorldTour zieht es heute die besten Fahrer weltweit an. Mit fünf Siegen hält Tom Boonen aktuell den Rekord, gefolgt von Rik van Looy, der viermal ganz oben auf dem Treppchen stand.

4. Mai
Achiel Buysse gewinnt die Flandernrundfahrt
(1941)

Als Achiel Buysse 1942 die Flandernrundfahrt gewann, war er erst der zweite Fahrer überhaupt, der den Titel verteidigen konnte. Diese Austragung verlief über eine mit 198 km Länge etwas gekürzte Strecke und Buysse setzte sich gegen Gustaaf van Overloop und Odiel van den Meersschaut durch.

Buysse war seit 1983 Profi. Er trug einen berühmten Namen, war aber in Wirklichkeit nicht verwandt mit den Brüdern Marcel und Lucien Buysse, den Siegern der Flandernrundfahrt 1914 und der Tour de France 1926.

Der Gewinn der Flandernrundfahrt im Jahr zuvor, also 1940, war Achiel Buysses erster großer Sieg. Dabei hängte er zwei Mitausreißer im Zieleinlauf hinein nach Wetteren ab und gewann schließlich mit 20 Sekunden Vorsprung.

Zwölf Monate später rückte er mit seiner Titelverteidigung zu Romain Gijssels auf, der 1931 gewonnen hatte und dies 1932 wiederholen konnte.

Buysse gewann 1943 ein weiteres Mal und führt mit diesen drei Siegen die Rekordliste der Flandernrundfahrt an.

5. Mai
Der Todestag von Gino Bartali
(2000)

Als tief gläubiger Mensch ließ Gino Bartali sein erstes Gelbes Trikot von einem Priester segnen und besuchte bei Etappenrennen nach Möglichkeit die Messe. Das Publikum nannte ihn «Gino der Mönch», aber bei seinen Kollegen hieß er wegen seiner starken Konstitution und seiner Fähigkeit, unter allen Bedingungen Spitzenleistungen in die Pedale zu bringen, «L'uomo di ferro»: der Eisenmann.

Bartali war 1914 in der Toskana geboren worden und hatte als Fahrradmechaniker gearbeitet, bevor er 1935 professioneller Rennfahrer wurde. Er gewann sofort wichtige Rennen und die italienische Meisterschaft im Straßenradsport (zum ersten von vier Malen). Im darauffolgenden Jahr gewann er seinen ersten Giro d'Italia, wobei er das Rosa Trikot auf der neunten Etappe übernahm und bis nach Mailand brachte. Dort hatte er fast zweieinhalb Minuten Vorsprung auf den Zweitplatzierten. Er sollte den Giro noch zweimal gewinnen.

1938 startete er bei der Tour de France und gewann. Auf der 14. Etappe übernahm er mit einer furiosen Fahrt über den Allos, den Vars und den Izoard die Gesamtführung. In Paris betrug sein Vorsprung mehr als 18 Minuten. 1948 sollte er seinen Sieg bei der Tour noch einmal wiederholen – die zehn Jahre Zwischenzeit sind Rekord (s. 15. Juli). Bartalis Nachkriegskarriere war von einer immensen Rivalität mit Fausto Coppi geprägt, die Italien in zwei Teile spaltete. Die beiden Männer hätten kaum unterschiedlicher sein können: Bartali religiös, konservativ bis konventionell, vom Papst gesegnet; Coppi inspiriert und instinktiv, vom Papst wegen seiner Affäre mit der «weißen Dame» (s. 2. Januar) öffentlich kritisiert. Zwischen 1983 und Bartalis Rücktritt 1954 fuhren die beiden Kopf an Kopf und lieferten sich auf allen Straßen und Bergstrecken der Radsportwelt packende Duelle. Ihre Rivalität bewegte das sportliche Europa und die gesamte italienische Nation.

Abseits der großen Rundfahrten siegte Gino Bartali viermal bei Mailand–San Remo und dreimal bei der Lombardeirundfahrt.

Im Alter von 85 Jahren starb Bartali an einem Herzinfarkt, nachdem er Monate lang krank gewesen war. «Addio Bartali», lautete die Schlagzeile der *La Stampa*.

6. Mai
Der (bis dato) knappste Gewinn einer großen Rundfahrt
(1984)

Als der Franzose Eric Caritoux 1984 die Ehrung für den Gewinn der Vuelta entgegennimmt, trennt ihn der knappste bis dahin bei einer der großen Rundfahrten gemessene Zeitabstand vom Zweiten.

Vor diesem Sechs-Sekunden-Gewinn über Alberto Fernández Blanco aus Spanien hatten sich Fiorenzo Magni und José-Manuel Fuente diesen Rekord geteilt. Beide hatten mit jeweils elf Sekunden Vorsprung den 1948er-Giro und die Vuelta 1974 gewonnen. Der knappste Gewinn bei der Tour de France war damals Jan Janssens 38-Sekunden-Sieg von 1968, den Greg LeMond später deutlich unterbieten sollte (s. 23. Juli).

Das war bei Weitem der bedeutendste Sieg in Caritouxs Karriere, obwohl er später noch zweimal hintereinander Französischer Meister werden sollte (1988 und 1989). Caritoux ging auf der Etappe hinauf zu den Lagos de Covadonga in Führung und gab diese Position bis Madrid nicht wieder aus der Hand.

Im Jahr zuvor war Caritoux, genannt «der Keks» (weil er aus einer Stadt kam, die berühmt war für ihre Kekse), Dritter beim Giro geworden. Die Tour hatte er bereits unter den ersten zehn beendet. Mit mittlerweile 30 Jahren schien er nun im besten Rundfahrtenalter zu sein. Leider fanden sein Leben und seine Karriere nur sieben Monate später ein plötzliches Ende, als er mit seiner Ehefrau zusammen bei einem Autounfall ums Leben kam.

Bei der Vuelta, die er so knapp gewonnen hat, wird ihm ein ehrendes Andenken bewahrt: Der erste Fahrer, der den höchsten Punkt der Rundfahrt überquert, erhält jedes Jahr einen Preis mit dem Namen Eric Caritoux.

7. Mai
Radsportler und Journalist Paul Kimmage hat Geburtstag
(1962)

Der 1962 in Dublin geborene Paul Kimmage war 1981 Irischer Amateurmeister im Radsport und sicherte sich damit einen Titel, den schon sein Vater Christy getragen hatte. Später wechselte Paul zu den Profis und ging zum Team RMO-Meral-Mavic.

Der irische Radsport boomte gerade. Es war die Zeit von Sean Kelly und Stephen Roche, zwei Fahrern der absoluten Weltspitze. Kimmage fuhr nicht ganz auf ihrem Niveau, er war Domestik und musste seine Tage entweder vorn im Wind (solange die TV-Kameras noch nicht auf Sendung waren) oder mit dem Transport von Wasserflaschen zwischen dem Teamfahrzeug und den Mannschaftskapitänen verbringen.

Kimmage war ein talentierter Schreiber und wechselte 1989 vom aktiven Radsport in den Sportjournalismus. Im Jahr darauf erschien sein Buch *Rough Ride* (deutsch: *Raubeine rasiert*), in dem er auf seiner Karriere und den Sport zurückschaute. Es war ein ungeschminkter Blick auf die Doping-durchseuchte Realität des professionellen Radsports.

Niemand, auch Kimmage selbst nicht, hätte sich vorstellen können, welche Auswirkung dieses Buch haben sollte: Kimmage fiel bei seinen vormaligen Kollegen vollständig in Acht und Bann. In einem Rückblick auf sein Buch und dessen Folgen berichtete Kimmage dem Magazin *Bicycling* im Jahr 2012, dass dieses Werk später noch von höchster Wichtigkeit für ihn geworden sei, weil es seinen Gegnern unmöglich machte, ihn bei seiner journalistischen Arbeit als Heuchler hinzustellen.

Zusammen mit David Walsh und Pierre Ballester gehörte Kimmage zu den wenigen Journalisten, die an der Enthüllung des Systems Lance Armstrong arbeiteten.

8. Mai

Hinault gewinnt seine zweite Vuelta
(1983)

Die 1983er-Vuelta war die zweite Austragung des Rennens, die der Franzose Bernard Hinault für sich entscheiden konnte. Er hatte die Spanienrundfahrt bereits 1978 gewonnen: Es war sein erster Sieg bei einer der großen Landesrundfahrten gewesen. Ein paar Monate danach stand er zum ersten Mal an der Startlinie der Tour de France – und nach drei Wochen als Sieger in Paris. Vom Rookie (Neuling) zum Sieger in einer Austragung ... (s. 29. Juni).

Im Mai 1983 war Hinault der absolute Chef im Peloton. In nur fünf Jahren hatte er eine unglaubliche Anzahl von Erfolgen eingefahren, inklusive vier Siegen bei der Tour, zwei Siegen beim Giro, einem ganzen Bündel von Monumenten und einem Weltmeistertitel. Er steuerte geradewegs auf seinen Platz im Radsportolymp zu: zur Rechten von Eddy Merckx, zumindest, soweit es Rundfahrtensiege betraf.

Aber mit der Vuelta von 1983 glückte ihm etwas, das sogar Eddy Merckx nicht gelungen war. Als er drei Tage vor dem Ziel die Gesamtführung übernahm und dann bis Madrid nicht wieder aus der Hand gab, war er der absolut erste Fahrer der Radsportgeschichte, der alle drei großen Rundfahrten mehr als einmal gewonnen hatte.

Bis jetzt ist das niemandem sonst gelungen. Die aktuell besten Ausgangsbedingungen hat Alberto Contador. Der Spanier hat die Tour bereits zweimal gewonnen, und die Vuelta dreimal. Er muss «nur noch» seinen Sieg beim Giro 2008 wiederholen, um mit Hinault gleichzuziehen.

9. Mai

Svein Tuft hat Geburtstag
(1977)

Geboren in Langley City im Bundesstaat British Columbia, wurde der kanadische Straßenradsportler Svein Tuft 2001 mit 23 Jahren Profi beim Team Mercury-Viatel.

Tuft ist ein starker Zeitfahrer und derzeit neunfacher Kanadischer Meister in Einzelzeitfahren, Einerverfolgung und Madison, dazu zweifacher Meister im Straßenrennen. Er steht damit nur knapp hinter dem kanadischen Rekordhalter Jocelyn Lovell. 2008 wurde er zudem Vizeweltmeister, trotz einer Reifenpanne.

Aber erst 2013 sollte er richtig bekannt werden. In diesem Jahr begann die Tour de France auf Korsika, und Tuft war zum ersten Mal in seiner Karriere dabei. Mit 36 Jahren war er der älteste Rookie der letzten Jahrzehnte, was ihm mehr Schlagzeilen bescherte als alle Erfolge zuvor.

Und dann wurde Tuft auch noch die Rote Laterne dieser 100. Austragung der Tour (s. 22. Dezember), ein Titel, den kein Kanadier vor ihm je getragen hat. Wobei nicht klar ist, ob es jemand versucht hat: Das ist der (inoffizielle) Titel des letzten Fahrers im Gesamtklassement ...

Tuft drückte es gegenüber der *Globe and Mail* so aus: «... das war pures Überleben. Das Gesamtklassement bedeutete mir überhaupt nichts. ... Die gesamte letzte Woche war die Hölle. Ich bin immer noch nicht ganz wieder zurück.»

10. Mai

Ferdi Kübler gewinnt La Flèche Wallonne
(1952)

Bisher ist es nur sieben Fahrern gelungen, den Wallonischen Pfeil (La Flèche Wallonne) und das Rennen Lüttich–Bastogne–Lüttich im selben Jahr zu gewinnen, ein Renn-Gespann, das im Radsport als Ardennen-Double ein Begriff ist. Der Erste, dem dies gelang, war der Schweizer Ferdi Kübler.

Kübler war einer der besten Fahrer der 1940er- und 50er-Jahre; seine wichtigsten Erfolge fielen in die Zeit zwischen 1948 und 1952 (s. 23. Juni und 7. August).

Nachdem ihm dieses erste Ardennen-Double 1951 geglückt war, kehrte Kübler 1952 an den Start des Wallonischen Pfeils zurück. Bis dahin hatte nur ein einziger Fahrer seinen Titel im Folgejahr verteidigen können (s. 3. Juni), aber bemerkenswerterweise gelang es Ferdi Kübler, indem er den Belgier Stan Ocker in einem verzweifelten Sprint auf der Ziellinie schlug.

Heute trennen vier volle Tage diese beiden Rennen voneinander, aber 1952 fand Lüttich–Bastogne–Lüttich noch am Tag nach dem Wallonischen Pfeil statt. Falls Kübler sich Sorgen machte, dass er nach diesem furiosen Finish am nächsten Tag nicht mehr genug Energie übrig hätte, so ließ er es sich jedenfalls nicht anmerken. Der Schweizer folgte der Attacke des großen Louison Bobet an der neu ins Rennen aufgenommenen Côte de Wanne und zog ihm davon, als dieser mit einer Reifenpanne zurückfiel.

Bei der Einfahrt nach Lüttich setzte Kübler sich dann noch gegen drei andere Fahrer durch, die mit ihm die Spitze des Rennens gebildet hatten, und gewann den Schlusssprint. Heute ist Ferdi Kübler der einzige Fahrer in der Radsportgeschichte, der das Ardennen-Double zweimal (und das hintereinander!) erreicht hat.

11. Mai

Henri Desgrange stellt den ersten Stundenrekord auf
(1893)

Seit die UCI im Mai 2014 die Rahmenbedingungen für einen Stundenrekord standardisiert hat, verbucht diese Variante des Radsports wieder steigendes Interesse. Der erste Stundenrekord, den die UCI anerkennt, ist der, den Henri Desgrange, der spätere «Vater der Tour», 1893 erreicht hatte.

Im Mai jenes Jahres kurbelte Desgrange sein Rad im Velodrome Buffalo in Paris innerhalb von 60 Minuten über eine Distanz von 35,325 Kilometer. Knapp 18 Monate später verbesserte Jules Dubois ihn um fast drei Kilometer.

In den folgenden Jahrzehnten wurde der Stundenrekord eine immer wichtigere Trophäe, mit Größen wie Fausto Coppi, Jacques Anquetil und Eddy Merckx als Protagonisten, die ihn alle zu ihrer Zeit jeweils weiter anhoben. In Folge der starken technologischen Entwicklung in den 1980er- und 90er-Jahren sah sich die UCI zu einem Eingreifen gezwungen, damit aus dem Ausdauerrennen Mensch gegen Zeit keine Materialschlacht mit Weltraumtechnologien wurde. Im Jahr 2000 entschied sich die UCI für eine Trennung des Rekords in eine «athletische» Wertung, bei der die Fahrer auf einem Rad fahren mussten, das im Wesentlichen der Merckxschen Stundenmaschine von 1972 entsprach, und einem absoluten Rekord, der keinerlei Restriktionen unterworfen war.

Das Resultat war ein ziemliches Durcheinander, in dessen Folge der Rekord an Attraktivität verlor. 2014 änderte die UCI wiederum das Reglement, vereinheitlichte die Bedingungen und erlaubte die Nutzung moderner Bahnmaschinen. Dies machte die Sache wieder attraktiv, und allein in den ersten neun Monaten nach dieser Reglementänderung wurde der Rekord schon dreimal wieder angehoben.

12. Mai

Der Geburtstag von Beryl Burton

(1937)

Wir schreiben den September 1967. Beryl Burton ist gerade zum zweiten Mal Weltmeisterin im Straßenrennen geworden und gerade aus den Niederlanden nach England zurückgekehrt. Kaum jemand im Königreich hatte von ihrer Titelverteidigung Notiz genommen. Nun stand sie am Start des 12-Stunden-Zeitfahrens Otley CC in ihrer Heimatstadt Yorkshire.

Gestartet wurde im Zwei-Minuten-Takt; Burton folgte auf den letzten männlichen Fahrer Mike McNamara. Obwohl sie sich gut vorbereitet hatte, fühlte sie sich nicht ganz auf der Höhe ihrer Kräfte und sollte in den folgenden zwölf Stunden unter Magenproblemen leiden; dazu kam auch noch Ärger mit der Mechanik. Später sagte sie, dass sie am Start sehr gezweifelt hätte, ob sie das Rennen durchhalten würde.

Aber sie kam nicht nur ins Ziel. Nachdem sie McNamara Stück für Stück näher gekommen war, passierte sie ihn schließlich. Dabei griff sie in ihre Trikottasche, zog ein Stückchen Lakritze heraus und bot sie McNamara an. Worauf er: «Ta, love.», «Danke, meine Liebe!», sagte.

McNamara fuhr an diesem Tag mit 276,52 Meilen einen neuen Rekord bei den Männern. Burton übertraf diesen mit 277,25 Meilen, bevor sie am Beginn einer Steigung mit noch einer Minute auf der Uhr vom Rad stieg. Dies war bis heute das einzige Mal, dass der Rekord der Frauen über dem der Männer lag, und er

sollte erst zwei Jahre darauf von einem Mann übertroffen werden.

Aber Burton war auch etwas ganz Besonderes. Sie war in Leeds geboren und dominierte die englische Rennrad-Szene über mehr als 25 Jahre. Ihre Erfolge während ihrer vierunddreißigjährigen Karriere sind atemberaubend: sieben Weltmeisterschaften (zwei auf der Straße, fünf auf der Bahn), siebzig nationale Meistertitel im Zeitfahren (Distanzen zwischen 10 und 100 Meilen), dreizehn nationale Meistertitel in der Verfolgung, zwölf im Straßenrennen. Ein Vierteljahrhundert in Folge trug sie den Titel Best British All-Rounder der «komplettesten» britischen Zeitfahrerin.

Und noch bemerkenswerter ist, dass sie all dies als Amateurin erreichte. Burton kombinierte ihr Sportlerleben mit der Arbeit auf einer Rhabarberfarm. Sie wurde 1964 zum MBE (Member of the British Empire) und 1968 zum OBE (Officer of the Most Honorable Order of the British Empire) ernannt. Ihre Karriere war so lang, dass sie zwei Einträge in Großbritanniens Golden Book of Cycling erhielt – einen 1960 und einen 1991.

Beryl Burton starb im Alter von 58 Jahren an Herzversagen; sie war gerade mit dem Fahrrad unterwegs, um Einladungen zu ihrem 59. Geburtstag zu verteilen. Heute zeigt das National Cycling Center in Manchester viele ihrer Trophäen und Trikots – eine kleine Gedenkstätte für Englands vermutlich größte Radsportlerin aller Zeiten.

13. Mai

Der erste Giro d'Italia beginnt

(1909)

Bestärkt durch den Erfolg der Eintagesrennen Mailand–San Remo und Lombardeirundfahrt und um den Plänen des Konkurrenzblattes *Corriere della Sera* zur Ausrichtung einer eigenen nationalen Rundfahrt zuvorzukommen, kündigte *La Gazzetta dello Sport* im August 1908 in großen Lettern die Durchführung eines neuen Rennens an.

Das Titelblatt brachte die Details: Start sollte im nächsten Frühjahr sein und das Rennen würde über eine Strecke von 3000 Kilometern führen. Preisgelder in Höhe von 25 000 Lire wurden ausgelobt. Es würde, kurz gesagt, eine der größten und wichtigsten internationalen Radsportveranstaltungen werden.

Damit war das Vorhaben angekündigt. Nun musste die *Gazzetta* es nur noch auf die Beine stellen ... Die Verantwortung dafür fiel an Armando Cougnet, einen Mann aus der Redaktion. Sponsorengelder waren zuerst nur spärlich zu bekommen, und das Rennen musste sogar einmal verschoben werden, aber schließlich begannen die Mittel doch zu fließen. Am Morgen des 13. Mai starteten dann 127 Fahrer von Mailand aus ins Rennen.

Man hatte sich für ein Punktesystem entschieden: ein Punkt für den Ersten, zwei für den Zweiten und so weiter. Der Fahrer mit den wenigsten Punkten am Ende wurde Gesamtsieger. Luigi Ganna eroberte sich diesen Titel mit zwei Punkten weniger als der Zweite Carlo Galetti.

14. Mai

Gerbi startet mit 47 Jahren beim Giro

(1932)

Der älteste Fahrer, der bis heute am Giro d'Italia teilgenommen hat, ist Giovanni Gerbi. Der «Rote Teufel» fuhr seinen letzten Giro im Jahr 1932, mit 47 Jahren, unglaubliche 23 Jahre, nachdem er schon bei der ersten Austragung am Start gestanden hatte.

1902 war Gerbi zum Profi geworden, und obwohl er vergleichsweise geringe Erfolge einfahren konnte, war er doch einer der populärsten Fahrer Italiens; das galt für die *tifosi* wie für die Journalisten. Gerbi war bekannt für Pech und Flüche. Wo er war, war immer eine gute Story in der Nähe.

Gerbi hat den Giro nie gewonnen, nicht einmal eine Etappe. Sein größter Erfolg war der dritte Platz in der Gesamtwertung 1911. Aber 1932 fuhr er sich als *indépendant* und ältester Fahrer beim Giro in die Geschichtsbücher des Radsports ein.

Das Rennen lief nicht gut für ihn. Die erste Etappe führte von Mailand nach Vicenza, über 207 km. Learco Guerra gewann sie; er war nach weniger als sechs Stunden im Ziel. Gerbi benötigte fast eine Stunde mehr, und das war bereits außerhalb des Zeitlimits. Nach nur einem Tag war er damit nicht mehr Bestandteil der offiziellen Wertung.

Aber er hatte versprochen, das Rennen bis zurück nach Mailand durchzuhalten, und das tat er auch. Drei Wochen später rollte er ins Ziel. Er war nicht mehr im Klassement, und er kam so viel später als die anderen an, dass nur noch seine Frau auf ihn wartete. Aber er war im Ziel.

Seine Frau überreichte ihm Blumen. Und sein Name ging in die Radsportgeschichte ein.

15. Mai

Evans gewinnt im Regenbogentrikot auf weißen Straßen
(2010)

Das Jahr 2007 sah ein neues Rennen im italienischen Radsportkalender: Ursprünglich hieß es Monte Paschi Eroica, aber heute ist es unter dem simplen Namen «Strada Bianche» bekannt – nach den nicht asphaltierten, hellen Schotterstraßen, über welche die Rennstrecke quer durch die Toskana immer wieder führt. Das Rennen war ein unmittelbarer Erfolg – Italiens Antwort auf die Kopfsteinpflaster-Klassiker in Belgien und Nordfrankreich.

Weil dieses Rennen ein solch positives Echo erhalten hatte, beschlossen die Organisatoren des Giro, dass die nationale Rundfahrt 2010 auch einmal einen Ausflug über diese nostalgischen Straßen machen sollte. Und so bot die siebte Etappe über 222 km von Carrara nach Montalcino 20 km Schotterpiste unter den finalen 30 km vor dem Zielstrich auf.

Unglücklicherweise für die Fahrer, aber gut für die Renngeschichte, regnete es an diesem Tag heftig. Die Schotterpassage verwandelte sich schnell in ein Schlammloch. Die Fahrer kamen bis über die Ohren mit grauem Schlamm überzogen ins Ziel und sahen eher nach Grubenarbeitern als nach Rennfahrern aus.

Der Australier Cadel Evans gewann diese Etappe im Regenbogentrikot (was man im Ziel aber kaum erkennen konnte). Das war das erste Mal nach Moreno Argentins Etappensieg 1987, dass ein amtierender Weltmeister eine Etappe des Giro gewinnen konnte. Ein berühmter Gewinner an einem besonderen Tag.

Die Etappe wurde sofort ein Kultklassiker, über den man noch Jahre später sprechen sollte. «So fies wie Roubaix», sagte Aleksander Vinokourov, der Träger des Rosa Trikots.

16. Mai

Die Kalifornienrundfahrt wird in den Mai verschoben
(2010)

Das Bemühen des Giro um neue Attraktionen (s. 15. Mai) hätte zu keinem besseren Zeitpunkt kommen können. Als die große Italienrundfahrt in ihre zweite Woche startete, begann auf der anderen Seite des Atlantiks die Tour of California. Beide Rennen liefen also das erste Mal zur gleichen Zeit.

Die Kalifornienrundfahrt wurde erst zum fünften Mal ausgetragen. Vorher hatte sie im Februar stattgefunden; die Verschiebung in den Mai sollte ihrer begrenzten Popularität aufhelfen. Die Organisatoren wollten besseres Wetter haben und verkauften das Rennen nun als ideale Vorbereitung auf die Tour de France im Juli.

Die Terminverschiebung Richtung Giro wurde zur Schlacht zwischen den beiden Rennen hochgejazzt: der ungestüme Herausforderer gegen den alternden Platzhirschen. Die Wahrheit ist natürlich die, dass ohnehin nur sehr wenige Fahrer mit Plänen bei der Tour den Giro fahren – die Beanspruchung mit den nur zwei Monaten Abstand ist einfach zu groß. Und natürlich war der Giro mit seiner hundertjährigen Geschichte und seinem Nimbus prestigemäßig niemals auch nur in entfernter Reichweite der Kalifornienrundfahrt. Aber seit wann interessiert die Realität, wenn es um eine gute Geschichte geht?

Die Verschiebung in den Mai war durchaus ein Erfolg. Der Australier Michael Rogers gewann die Austragung und beendete damit Levi Leipheimers dreijährige Serie. Das Rennen wird weiterhin im Mai ausgetragen und Leipheimers drei Siege sind der aktuelle Rekord.

17. Mai
Paris–Tours findet zum ersten Mal statt
(1896)

Ursprünglich ein 250 km-Rennen für Amateure, war das Rennen Paris-Tours von der Zeitung *Paris-Vélo* konzipiert und am 22. März 1896 angekündigt worden. Es sollte helfen, ein neu erbautes Velodrom in Tours bekannt zu machen.

Knapp zwei Monate später standen 151 Fahrer an der Startlinie. Eugène Prévost war einer der Favoriten und bestätigte dies sehr eindrucksvoll, als er allein und mit mehr als zehn Minuten Vorsprung vor Emile Ouzou im neuen Velodrom ankam.

Paris-Velo wollte dieses Rennen eigentlich jährlich stattfinden lassen, aber in den folgenden zehn Jahren gab es nur eine weitere Austragung, nämlich 1901; Gewinner war Jean Fischer.

Obwohl das Rennen heute als Sprinterrennen gilt, ist es in Wahrheit häufiger aus Fluchtgruppen heraus gewonnen worden. Aber das Ziel ist ein Sprintertraum: Zwischen 1988 und 2010 lag es am Ende der 2,7 km langen und schnurgeraden Avenue du Grammont. Ein neues Gleisbett verkürzt diese Gerade inzwischen, aber es bleiben immerhin noch 800 Meter freie Bahn für Sprinter.

Vier Fahrer teilen sich den Rekord von jeweils drei Siegen in Tours. Es sind Gustaaf Danneels, Paul Maye, Guido Reybrouck und Erik Zabel.

18. Mai
Willie Hume gewinnt in Belfast und verändert den Radrennsport
(1889)

Im Jahr 1889 war das Hochrad noch das Maß der Dinge für alle, die ein Fahrradrennen gewinnen wollten. Es galt als wesentlich schneller als das sogenannte «safety» mit seinen beiden gleich großen Rädern, aus dem sich sehr bald unser heute bekanntes Fahrrad entwickeln sollte.

Willie Hume war ein Fahrradfahrer aus Belfast. Er war nicht der Schnellste am Ort, aber er hatte etwas, was anderen fehlte: Vorstellungskraft. Einige Jahre zuvor hatte John Boyd Dunlop seinen luftgefüllten Fahrradreifen entwickelt. Damals nutzten (nicht nur) Rennfahrer ungefederte Reifen und glaubten nicht an Sinn und Praktikabilität dieser neuen Idee. Dunlops Entwicklung war weitgehend verspottet und sein Reifen als Würstchenreifen lächerlich gemacht worden.

Das alles änderte sich in Folge des 18. Mai 1889. Hume montierte Dunlops pneumatische Reifen an sein «safety» und nahm an vier Rennen in Belfasts North of Ireland Cricket Club teil. Er gewann alle vier. Dann ging er nach England und gewann dort.

Und plötzlich begriffen die Leute, dass aufblasbare Reifen gar nicht zum Lachen waren und dass sie das Fahren nicht nur komfortabler, sondern eben auch schneller machten. Bald darauf war der pneumatische Reifen das Maß aller Dinge für den Radfahrer.

19. Mai
Der Giro besucht den Galibier
(2013)

Als einer der berühmtesten Berge des Radsports hat der Galibier in den vergangenen hundert Jahren schon viele atemberaubende sportliche Wagnisse gesehen. Er ist untrennbar mit der Tour de France verbunden, aber im Jahr 2013 machte der Giro d'Italia einen Ausflug nach Frankreich und besuchte diese Legende zum ersten Mal.

Die Etappe 15 führte die Fahrer von Italien über den Mont Cenis-Pass hinüber nach Frankreich. Dort folgte die klassische Links-rechts-Kombination aus Télégraphe und Galibier, vorbei am Monument für den Italiener Marco Pantani, das dort am Galibier steht, wo er 1998 die Grundlage für seinen Tour-Sieg gelegt hat (s. 27. Juli).

Als der Tag der Etappe anbrach, lag der Galibier unter einer Schneedecke; der alpine Frühling hatte noch sehr mit dem nicht weichen wollenden Winter zu kämpfen. Das Ziel der Etappe musste um einige Kilometer in Richtung Tal verlegt werden. Am Mont Cenis formierte sich eine Fluchtgruppe. Dabei war auch der dreimalige Italienische Meister Giovanni Visconti. Die Gruppe blieb vorn. Schließlich griff Visconti am Télégraphe an.

Am Fuß des Galibier hatte Visconti einen Vorsprung von nur einer knappen Minute. Aber dann kippte das Wetter. Der Regen verwandelte sich in Schneematsch, dann in Schnee. Visconti ging an die Reserven. Er trieb sein Rad voran, immer weiter bergauf. Schließlich gewann er seine erste Giro-Etappe mit immer noch 42 Sekunden Vorsprung. Passenderweise lag die Ziellinie nun genau vor dem Pantani-Denkmal – «il pirata» schaute dem Italiener Visconti beim Siegen zu. «Für diesen Sieg habe ich wirklich alles gegeben, was ich hatte», sagte Visconti später, als er wieder zu Atem gekommen war.

20. Mai

Die letzte Austragung der Friedensfahrt geht zu Ende
(2006)

Als der Italiener Giampaolo Cheula am Ende der Internationalen Friedensfahrt 2006 in Hannover nach einem knappen Sieg über seinen Landsmann Andrea Tonti auf dem obersten Treppchen des Siegerpodestes stand, war er der vorläufig letzte Gewinner des vielleicht wichtigsten aller Radrennen.

Das Rennen war in Polen unter dem Namen Wy'scig Pokoju bekannt; in der vormaligen Tschechoslowakei hieß es Závod Míru, in Deutschland Internationale Friedensfahrt (international Course de la Paix).

Als sich nach dem Zweiten Weltkrieg der Eiserne Vorhang durch Europa zog und Westen und Osten für lange Jahre voneinander trennte, waren es diese drei Länder, die auf seiner östlichen Seite eine Radsportveranstaltung mit dem erklärten Ziel schufen, die Wunden und Verletzungen des Krieges zu überwinden.

Die erste Austragung fand 1948 statt, ein 5-Etappen-Rennen von Warschau nach Prag. Der Jugoslawe (damals war das Land noch ein einziger Staat) August Prosenic gewann. Da es im Osten keinen Profi-Sport gab, war dies eine Amateur-Veranstaltung: getreu den propagierten Zielen von Frieden und Solidarität unter den Völker offen für Amateure aus welchem Lager auch immer.

Dieser Geist der Offenheit wurde 1950 etwas auf die Probe gestellt. Das Rennen hatte nun die Friedenstaube als Symbol gewählt und sich gerade den Namen Friedensfahrt gegeben, aber als die Deutsche Demokratische Republik mit einer eigenen Mannschaft teilnehmen wollte, war sie nicht gerade willkommen. Die Wunden bluteten noch. Deutschland war (trotz Teilung und DDR) auch im Osten noch isoliert, die Schuld am Tod und Unglück von Millionen Polen, Tschechen, Slowaken und anderen Völkern dieser Region noch nicht vergeben. Aber die DDR entsandte dennoch ein Team. Es war ein kleiner, aber wichtiger Schritt im Prozess der Wiederannäherung. In seinem Buch *Das Rennen gegen die Stasi* erzählt Herbie Sykes die Geschichte eines DDR-Mechanikers, der zusammen mit einem polnischen Kollegen einem Begleitfahrzeug zugeteilt worden war. Der Pole verhielt sich anfangs sehr feindselig und beschimpfte den Deutschen immer wieder, bis dieser seiner Mannschaft mitteilte, dass er abreisen wolle. Das wurde natürlich nicht gestattet, und so teilten die beiden sich das Auto bis zum Ende des Rennens. Nach dem Finale dann waren sie verschwunden – und wurden erst Stunden später in einer Kneipe aufgefunden, wo sie einander betrunken und glücklich in den Armen lagen. Die Friedensfahrt hatte eine erste Brücke gebaut.

Oft als die Tour de France des Ostens bezeichnet, brachte die Friedensfahrt in ihrer fünfundfünfzigjährigen Geschichte Millionen an die Straßenränder und war mit ihren sportlichen Helden und dem internationalen Flair eine willkommene Abwechslung vom arbeitsreichen Alltag.

1990 war der Eiserne Vorhang endlich aufgezogen und verschwunden. Das Rennen wurde eine Profi-Veranstaltung und war zum Schluss auch Teil des UCI-Rennkalenders. In die ProTour-Serie war es 2005 aber nicht aufgenommen worden, vielleicht der Todesstoß, denn das Interesse (und damit die Sponsorenmöglichkeiten) sank damit rapide. Steffen Wesemann, gebürtiger Deutscher und inzwischen Schweizer Staatsbürger, hält den Rekord mit fünf Siegen. Der bedeutendste Fahrer und Sieger in der Geschichte des Rennens aber ist Gustav-Adolf «Täve» Schur, der 1955 den ersten Gesamtsieg für die Mannschaft der DDR einfuhr und das Rennen 1959 als erster Fahrer ein zweites Mal gewinnen konnte.

Mit seinen Erfolgen bei der Friedensfahrt (aber auch bei anderen Rennen) wurde Täve Schur zum bekanntesten und beliebtesten Sportler der DDR. Herbie Sykes formulierte es so: «(Er war) Karl Marx und Gino Bartali, Elvis Presley und Roy Rogers ... all das, für alle.»

21. Mai

Der Geburtstag von Mark Cavendish
(1985)

Der auf der Isle of Man geborene Mark Cavendish ist aktuell der erfolgreichste Sprinter bei der Tour de France. Sein furioser Antritt, sobald eine Ziellinie in Sichtweite ist, brachte ihm den Beinamen Manx Missile ein.

Mit 26 Etappensiegen ist Cavendish Dritter auf des Bestenliste der Tour; vor ihm liegen nur noch die Fünffach-Gesamtsieger Hinault und Merckx.

Cavendish hält bereits den Rekord für die meisten Etappensiege auf den Champs-Élysées: Viermal konnte er die Schlussetappe der Tour für sich entscheiden. Zwischen 2008 und 2012 war er in Tour-Sprints praktisch unbesiegbar. 2011 sicherte er sich auch das Grüne Trikot (s. 22.Juli).

Abseits der Tour hat Cavendish 18 Etappen beim Giro und der Vuelta und bei beiden auch schon das Punktetrikot gewonnen. 2009 gewann er mit Mailand–San Remo sein erstes Monument. Zwei Jahre später wurde er Straßenweltmeister. Dieser Sieg war der erfolgreiche Höhepunkt einer langfristigen Initiative des britischen Radsports mit dem Ziel, einen Briten in das Regenbogentrikot zu kleiden. «Project Rainbow» funktionierte perfekt.

Zurzeit fährt Cavendish im Team Etixx-QuickStep, immer noch bei vollen Kräften und mit Bernard Hinaults Zahl von 28 Tour-Etappensiegen in Reichweite...

22. Mai

Simoni überwindet den Zoncolan
(2003)

Zwar hat der Giro den nun schon legendären Anstieg zum Monte Zoncolan erst fünfmal in seine Route aufgenommen, aber was dem Berg an Radsportgeschichte fehlt, macht er mit seinen nüchternen Fakten leicht wieder wett. Dieser Anstieg erschüttert den Geist und mordet die Beine. Von Ovaro aus steigt die Straße auf den folgenden zehn Kilometern um durchschnittlich fast 12 % an, mit Passagen, die unglaubliche 22 % erreichen.

«Das Tor zur Hölle», stand auf einem Banner am Fuß des Anstiegs, als der Giro 2014 dort vorbeikam. Was für ein herzlicher Empfang! Aber dies ist zweifellos einer der gemeinsten Berge, der sich dem Profi-Peloton heute entgegenstellt.

Das Spektakel ist Programm: Die Fahrer schwanken mit der Geschwindigkeit von Radwanderern bergauf, kommen blinzelnd aus dunklen Tunneln heraus, blecken die Zähne im Kampf um das Gleichgewicht und die Höhenmeter auf dem Weg zum Gipfel.

Die Italienrundfahrt kam zum ersten Mal 2003 (der Giro der Frauen war 1997 schon einmal dort gewesen – das Ziel lag allerdings unterhalb des Gipfels) am Zoncalan vorbei. Gilberto Simoni gewann, im Rosa Trikot, auf dem Weg zu seinem Gesamtsieg. «Es war so steil, dass ich wirklich fast hätte schieben müssen», sagte er später.

Auch beim darauffolgenden Mal, 2007, gewann Simoni. Damit hat er den anderen Etappensiegern an diesen fiesen Hängen Ivan Basso, Igor Antón und Michel Rogers gegenüber schon einen Erfolg voraus.

23. Mai

Die Briten gewinnen die erste Austragung von Bordeaux–Paris
(1891)

Wenn man ein Eintagesrennen über 572 Kilometer heute für verrückt hält, was hätte man wohl vor 125 Jahren dazu gesagt, als es noch keine Gangschaltungen gab und die Räder so viel wogen wie Einfamilienhäuser? Aber genau das erwartete die 28 Starter bei der ersten Austragung von Bordeaux–Paris. Um fünf Uhr morgens fiel am 23. Mai 1891 am Place du Pont der Startschuss. Organisiert vom regionalen Fahrradblatt *Le Véloce-sport*, war das Rennen als Test des Stehvermögens der damals besten Fahrer konzipiert worden. Langstreckenrennen mit dem noch relativ neuen Sportgerät Fahrrad waren gerade sehr in Mode. Dieses Rennen sollte zeigen, was damit möglich war.

Die Austragung wurde in einer Zeit von 26 Stunden und 34 Minuten vom Briten George Pilkington Mills gewonnen. Der 24 Jahre alte Londoner war Langstreckenspezialist und stellte eine ganze Reihe von Rekorden auf, die auch heute noch verblüffen. Aber damals? Sie scheinen unvorstellbar. Die berühmte Fahrt von einem Ende des britischen Festlandes zum anderen – Land's End to John o' Groats – in nur drei Tagen und 16 Stunden? 1893? Auf einem Tricycle (Dreirad)? Kaum zu glauben.

Die Briten dominierten diese Austragung und belegten die ersten vier Plätze. Bald wurde das Rennen ein Fixpunkt des Radsportkalenders. Die Route blieb über die Jahre weitgehend unverändert, aber das Reglement erfuhr Anpassungen, vor allem bezüglich der Verwendung der verschiedensten Schrittmachermaschinen.

Die letzte Austragung im Jahr 1988 gewann Jean-Francois Rault in 18 Stunden und fünf Minuten. Den Rekord für die meisten Siege hält der Belgier Herman van Springel, der zwischen 1970 und 1981 siebenmal gewann.

24. Mai

Der Beginn der härtesten Rundfahrt in der Geschichte des Radsports

(1914)

«Die Fakten sind schnell genannt: 80 Starter, acht im Ziel. 90 Prozent Abbruch, ein unglaublicher Anteil. Wie konnte es zu einem derartigen Desaster kommen?»

Diese Frage stellte *La Stampa* am 8. Juni 1924, am Tag, nachdem die Italienrundfahrt in Mailand zu Ende gegangen war, mit Alfonso Calzolari als Gesamtsieger; einem Fahrer, der vorher einzig und allein einen Sieg beim Giro dell'Emilia für sich hatte verbuchen können. Wie war das möglich?

Das Rennen hatte zwei Wochen zuvor ebenfalls in Mailand begonnen. Die neun Etappen des Vorjahres waren auf acht verringert worden, die Gesamtstrecke allerdings nicht. Im Gegenteil, sie war von 2932 km auf 3162 km gestiegen. 3162 geteilt durch acht ergab eine durchschnittliche Etappenlänge von 395 km. Die längste Etappe war 430 km lang, die kürzeste 328 km. Das war, knapp gesagt, eine brutale Streckenführung.

Die erste Etappe führte über 420 km von Mailand nach Cuneo und über den 2000 m hohen Anstieg zum Sestrière. Der sintflutartige Regen, der den größten Teil des Rennens begleiten sollte, begann schon in der Nacht, als die Fahrer Mailand verließen. Die Landschaft versank im Regen und die Straßen verwandelten sich in Bäche und Schlammpisten. In den Alpen wurde der Regen zu Schnee. Die Fahrer stiegen zu Dutzenden aus dem Rennen aus, unter anderem der zweifache Tour-Gewinner Lucien Petit-Breton, der nach einem Wutausbruch über diese Bedingungen vom Rad stieg.

Als wären Wetter und Strecke noch nicht genug, hatten die Fahrer auch unter Sabotage zu leiden. Nägel und Scherben wurden auf die Straßen gestreut, zum Teil weil die Täter damit ihre Favoriten «unterstützen» wollten, zum Teil aus Aversion gegen den als neumodischen und fremd empfundenen Radsport.

Die Etappe wurde von Angelo Gremo gewonnen, der dafür mehr als 17 Stunden benötigte. Nur noch 36 Fahrer kamen nach ihm ins Ziel. Nach nur einer Etappe hatte das Rennen mehr als die Hälfte seiner Teilnehmer verloren.

Und so ging es weiter. Auf der dritten Etappe von Lucca nach Rom zog Lauro Bordin die längste Alleinfahrt der Giro-Geschichte durch: 350 km. Etwa 60 km vor dem Ziel wurde er eingeholt und hatte schließlich mehr als 16 Minuten Rückstand.

Das Wetter wurde nicht besser. Während der Etappe nach L'Aquila verschwand der Gesamtführende Giuseppe Azzini bei einem Schneesturm. Ein Suchtrupp wurde ausgeschickt, und schließlich fand man ihn: in einer Scheune sitzend und vom Fieber geschüttelt.

Die Distanzen. Das Wetter. Die Sabotage. Alles hatte seinen Zoll verlangt. Nur acht Fahrer kamen in Mailand an. Und damit war es noch nicht einmal vorbei. Es kam zu einer Beanstandung von Calzolaris Sieg: Er hatte sich auf der Etappe nach L'Aquila von einem Auto ziehen lassen und dafür eine Zeitstrafe von drei Stunden aufgebrummt bekommen. Nun wollte ihn der Radsportverband deswegen auch noch disqualifizieren.

Am Ende blieb das Ergebnis dieser härtesten großen Rundfahrt der Sportgeschichte unangetastet. Zwei Monate später begann der Erste Weltkrieg, und es sollte fünf Jahre dauern, bis der Giro wieder ausgetragen wurde.

25. Mai

Die erste Flandernrundfahrt
(1913)

Gegründet von Karel Van Wijnendaele und Léon van den Haute, Herausgeber bzw. Korrespondent bei der neuen belgischen Sportzeitung *Sportwereld*, fand die erste Austragung der Flandernrundfahrt 1913 statt. Das Blatt selbst war 1912 entstanden; Van Wijnendaele wurde Anfang 1913 Herausgeber und begann zusammen mit Van den Haute ein Rennen auf die Beine zu stellen, über das das Blatt berichten und das es protegieren konnte.

Nur 37 Fahrer standen an der Startlinie, weil die führenden französischen Teams keine Starter geschickt hatten, eine Situation, die sich im darauffolgenden Jahr wiederholen sollte.

«Gentleman, los!», rief Van Wijnendaele um 5:45 Uhr in der Frühe und startete so die erste Austragung eines Rennens, das einmal als Flanderns schönstes gelten würde.

Zwölf Stunden später fuhren sieben Fahrer in das Velodrom in Mariekerke ein, dessen Bahn um einen großen Fischteich herum führte. Zwei kollidierten, fünf blieben für den finalen Sprint übrig. Gewonnen wurde er vom späteren Paris-Roubaix-Sieger Paul (Pol) Deman. Nur 16 Fahrer kamen ins Ziel.

Das war vielleicht kein sehr vielversprechender Start, aber die Bevölkerung hatte sich an den Straßenrändern gedrängt (wenn auch nicht im Velodrom, wo man hätte Eintritt zahlen müssen), um das Rennen zu verfolgen. Die Flandernrundfahrt hatte das erste Kapitel ihrer großen Geschichte geschrieben, die sie in den kommenden Dekaden zu einem der bedeutendsten Klassiker des Radsports werden lassen sollte.

26. Mai

Alfredo Binda gewinnt die erste von 41 Etappen beim Giro
(1925)

Als Alfredo Binda auf der sechsten Etappe des Giro 1925 einen Acht-Mann-Sprint hinein nach Bari gewann, war das der Beginn eines bemerkenswerten Laufs, der ihn schließlich zum zweiten campionissimo Italiens und zum ersten Fünffach-Sieger des Giro machen sollte.

Es war Bindas erste Italienrundfahrt und er führte das Rennen bereits an, nachdem Costante Girardengo auf der 5. Etappe mit einer Reifenpanne zurückgefallen war. Auf der 314 km langen Etappe nach Bari fand Binda sich dann in einer Ausreißergruppe von 15 Fahrern wieder, die bis zum Ortsrand von Bari auf acht Fahrer geschrumpft war, darunter Girardengo. Binda gewann auf der Ziellinie vor Gira und dem damals zweifachen Giro-Gewinner Giovanni Brunero (der seinen dritten Giro 1926 gewinnen sollte).

Als Binda zehn Jahre später auf seine Karriere beim Giro zurückschaute, hatte er die unglaubliche Zahl von 41 Etappensiegen angesammelt. Das war ein Rekord, der über 68 Jahre Bestand haben sollte, bis Mario Cipollini sich 2003 seinen 42. Etappensieg bei diesem Rennen sichern konnte (s. 11. August zu Bindas weiteren Erfolgen).

27. Mai

Der Geburtstag von Freddie Grubb

(1887)

Der in Kingston in Surrey geborene Freddie Grubb war Großbritanniens erster Radsport-Silbermedaillengewinner bei den Olympischen Spielen und erster Teilnehmer bei einer der großen Landesrundfahrten.

Grubb fuhr für den Vegetarian Cycle & Athletic Club. Er sicherte sich verschiedene nationale Rekorde, bevor er an seinen einzigen Olympischen Spielen im Jahr 1912 in Schweden teilnahm. Das Radsportprogramm bestand dabei nur aus zwei Wertungen, die bei einem einzigen Rennen über 318 km rund um den Mälarsee erhoben wurden. Die 123 Starter gingen mit zwei Minuten Abstand auf die Strecke dieses außergewöhnlich langen Zeitfahrens. Der Schnellste im Ziel erhielt die Goldmedaille für seine individuelle Leistung, die addierten Zeiten der jeweils vier besten *Finisher* einer Nation ergaben die Reihenfolge bei der Mannschaftswertung.

Grubb steuerte seine Ausdauerleistung geradezu perfekt. Er war nach 120 km Neunter und kletterte stetig höher. Der fünfte Platz bei Kilometer 165 wurde zum vierten bei Kilometer 200, zum dritten bei Kilometer 265 und zum zweiten Platz im Ziel. Seine Zeit von zehn Stunden, 51 Minuten und 24 Sekunden lag etwa acht Minuten über der des Siegers Rudolf Lewis aus Südafrika. Diese Leistung verhalf auch dem britischen Team zur Silbermedaille in der Mannschaftswertung.

1914 war Grubb zu den Profis gewechselt und startete beim Giro. Damit war er der erste Brite, der an einer der großen Rundfahrten teilnahm. Leider hatte er sich die härteste Austragung in der Geschichte des Giro ausgesucht (s. 24 Mai) und blieb nur einen Tag im Rennen. Bald darauf beendete er seine Karriere und gründete eine Fahrradfirma, die seinen Namen noch bis in die 1950er-Jahre hinein tragen sollte.

28. Mai

Der «Teufel im Rock» gewinnt den Preis der Herzen beim Giro
(1924)

Viele der besten Fahrer der Zeit hatten sich wegen einer Auseinandersetzung mit den Veranstaltern über die Startgelder gar nicht zum 1924er-Giro d'Italia angemeldet. Costante Girardengo, Gaetano Belloni und Giovanni Brunero, die Sieger der letzten fünf Austragungen, waren ebenfalls nicht dabei. Das Rennen benötigte dringend etwas oder jemanden, das oder der das Interesse des Publikums hoch halten konnte. Und so kam Alfonsina Strada ins Spiel.

Strada war 1891 als Kind einer vielköpfigen Bauernfamilie geboren worden. Sie begann ursprünglich wohl gegen den Willen ihrer Leute mit dem Radfahren, hatte aber schnell Erfolg. Es heißt, sie hätte schon mit 13 Jahren bei einem Rennen ein Schwein gewonnen, was ihrer Familie sicher durchaus gefallen hat. Sie war vom Radfahren besessen und bat ihren zukünftigen Mann Luigi Strada um ein Fahrrad als Hochzeitsgeschenk – er war selbst Radsportler und wurde später ihr Coach.

Im Jahr 1924 war Alfonsina Strada schon längst an das Rennen gegen Männer gewöhnt und hatte sich bereits den Spitznamen «Teufel im Rock» verdient. Sie hatte u.a. an der Lombardeirundfahrt teilgenommen. Aber der Giro war eine andere Nummer: zwölf Etappen in 23 Tagen, Gesamtdistanz 3613 Kilometer. Die kürzeste Etappe war 230 km lang, die längste 415 km. Das war ein absoluter Härtetest für Kraft, Ausdauer und Reserven.

Es ist nicht mehr genau zu klären, ob Strada sich bei ihrer Anmeldung als Mann ausgegeben hat oder ob sie bewusst eingeladen wurde, um die Publicity des Rennens zu beflügeln. Jedenfalls war sie unter den 90 Radsportlern, die in Mailand an den Start gingen.

Als hervorragende Athletin hielt sie bei den ersten Etappen gut mit. Sie kam nie unter die ersten zehn, aber sie blieb immer im Zeitlimit, was bei diesen Bedingungen allein schon eine große Leistung war.

Auf der achten Etappe wendete sich das Blatt. In starkem Regen und heftigem Wind fiel sie mehrfach vom Rad. Sie musste ihr Rad improvisiert reparieren und hatte sich am Knie verletzt. Mit zusammengebissenen Zähnen erreichte sie Bologna nach mehr als 15 Stunden und damit klar außerhalb des Zeitlimits.

Nun waren die Veranstalter in einem Dilemma: Strada hatte dem Rennen viel dringend benötigte Aufmerksamkeit gebracht, aber nun musste sie es verlassen. Eigentlich. Man entschied sich für einen Kompromiss: Strada war nicht mehr Bestandteil der offiziellen Wertung, durfte aber weiter teilnehmen.

Der 28. Mai war der härteste Tag des Rennens. Die Etappe führte über unglaubliche 415 km von Bologna nach Fiume (heute Rijeka in Kroatien). Am Ende hatte Strada über 21 Stunden im Sattel verbracht. Weinend vor Erschöpfung kam sie ins Ziel. Die jubelnden Zuschauer hoben sie vom Rad und direkt hinein in ihre Herzen, wo sie von da an als die wahre Heldin dieses Rennens gefeiert wurde.

30 Fahrer kamen beim 1924er-Giro ins Ziel. Unter ihnen eine nicht offiziell gewertete Frau: Alfonsina Strada – die erste und letzte Frau, die den Giro d'Italia der Männer gefahren ist.

29. Mai

Jacques Anquetil gewinnt die Dauphiné Libéré ...
(1965)

Für das Jahr 1965 hatte sich Jacques Anquetils Sportdirektor Raphael Geminiani eine nette kleine Unmöglichkeit für seinen Star ausgedacht: Anquetil sollte die Dauphinérundfahrt gewinnen, dann quer durch Südfrankreich sausen und sieben Stunden später am Start des Langstrecken-Klassikers Bordeaux–Paris stehen. Natürlich, um ihn ebenfalls zu gewinnen. Anquetil hielt die Sache anfangs für ausgemachten Blödsinn. Allein das rechtzeitige Erscheinen am Start in Bordeaux erforderte logistische Purzelbäume, von der Anstrengung eines mehr als einwöchigen Etappenrennens in den Beinen ganz zu schweigen. Trotzdem gelang es Geminiani, ihn zu überzeugen: Das Publikum würde völlig darauf abfahren ... Also nahm Anquetil die Herausforderung an.

Bei der Dauphiné fuhr er gegen seinen größten Rivalen, Raymond Poulidor. Poupou war im Vorjahr Zweiter geworden und der Mann, mit dem Anquetil um die Siege und die Herzen der Fans zu ringen hatte. Anquetil gewann drei der zehn Etappen, übernahm die Führung auf der dritten Etappe und gab sie bis zum Ziel in Avignon nicht wieder aus der Hand.

Nach der Siegerehrung griff Maître Jacques sich ein paar Frikadellen, spülte sie mit ein oder zwei Bieren hinunter und eilte zum Flugplatz, von wo ihn eine Maschine nach Bordeaux bringen sollte. Eine Traube von Journalisten beobachtete und fotografierte jeden seiner Schritte. Phase eins war im Sack. Frankreich konnte fast nicht erwarten, wie es weitergehen würde.

30. Mai

... und dann Bordeaux–Paris
(1965)

Um Mitternacht stand Anquetil an der Startlinie des 557 km langen Rennens Bordeaux–Paris. Er hatte kaum ein Auge zugemacht seit seinem Sieg in Avignon, und nun musste er sich einem der härtesten Eintagesrennen überhaupt stellen.

Wegen der großen Distanz herrschte allgemein die unausgesprochene Verabredung, den ersten Teil zwar bei guter Geschwindigkeit, aber ohne gegenseitige Angriffe hinter sich zu bringen. Der Fahrer Claude Valdois entschied sich diesmal dazu, die Sache anders anzugehen, und sprang davon. Anquetil war gezwungen, ihm einen seiner Teamkollegen, Vin Denson, hinterherzuschicken.

Anquetil litt. Es war kalt und der Wind war stark. Er bekam kaum Luft und seine Beine schmerzten bereits heftig. Die Dämmerung war noch fern. Anquetil hatte wirklich genug und war nah dran aufzugeben. Aber die Worte seines Teamchefs hielten ihn im Sattel.

In Châtellerault kamen die Schrittmacherfahrzeuge ins Rennen. François Mahé erarbeitete sich einen Vorsprung von sechs Minuten. Die anderen griffen Anquetil nun ununterbrochen an, aber der hielt sich noch zurück. Erst als sein Teamkollege Jean Stablinsky die Jagd auf Mahé eröffnete, klinkte Anquetil sich ein.

Nach einer wilden Aufholjagd passierten Stablinski und Anquetil schließlich Mahé. Verstärkt durch den Briten Tom Simpson traten sie weiter in die Pedale Richtung Paris, bis Anquetil die beiden anderen etwa 20 km vor dem Ziel abhängte.

So kam er allein im Parc des Princes an. Zwanzigtausend Menschen warteten dort und sahen ihn nun sein unmögliches Double zu Ende bringen. Minutenlang wurde sein Namen in immer neuen Sprechchören gerufen.

«Das ist vielleicht mein bester Sieg», sagte Anquetil. «Zumindest macht er mir eine riesige Freude.»

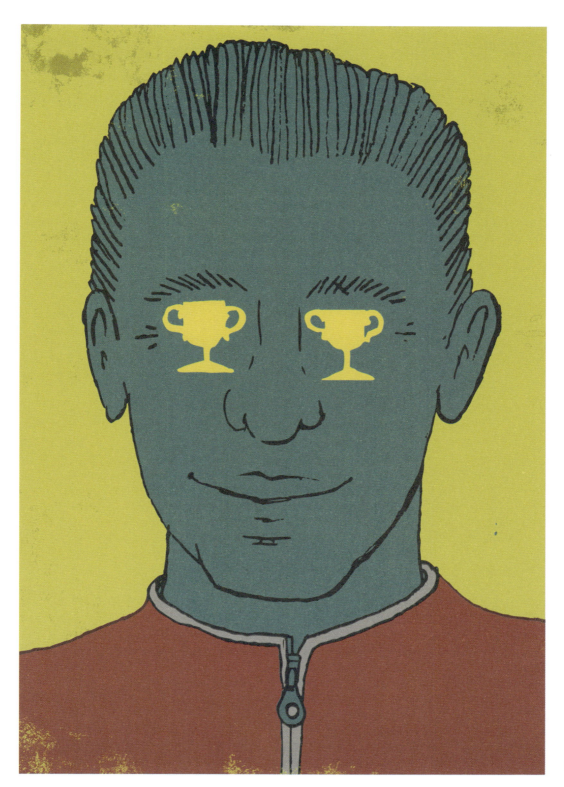

31. Mai

Gino Bartali erhält posthum die Medaglia d'Oro al Merito Civile
(2005)

Der Italiener Gino Bartali hatte eine äußerst erfolgreiche 20 Jahre umspannende sportliche Karriere, aber seine größte Leitung erbrachte er während des Zweiten Weltkrieges, als der Rennkalender fast vollständig ausgesetzt war.

Anfang der 1940er-Jahre war Bartali einer der bekanntesten Sportler Europas, in Italien war er mit seinen beiden Giro-Siegen und als Gewinner der Tour de France bereits eine Legende (der dritte Giro-Sieg und der zweite Tour-Gewinn sollten nach dem Krieg folgen). «Gino der Mönch» war sehr bekannt und sehr beliebt.

Bartali fuhr auch während der Kriegsjahre Rennen. Er wurde 1940 Italienischer Meister und war 1942 und 1943 bei der Lombardeirundfahrt und bei Mailand–San Remo jeweils unter den ersten fünf. So konnte er seine ausgedehnten Trainingsfahrten bei den zahlreichen Straßenkontrollen durch die Faschisten überzeugend rechtfertigen. Er konnte diese auch auffordern, sein Fahrrad in Ruhe zu lassen, da es exakt auf seine Körpermaße eingestellt wäre.

Es war entscheidend für Bartali, dass Soldaten und Polizei sein Fahrrad nicht anrührten, und nicht nur deshalb, weil er dann den Sattel wieder neu hätte einstellen müssen. Nein, er hatte häufig lebenswichtige Papiere im Sattelrohr versteckt, die italienischen Juden die Flucht aus dem Land ermöglichten.

Bartali arbeitete mit einer jüdischen Widerstandsgruppe zusammen und brachte gefälschte Papiere von Florenz aus an einen abgelegenen Ort, an dem sich Juden versteckt hielten. Und er tat noch mehr: Für fast ein Jahr versteckte er eine jüdische Familie in seinem Keller. Alles in allem belaufen sich die Schätzungen auf etwa 800 Personen, die ihr Leben Gino Bartali zu verdanken haben.

Der ganze Umfang seiner diesbezüglichen Tätigkeiten kam erst nach seinem Tod ans Licht. Forschungen ergaben dabei, dass die Behörden ihn und seine Trainingsfahrten misstrauisch verfolgt hatten. Er wurde sogar für etwas über einen Monat eingesperrt, weil er den Vatikan unterstützt hatte, kam dann aber ohne weitere Strafe wieder auf freien Fuß.

Im Mai 2005 verlieh Italien seinem Radsporthelden die Medaglia d'Oro al Merito Civile für sein «herausragendes Beispiel von Opferbereitschaft und Solidarität». 2013 ernannte der Staat Israel Gino Bartali dann zum «Gerechten unter den Völkern» – eine Auszeichnung, die nur diejenigen erhalten, die ihr eigenes Leben für das Leben von Juden riskierten.

Bartali selbst sprach nie über diese Dinge und wollte keinerlei Aufmerksamkeit diesbezüglich. Er sagte dazu nur einmal: «Manche Medaillen trägt man an der Seele, nicht am Jackett.»

1. Juni
Der Geburtstag von Michael Rasmussen
(1974)

Michael Rasmussen war ein Mountainbike-Weltmeister, der 2001 zum Straßenradsport wechselte. Er gewann 2005 und 2006 das Punktetrikot des besten Bergfahrers der Tour de France.

2007 wurde Rasmussen dann richtig bekannt. Er war immer ein begnadeter Kletterer gewesen und zog durch, wenn andere längst eingebrochen waren. Aber im Gesamtklassement hatte er keine Chancen – seine Zeitfahrqualitäten waren einfach nicht gut genug.

Aber 2007 sah das plötzlich ganz anders aus. Rasmussen fuhr in den Alpen ins Gelbe Trikot. Nicht weiter außergewöhnlich, so gesehen. Aber im Zeitfahren der 13. Etappe brannte er dann eine Zeit in den Asphalt, hinter der viele zurückblieben, die diesbezüglich immer deutlich besser gewesen waren als er.

Sofort brodelte die Gerüchteküche, aus gutem Grund: Rasmussen hatte einen Dopingtest verpasst. Rasmussen hatte die Anti-Doping-Agentur über seinen Aufenthaltsort belogen.

Er beschwor seine Unschuld. Niemand glaubte ihm. Rasmussen siegte auf der Etappe hinauf zum Aubisque – die Menschen buhten ihn aus. An diesem Abend nahm sein Team ihn, den Gesamtführenden im Gelben Trikot, aus dem Rennen.

Erst 2013 gab Rasmussen zu, während seiner gesamten Karriere mit Dopingmitteln gearbeitet zu haben.

2. Juni
Coppi gewinnt seinen fünften Giro d'Italia
(1953)

1953 kam Fausto Coppi mit großen Erwartungen zum Giro. Er wollte ihn erneut gewinnen und so seinen bereits vier Giro-Titeln einen fünften hinzufügen.

Aber es lief gar nicht nach Plan.

Im Peloton dieser Austragung war auch der Schweizer Hugo Koblet, ein sehr starker Fahrer und genau wie Coppi ein Künstler auf dem Rad. 1950 war er der erste Nicht-Italiener gewesen, der den Giro gewinnen konnte. 1952 hatte er ausgesetzt, aber nun war er zurück und siegeshungrig.

Koblet übernahm auf der achten Etappe die Führung und behielt sie bis zur letzten Woche. Mit nur noch zwei Etappen bis zum Ziel lag Coppi inzwischen zwei Minuten zurück. Über die letzten 14 Tage hatte er alles versucht, um Koblet davonzufahren, aber ohne Erfolg. Da das Rennen scheinbar gelaufen war, gratulierte er Koblet und redete nur noch über den Gewinn der nächsten Etappe.

Diese nächste Etappe führte über den Stelvio; es war das erste Mal, dass dieser gemeine Anstieg im Giro auftauchte. Coppis Geliebte hatte sich angekündigt, um hier zuzuschauen, und Coppi wollte sie beindrucken.

Am Stelvio attackierte er dann und ließ Koblet komplett stehen. Der Schweizer wusste, dass Coppi auf den Etappengewinn aus war, aber nun trat dieser derart in die Pedale, dass Koblets Gelbes Trikot in Gefahr geriet. Und tatsächlich: Koblet konnte nicht mehr antworten. Coppi gewann vor den Augen seiner Liebsten mit mehr als dreieinhalb Minuten Vorsprung vor Koblet.

Damit hatte er dem Schweizer das Rosa Trikot eine Etappe vor Schluss weggeschnappt. Am nächsten Tag, dem 2. Juni, hatte er seinen fünften Giro-Sieg in der Tasche.

3. Juni

Marcel Kint gewinnt seinen dritten Wallonischen Pfeil
(1945)

Der in Kortrijk geborene Belgier Marcel Kint war zwischen 1935 und 1951 professioneller Radsportler. Er gewann Etappen bei der Tour, die Straßenweltmeisterschaft 1938 und die Paris–Roubaix-Austragung 1943.

Eine Weltmeisterschaft, diverse Tour-Etappensiege und ein gewonnenes Monument sind fraglos die Höhepunkte einer Radsportlerkarriere, aber Kint sollte seiner Karriere noch einen Erfolg hinzufügen, den weder zuvor noch danach jemand anderes erreicht hat.

Neben dem Sieg bei Paris–Roubaix hatte Kint 1943 auch La Flèche Wallone zum ersten Mal gewonnen. 1944 gewann er den Wallonischen Pfeil erneut und wurde damit der erste Fahrer, dem ein zweifacher Sieg gelang. Und 1945 legte er einen weiteren Sieg drauf, nachdem er mit vier anderen Fahrern ausgerissen war und diese dann im Zielsprint überflügelte.

Auch Eddy Merckx, Moreno Argentin, Davide Rebellin und Alejandro Valverde haben den Wallonischen Pfeil seitdem dreimal gewonnen, aber Kint gelang dies als erstem Fahrer, und er blieb bis heute der Einzige, dem es in drei aufeinanderfolgenden Jahren gelang.

4. Juni

Am Stelvio gibt es die erste Cima Coppi beim Giro
(1965)

Die Bergstrecken haben schon immer eine besondere Rolle beim Giro d'Italia gespielt. Seit 1933 gibt es beim Giro einen Preis für den besten Kletterer, und 1965 entschieden sich die Veranstalter, einen Bergpreis zu Ehren von Italiens größtem Radrennfahrer zu stiften.

Die Cima Coppi geht seitdem an den ersten Fahrer, der den höchsten Punkt des Rennens erreicht. 1965 lag der Scheitelpunkt der Strecke am Stelvio – genau dort also, wo Fausto Coppi den Angriff lancierte, der zu seinem fünften Giro-Sieg führen sollte (s. 2. Juni). Der Anstieg zum Stelvio ist monströs: Es geht auf 1758 m Höhe, die durchschnittliche Steigung beträgt 7 %, das Maximum liegt bei 14 %. Und er ist lang: 22 km von Bormio aus, 24 km von Ponte di Stelvio.

1965 endete die 20. Etappe am oberen Ende dieser Herausforderung. Dem Gewinner winkte nun also nicht nur der Ruhm eines Sieges an einem legendären Anstieg, nein: Er würde auch als erster Gewinner des Coppi-Preises in die Radsportgeschichte eingehen.

Eines der Probleme mit dem Hochgebirge im späten Frühjahr ist, dass es immer noch Schnee geben kann. Der 4. Juni war ein Tag, an dem die Schneepflüge gut zu tun hatten, und die letzten Meter bekamen sie auch nicht mehr frei. Also mussten die Fahrer vom Rad springen und im Laufschritt über die Ziellinie sprinten. Graziano Battistini wurde der erste Gewinner des Coppi-Preises beim Giro – und lustigerweise holte er sich ihn zu Fuß.

5. Juni
Pantani zerlegt den Mortirolo
(1994)

Anders als der Stelvio ist der Mortirolo erst in jüngeren Jahren ein Bestandteil des Giro d'Italia geworden. Das erste Mal war er 1990 Teil der Strecke, als der Venezolaner Leonardo Sierra den höchsten Punkt als Erster erreichte, auf dem Weg zum wichtigsten Etappengewinn seiner Karriere. Der Anstieg kam sehr gut an und wurde auch 1991 und wieder 1994 befahren.

Mit 12,5 Kilometern ist die Steigung zum Mortirolo nicht gar zu lang, und auch die Höhe von 1852 Metern ist nicht unbedingt einschüchternd. Aber die Steigung mit einem Durchschnittswert von 10,5 % ist es durchaus. Lange Abschnitte mit höheren Steigungen sind enthalten, und das Steigungsmaximum liegt bei 18 %. Manche Fahrer halten den Mortirolo für den schwierigsten aller Anstiege im Radsport.

Am 5. Juni 1994 sprang Marco Pantani diesen Hang hinauf. Er fuhr erst seinen zweiten Giro, hatte aber schon die harte Bergetappe des Vortages gewonnen und war nun drauf und dran, diesen Erfolg zu wiederholen. Tatsächlich ließ er die Gruppe um das Rosa Trikot hinter sich, überquerte den Scheitelpunkt vor einer jubelnden Menschenmenge und rauschte weiter zu seinem zweiten Etappensieg in Folge. Das Peloton sah es und staunte.

6. Juni
Gianni Bugno führt beim Giro vom Anfang bis zum Ende
(1990)

Nur vier Fahrern überhaupt ist es bisher gelungen, beim Giro d'Italia die Führung vom Anfang bis zum Ende zu halten: Costante Girardengo (1919), Alfredo Binda (1927), Eddy Merckx (1973) und Gianni Bugno (1990).

Bugno war ein sehr vielseitiger Fahrer, einer der wenigen, die sowohl Klassiker als auch Weltmeisterschaften und große Rundfahrten gewinnen können. Seine erfolgreichsten Jahre waren die zwischen 1990 und 1992, in denen er Mailand–San Remo, die Clásica de San Sebastian und zwei aufeinanderfolgende Weltmeisterschaften gewinnen konnte.

Aber sein größtes Ausrufezeichen hinterließ Bugno beim Giro d'Italia 1990. Er sicherte sich das Rosa Trikot gleich zu Beginn des Rennens, auf einem 13 km langen Zeitfahren in Bari. Auf der nächsten Etappe hätte er es beinahe verloren, kam aber in wirklich allerletzter Sekunde ins Ziel, um zu verhindern, dass Thierry Marie es ihm wegschnappte. Im Verlauf der folgenden Woche baute er seine Führung dann Stück für Stück aus, ohne aber dabei über alle Berge zu entschwinden.

Bis zur zehnten Etappe. Dort brachte ihm ein hervorragendes Zeitfahren eine Gesamtführung von nun schon mehr als vier Minuten ein. Nachdem er auch das Zeitfahren der vorletzten Etappe für sich entscheiden konnte, lag sein Vorsprung bei mehr als sechs Minuten, und der Platz in der Geschichte des Giro war Gianni Bugno sicher.

7. Juni
Albert Zweifel hat Geburtstag
(1949)

Der beste Schweizer Querfeldein(Cyclocross)-Fahrer, Albert Zweifel, kam in Rüti bei Zürich zur Welt. Zwischen 1976 und 1986 gewann er fünfmal den Weltmeistertitel im Querfeldein-Sport.

Zweifel kam 1973 zu den Profis. Drei Jahre später gewann er im französischen Chazay d'Azergues seinen ersten Weltmeistertitel. Danach sollte der neunfache Schweizer Meister diesen Erfolg noch dreimal wiederholen. Ohne Unterbrechung. Dies waren die Jahre der Schweizer Dominanz: Zwischen 1976 und 1979 standen Schweizer bei jeder Weltmeisterschaft auf den beiden oberen Stufen des Podiums, Zweifel jeweils ganz oben.

Mit den beginnenden 80er-Jahren änderte sich die Situation, und Zweifel musste sich mit niedrigeren Platzierungen begnügen. Bis 1986. In diesem Jahr fanden die Weltmeisterschaften im belgischen Lembeek statt. In der Woche zuvor hatte es heftig geregnet; die Strecke war eine Schlammpiste, der Matsch knietief. Fahrradfahren war praktisch unmöglich. Es sah ganz danach aus, als müsste das Rennen abgebrochen werden, aber Querfeldeinfahrer sind harte Kerle. Unter unbeschreiblichen Bedingungen stellten sich Zweifels Fähigkeiten mit dem Rad auf der Schulter als entscheidend heraus, und er gewann schließlich vor seinem Landsmann Pascal Richard. Der zehn Jahre betragende Abstand zwischen seinen letzten beiden Titeln ist bis heute Rekord.

8. Juni
Cameron Meyer gewinnt eine Etappe am Geburtstag seines Bruders
(2013)

Der Australier Cameron Meyer teilt seine Leidenschaft für den Radsport (und seinen Beruf) mit seinem jüngeren Bruder Travis. Cameron hat dabei bisher die größeren Erfolge erreicht: diverse Weltmeistertitel auf der Bahn und Etappensiege in Mannschaftszeitfahren bei der Tour und beim Giro.

Der größte Sieg des mehrfachen Jugendweltmeisters auf der Bahn ist bisher die Australische Meisterschaft 2010. Zudem hat er die U23 Tour de Berlin und die Tour de Perth gewonnen.

Beide Meyers begannen ihre Profikarrieren beim Team Garmin, Cameron 2009 und Travis 2010. Im Jahr 2012 wechselten sie zum australischen Team Orica-GreenEDGE. Dort fährt Cameron noch, während Travis bei Drapac unter Vertrag ist, einem australischen Pro-Continental-Team.

2013 feierte Cameron den 24. Geburtstag seines Bruders auf besondere Weise, nämlich mit dem Gewinn der Auftaktetappe der Tour de Suisse und damit der Übernahme des Trikots des Gesamtführenden.

9. Juni

Coppi bereitet sich auf seine Fahrt in die Radsportgeschichte vor
(1949)

Am 9. Juni 1949 endete die 16. Etappe des Giro d'Italia in Cuneo. In den Zielsprint, der von Oreste Cante gewonnen wurde, waren die Gesamtführenden nicht verwickelt, sie hatten sich von der Spitze ferngehalten. Wer sollte es ihnen verdenken? Sie wussten nur allzu gut, was am nächsten Tag auf sie zukam. Etappe 17 war ein Monster – 254 km über fünf hohe Alpenpässe: den Maddalena, den Vars, den Izoard, über Montgenèvre und Sestrière.

Am Abend legte Fausto Coppi seine Strategie für den folgenden Tag fest. Er war Zweiter im Klassement, mit 43 Sekunden Rückstand auf Adolfo Leoni und andererseits neun Minuten Vorsprung vor seinem großen Rivalen Gino Bartali. Beide würden Kopf an Kopf unterwegs sein und aggressiv fahren müssen, Bartali noch mehr als Coppi, wenn sie noch eine Chance auf den Sieg haben wollten. Noch amüsierten sie sich mit ihrem üblichen Vorabendgeplänkel, indem sie dem anderen jeweils über die Journalisten ausrichten ließen, dass sie am nächsten Tag durchstarten und ihn auf dem Weg zum Sieg in Grund und Boden fahren würden. Das alles steigerte noch die Vorfreude auf die Königsetappe, aber als die Lichter gelöscht wurden, hatte niemand eine Ahnung davon, wie sich das Rennen in den nächsten 24 Stunden tatsächlich entwickeln würde.

Die Sonne geht auf und das Peloton ist auf dem Weg zum ersten Anstieg, dem Maddalena. Es sind noch mehr als 200 km zu fahren, es regnet, Schnee liegt an den Straßenrändern. Macht nichts. Coppi greift an und verschwindet am Horizont. Keiner folgt ihm.

Bartali hatte diesen Schachzug vorausgesehen und war nicht weiter beunruhigt. Es war noch ein sehr weiter Weg bis ins Ziel und er war sicher, dass Coppi vorher wieder eingeholt werden würde. 200 Kilometer! Aber diesmal hatte er seinen Rivalen unterschätzt.

Coppi blieb vorn, allein, und zementierte eine Legende, deren Fundament er über die letzten zehn Jahre gelegt hatte.

Oben am Maddalena hatte Coppi drei Minuten Vorsprung, und er schaute nicht zurück. Dies war genau der Moment, der ihn weit über alle anderen Fahrer hinaushob: Er setzte alles auf Sieg. Die großartigste aller Fluchten durch das härteste Terrain des Radsports sollte folgen. Allein.

Nach neun Stunden und 19 Minuten wahrhaft königlicher Bergfahrkunst segelte Coppi hinein nach Pinerolo. Bartali folgte etwa zwölf Minuten später. Der nächste Fahrer benötigte weitere acht Minuten länger. Coppi hatte das Klassement pulverisiert, um sich das Rosa Trikot zu sichern. Er führte nun mit mehr als 23 Minuten Vorsprung.

«Il capolavoro di Coppi», riefen balkendicke Überschriften auf den Titelseiten der Zeitungen des folgenden Tages: Coppis Meisterstück. Und das war es, in der Tat.

10. Juni
Wiggins komplettiert das historische Triple
(2012)

Bei einer so langen und abwechslungsreichen Geschichte, wie sie der Radsport aufweisen kann, gibt es heute nur noch wenige «Erstleistungen». Trotzdem brachte das Jahr 2012 Bradley Wiggins gleich zwei.

Natürlich war das zum einen das Jahr, in dem er als erster Engländer überhaupt die Tour de France gewinnen konnte (s. 1. August), aber vorher hatte er bereits mit einem anderen Erfolg Geschichte gemacht. Neben den großen Rundfahrten gibt es eine Handvoll anderer Etappenrennen, die ihr eigenes Prestige haben: Paris–Nizza, die Tour de Romandie und das Critérium du Dauphiné sind drei davon. Bis 2012 – und Wiggins – hatte niemand diese drei in einer Saison gewinnen können.

Im März siegte Wiggins bei Paris–Nizza. Im April gewann er die Romandierundfahrt. Und im Juni sicherte er sich seinen zweiten Titel in Folge bei der Dauphiné. Nur Legenden wie Eddy Merckx und Jacques Anquetil haben Paris–Nizza und die Dauphiné in einer Saison gewinnen können, aber niemand hat bisher auch den Sieg bei der Romandierundfahrt anhängen können. Das hat bis heute nur Wiggins geschafft.

11. Juni
LeMond kommt nach zwei Jahren Abwesenheit zurück
(1989)

Am 20. April 1987 verbrachte Greg LeMond ein paar Tage auf der familieneigenen Ranch am Fuß der Sierra Nevada in Kalifornien. Er ging mit seinem Onkel und seinem Stiefbruder auf die Jagd. Dabei kam es zu einem Unfall, der den amtierenden Tour-Sieger um ein Haar das Leben gekostet hätte.

Sein Stiefbruder, Patrick Blades, hatte LeMond versehentlich angeschossen. Der Champion wurde sofort per Hubschrauber ins Krankenhaus geflogen und auf den Operationstisch kam. Die Zeitungen berichteten am nächsten Tag, dass er viel Blut verloren habe und eine Notoperation durchgeführt worden sei. Die Trauma-Spezialisten sagten, es würde einige Monate dauern, bis er wieder bei Kräften sei.

Tatsächlich sollte es eher einige Jahre dauern. Im Mai 1989 nahm LeMond dann wieder am Giro teil. Über zehrende drei Wochen musste er jedes Quäntchen an Kraft und Willen zusammennehmen, das er aufbringen konnte, einfach, um im Rennen zu bleiben. Aber schließlich wendete sich das Blatt, und auf der letzten Etappe, einem Zeitfahren, kam LeMond als Zweiter ins Ziel und knöpfte dem Führenden Laurent Fignon mehr als eine Minute ab.

Fignon sollte nur zu bald merken, dass LeMond nun tatsächlich zurück war (s. 23. Juli).

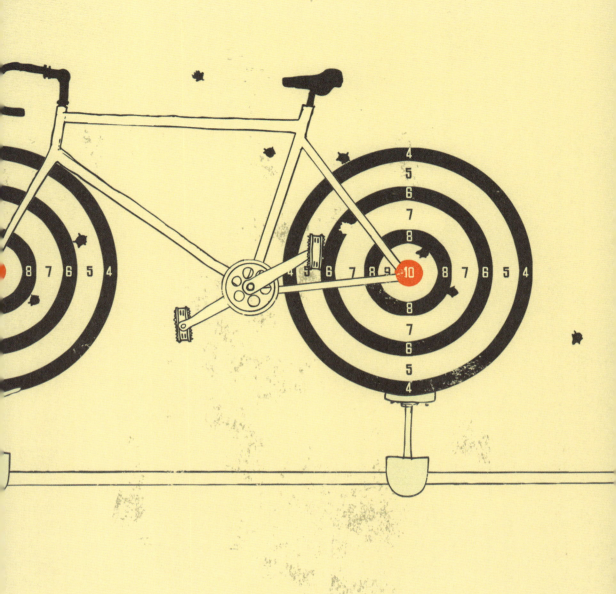

12. Juni
Der Bernina-Streik
(1954)

Die vorletzte Etappe des 1954er-Giro d'Italia war eine bergige Angelegenheit mit Ziel in St. Moritz. Das Rennen des Vorjahres hatte einen klassischen Showdown zwischen Fausto Coppi und Hugo Koblet gebracht, und die Veranstalter hofften auf eine Wiederholung. Unglücklicherweise sollte es ganz anders kommen.

Italien litt unter einer Hitzewelle, und das Rennen war extrem lang (4337 km) und hart. Es gab Streit unter den Fahrern und zwischen Fahrern und Veranstaltern. Coppi selbst war angeschlagen und abgelenkt – sein Privatleben war beständiger öffentlicher Diskussion und vielen Anfeindungen ausgesetzt. Auf der sechsten Etappe bildete sich eine Fluchtgruppe, die mit großem Vorsprung ins Ziel kam. Koblets Teamkollege Carlo Clerici übernahm die Gesamtführung – mit 35 Minuten Vorsprung auf Koblet und 45 auf Coppi. Koblet kündigte an, dass er von nun an für Clerici fahren würde. Coppi zeigte keine Reaktion.

Das Rennen wurde zu einer Prozession. Ohne jemanden, der Clerici angreifen wollte, verwandelte sich Italiens bedeutendstes Rennen in eine Spazierfahrt. Die Fans und die Medien waren sauer, und Coppi bekam das meiste von ihrem Zorn ab.

Schließlich wurde ein Streik ausgerufen. Die Etappe über den Bernina-Pass hinein nach St. Moritz, geplant als rennentscheidende Königsetappe voller Spannung, wurde im Radreisetempo gefahren, zum allergrößten Verdruss der Veranstalter und der Medien. Das Peloton benötigte mehr als neun Stunden für die 222 Kilometer.

Und so sollte die Giro-Austragung von 1955 als die mit dem Bernina-Streik in die Geschichte eingehen.

13. Juni
Klabinski übernimmt beim ersten Critérium du Dauphiné die Führung
(1947)

Die erste Austragung des Critérium du Dauphiné, heute eines der wichtigsten Rennen im europäischen Radsportkalender, fand 1947 statt.

Dieses Etappenrennen wurde von der Tageszeitung *Le Dauphiné Libéré* gegründet; seine erste Austragung führte das Peloton in einer 967 km langen Schleife von und nach Grenoble, über Vienne, Annecy, Genf und Annemasse.

Die erste Etappe über 265 km nach Vienne wurde von Fermo Camellini gewonnen; Zweiter im Ziel war Eduoard Klabinski.

Klabinski war im zweiten Jahr Profi beim Team Mercier und hatte bisher nur eine Handvoll Kriteriumsrennen gewinnen können. Aber hier übernahm er am nächsten Tag die Führung im Klassement und brachte sie auch bis ins Ziel, obwohl er keine einzige Etappe gewinnen konnte. Seine Gesamtzeit betrug 27 Stunden, 59 Minuten und 52 Sekunden, der Vorsprung auf den Zweiten, den Italiener Gino Scardis, ganze zehn Sekunden.

Noch im gleichen Monat war Kablinski dann der erste Pole an der Startlinie der Tour. Er überquerte später den Col du Glandon an der Spitze des Pelotons; dieser Pass war 1947 das erste Mal Bestandteil der Tour.

14. Juni

Ottavio Bottecchia stirbt nach einem «Trainingsunfall»
(1927)

Der Italiener Ottavio Bottecchia, dem Henri Desgrange später den Spitznamen «der Schmetterling» geben sollte, wurde 1894 in eine vielköpfige Familie hineingeboren. Er kam 1923 als Profi zum Automoto-Team, nachdem er als unabhängiger Fahrer Fünfter beim Giro d'Italia geworden war.

Bottecchia wurde direkt ins kalte Wasser geworfen und fuhr die Tour de France für Henri Pélissier. Er hatte sofort Erfolg, gewann die zweite Etappe und trug das Gelbe Trikot für sechs Tage. Pélissier gewann, Bottecchia wurde Zweiter, wobei ihm sein Teamkapitän auf die Schulter klopfte und voraussagte, dass dieser Fahrer eines Tages die Tour gewinnen würde.

Bottecchia brauchte nicht lange, um dies zu bestätigen. Im folgenden Jahr, 1924, gewann er die Auftaktetappe und zog sich das Gelbe Trikot über. Dann behielt er es bis Paris einfach an, über 15 Etappen und eine Gesamtstrecke von 5425 km. Mit Ottavio Bottecchia hatte der erste Italiener die Tour gewonnen. Im Jahr darauf gewann er wieder. Wieder begann er mit einem Sieg bei der ersten Etappe und übernahm Gelb. Diesmal gab er es für fünf Tage wieder ab, aber noch weit vor Paris holte er es sich zurück. Sein Vorsprung im Ziel war sogar noch beeindruckender als im Jahr zuvor: 54 Minuten.

Aber dann wurde es düster.

Nachdem er die Tour 1926 hatte abbrechen müssen, wollte Bottecchia 1927 unbedingt wieder vorne dabei sein. Am 3. Juni startete er wie so oft am frühen Morgen zu einer Trainingsfahrt. Aber von dieser kam er nicht mehr zurück. Man fand ihn Stunden später am Straßenrand, mit schweren Kopfverletzungen und gebrochenen Knochen. Ein Priester wurde gerufen, der ihm die Letzte Ölung verabreichte, dann brachte man ihn in ein Krankenhaus, in dem er bald darauf verstarb. Es ist unklar, ob am 14. oder am 15. Juni.

Viel wurde über diesen Todesfall gerätselt. Manche hielten einen Unfall mit dem Rad für die Ursache, obwohl das völlig unbeschädigte Fahrrad keine Hinweise darauf gab. Über Jahre hieß es, dass der Weinbauer, der später den Priester rief, Bottecchia beim Pflücken einer Traube überrascht und einen schweren Stein nach ihm geworfen hätte. Aber es gab auch Gemunkel über eine Untat der italienischen Faschisten, die ihn wegen seiner mangelnden Unterstützung aus dem Wege geräumt hätten.

Keine dieser Möglichkeiten konnte je bewiesen werden. Der Tod von Ottavio Bottecchia, Italiens erstem Tour-Champion, bleibt bis heute im Dunklen.

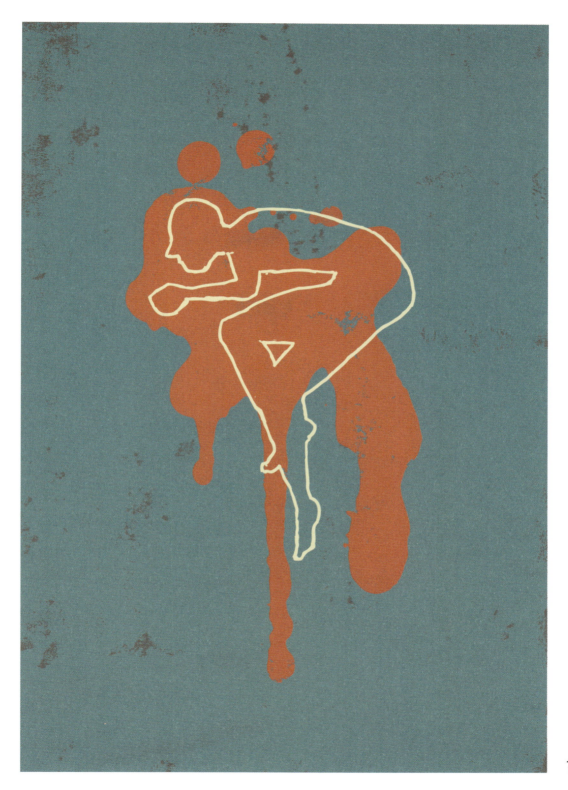

15. Juni
Die Nachkriegsära des Giro beginnt
(1946)

Nach der Unterbrechung durch die Kriegsjahre wurde der Giro d'Italia im Jahr 1946 wieder durchgeführt. Es war die erste Austragung, an der Bartali und Coppi in unterschiedlichen Mannschaften teilnahmen.

Coppi hatte das Rennen 1940 gewonnen, während er in Bartalis Legnano-Team fuhr. Bartali war früh nach einem Sturz ausgeschieden und hatte dem Neuankömmling so den Weg zum Sieg freigemacht. Jetzt, sechs Jahre später, fuhr Coppi für Bianchi, und die Rivalität trat deutlich zutage.

Nachdem Coppi früh eine Etappe gewonnen hatte, schlug Bartali auf der 244 km langen Strecke nach Neapel zu, wo er mit mehr als vier Minuten Vorsprung auf Coppi eintraf. Coppi siegte dann zwar wiederum bei der 15. Etappe, aber Bartalis Vorsprung konnte er dabei nicht verringern, der hier das Rosa Trikot übernahm.

Aber Schritt für Schritt kam Coppi zurück. Er kämpfte sich bis auf 47 Sekunden an Bartali heran. Mehr aber war am Ende nicht drin: Bartalis Vorsprung im Ziel betrug weiterhin 47 Sekunden. Die Nachkriegsära des Giro begann also genau dort, wo die Vorkriegsjahre aufgehört hatten: mit Bartali und Coppi als besten Fahrern Italiens.

16. Juni
Die erste Luxemburgrundfahrt beginnt
(1935)

Heute ist die Tour de Luxembourg ein fester Bestandteil des Radsportkalenders. Die erste Austragung startete am 16. Juni 1935, und mit Ausnahme der Kriegszeit wurde diese Rundfahrt seitdem jedes Jahr durchgeführt.

Die erste Austragung verlief über acht Etappen und eine Gesamtdistanz von 1128 km. Die einzelnen Abschnitte waren für damalige Verhältnisse recht kurz, der längste hatte gerade einmal 165 km. Zum Vergleich die größte Etappenlänge der damaligen Tour de France: 325 km.

Die Geographie Luxemburgs eignet sich aber auch besonders für knackige Mittelstrecken in hügeligem Gelände. Selten gibt es mal eine topfebene Etappe, andererseits gibt es hier auch keine hohen Berge. Die Strecken erhalten ihre Würze durch wiederkehrende kurze, aber fordernde Anstiege.

Das Timing im Kalender zwischen Giro und Tour sorgt dafür, dass manche Fahrer das Rennen als Warm-up für die Tour nutzen. Auch das ist ein Grund dafür, dass manche der größten Namen des Sports in der Siegerliste auftauchen, darunter Bobet, Gaul, Maertens und Hinault.

Die ersten drei Austragungen gewann Matthias Clemens; und die Siege 1939 und 1947 hängte er später noch an. Mit diesen fünf Titeln ist er bis heute der Rekordhalter.

17. Juni

Eine Sekunde! Moreau gewinnt die Dauphiné mit einer Sekunde Vorsprung!

(2001)

Das Critérium du Dauphiné war 2001 eine ganz besonders bergige Angelegenheit. Mont Ventoux, Chamrousse, Glandon/Croix de Fer, Télégraph und Galibier – alle waren dabei. Alles Anstiege aus der ersten Garde der Bergetappen. Viele der Tour-Favoriten blieben dieser Austragung fern. Von den ersten zehn der Tour des Vorjahres waren nur Christophe Moreau und Francisco Mancebo am Start.

Die 5. Etappe, 151 km über den Chamrousse, wurde von Andrej Kivilev gewonnen. Moreau, der ihm auf den Fersen zu bleiben versucht hatte, kam 33 Sekunden nach ihm ins Ziel, gerade genug, um mit einer Sekunde Vorsprung vor Pavel Tonkov die Führung des Klassements zu übernehmen.

Eine Sekunde. Und es sollten noch zwei Etappen folgen, inklusive Croix de Fer, Télégraphe und Galibier. Es sah nach einem harten Duell aus.

Und das war es. Am nächsten Tag entschied sich Moreau für einen frühzeitigen Angriff als beste Verteidigung. Er war als Erster oben auf dem Galibier. Aber wer hing ihm im Genick? Pavel Tonkov! Die beiden kämpften den Rest der Strecke Schulter an Schulter und Pedal an Pedal. Das wiederholte sich am nächsten Tag. Tonkov versuchte alles, aber am Ende rettete Moreau seine eine Sekunde bis ins Ziel. Und sicherte sich damit den knappsten aller Etappenrennengewinne.

18. Juni

Der große Radsportjournalist Pierre Chany stirbt

(1996)

«Mit dem Fernsehen glauben die Leute, dass sie sehen, aber das ist auch nur Illusion.» Das sagte Pierre Chany, der vielleicht größte unter allen Radsportberichterstattern.

Chany wurde 1922 in Langeac, Haute-Loire geboren. Später zog er nach Paris, wo er sein Herz an die Geschichten und Fotos von und über René Vietto und Antonin Magne verlor.

Während der deutschen Besetzung Frankreichs arbeitete er für die Résistance und kam schließlich nach Nordafrika. Als Frankreich befreit war, kam er zurück und begann Radsportberichte für *La Marseillaise* und *Le Soir* zu schreiben. 1953 kam er dann zu *L'Equipe*, wo er für 35 Jahre bleiben sollte.

Im Ganzen berichtete Chany über 49 Frankreichrundfahrten, und die Fahrer schätzten ihn. Jacques Anquetil hatte ihn ganz besonders ins Herz geschlossen und sagte einmal, er würde immer auf Chanys Etappenbericht warten, wenn er wissen wollte, was er warum getan hätte.

Chany war ebenfalls ein Radsporthistoriker ohnegleichen. Er schrieb diverse Bücher über den Radrennsport und seine Entwicklung, die heute grundlegend für alle sind, die sich in die Historie des Radsports einarbeiten wollen.

19. Juni

Francesco Moser hat Geburtstag

(1951)

Nur zwei Fahrern ist es bisher gelungen, Paris-Roubaix dreimal hintereinander zu gewinnen: Octave Lapize (1909, 1910 und 1911) und Francesco Moser, der seine Roubaix-Serie 1978 begann.

Der Italiener Moser (Spitzname: «der Sheriff») trug das Regenbogentrikot des amtierenden Straßenweltmeisters, als er seinen ersten Pflasterstein (die Siegestrophäe des Rennens Paris-Roubaix) gewann. Im Vorjahr hatte er in San Cristóbal in Venezuela die Weltmeisterschaft für sich entschieden, in einem extrem fordernden Rennen. Der Morgen hatte noch einen Tropensturm gebracht, der die Bedingungen auf der 255 km langen Strecke noch härter machte. Trotzdem triumphierte Moser am Ende über ein Feld, in dem Eddy Merckx, Freddy Maertens, Felice Gimondi, Bernard Hinault und Hennie Kuiper fuhren. Er war ihnen gemeinsam mit dem Deutschen Dietrich «Didi» Thurau davongefahren und hatte diesen dann im Zielsprint ausgestochen.

Sieben Monate danach sollte er das Velodrom in Roubaix ganz allein erreichen. Er hatte sich 20 km vor dem Ziel abgesetzt und auf diesen letzten Kilometern einen Vorsprung von mehr als eineinhalb Minuten herausgefahren. Auch in den beiden Folgejahren kam er allein vor den anderen ins Ziel.

Moser war eines von zwölf Geschwistern und wuchs in Palù di Giovo in der italienischen Region Trentino-Alta Adige auf. Drei seiner Brüder (Diego, Aldo und Enzo) wurden ebenfalls Radsportprofis, aber keiner von ihnen hatte auch nur entfernt ähnliche Erfolge.

Die «Hölle des Nordens» war möglicherweise Mosers bevorzugtes Jagdgebiet, aber er gewann auch woanders. Während seiner 15 Jahre dauernden Profi-Karriere siegte er bei 23 Giro-Etappen und sicherte sich 1984 dort auch das Rosa Trikot. Er gewann die Lombardeirundfahrt, Tirreno-Adriatico, den Wallonischen Pfeil und Gent-Wevelgem.

Zur Tour kam er nur einmal, 1975. Er gewann zwei Etappen, fuhr eine Woche in Gelb und kam schließlich als Siebter nach Paris. Ein sehr guter Einstand, aber Moser kehrte nicht wieder zur Tour zurück.

Abseits der Straße gewann Moser auch nationale wie internationale Titel auf der Bahn. Mit mehr als 300 Siegen auf der Straße und auf der Bahn beendete Moser 1988 seine Karriere.

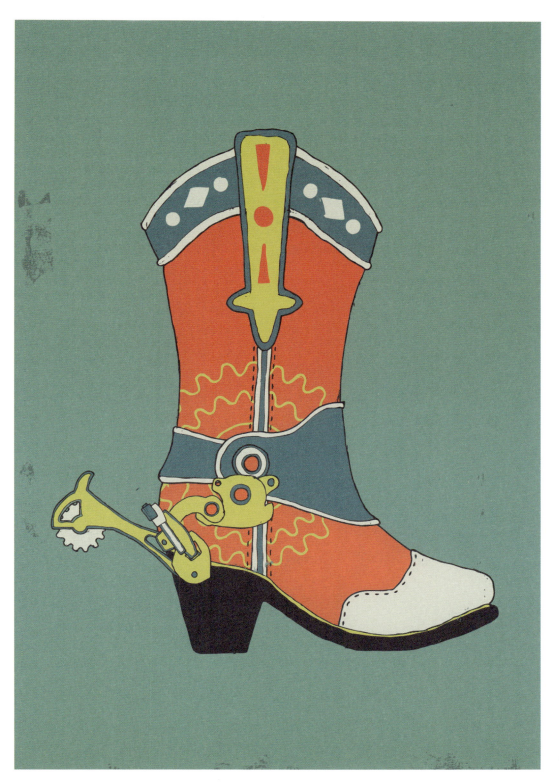

20. Juni
Die längste Tour der Geschichte beginnt
(1926)

Henri Desgrange hatte eine berüchtigte Vorliebe für lange, harte Rennen. 1926 brachte er eine Tour auf den Weg, die als die längste Frankreichrundfahrt überhaupt in die Geschichtsbücher eingehen sollte.

«Grand Départ» war in Evian, das erste Mal überhaupt außerhalb von Paris, und das Rennen sollte dreieinhalb Wochen später auch noch einmal dort vorbeischauen: zum Zieleinlauf der 15. und Start der 16. Etappe. Die Gesamtdistanz betrug 5745 km über 17 Etappen, was eine durchschnittliche Etappenlänge von 338 (!) km ergab.

Die längste führte von Metz nach Dünkirchen über 433 km. Gustaaf van Slembrouck konnte sie gewinnen.

Das erste Gelbe Trikot dieser Austragung streifte sich Jules Buysse über, nach einem Solo über 160 km ins Ziel in Mühlhausen. Danach hatte er 13 Minuten Vorsprung auf seine Verfolger. Aber schließlich sollte es doch sein Bruder Lucien sein, der Gelb bis nach Paris brachte, nach einer atemberaubenden Leistung in den Pyrenäen (s. 11. September).

21. Juni
Merckx gewinnt alles bei der Tour de Suisse
(1974)

Selten hat ein Fahrer ein Rennen derartig deutlich und mit Freuden dominiert wie Eddy Merckx die 1974er-Austragung der Tour de Suisse. Er ging hier das erste Mal an den Start, geködert von einem nennenswerten Betrag seitens der Veranstalter. Der «Kannibale» (Merckx' Beiname aufgrund seines unstillbaren Appetits auf Siege) hatte den Giro gerade knapp gewonnen und sollte in den folgenden Woche auch die Tour de France für sich entscheiden (mehr zu Merckx' Saison 1974 s. 25. August). Der Belgier war entschlossen, sein Antrittsgeld zu rechtfertigen. Er gewann den Prolog, die dritte Etappe und die letzte hinein nach Olten. Er trug das Trikot des Gesamtführenden vom Anfang bis zum Ende. Aber das war es noch nicht. Er gewann auch den Bergpreis, die Punktewertung und – logisch – die Kombinationswertung. Sein Vorsprung vor dem Zweiten, dem Schweden Gösta Petterson, betrug im Ziel nur eine knappe Minute. Aber seine Überlegenheit war so überwältigend, dass man den Eindruck hatte, er hätte mit jedem Vorsprung seiner Wahl gewinnen können.

22. Juni

Thomas Voeckler hat Geburtstag
(1979)

«Als ich all diese Emotionen und die Begeisterung um dieses Trikot herum spürte, verstand ich langsam, was es den Leuten bedeutete ... und mir.» Das sagte Thomas Voeckler im Rückblick auf den Moment im Jahr 2004, als er von einem reisenden Radsportler zum Nationalhelden wurde.

Damals nahm Voeckler zum zweiten Mal an der Tour de France Teil. Die Erwartungen waren moderat: ein Etappengewinn vielleicht, wenn er Glück hatte. Dann fand er sich auf der fünften Etappe in einer Fluchtgruppe wieder, die vorn blieb und die Ziellinie mit mehr als zwölf Minuten Vorsprung überquerte. Voeckler wurde zwar nur Vierter, aber er war innerhalb der Fluchtgruppe der Bestplatzierte in der Gesamtwertung, und das bedeutete Gelb.

Voecklers Kampf über die nächsten zehn Tage ist in die Annalen der Tour eingegangen. Der Franzose krempelte sein Innerstes nach außen, um das Goldene Vlies zu behalten. Unter anderem legte er eine unglaubliche Klettertour hinauf zum Plateau de Beille in den Pyrenäen hin, nach der er immer noch 22 Sekunden Vorsprung auf den Zweiten im Klassement hatte. «Das war reine Willenskraft», sagte er.

Schließlich musste er das Gelbe Trikot in den Alpen aber doch abgeben. In Paris wurde er 18., aber seinen Platz in der Geschichte und in den Herzen der Fans hatte er sicher.

2011 wiederholte Voeckler dieses Husarenstück sogar noch einmal. Wieder fuhr er früh ins Gelbe Trikot, wieder verteidigte er es über zehn Tage mit allem, was er hatte. Vielleicht verkörpert kein anderer Fahrer der jüngeren Tour-Geschichte so sehr die Kraft dieses Gelben Trikots wie Thomas Voeckler.

23. Juni

Kübler und Koblet Kopf an Kopf bei der Tour de Suisse
(1951)

In den 1950er-Jahren hatte die Schweiz zwei große Radrennfahrer, die an der Weltspitze mitfuhren: Hugo Koblet und Ferdinand Kübler.

Jeder von ihnen sollte mindestens eine große Rundfahrt und eine Schweizer Meisterschaft gewinnen. Und immer wieder trafen sie bei der Schweizer Landesrundfahrt aufeinander.

Kübler, sechs Jahre älter als Koblet, hatte das Rennen 1942 und 1948 gewonnen. Koblet hatte die Austragung des Jahres 1950 für sich entschieden. Nun war es also die Frage, ob Koblet mit einem erneuten Sieg zu Kübler aufschließen konnte, oder ob Kübler sich mit einem dritten Sieg weiter absetzen konnte.

Zu Beginn des Rennens wetteiferten die beiden um Etappensiege. Die Entscheidung fiel dann auf den 249 Kilometern hinein nach Lugano. Koblet war im Gesamtklassement besser platziert, aber Kübler kam als Zweiter in Lugano an, mit acht Minuten Vorsprung vor Koblet, der vier Reifenpannen erlitten hatte. Kübler übernahm die Führung.

Koblet versuchte noch auf der vorletzten Etappe nach Davos zurückzuschlagen und nahm Kübler wieder mehr als eine Minute ab, aber es reichte nicht mehr. Kübler gewann seine dritte Tour de Suisse. Koblet wurde Gesamtzweiter, mit etwas mehr als vier Minuten Rückstand. Die Reifenpannen hatten ihn den Sieg gekostet.

Hugo Koblet kam jedoch wieder und gewann 1953 und 1955. Er beendete seine Karriere auch mit drei Siegen bei der Tour de Suisse und zog damit mit seinem großen Rivalen Kübler gleich.

24. Juni
Der Geburtstag von Gustaaf Deloor, dem ersten Gewinner der Vuelta
(1913)

Erst 1935 konnten sich die spanischen Radsportfans über eine eigene Landesrundfahrt freuen. Die «Vuelta a España» war von Clemente López Dóriga, einem ehemaligen Radsportler, und Juan Pujol, dem Herausgeber der spanischen Tageszeitung *Informaciones*, auf die Beine gestellt worden. Die erste Austragung führte über 14 Etappen von Madrid aus durch das Land und dann nach Madrid zurück. Der belgischen Profi Gustaaf Deloor gewann drei Etappen und die Gesamtwertung. Mit seinen insgesamt 120 Stunden und sieben Sekunden war er zwölf Minuten schneller als der Zweitplatzierte Mariano Canardo.

Trotz des Ausbruchs des Bürgerkrieges wurde das Rennen im folgenden Jahr ebenfalls ausgetragen. Wieder lagen Start und Ziel in Madrid, aber diesmal umfasste die Strecke 21 Etappen. Drei davon gewann Deloor, und ebenfalls wieder die Gesamtwertung. Unter den Etappensiegern war auch ein gewisser Alfons Deloor, Gustaafs älterer Bruder. Dieser sollte schließlich Zweiter der Gesamtwertung werden. Damit standen zum ersten Mal zwei Brüder auf den beiden oberen Treppchen einer Landesrundfahrt. Das sollte es erst 1950 noch einmal geben, ebenfalls bei der Vuelta, mit den Fahrern Emilio und Manuel Rodriguez.

25. Juni
«Shay» Elliot gewinnt eine Etappe und trägt Gelb
(1963)

Eine Fotografie von der 1963-Tour de France zeigt drei Mannschaftskameraden nebeneinander auf einer Treppe beim Befüllen ihrer Trinkflaschen. Rechts sitzt Jacques Anquetil, Mannschaftskapitän bei Saint Raphael und derjenige, der diese Tour gewinnen wird. In der Mitte befindet sich Jean Stablinski, im Regenbogentrikot des amtierenden Weltmeisters. Und auf der linken Seite sitzt Seamus «Shay» Elliott – der erste Ire, der die Tour mitgefahren war (1956), der erste Ire, der eine Etappe gewann und, wie es die Fotografie zeigt, der erste Ire im Gelben Trikot. Am Tag vor dem Foto waren Elliott und Stablinski dem Peloton auf der 223 km langen Etappe nach Roubaix ausgebüxt. Fünf Kilometer vor dem Ziel setzte sich Elliot dann allein ab und wurde bis zum Ziel nicht wieder eingeholt. Das war der erste Etappengewinn bei einer Tour für ihn – und für Irland. Und nicht nur das: Der Vorsprung reichte auch für die Übernahme des Gelben Trikots. Elliot war also auch der erste Ire, der das Gelbe trug, und er verteidigte es über vier Tage.

26. Juni

Greg LeMond hat Geburtstag

(1961)

Der US-Amerikaner Greg LeMond, von *Sports Illustrated* einmal als ein «Huck Finn mit stählernen Oberschenkeln» bezeichnet, schlug eine große Bresche in die radsportlichen Grenzen zwischen Europa und den USA und stieß die Türen in den alten Kontinent weit auf.

1984, als LeMond das erste Mal an der Tour teilnahm, war er einer von nur zwei US-Amerikanern (der andere war Jonathan Boyer). 1986 waren es schon zehn, inklusive dem amerikanischen Team 7-Eleven, dem ersten US-Team bei der Tour. Und LeMond war es, der für diese Veränderung verantwortlich war.

Der in Lakewood, Kalifornien geborene Greg LeMond hatte in Europa sofort Erfolg. Als Juniorenweltmeister (s. 13. Oktober) kam er 1981 zu den Profis und startete sofort durch. In seinen ersten beiden Jahren gewann er die Tour de l'Avenir, das Critérium du Dauphiné und die Weltmeisterschaft (s. 4. September).

Seine erste Tour-Teilnahme brachte ihm dann unmittelbar einen Podiumsplatz ein – er wurde Dritter hinter Laurent Fignon und Bernard Hinault. Im Jahr darauf nahm er die nächste Stufe, wiederum hinter Hinault. 1986 schließlich stand er ganz oben.

Diese Tour von 1986 war von einem legendären Zweikampf zwischen zwei Männern geprägt, die es in dasselbe Team verschlagen hatte: LeMond und Hinault. LeMond hatte sich 1985 ausgebremst gefühlt, damit Hinault seinen fünften Tour-Sieg einfahren konnte. Hinault hatte ihm dann zugesichert, ihm im Gegenzug im nächsten Jahr seinerseits zu helfen. Dann aber attackierte er ihn wiederholt, auch noch, als er bereits im Gelben Trikot fuhr. LeMond jedoch hielt stand und wurde so der erste US-Fahrer, der die Tour gewinnen konnte.

Obwohl seine Karriere durch einen Jagdunfall unterbrochen wurde (s. 11. Juni), konnte LeMond bei seinem Rückzug aus dem aktiven Sport 1994 auf drei Tour-Gesamtsiege und zwei Weltmeisterschaften zurückschauen (s. 23. Juli zum Tourgewinn 1989). Danach ging er wieder in die USA und wurde ein erfolgreicher Geschäftsmann, unter anderem in der Fahrradbranche.

27. Juni
Federico Bahamontes verlässt die Tour
(1960)

Der Spanier Federico Bahamontes, Spitzname «der Adler von Toledo», gewann die Tour im Jahr 1959. Er war der erste spanische Tour-Champion, aber nicht alle waren davon begeistert. Vor allem die französische Presse unterstellte ihm, nur wegen eines Streits zwischen den französischen Fahrern gewonnen zu haben. *Miroir-Sprint* redete den Sieg klein und sprach von der «seltsamsten und langweiligsten Tour seit Kriegsende».

Bahamontes' Beziehung zu den Tour-Berichterstattern wurde im folgenden Jahr nicht besser. Der temperamentvolle Spanier, der ebenso schnell damit drohte, sein Rad oder seine Schuhe in den Abgrund zu werfen, wie er einen Berg hinauf kurbelte, stieg 1960 bereits am 27. Juni, nach nur drei Tagen, aus dem Rennen aus. Ein Foto von ihm im Anzug an der Bahnstation Malo-les-Bains, auf seinem Koffer sitzend und das Rad an ein Hinweisschild gelehnt, ging um die Welt.

Es waren die Berge, in denen er sich seinen Namen gemacht hatte, und nicht nur, weil er sich einmal oben ein Eis gönnte, während die anderen hinter ihm den Berg hinaufkeuchten. Am Ende seiner Karriere hatte er sechsmal die Bergwertung der Tour de France, zweimal die der Vuelta und einmal die des Giro gewonnen und war damit der erste Fahrer, der diese Trophäe bei allen drei großen Landesrundfahrten gewinnen konnte.

28. Juni
Die letzte Tour vor dem Krieg beginnt
(1914)

In den frühen Morgenstunden des 28. Juni 1914, als die französische Hauptstadt noch im Schlaf lag, verließen 147 Fahrer Paris. Es war der Start zu einer Tour, die als die letzte vor dem Krieg in die Geschichte eingehen sollte. Vier Jahre Unterbrechung folgten. Nur Stunden nach dem Start erlag der österreichische Großherzog Franz Ferdinand einem Attentat in Sarajewo. Während Philippe Thys die Führung des Rennens übernahm, entfaltete sich unaufhaltsam die europäische Katastrophe.

Das Peloton fuhr weiter, Thys blieb das gesamte Rennen über in Gelb. In die vorletzte Etappe ging er mit einem Vorsprung von über 31 Minuten auf seinen Verfolger Henri Pélissier. Dann brach seine Gabel. Hilfe von außen anzunehmen war verboten, aber Thys war sich über die Konsequenzen genau im Klaren und ging sie ganz bewusst ein. Weniger als 20 Minuten später war er wieder unterwegs. Die Tour-Kommissäre verhängten eine Zeitstrafe von 30 Minuten gegen ihn. Das bedeutete, dass Thys mit nicht einmal zwei Minuten Vorsprung in die letzte Etappe ging. Pélissier griff unermüdlich an, aber Thys ließ sich nicht abschütteln und gewann seine zweite Tour de France.

Zwei Tage später erklärte Österreich-Ungarn Serbien den Krieg. Viele der Teilnehmer dieser Tour de France mussten in den nun folgenden Konflikt ziehen. Wie Millionen andere sollten auch viele von ihnen nie zurückkehren, darunter die Tour-Sieger Lucien Petit-Breton, Octave Lapize und François Faber.

29. Juni

Der Dachs startet bei seiner ersten Tour de France
(1978)

Zu Beginn der Tour de France des Jahres 1978 war Bernard Hinault bereits eine Macht im Radsport. Er hatte die Dauphiné gewonnen, Lüttich-Bastogne-Lüttich und, vier Wochen zuvor, die Vuelta a España. Nun war es an der Zeit, das größte Rennen von allen anzugehen.

Hinault, wegen seiner aggressiven Fahrweise allgemein le Blaireau, «der Dachs» genannt, trug mit Stolz das Trikot des Französischen Meisters und galt als einer der Favoriten, neben Joop Zoetemelk, Hennie Kuiper und Michel Pollentier. Andererseits war dies Hinaults erste Tour. Wie würde er sich hier gegen die Weltspitze und ihre geballte Erfahrung behaupten? Drei Wochen später hatte die Radsportwelt die Antwort. Hinault gewann das Zeitfahren der 8. Etappe, beeindruckte in den Pyrenäen und verließ sie als Zweiter des Gesamtklassements. In den Alpen schnitt er ebenfalls ausgezeichnet ab, inklusive einem zweiten Platz auf der Etappe hinauf nach l'Alpe d'Huez. So hatte er schließlich vor dem letzten Zeitfahren, zwei Tage vor Paris, nur noch 14 Sekunden Rückstand auf das Gelbe Trikot, getragen von Joop Zoetemelk.

Hinault pulverisierte Zootemelks Zeit und beendete die 72 km lange Strecke mit knapp vier Minuten Vorsprung. Zwei Tage später stand er in Paris ganz oben auf dem Treppchen und sagte: «Ich fühle mich so gut, ich könnte noch drei Monate so weiterfahren!» Hinault sollte die Tour noch vier weitere Male gewinnen.

30. Juni

Phil Anderson ist der erste Australier in Gelb
(1981)

Im Jahr 1981 war Phil Anderson der einzige Australier am Start der Tour, dieses Jahr in Nizza. Fünf Tage später war er unter den ersten zehn des Klassements, nur wenige Minuten hinter dem Gelben Trikopt, das der Holländer Gerrie Knetemann gerade trug.

Die 6. Etappe führte über 117 km hinauf nach Pla d'Adet, der Ski-Station oberhalb von Saint Lary Soulon. Anderson hatte den Journalisten mitgeteilt, dass er sich gut fühlen würde, aber vermutlich hatte er dabei selbst noch gar nicht gewusst wie gut.

Bei der Einfahrt hinein nach Saint Lary Soulon war Anderson Teil der Spitzengruppe um Bernard Hinault, Alberto Fernandez, Lucien van Impe, Claude Criquielion und Marino Lejarreta. Nach den ersten drei Kilometern des Anstieges sprang Van Impe davon, auf dem Weg zu seinem zweiten Etappensieg am Pla d'Adet.

Dahinter kämpfte Hinault gnadenlos. Er schüttelte alle anderen von seinem Hinterrad, bis auf Phil Anderson, der ihm nie eine Antwort auf seine Angriffe schuldig blieb. Irgendwann bot Anderson, der Rookie, dem zweifachen Tour-Sieger Hinault einen Schluck Cola an. Der feuerte die Flasche auf den Boden.

Hinault ließ Anderson schließlich auf der Ziellinie hinter sich, aber dessen Zeit reichte aus, um das Gelbe Trikot zu übernehmen und damit der erste Nicht-Europäer zu werden, der die Tour anführte.

1. Juli

Die erste Tour de France beginnt
(1903)

Im Januar 1903 brachte die französische Sportzeitung *L'Auto* auf ihrer Titelseite eine Ankündigung, die das Antlitz des Radsports verändern sollte: «Die Tour de France», so kündigte sie an, «das größte Radrennen der Welt.»

Ursprünglich war ein Sechs-Etappen-Rennen geplant worden, mit Start und Ziel in Paris und den Stationen Lyon, Marseille, Toulouse, Bordeaux und Nantes. Der Startschuss sollte am 31. Mai fallen, der Zieleinlauf war für den 6. Juni geplant. Viele hielten das für abwegig, darunter wohl auch die meisten Fahrer der Zeit, denn wenige Wochen vor dem geplanten Start bestand das Peloton aus gerade einmal 15 Fahrern. Die Aufgabe war einfach zu groß und die Belohnung nicht ausreichend.

Also wurde nachgebessert: Das Rennen wurde um einen Monat verschoben, Ruhetage wurden eingebaut, die Startgebühren halbiert, die Preisgelder erhöht, die Tagesspesen übernommen. Plötzlich war die Teilnahme erheblich attraktiver geworden.

Am Nachmittag des 1. Juli standen dann 60 Fahrer an der Startlinie neben dem Café Réveil Matin in Paris. Nur 21 sollten bis zum Schluss dieser ersten Austragung dabei bleiben. Maurice Garin (s. 3. März) gewann drei Etappen und führte die Wertung vom Anfang bis ins Ziel an.

«Ich habe in meinem Leben schon viele sportliche Träume geträumt», schrieb Henri Desgrange nach der Schlussetappe, «aber nichts davon war so wertvoll wie diese Wirklichkeit.»

Der Radsport war nicht mehr der Gleiche wie zuvor.

2. Juli

Chris Boardman gewinnt in Lille
(1994)

Im Sommer 1994 war Chris Boardman, der Goldmedaillen-Gewinner der Olympischen Spiele in Barcelona zwei Jahre zuvor, erst seit zehn Monaten Profi. Er fuhr für das Team Gan und hatte sein nächstes persönliches Ziel groß verkündet: Er wollte das Gelbe Trikot der Tour de France gewinnen, und zwar am ersten Tag seiner ersten Teilnahme.

Am 2. Juli 1994 begann die Tour mit einem 7,2 km langen Zeitfahren in Lille. Boardman war am Start. Das war der Tag, über den er gesprochen hatte. Das war sein Moment. Er hatte einige Wochen vorher drei Etappen bei der Dauphiné gewonnen, inklusive des Prologs. Aber dies war eine andere Nummer: Am Start standen auch Miguel Indurain, Tony Rominger und Alex Zülle. Alle drei waren Favoriten für Paris, und alle drei waren entschlossen, an diesem Tag ein Ausrufungszeichen zu setzen.

Aber Boardman war in ausgezeichneter Form. Er jagte mit mehr als 55 km/h Durchschnittsgeschwindigkeit um den Kurs und war nach 7:49 Min. im Ziel. Indurain sollte ihm am nächsten kommen – mit 15 Sekunden Rückstand.

An seinem ersten Tag im Rennen hatte Chris Boardman sich das begehrteste Trikot des Radsports gesichert. Er trug es drei Tage lang, bevor Johan Museeuw es übernahm.

Boardman sollte auch 1997 und 1998 den Prolog der Tour gewinnen.

3. Juli
Die Tour hebt ab
(1971)

Wenn man sich die Strecke der Tour-Austragung 1971 einmal ansieht (*L'Equipe* publiziert diese Routenkarten), wird man auf etwas stoßen, was es zuvor noch nicht gegeben hat. Im Norden dieser Landkarte findet sich eine gestrichelte Linie von Le Touquet Paris Plage an der Kanalküste nach Rungis etwas südlich von Paris, mit der Zeichnung eines Flugzeugs darauf. Ein Transfer per Flugzeug – das war absolute Premiere bei der Tour.

Schon 1906 hatte es Transfers zwischen Zielorten und den folgenden Startorten gegeben, aber bis zum Beginn der 1970er-Jahre waren sie nur sehr selten. Die Fahrer hassten nichts so sehr wie lange Transferstrecken, also waren Etappenziel und folgender Start am gleichen Ort die bei Weitem bevorzugte Lösung.

Aber in den nun folgenden Jahren wollten die Veranstalter die Tour auch an Orte bringen, an denen sie bisher noch nie vorbeigekommen war, aus guten Gründen. Daher musste man neue Wege finden.

Am 3. Juli 1971 begab sich das Peloton also in Le Touquet an Bord eines Flugzeuges mit Ziel in Rungis, südlich von Paris, wo die Etappe des nächsten Tages dann startete. Das Peloton nahm erstmals den Weg durch die Wolken, eine Abkürzung, die mit der weiteren Entwicklung des Rennens immer populärer werden sollte.

4. Juli
Coppi tauft l'Alpe d'Huez
(1952)

Die 10. Etappe der Tour-Austragung 1952 war die erste mit einer Bergankunft. Erstmals lag das Ziel also nicht hinter dem letzten Pass des Tages irgendwo im Tal, mit sozusagen auf den Flügeln einer mehr oder weniger langen Abfahrt heranrauschenden Fahrern – diesmal war das Ziel oben. Und was für ein oben: l'Alpe d'Huez. Wie würde das ausgehen?

Fausto Coppi hatte zuvor bereits den Giro gewonnen und wollte sein Giro/Tour-Double von 1949 nur allzu gern wiederholen. Aber am Beginn dieser 266 km langen Etappe lag er schon fünf Minuten hinter seinem Teamgefährten Andrea Carrea zurück.

Als sich das Rennen der ersten der heute berühmten 21 Haarnadelkurven näherte, waren Coppi und der Toursieger von 1947, Jean Robic, zusammen vorn. Robic, selbst keine Schnecke in den Bergen, griff frühzeitig an und hängte Coppi kurz ab, aber dieser kam bald an sein Hinterrad zurück. Bis zur Mitte des Anstiegs kämpften sie Schulter an Schulter, bis Coppi die Sache satt hatte und er sich in schönstem Stil von Robic löste. Auf den nächsten sechs Kilometern gewann er über eine Minute auf ihn. Das war auch genug, um dem weiter hinten fahrenden Carrea das Gelbe Trikot abzunehmen, und am Ende der Etappe sollte sein Vorsprung fast 20 Minuten betragen. Coppi hatte sich seinen zweiten Toursieg gesichert.

5. Juli
Das Gemetzel auf der Passage du Gois
(1999)

Es gibt nur eins, das noch schlimmer ist, als auf einem Rennrad über Kopfsteinpflaster zu fahren: damit über nasses Kopfsteinpflaster zu fahren. Was also die Tour-Veranstalter geritten hat, als sie das Peloton 1999 über die zweimal am Tag überflutete Passage du Gois hinüber auf die Ile de Noirmoutier schickten, kann man nur vermuten. Das war das erste Mal, dass dieser viereinhalb Kilometer lange Damm vor der Vendée-Küste von der Tour genutzt wurde. Es sollte eine bleibende Erinnerung werden.

Das Feld war noch eng beieinander, als es den Damm in Angriff nahm. Die Fotografen jauchzten: Die bunten Trikots machten sich wunderbar vor den auf dem Sand liegenden Fischerbooten.

Dann brach die Hölle los. Vorderräder rutschten auf den glitschigen Steinen weg, die Fahrer krachten reihenweise in das unebene Pflaster. Fahrräder verkeilten sich ineinander, dazwischen die mit Armen und Beinen rudernden Fahrer; Dutzende erwischte es so. Für die Betroffenen und die, die hinter ihnen kamen, sollte das dramatische Folgen im Hinblick auf das Klassement haben. Vorn fuhr man weiter volle Kraft, die Aufgehaltenen verloren Minuten.

Einer der großen Verlierer war Alex Zülle. 1995 war er Zweiter geworden, aber diesmal waren seine Aussichten auf den Sieg schon nach der dritten Etappe dahin. Er verlor sechs Minuten (und sollte trotzdem noch einmal Zweiter werden in Paris).

Die Tour war erstaunlicherweise nicht abgeschreckt. 2005 und 2011 kehrte sie wieder zurück.

6. Juli
Teutenberg trägt das erste Mal Pink
(2008)

Die längste Etappe des Giro Donne (früher Giro d'Italia femminile) 2008 war die zweite, über 131 km von Asola nach Lendinara. Erste im Ziel war die Deutsche Ina Teutenberg, die mit diesem Sieg auch das Rosa Trikot der Führenden übernahm.

Teutenberg war seit acht Jahren Profi und hatte 2007 bereits zwei Etappen des Rennens gewonnen, aber bisher noch nie das Rosa Trikot. «Das ist ziemlich cool», sagte sie danach.

Teutenberg machte in bester Form weiter und gewann auch die beiden Folgeetappen in Pink, wusste aber, dass diese Zeit mit den näher rückenden Bergen zu Ende gehen würde.

Die Italienerin Fabiana Luperini, im Trikot der amtierenden Italienischen Meisterin, siegte am Monte Serre nach einem Solo und übernahm die Führung. Sie verteidigte danach das Trikot und sicherte sich mit dem Sieg bei der vorletzten Etappe auch den Gesamtsieg.

Das war Luperinis fünfter Giro-Titel; er kam zehn Jahre, nachdem sie bereits viermal hintereinander siegreich gewesen war. Sie hält bis heute den Rekord für die meisten Siege bei diesem prestigereichsten Rennen des Frauenradsports.

7. Juli

Super Mario gewinnt die erste von vier Auftaktetappen der Tour

(1999)

Wenn es etwas gibt, für das der italienische Hengst Mario Cipollini noch bekannter ist als für seinen Geschmack bei den hautengen Zeitfahr-Einteilern (Noch jemand ein Zebra-Leibchen? Einen Tiger? Nein?), dann ist es für das Sprinten in Richtung Ziellinie, die Arme auf dem Weg in die Jubelpose, mit allen anderen hinter ihm und noch schwer pumpend über ihre Lenker gebeugt.

«Super Mario» war der führende Sprinter seiner Generation und erkämpfte sich während seiner Karriere mehr als 190 Siege, darunter die Straßenweltmeisterschaft und 42 Etappen des Giro (Rekord).

Cipo, gern auch als der «König der Löwen» angesprochen, nahm an acht Tour de France-Austragungen teil, ohne allerdings eine einzige zu beenden. Die hohen Pässe der Pyrenäen und Alpen waren einfach nichts für ihn. Trotzdem sammelte er in dieser Zeit zwölf Etappengewinne ein.

Am 7. Juli begann er seine 1999er-TdF-Serie mit einem Sieg in Blois, am Ende der dritten Etappe. Drei Tage später stand der Zähler auf vier. Alles waren klassische Schlusssprints, wobei einer von ihnen zuerst an Tom Steels ging, der dann aber eine umstrittene Disqualifikation hinnehmen musste.

Seit den Zeiten von Charles Pélissier und der Tour 1930 war es das erste Mal, dass ein Fahrer vier Etappengewinne hintereinander verbuchen konnte.

8. Juli

Luis Ocaña übernimmt Gelb

(1971)

Wenn es einen Fahrer gegeben hat, den Eddy Merckx in der Zeit seiner Dominanz über den Radsport wirklich zu fürchten hatte, dann war es Luis Ocaña. Und die Ereignisse des 8. Juli 1971 zeigen uns, warum.

Ocaña hatte im Vorjahr die Vuelta gewonnen und Merckx bei der 71er-Dauphiné (die der Tour vorausgeht) bereits in Schwierigkeiten gebracht. Wegen Verletzungen und Krankheit hatte er bei den letzten Tour-Austragungen nicht starten können, aber nun war er bereit, es auch hier mit Merckx aufzunehmen. Er siegte am Puy de Dôme und ging als Zweiter in die 11. Etappe, mit einer Sekunde Rückstand auf Joop Zoetemelk und 59 Sekunden Vorsprung vor Merckx.

Und dann zeigte Ocaña, aus welchem Holz er geschnitzt war. Auf dieser 11. Etappe nach Orciè-res Merlette fuhr er das Rennen in Grund und Boden. Als Mitausreißer in einer frühen Fluchtgruppe griff er am Fuß des Col de Noyer erneut an und ließ alles hinter sich. Es folgte ein Solo durch die Alpen über 60 Kilometer, an dessen Ende er mit mehr als acht Minuten Vorsprung in das Gelbe Trikot fuhr.

Die Journalisten griffen zu Stift und Telefonhörer und nannten dies einen historischen Tag. Sogar Merckx stimmte zu. «Was er hier gezeigt hat, war wirklich außerordentlich», sagte er.

Luis Ocaña behielt das Gelbe Trikot nur für drei Tage, dann musste er nach einem fürchterlichen Unfall in den Pyrenäen das Rennen abbrechen. Merckx übernahm die Führung. Der Spanier sollte die Tour erst 1973 gewinnen.

9. Juli

Eugène Christophe schmiedet Gabeln am Tourmalet

(1913)

Obwohl er die Tour nie gewonnen hat, ist Eugène Christophe einer ihrer bekanntesten Protagonisten, und das beruht auf den Ereignissen des 9. Juli 1913.

Die Etappe dieses Tages begann in Bayonne und sollte 326 km weiter in Luchon enden. Sie führte über vier der gefürchtetsten Bergstrecken der Pyrenäen: den Aubisque, den Tourmalet, den Aspin und den Peyresourde. Christophe war Zweiter im Gesamtklassement, und der Tag entwickelte sich zu Beginn ganz ausgezeichnet für ihn: Der Führende Odile Defraye fiel zurück. Am Aubisque verlor er mehr als eine Stunde gegenüber Christophe, sodass dieser die virtuelle Führung übernahm. In Barèges, auf halbem Weg hinauf zum Tourmalet, gab Defraye schließlich sogar das Rennen auf. Zu diesem Zeitpunkt hatte sich allerdings auch Christophes Glück gewendet.

Nachdem er den Tourmalet direkt hinter Philippe Thys überquert hatte, bemerkte Christophe ein Problem mit seiner Gabel. Was folgte, ist Geschichte.

Christophe sah seine Gabel unter sich nachgeben. «Ich bin nicht gestürzt», erzählte er 75 Jahre später der Zeitung *Sport et Vie*. «Ich konnte zusehen, wie sich die beiden Gabelenden durch-

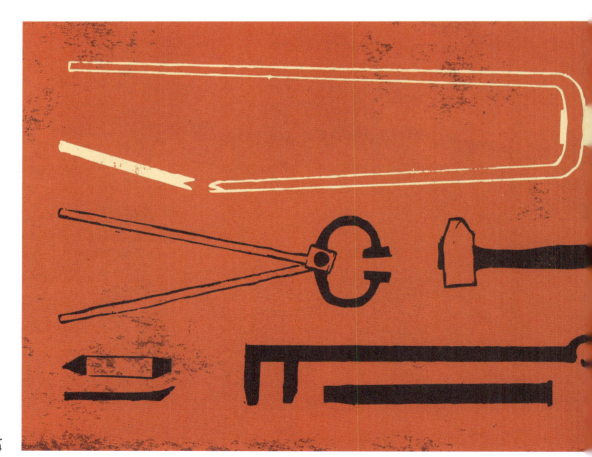

bogen.» Als Christophe dort allein mit seinem havarierten Rad am Hang eines der höchsten Tour-Berge stand, rauschten seine Konkurrenten einer nach dem anderen vorbei. Christophe hatte keine Wahl und machte sich zu Fuß auf den Weg.

Nach etwa 12 Kilometern erreichte er das Örtchen St. Marie de Campan. Man zeigte ihm die Schmiede, und er machte sich daran, sein Rad zu reparieren. Hilfe lehnte er ab, da das Reglement jede Unterstützung ausdrücklich untersagte.

Als er fertig war, setze er sich wieder auf sein Rad und kurbelte weiter Richtung Luchon. Er kämpfte sich über den Aspin und den Peyresourde und widerstand der Versuchung, seinem müden Körper zu gehorchen.

3 Stunden und 50 Minuten nach Philippe Thys rollte er schließlich über die Ziellinie, war aber erstaunlicherweise noch nicht der Letzte des Tages.

Diese zweifelhafte Ehre ging an Henry Fontaine und Celidonio Morini, die beide gemeinsam etwa sieben Stunden nach Thys einrollten.

Aber Christophes Leiden waren noch nicht ganz vorbei. Die Rennkommissäre brummten ihm eine Zeitstrafe von weiteren drei Minuten auf, weil der Schmiedejunge für ihn den Blasebalg bedient hatte.

Christophe hatte die Tour zwar verloren, aber seine Geschichte von der gebrochenen Gabel und der eigenhändigen Reparatur in der Dorfschmiede fand direkt Eingang in die Sammlung der legendären Tour-Anekdoten.

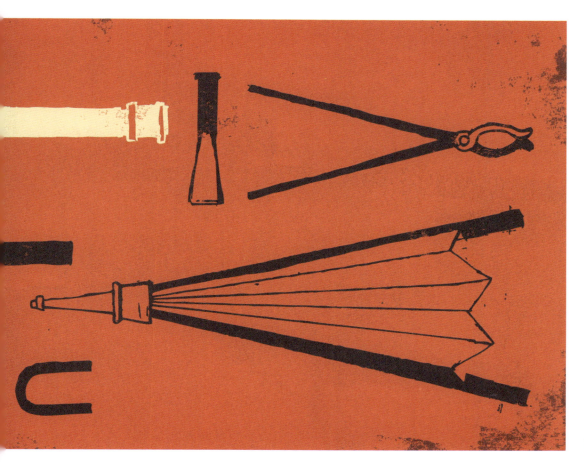

10. Juli

Die Tour bezwingt erstmals den Galibier
(1911)

1910 hatte die Tour die ersten wirklich hohen Berge unter die Räder genommen, als sie sich in die Pyrenäen aufmachte (s. 21. Juli). Im folgenden Jahr wollte Tour-Chef Desgrange noch einen Schritt weiter gehen und schickte seine Fahrer in die Alpen. Auf der Suche nach einer Steigung, die den Tourmalet noch übertreffen würde, entschied er sich für den Galibier als Festung und Dach der Austragung von 1911.

Emile Georget war der erste Fahrer, der diesen alpinen Riesen für die Tour bezwang, und konnte die Etappe dann mit einem Sieg in Grenoble beenden. Die Einführung des Anstiegs kam nicht bei allen gut an. Der spätere Gewinner Gustave Garrigou sprach von «einem geschmacklosen Bubenstreich von rutschigen Bergstrecken unter den Straßen unseres schönen Landes» und nannte Desgrange einen Schurken.

Der kümmerte sich nicht darum. Er war hingerissen vom Galibier und schrieb: «Alles, was man im Angesicht dieses Giganten tun kann, ist, den Hut abzunehmen und sich zu verbeugen.» Der Anstieg war bis 1949 Bestandteil jeder Austragung der Tour und ist bis heute der am häufigsten von ihr befahrene Berg. An seiner Südseite steht ein Denkmal für Henri Desgrange.

11. Juli

Merckx wird von einem Fan geschlagen
(1975)

Auf der 14. Etappe der Tour-Austragung 1975 fuhr der Belgier Eddy Merckx seit neun Tagen in Gelb. Mit eineinhalb Minuten Vorsprung vor Bernard Thévenet sah es aus, als sei der sechste Tour-Titel nur noch eine Formalität. Es sollte anders kommen.

Die Etappe führte über 173 km hinauf zum Puy de Dôme, eine Bergankunft. Als das Rennen sich diesem letzten Anstieg näherte, waren die wichtigsten Fahrer noch zusammen: Merckx, Thévenet, Van Impe, Zoetemelk. Van Impe attackierte schließlich und Thévenet konnte ihm folgen; Merckx und Zoetemelk hatten keine Antwort mehr. Die beiden Ersteren fuhren davon, Van Impe sicherte sich die Etappe.

Merckx kämpfte darum, den Zeitverlust in Grenzen zu halten. Dann, etwa 100 Meter vor der Ziellinie, löste sich ein Fan aus der Menge am Straßenrand und gab ihm einen Boxhieb in die Nieren, vermutlich aus Wut über die Dominanz des Belgiers. Merckx wand sich in Schmerzen, blieb aber irgendwie auf dem Rad und schaffte es bis ins Ziel. Er rettete sein Gelbes Trikot, mit nun weniger als einer Minute Vorsprung.

Aber der Schlag saß tief. Immer noch mit Schmerzen verlor Merckx auf der folgenden Etappe die Gesamtführung an Thévenet (s. 10. Januar zu Thévenet). Er sollte nie wieder in Gelb fahren.

12. Juli

Anquetil und Poulidor Schulter an Schulter
(1964)

Eines der bekanntesten Fotos der Tour de France entstand am 12. Juli 1964, als die Tour zum dritten Mal in ihrer Geschichte den Puy de Dôme besuchte.

In diesem Sommer hatten die beiden Protagonisten Jacques Anquetil und Raymond Poulidor das Land in zwei Teile gespalten. Die einen schwärmten für den schlanken, stets kühl kalkulierenden Gewinner, die anderen liebten den «ewigen Zweiten». Anquetil hatte die Tour bereits viermal gewonnen, Poulidor hatte gerade einmal auf dem Podium gestanden.

Als sich das Rennen entfaltete, stellten sich die bekannten Verhältnisse wieder einmal ein. Anquetil übernahm Gelb, als die entscheidende Phase begann. Poulidor war Zweiter. Zu Beginn der Etappe hinauf zum Puy de Dôme, zwei Tage vor Paris, lag Poulidor 56 Sekunden zurück. Dies war der letzte Tag, an dem er zuschlagen konnte, die letzte Möglichkeit, Anquetil das begehrte Trikot zu entreißen. Die beiden gingen gemeinsam in den letzten Anstieg, zusammen mit Federico Bahamontes und Julio Jiménez, zweien der besten Kletterer der Tour-Geschichte. Fünf Kilometer vor dem Gipfel tänzelte zuerst Jiménez davon, dann Bahamontes.

Aber die wirkliche Action lief zwischen Anquetil und Poulidor. Und dies war nun eine persönliche Sache, es ging gar nicht mehr um das Gelbe Trikot. Es war eine Schlacht um die Ehre. Über mehr als drei Kilometer kämpften sich die beiden Kopf an Kopf, Schulter an Schulter, Fuß an Fuß den Anstieg hinauf, keiner auch nur einen Zentimeter vor dem anderen zurückweichend. Von Pressekorrespondenten und Fotografen auf Motorradrücksitzen umschwirrt, gab es einen Moment des Kontaktes: Die Augen starr auf die Straße gerichtet, berührten sich Schultern und Ellbogen für einen Moment, die Räder machten eine Wackler. Die Kameras surrten und die Fotoapparate klickten: *Das* Foto der Tour war im Kasten.

Schließlich ließ Poulidor seinen ewigen Fluch doch noch hinter sich. Er kam allein ins Ziel, zur unendlichen Begeisterung seiner Fans. Die Sekunden tickten – wo blieb Anquetil?

Schließlich rollte ein erschöpfter, aber klar blickender Anquetil auf die Zielgerade, über seinen Lenker gebeugt und den Blick auf die Ziellinie geheftet.

In einem der größten Duelle, das die Tour bis heute gesehen hat, war es Anquetil gelungen, einen Vorsprung von ganzen 14 Sekunden ins Ziel zu retten.

«Das sind 13 mehr, als ich brauche», sagte er.

13. Juli

Tom Simpson stirbt am Ventoux

(1967)

1967 kam der Brite Tom Simpson mit großen Hoffnungen im Herzen, aber auch einer großen Last auf seinen Schultern zur Tour. Als einer der weltbesten Fahrer hatte er bereits diverse Klassiker und auch die Weltmeisterschaft gewonnen, aber bei der Tour konnte er bis dahin nicht recht reüssieren. 1962 hatte er einen Tag lang Gelb getragen und war diesbezüglich der erste Brite gewesen – die Zeitungen des folgenden Tages zeigten ihn im Gelben Trikot, mit Bowler-Hut, Regenschirm und einer Tasse Tee in der Hand. In Paris war er dann Fünfter geworden, und besser hatte er bei diesem wichtigsten Radrennen der Welt noch nicht abschneiden können.

1965 und 1966 hatte er das Rennen abbrechen müssen, und so wollte er es 1967 wirklich wissen und startete mit großen Ambitionen. Zu großen, wie sich herausstellen sollte.

Simpson ging als Siebter in die Etappe über den Ventoux. Bei infernalischer Hitze kämpfte er sich in der Gruppe um das Gelbe Trikot, damals getragen von Roger Pingeon, über die ersten Hänge des Anstieges. Pingeon war bestrebt, den Anschluss an Julio Jiménez und Raymond Poulidor weiter vorn nicht zu verlieren.

Drei Kilometer vor dem Gipfel brach Simpson dramatisch ein und fiel bald darauf mit dem Rad zusammen hin. Zuschauer hoben ihn auf und schoben ihn wieder in den Sattel. Offensichtlich schon nicht mehr ansprechbar, kurbelte Simpson noch 300 Meter weiter, bevor er wieder fiel. Irgendetwas lief hier dramatisch falsch.

Der Tour-Arzt traf ein, führte eine Herzmassage durch und legte eine Infusion. Er kämpfte über eine Stunde lang um Simpson. Schließlich wurde dieser per Helikopter in ein Krankenhaus geflogen, das er aber nicht mehr lebend erreichte. Als Todesursache wurde Herzversagen angegeben, und im Blut fanden sich Amphetamine. «Ein guter Kerl, der sich vermutlich einfach vor dem Verlieren fürchtete», schrieb Jacques Goddet, der damalige Tour-Chef, am nächsten Tag. Eine für die damalige Zeit recht typische Einschätzung des Doping-Problems.

Heute steht ein Denkmal etwas abseits der Stelle unterhalb des Ventoux-Gipfels, an der Simpson vom Rad fiel. Viele der zahlreichen Rennradfahrer halten dort an und hinterlassen etwas als letzten Gruß – eine Trinkflasche oder ein Käppi zum Beispiel – an den zu Lebzeiten immer zu einem Späßchen aufgelegten und allgemein beliebten Mr. Tom.

14. Juli

Robic gewinnt am Nationalfeiertag in Luchon

(1953)

Der Gewinn einer Tour de France-Etappe ist ein Wendepunkt in der Karriere eines Radsportlers, erst recht eines französischen. Und ein Etappengewinn am französischen Nationalfeiertag, wenn das ganze Land die Daumen drückt, dass ein Franzose gewinnt? Das ist wirklich etwas ganz Besonderes. Und wenn dieser Sieg auch noch das Gelbe Trikot mit sich bringt? Besser kann es nicht werden. Und genau das widerfuhr Jean Robic am 14. Juli 1953.

Die Etappe führte von Cauterets nach Luchon, über 115 Kilometer. Vergleichsweise kurz, aber extrem knackig: Es ging über den Tourmalet, den Aspin und den Peyresourde. Robic war Vierter im Gesamtklassement und lag mehr als fünf Minuten hinter dem Führenden, dem Schweizer Fritz Schär.

Der Franzose fuhr von Beginn an sehr stark. Er führte an allen drei Bergen und baute seinen Vorsprung langsam, aber sicher aus. Schär konnte nicht antworten und verlor an jedem Anstieg Zeit auf Robic.

Nach 3 Stunden und 50 Minuten war Robic im Ziel. Louison Bobet kam als Zweiter, mit fast eineinhalb Minuten Rückstand. Schär traf als Vierter ein.

Robics Vorsprung reichte aus, um das Gelbe Trikot zu übernehmen. Ein Etappengewinn nach einer fulminanten Fahrt über drei der Tour-Giganten, und dazu Gelb, am Nationalfeiertag. Perfekt. Absolut perfekt.

15. Juli

Bartali besiegt die Alpen und rettet seine Nation
(1948)

Der Tag vor der 13. Etappe der Tour-Austragung 1948 war ihr dritter Ruhetag. An der Spitze des Klassements stand der Liebling der Franzosen, Louison Bobet. Italiens Legende Gino Bartali lag mehr als 21 Minuten zurück, obwohl er bereits drei Etappen gewonnen hatte.

Jenseits der Grenze, in Italien, aber lag statt Ruhe Gewalt in der Luft; in Bartalis Heimat brach an diesem Tag das Chaos aus. Bei den Wahlen vom April des Jahres waren die Christdemokraten unter Alcide de Gasperi als Gewinner hervorgegangen, und es sah nach zuletzt sehr unruhigen Jahren eigentlich nach einer Phase der Stabilität aus. Aber an diesem dritten Ruhetag der Tour wurde ein Attentat auf den sehr beliebten Führer der Kommunistischen Partei Italiens Palmiro Togliatti verübt.

Innerhalb von Stunden kam es zu zahlreichen Streiks und Demonstrationen. Togliattis Anhänger befürchteten einen Putsch und besetzten Verkehrswege und Kommunikationszentralen, während der Politiker um sein Leben kämpfte.

De Casperi brauchte dringendst etwas, das die Situation in Italien zu entspannen vermochte. Er telefonierte nach Cannes und bat Bartali inständig darum, seinem Land zu schenken, was auch immer er vermochte – am besten natürlich einen Sieg.

Am nächsten Tag beantwortete Bartali diesen Notruf auf einzigartige Weise. Er machte die 274 km lange Etappe von Cannes nach Briançon über den Allos, den Vars und den Izoard zu einer Ein-Mann-Show. Er ließ Bobet einfach stehen. Am Gipfel des Izoard führte er gegenüber Bobet mit unglaublichen 18 Minuten. Damit war er nun Zweiter im Gesamtklassement. Aber er war noch lange nicht fertig.

Am folgenden Tag fuhren die beiden Kontrahenten Kopf an Kopf, Schulter an Schulter. Bobet, der um sein Gelbes Trikot fürchtete, gab keinen Zentimeter nach und blieb Pedaltritt für Pedaltritt neben dem Italiener. Über den Lauteret, den Galibier und den Croix de Fer führte der verbissene Zweikampf.

Schließlich aber erwies sich der Italiener als stärker. Am Col de Porte brach Bobet ein und Bartali fuhr ihm davon. Er gewann die zweite Etappe in Folge und übernahm das Gelbe Trikot von Bobet. In zwei unglaublichen Tagen hatte Bartali aus einem 21-Minuten-Rückstand eine 8-Minuten-Führung gemacht.

Die französische Presse beklagte Bobets Entthronung: «Heute Nacht weinen alle Französinnen», schrieb ein Korrespondent. In Italien dagegen war nicht nur De Gasperi erleichtert. Bartalis unglaubliche Fahrt durch die französischen Alpen hatte seine Landsleute an die Radiogeräte gefesselt und geholfen, der aufgeladenen Situation die Spitze zu nehmen. Statt auf Revolution standen die Zeichen nun auf Feiern. Togliatti lebte. Und Bartali hatte seine zweite Tour de France gewonnen – und dabei sein Land vom Weg in den Bürgerkrieg abgelenkt.

16. Juli

Gaul triumphiert im Regen und bereitet seinen Toursieg vor
(1958)

Neben seinen außerordentlichen Zeitfahrqualitäten verfügte der Luxemburger Charly Gaul auch über sensationelle Kletterfähigkeiten – es ist von daher recht verwunderlich, dass er die Tour de France nur ein einziges Mal gewinnen konnte. Den Giro hat er dagegen zweimal für sich entschieden.

Gaul, auch bekannt als der «Engel der Berge», legte das Fundament für seinen einzigen Sieg bei der Tour-Austragung 1958 auf einer monströsen Etappe durch die Alpen und die Chartreuse, von Briançon nach Aix-les-Bains.

Der Tag war geprägt von eisigem Regen, aber Gaul liebte Nässe und Kälte. Er war vollkommen durchnässt, fuhr aber trotzdem zu Louison Bobet auf, seinem größten Rivalen, und kündigte an, dass er am Luitel angreifen würde. Und genau das tat er. In strömendem Regen setzte Gaul sich ab und flog davon, auf und ab, mitten durch die schroffe Chartreuse. Im Ziel hatte er mehr als 14 Minuten Vorsprung auf den Gesamtführenden Raphael Geminiani. Das reichte noch nicht ganz, um das Gelbe Trikot zu übernehmen, aber die Grundlage war gelegt. Unter den drei Führenden der Gesamtwertung war Gaul klar der beste Zeitfahrer, und mit einem noch anstehenden Zeitfahren über 74 km war seine Gesamtführung nur noch eine Frage der Zeit.

17. Juli

Roche gewinnt im Zeitfahrtrikot am Aubisque
(1985)

Am 17. Juli 1985 hatte die Tour eine geteilte Etappe im Programm. Am Nachmittag sollten die Fahrer 83 km von Laruns nach Pau zurücklegen, davor mussten sie aber noch eine Auffahrt hinauf zum Col d'Aubisque hinter sich bringen.

Es waren nur 53 km von Luz Saint Sauveur hinauf auf den Aubisque, und der Chef von Stephen Roches Team La Redoute, Raphael Geminiani, hatte einen Plan. Er nahm Roche beiseite und übergab ihm einen handgenähten, seidenen Zeitfahr-Einteiler. Roche war damit überhaupt nicht glücklich und weigerte sich, so etwas auf einer Straßenetappe anzuziehen.

Aber Geminiani blieb hart und erläuterte ihm die Sache: Die Etappe sei so kurz, dass er sie wie ein Zeitfahren abspulen müsse. Schließlich stimmte Roche zu, aber er versteckte den Einteiler bis zum Fuß des Aubisque unter einem Trikot. Erst dann zog er sich dieses über den Kopf und sprintete im Zeitfahrdress davon. Er holte den Führenden ein, ließ ihn hinter sich und gewann die Etappe mit mehr als einer Minute Vorsprung. Das war sein erster Etappensieg bei der Tour. In Paris sollte er schließlich Fünfter des Gesamtklassements werden.

18. Juli

Das Regenbogen-Trikot zähmt den Ventoux
(1955)

1955 wollte der amtierende Weltmeister Louison Bobet nur zu gern seinen dritten Toursieg hintereinander einfahren. Zu Beginn der Etappe über den Ventoux hatte er aber bereits mehr als elf Minuten Rückstand auf den Führenden, seinen Mannschaftskameraden Antonin Rolland. Das Peloton stöhnte unter der provencalischen Sonne, aber Bobet fand, dass die Zeit für die Wende gekommen war.

Sein großer Rivale Gaul litt unter der Hitze, also griff Louison Bobet an. Er fuhr zu den beiden Ausreißern Ferdi Kübler und Raphael Géminiani auf und passierte sie. In der Mondlandschaft der letzten Kilometer vor dem Gipfel rauschte Bobet durch die Hitze hindurch und hatte oben bereits eine Minute Vorsprung. Diesen baute er aus, bis hinein nach Avignon. Rolland kam mehr als fünf Minuten später ins Ziel, Gaul fast sechs. Bobet hatte seinen Rückstand auf einer einzigen Etappe halbiert und das Klassement durcheinandergewirbelt. In Paris war er schließlich wie erhofft der erste Fahrer, der die Tour de France dreimal hintereinander gewonnen hatte.

Hinter Bobet hatte das Peloton einen schlimmen Tag erlebt. Jean Malléjac war am Berg zusammengebrochen und musste ins Krankenhaus transportiert werden. Ferdi Kübler kam mit schweren Bewusstseinsstörungen ins Ziel, gab das Rennen auf und startete nie wieder bei der Tour.

19. Juli

Van Impe erhält einen Schlag
(1977)

Nach sechzehn Etappen der Tour-Austragung von 1977 lag Lucien van Impe nur 33 Sekunden hinter dem Gesamtführenden Bernard Thévenet. Nun aber ging es hinauf nach l'Alpe d'Huez – die Bühne war also vorbereitet für eine Etappe zum Ruhm und zu einem eventuellen zweiten Tour-Sieg für den Vorjahressieger Van Impe, den vielleicht besten Bergfahrer, den die Tour je gesehen hat.

Am Glandon startete Van Impe seine Offensive. Keiner konnte folgen. Am Fuß der Alpe hatte er zwei Minuten Vorsprung vor Thévenet. Er fuhr bereits virtuell in Gelb. Dann aber, weniger als fünf Kilometer vor dem Ziel, schlug das Schicksal zu: Der schon etwas erschöpfte Van Impe wurde von einem TV-Fahrzeug vom Rad gestoßen. Er sprang schnell wieder in den Sattel, aber sein Hinterrad hatte einen Schlag. Van Impe rief den Teamwagen – gerade als Hennie Kuiper an ihm vorbeifuhr. Van Impes Aussichten auf den Etappensieg waren dahin.

Kuiper selbst hatte den Tag mit einem Rückstand von nur 49 Sekunden auf Thévenet begonnen. Als er nun dem Etappensieg entgegenfuhr, kehrte Thévenet weiter unten sein Innerstes nach außen, um den Abstand so klein wie möglich zu halten und sein Gelbes Trikot zu schützen. Als Kuiper über die Ziellinie fuhr, tauchte Thévenet gerade auf der Zielgeraden auf, in einem verzweifelten letzten Versuch zu retten, was zu retten war. Und es reichte.

Thévenet kam 41 Sekunden hinter Kuiper ins Ziel und behielt somit das Gelbe Trikot mit einem Vorsprung von acht Sekunden. Van Impe kam weitere 1:12 Min. später; seine Träume vom zweiten Tour-Sieg hatten genau so einen Schlag bekommen wie sein Hinterrad.

20. Juli

Landis siegt und wird später positiv getestet
(2006)

2006 fuhr der frühere Mountainbiker und langjährige Armstrong-Leutnant Floyd Landis als Kapitän beim Team Phonak. Er hatte drei Tage Gelb getragen, aber die Klassementführung auf der 16. Etappe nach La Toussuire wieder abgeben müssen. Dort kam er stocksauer ins Ziel, denn er hatte am letzten Anstieg mehr als acht Minuten verloren. Seine Aussichten auf den Toursieg hatten sich in Rauch aufgelöst.

Aber Landis hatte andere Pläne. Auf der nächste Etappe (17), einem Tag mit fünf Bergwertungen, griff er schon 130 km vor dem Ziel an. Er zeigte keine Spur der Schwäche mehr, die ihn nur 24 Stunden vorher so deutlich sichtbar befallen hatte, und rauschte einsam vorn durch die nördlichen Alpen. An der letzten Bergwertung hatte er mehr als fünf Minuten Vorsprung.

Hinab nach Morzine fuhr er volles Risiko bis ins Ziel. Der nächste Fahrer, Carlos Sastre, kam erst sechs Minuten später an. Landis war wieder da. Zwei Tage später übernahm er wieder die Führung und stand schließlich in Gelb auf dem Podium in Paris.

Später stellte sich heraus, dass er nach dem Etappensieg in Morzine positiv auf leistungsstärkende Substanzen getestet worden war. Daraufhin wurde ihm der Tour-Sieg aberkannt.

21. Juli

Die Tour de France nimmt die ersten hohen Berge in Angriff
(1910)

Der erste Anstieg der Tour auf über 1000 m war der Col de la République, aber höher hinaus sollte es erst 1910 gehen. Erst sieben Jahre nach der ersten Austragung waren die Organisatoren sicher genug, dass ihr Rennen diese Herausforderung überleben würde.

Erstaunlicherweise war es gar nicht Henri Desgrange mit seiner berüchtigten Vorliebe für leidende Fahrer, der diesen Vorstoß auf den Weg brachte, sondern sein Assistent Alphonse Steinès. Es bedurfte einiger Überzeugungsarbeit, Desgrange sein Einverständnis abzuringen, aber irgendwie hatte Steinès doch Erfolg (s. 21. November). Also beinhaltete die Tour-Austragung von 1910 zwei Etappen durch die Pyrenäen. Die zweite wurde unmittelbar zur Legende. Die 9. Etappe führte das Peloton von Perpignan über den Portet d'Aspet nach Luchon; aber die 10. Etappe verlief über vier hohe Pässe, die bald einen passenden Beinamen erhalten sollten: le cercle de la mort – der tödliche Kreis ...

Peyresourde. Aspin. Tourmalet. Aubisque. Vier Namen, die auch die Stärksten der Starken unter den Radsportlern heimlich erschauern lassen. Ob man sie von West nach Ost oder von Ost nach West fährt, eine Anstrengung bis an die Grenzen des Erträglichen ist garantiert. Immerhin wissen wir heute, was wir zu erwarten haben. Damals, 1910, hatte man keine Ahnung.

Der Startschuss für die 59 Fahrer, die mutig genug waren um hier aufzutauchen, fiel um 3:30 Uhr in der Frühe. Der Erste oben am Peyresourde war Octave Lapize, begleitet von Gustave Garrigou. Am Aspin und am Tourmalet verhielt es sich genauso. Oben am Tourmalet hatte Lapize 500 m Vorsprung vor Garrigou und jede Menge vor allen anderen.

Desgrange, der die Reaktion der Fahrer auf diese Streckenführung mit Recht fürchtete, war der Etappe ferngeblieben, und so war es an Steinès und einem anderen Mitarbeiter von *L'Auto* namens Victor Breyer, die Etappe vor Ort zu verfolgen. Nachdem sie Lapize und Garrigou am Tourmalet zugesehen hatten, stiegen die beiden in ihr Auto und fuhren hinüber zum Aubisque.

Die Stunden vergingen. Zunehmend besorgt sahen Steinès und Breyer schließlich einen abgekämpften Fahrer näher kommen. Die beiden erschraken, nicht nur über seinen Zustand, sondern auch darüber, dass es weder Lapize noch Garrigou war. Als sie ihn fragten, knurrte er seinen Namen: François Lafourcade.

Erst 15 Minuten später traf Lapize ein. Er sah Steinès und Breyer im Vorbeisausen am Straßenrand stehen und spuckte ihnen nur ein einziges Wort entgegen: «Mörder!»

Ein Moment, der zur Legende werden sollte.

Es waren immer noch 150 km bis ins Ziel. Lapize gewann die Etappe nach 14 Stunden Kampf und sollte später auch die Gesamtwertung in Paris anführen. Aber die Stars dieser Austragung von 1910 waren doch die Berge. Danach war das Rennen ein anderes.

22. Juli
Cavendish schreibt auf den Champs-Élysées Geschichte
(2012)

In den letzten Jahren war kein anderer Fahrer so sehr auf den Champs-Élysées zu Hause wie Mark Cavendish. Er dominierte die prestigereichen Sprints der Abschlussetappe wie kein anderer vor ihm. 2009 startete er eine auf dem berühmten Pflaster noch nie dagewesene Siegesserie von vier Erfolgen hintereinander.

Der Sieg 2012 brachte ihn aus zwei Gründen auf die Rekordliste. Er war in diesem Jahr amtierender Straßenweltmeister, und so war er hier nicht nur der erste viermal hintereinander erfolgreiche Sprinter, sondern auch der erste Fahrer, dem als Weltmeister ein Sieg bei der Schlussetappe der Tour gelang.

Der Anblick des Briten Bradley Wiggins in Gelb hinter einem Landsmann im Regenbogentrikot, der die Schlussetappe gewann, verankerte die Erkenntnis, dass der britische Radsport ganz oben angekommen war, endgültig auf der Insel.

Aber Cavendishs erstaunlichster Sieg war doch der von 2010 gewesen. Die begleitende Kamera zeigte aus der seitlichen Perspektive ganz deutlich, wie Thor Hushovd und Alessandro Petacci Richtung Ziellinie sprinteten. Und plötzlich tauchte Cavendish, vorher noch nicht sichtbar, mit unglaublicher Geschwindigkeit von hinten kommend im Bild auf. Plötzlich sah es aus, als wären zwei der schnellsten Männer der Welt nur Radwanderer, an denen Cavendish nun wie eine Rakete auf dem Weg in den Weltraum vorbeizog. Unglaublich.

23. Juli
Acht Sekunden
(1989)

Die spannendste Tour in der Erinnerung noch lebender Beobachter erreichte ihren unglaublichen Höhepunkt am 23. Juli 1989 auf den Champs-Élysées, als ein abschließendes Zeitfahren das engste Finish der gesamten Tourgeschichte zur Folge hatte.

Das ganze Rennen über war das Gelbe Trikot zwischen dem US-Amerikaner Greg LeMond und dem Franzosen Laurent Fignon hin und her gewandert. Zu Beginn der letzten Etappe hatte Fignon eine Führung von 50 Sekunden herausgearbeitet. In jedem anderen Jahr der modernen Tourgeschichte hätte das gereicht; üblicherweise wird der Führende auf der letzten Etappe nicht mehr angegriffen. Aber 1989 war die Abschlussetappe zum ersten Mal seit 18 Jahren wieder ein Einzelzeitfahren, mit Ziel auf den Champs-Élysées. Das gab LeMond eine letzte Chance.

Nun ging es um alles. Fignon, in bester Oldschool-Manier mit Nickelbrille und wehendem Pferdeschwanz, gegen LeMond mit Oakley-Brille, Tri-bar-Lenkeraufsätzen und Spezial-Zeitfahrhelm. Ein epischer Showdown.

Als Fignon, der als Führender den letzten Startplatz innehatte, das Äußerste aus sich herausholend über die Prachtstraße Richtung Ziellinie trat, schwenkten die Kameras auf LeMond, der im Ziel auf das Eintreffen Fignons wartete und gar nicht wusste, wohin mit seiner Anspannung. Erst hörte er Radio, dann riss er sich den Kopfhörer herunter und versuchte einen Blick auf die Zielgerade zu erhaschen.

Die Sekunden tickten und tickten herunter – vorbei am entscheidenden Moment. Es war zu Ende. LeMond hatte Fignon geschlagen und gewann die Tour mit dem bis heute knappsten Vorsprung von acht Sekunden. Laurent Fignon, der zweifache Tour-Sieger, war zu dem Mann geworden, der die Tour mit acht Sekunden verloren hatte.

24. Juli

Walkowiak überrascht in Gelb

(1956)

Roger Walkowiak war ein französischer Fahrer, der vor 1956 schon dreimal an der Tour de France teilgenommen hatte. 1951 lag er in Paris im Gesamtklassement auf Platz 57, zwei Jahre später erreichte er Platz 47, 1955 musste er das Rennen unterwegs abbrechen. 1956 sollte es besser für ihn laufen. Deutlich besser.

Auf der 7. Etappe befand sich Walkowiak in einer großen Ausreißergruppe von 31 Fahrern. Der Pulk kam 18 Minuten vor dem Hauptfeld ins Ziel. Walkowiak hatte die Etappe zwar nicht gewonnen, aber er war derjenige in dieser Gruppe, der im Gesamtklassement am weitesten vorn lag, und übernahm so das Gelbe Trikot.

Das war eine ziemliche Überraschung. Das Hauptfeld hatte es schlichtweg verschlafen, diese Ausreißer einzuholen, ganz zu schweigen davon, dass man überhaupt eine so große Gruppe davonfahren ließ. Walkowiak behielt Gelb für drei Tage und verlor es dann auf der Etappe nach Bayonne. Es sah ganz so aus, als wäre es das gewesen.

Aber dann kam der 24. Juli mit der Etappe nach Grenoble. Walkowiak kam gut über den Mont Cenis, den Croix de Fer und den Luitel; im Ziel war er Fünfter. Wout Wagtmans dagegen, der mit mehr als vier Minuten Vorsprung das Klassement anführte, hatte einen rabenschwarzen Tag erwischt und traf erst 15 Minuten später ein.

Und so hatte Walkowiak das Gelbe Trikot fast ebenso überraschend wie zuvor wieder auf den Schultern. Diesmal behielt er es bis nach Paris und gewann die Tour – aber der Applaus der Fans hielt sich in Grenzen. Man sah seinen Sieg weniger als sportliche Meisterleistung denn als eine glückliche Fügung und ein taktisches Versagen der anderen Fahrer. Und so gelangte sein Name schließlich in den allgemeinen Sprachgebrauch: «à la Walko» ist eine boshafte Anspielung darauf, dass jemand unverdient zu einem Erfolg gekommen sei.

25. Juli

Armstrong steht ganz oben, in Paris

(1999)

Lance Armstrong hatte erst zwei dreiwöchige Rundfahrten vollendet, als er 1999 an der Startlinie der Tour de France stand. 1995 war er auf Platz 36 in Paris angekommen, 1998 erreichte er Platz 4 bei der Spanienrundfahrt. In den Jahren dazwischen hatte er eine kritische Krebsdiagnose und die entsprechende Therapie verdauen müssen. Nun war der Mann, der beinahe gestorben wäre, zurück auf dem Rad.

Drei Wochen später, am 25. Juli war er wieder in Paris. Er hatte alle drei Zeitfahren gewonnen, dazu die Bergetappe hinauf nach Sestrière. Er fuhr in Gelb. Er hatte einen Vorsprung von sieben Minuten. Er hatte das Unmögliche erreicht. Er hatte den Radsport auf den Kopf gestellt.

Als er in Paris auf der obersten Stufe des Siegertreppchens stand, mochte kaum jemand seinen Augen trauen. Knappe 18 Monate zuvor hatte der noch um sein Leben kämpfende Armstrong verzweifelt nach einem Team gesucht, das ihn zur Tour mitnehmen wollte. Schließlich nahm US Postal ihn unter Vertrag. Nun hatte er dem Team die ultimative Trophäe gewonnen. Es war das größte Comeback der Sportgeschichte.

Armstrongs Geschichte ist die bekannteste Geschichte des Radsports. Er dominierte die Tour fast unangefochten (Jan Ullrich konnte ihn nie ernsthaft gefährden) und kam siebenmal hintereinander in Gelb nach Paris. Er konzentrierte sich ausschließlich auf die Tour – alles andere war nur Vorbereitung. Sein Team hatte eine einzige Mission: Lance in Gelb nach Paris zu bringen. Und es war unglaublich effizient darin.

Zweifel gab es früh. Wie konnte jemand sauber sein und gleichzeitig einen weitgehend Doping-verseuchten Sport derart dominieren? Der Texaner wies jeden Verdacht von sich und überzog Journalisten und kritische Fahrerkollegen mit Gerichtsprozessen; er scheute sich auch nicht, mal persönlich einzugreifen.

Dann, im Jahr 2012, brach der Armstrong-Komplex in sich zusammen. Die US-Anti-Doping-Agentur USADA erhob Anklage gegen ihn und andere, unter anderem wegen Besitzes, Nutzung und Weitergabe von verbotenen Substanzen wie EPO, Testosteron und Blutkonserven. Armstrong ging nicht gegen diese Klage an, beteuerte aber weiterhin seine Unschuld. Im August des Jahres verhängte die USADA eine lebenslange Sperre gegen ihn und annullierte alle seine Resultate bis zurück ins Jahr 1998. Sieben Tour-Siege, mit einem Federstrich. Armstrong sagte dazu: «Ich weiß, wer diese sieben Frankreichrundfahrten gewonnen hat ... und alle, gegen die ich gefahren bin, wissen es auch.»

Im Januar 2013 gestand Armstrong schließlich. In der wichtigsten US-Talkshow bekannte er gegenüber der Gastgeberin Oprah Winfrey, dass die größte Story der Sportgeschichte nichts anderes war als eine Lüge. «Es ist einfach der perfekte Mythos, und er ist nicht wahr», gab er zu.

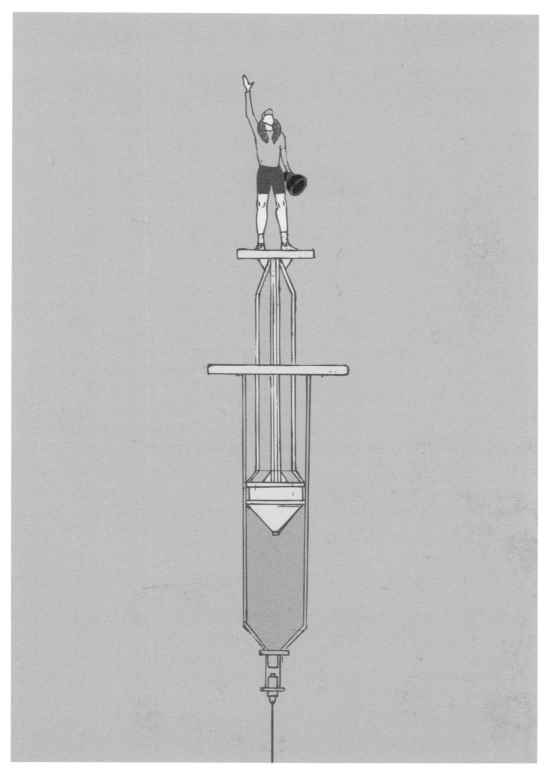

26. Juli
Der Geburtstag von Geoff Cooke
(1944)

Wenn sich irgendjemand einmal mit dem Thema langfristige Leistung im Radsport beschäftigen sollte, dann wäre die Karriere von Geoff Cooke kein schlechter Einstieg. Der in Manchester geborene Cooke gewann seinen ersten Titel bei den Senioren 1963 als Amateur, als er nationaler Sprintmeister UK wurde.

1972 nahm Cooke an den Olympischen Spielen in München teil, im Einzel- und im Tandem-Sprint, erreichte aber keinen Medaillenplatz. Besser lief es zwei Jahre später bei den Commonwealth-Spielen in Neuseeland, wo er zusammen mit Ernie Crutchlow Gold im Tandem-Sprint gewann.

Cooke fuhr noch bis 1978 selbst bei den Senioren und wurde dann Nationaltrainer Sprint; diese Position hatte er für zehn Jahre inne, dabei führte er sein Team dreimal zu Olympia. Aber erst als Veteran startete er richtig durch: Er ist vielfacher Champion in der Masters-Klasse und hat mehr als 25 Siege eingefahren. Seit 1996 hat er 15 Weltmeistertitel im Sprint bei den Masters erobert und nur vier Möglichkeiten ausgelassen. Ab seinem Sieg 2014 lag sein erster Erfolg mehr als ein halbes Jahrhundert zurück, und Cooke siegt weiter …

27. Juli
Pantani reißt aus und gewinnt die Tour
(1998)

Die Tour-Austragung 1998 war ein ziemliches Chaos. Es war die Tour der Festina-Affäre: Im Fahrzeug des Betreuers Willy Voigt waren Doping-Produkte gefunden worden, was zu Festnahmen bei Festina, Durchsuchungen in Hotels, Polizeikontrollen und Fahrerprotesten führte. Die Tour stand vor dem Abbruch. Es war ein heilloses Durcheinander mit wenigen Lichtblicken. Einer davon war der Italiener Marco Pantani (wenn auch vielleicht nicht aus deutscher Sicht). An einem Tag, an dem die Temperaturen mit dem Regen um die Wette zu fallen schienen, tänzelte er ungerührt die Alpenriesen hinauf und griff sich das Gelbe Trikot – um es dann bis nach Paris zu bringen. Pantani lag mehr als drei Minuten hinter dem Führenden Jan Ullrich zurück, als es in die 189 km lange Etappe von Grenoble nach Les Deux Alpes ging. Auf halbem Weg hinauf zum Galibier zündete «il pirata» Pantani seine Nachbrenner und ließ Ullrich, der unter der Kälte und einem Hungerast litt, einfach stehen. Im Ziel hatte er den Dreiminuten-Rückstand in eine (fast) vierminütige Führung verwandelt – nach einer der schönsten Fluchten der modernen Tour-Geschichte.

Heute wird dieser Aktion und ihres Helden auf dieser Strecke gleich zweifach gedacht: Dort, wo Pantani davonzog, mit seinem Umriss aus Metall und Glas, und am Eingang nach Les Deux Alpes mit einem Gedenkstein, der ihn über seinen Lenker gekrümmt auf dem Weg zum Sieg zeigt.

28. Juli
Big Mig sichert sich sein erstes Gelbes Trikot
(1991)

Der Spanier Miguel Indurain, auch «Big Mig» genannt, fuhr zwölfmal hintereinander die Tour, von 1985 bis 1996. Zuerst stand er in den Diensten seines Mannschaftskapitäns Pedro Delgado, aber Etappensiege in den Bergen (Cauterets 1989, Luz Ardiden 1990) und eine Platzierung unter den ersten zehn des Klassements 1990 ließen schon darauf schließen, dass dies noch nicht das letzte Wort war.

1991 gewann Indurain dann seine erste Tour. In der Radsportgeschichte gilt er allgemein als ein König, der sein Reich im Zeitfahren verteidigte. Das ist auch nicht falsch – trotz der (Berg-)Etappensiege 1989 und 1990 sollte er keine mehr gewinnen, die kein Zeitfahren war – aber das erste Gelbe Trikot holte er sich 1991 nach einer fantastischen Fahrt durch die Pyrenäen, über den Aubisque, den Tourmalet, den Aspin und hinauf nach Val Louron. Er kam als Zweiter ins Ziel, hatte nun aber Minuten Vorsprung auf den vorher führenden Greg LeMond. Big Mig behielt das Trikot über die nächsten zehn Tage und brachte es bis nach Paris.

Und so begann am 28. Juli 1991 die Ära des Miguel Indurain (s. 2. September).

29. Juli

Der Geburtstag von Tommy Prim
(1955)

Der im schwedischen Svenljunga geborene Tommy Prim kam 1980 zum Team Bianchi-Piaggio. Dem mehrfachen Schwedischen Meister glückte eine sehr respektable erste Profi-Saison mit einem Etappensieg bei Paris-Nizza und einem weiteren sowie der Wertung des besten Jungprofis beim Giro.

Die besten Jahre seiner Karriere waren die zwischen 1981 und 1983. In dieser Zeit gewann er eine Austragung der Tour de Romandie und zweimal die Schwedenrundfahrt; beim Giro wurde er zweimal Zweiter.

Nach einem enttäuschenden Abschneiden beim Giro 1983 (15. Platz) gewann er im gleichen Jahr Paris-Brüssel mit einem Zielsprint gegen Daniel Rossel und Ralf Hofeditz. Das war der erste Klassiker-Sieg eines skandinavischen Fahrers, seit der Däne Charles Meyer 1895 das Rennen Bordeaux-Paris gewonnen hatte.

Paris-Brüssel war Prims bedeutendster Sieg. Anfang der 2000er-Jahre kehrte er für einige Jahre als Chef des U23er-Teams Crescent zurück in den Sport.

Prim ist einer von zwei Schweden, die jemals einen der großen Klassiker gewonnen haben – der andere ist Magnus Bäckstedt mit seinem Sieg bei Paris-Roubaix 2004.

30. Juli

Paola Pezzo gewinnt das erste olympische Gold
(1996)

Mountainbiken wurde erstmals 1996 in Atlanta als Wettbewerb bei den Olympischen Spielen durchgeführt. Das Rennen der Frauen fand am 30. Juli im Georgia International Horse Park statt und führte, bei großer Hitze, in drei Runden über eine Strecke von 32 km. Gewonnen wurde es von der Italienerin Paola Pezzo, die nach 1:50:51 h im Ziel war, 67 Sekunden vor der Kanadierin Alison Sydor.

Zu dieser Zeit hatte Pezzo schon eine große Zahl von Erfolgen vorzuweisen, unter anderem war sie Weltmeisterin, zweifache Europameisterin und dreifache Italienische Meisterin. Mit Gold in Atlanta begann ein weiterer bemerkenswerter Lauf für sie: 1997 gewann sie den World Cup, nachdem sie acht von zehn Rennen gewonnen hatte, und ihre zweite Weltmeisterschaft. Später im Jahr wurde sie positiv auf das anabole Steroid Nandrolon getestet, aber nicht belangt, zum Teil wegen Unklarheiten bei der Testdurchführung.

Pezzo gewann 1999 ihre dritte Europameisterschaft und verteidigte ihre olympische Goldmedaille erfolgreich bei den Spielen im Jahr 2000. Ihre letzte Italienische Meisterschaft gewann sie 2005.

31. Juli

Rémy Di Grégorio hat Geburtstag
(1985)

Der französische Juniorenmeister Rémy Di Grégorio kam als begnadeter Kletterer zu den Profis. In seiner zweiten Saison gewann er eine Alpenetappe bei der Tour de l'Avenir und 2007 das Bergtrikot beim Critérium Dauphiné.

Den bisher wichtigsten Sieg erzielte er 2011, einen Etappengewinn bei Paris–Nizza. 2012 dann geriet er richtig in die Schlagzeilen: Di Grigorio wurde nach einer Razzia im Hotel seines Teams Cofidis aus der laufenden Tour de France heraus verhaftet und zwei Tage später wegen des Besitzes dopingverdächtiger Produkte unter Anklage gestellt. Di Grigorio stritt jedes Fehlverhalten ab. Er könne ohne Probleme in den Spiegel schauen, «und die Justiz wird den Rest klären». Cofidis sperrte ihn zunächst und entließ ihn dann.

Aber Di Gregorio bekam später Recht: Die «dopingverdächtigen Produkte» stellten sich als Vitamine heraus. Er klagte erfolgreich gegen sein vormaliges Team.

Obwohl vollständig rehabilitiert, hat die Karriere des Franzosen erheblich gelitten. 2013 und 2014 fuhr er für die unbekannten Teams Martigues SC – Vivelo und la Pomme Marseille 13, immer auf der Suche nach einem Weg, um in die Oberklasse zurückzukehren. «Eines Tages bin ich zurück, und dann werde ich etwas erreichen. Das werde ich für meine Familie tun», sagte er.

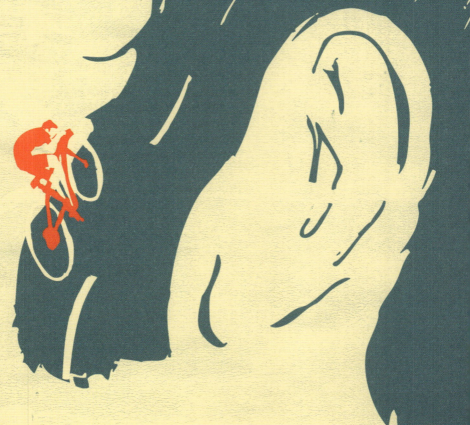

1. August

Wiggins wird der meistdekorierte Olympionike Großbritanniens
(2012)

Hampton Court, London. Bradley Wiggins sitzt auf einem Thron. Das Trikot des Britischen Meisters ist leicht geöffnet und gibt einen Blick auf seine tätowierte Brust frei; seine Finger zeigen das V für Victory. Das begeisterte Publikum jubelt ihm zu. Manche tragen Koteletten aus Papier zum Ruhm ihres Idoles (sein Markenzeichen). Zehn Tage zuvor war Wiggins in Paris zum Sieger der Tour erklärt worden, nun saß er als britischer Radfahrerkönig im Palast Heinrichs des VIII.

Wiggins hatte gerade das olympische Zeitfahren beendet – er war wie eine Rakete über den Kurs geschossen. Tony Martin, amtierender Weltmeister in diesem Rennen der Wahrheit, lag mehr als 40 Sekunden zurück, der Drittplatzierte Chris Froome über eine Minute. Wiggins hatte das Rennen souverän beherrscht, angefeuert von Hunderttausenden an der Strecke. Es war seine siebte olympische Medaille, was ihn zu Britanniens meistdekoriertem Olympioniken machte (s. 20. August zu Chris Hoy, der später gleichzog). Alle Gläser wurden auf ihn gehoben.

Dieser Sieg war der Schlusspunkt eines unglaublichen Jahres für den in Gent geborenen Sohn einer englischen Mutter und eines australischen Vaters. Im Juli 2012 wurde Wiggins der erste britische Sieger der Tour de France. Er hatte das Gelbe Trikot auf der 7. Etappe hinauf nach La Planche des Belles Filles in den Vogesen übernommen und nicht wieder aus der Hand gegeben. Und dieser Gesamtsieg in Paris kam nach einem historischen Sieges-Triple bei Paris–Nizza, der Romandierundfahrt und der Dauphiné (s. 10. Juni). Im Sommer 2012 führte wirklich kein (Rad-)Weg an Bradley Wiggins vorbei.

Es war ein ziemlich weiter Weg an die Spitze des Straßenradsports für den Briten. Bis 2009 hatte er seine großen Erfolge auf der Bahn, und seine erste olympische Medaille war die Bronzemedaille bei der Team-Verfolgung in Sydney. 2003 wurde er Weltmeister in der Einzel-Verfolgung, 2004 folgte in dieser Disziplin olympisches Gold.

Während dieser Phase erfolgreicher Bahnrennen hatte er auch schon Straßenrennen gefahren und an der Tour wie am Giro teilgenommen. Bei der Tour de l'Avenir und der Dauphiné waren ihm bereits Etappensiege gelungen. Aber erst bei der Tour 2009 mit seinem überraschenden vierten Platz (der später zum dritten werden sollte, nachdem Armstrong der Sieg aberkannt worden war) wurde klar, dass er hier genau richtig war. Die Jahre 2010 und 2011 verliefen zwar aufgrund von Unfällen und Verletzungen enttäuschend, aber 2012 entschädigte dann für alles.

«Ich glaube nicht, dass ich dies in meiner Karriere noch einmal übertreffen kann. Ich werde niemals besser werden als genau jetzt. Unglaublich!» Das sagte König Bradley auf seinem Londoner Thron.

2. August
Fabio Casartelli gewinnt olympisches Gold
(1992)

Unter der heißen spanischen Sonne gelang dem Italiener Fabio Casartelli der wichtigste Sieg seiner Karriere bei den Olympischen Spielen 1992 in Barcelona.

Casartelli war Teil einer Fluchtgruppe, die mehrere Versuche des Pelotons, sie auf den letzten der insgesamt 195 Kilometer wieder einzufangen, erfolgreich abwehren konnte.

Schließlich gingen Casartelli, der Niederländer Erik Dekker und der Litauer Dainis Ozols in die letzten 500 m, und es war klar, dass sie es bis zur Ziellinie schaffen würden. Casartelli, der beste Sprinter unter ihnen, wartete den optimalen Zeitpunkt ab, zog etwa 150 m vor dem Ziel den Sprint an und sah sich nicht mehr um. Er war der erste Italiener, der olympisches Gold im Straßenrennen gewinnen konnte, seit Pierfranco Vianell im Jahr 1968.

Casartelli ging 1993 zu den Profis, aber nur zwei Jahre später verlor er sein Leben bei einem tragischen Unfall während der Tour. Sein Team Motorola hatte den frisch verheirateten jungen Vater erst zwei Tage vor Beginn des Rennens an den Start beordert. Auf der Abfahrt vom Col de Portet d'Aspet kam es am 18. Juli zu einem schrecklichen Sturz, bei dem sechs Fahrer zu Fall kamen. Casartelli prallte mit dem Kopf schwer gegen einen Begrenzungsstein aus Beton und erlag noch am selben Tag seinen schweren Verletzungen.

3. August
Tom Danielson gewinnt die erste Tour of Qinghai Lake
(2002)

Die chinesische Provinz Qinghai liegt fern der Küste im nordöstlichen Himalaya und grenzt an Tibet und die Mongolei. Trotz des berühmten Sees, der immer noch der größte Chinas ist (obwohl er wegen Austrocknung viel Fläche verloren hat), ist die Region recht unbekannt und verfügt über wenig Tourismus. Die Behörden wollen dies ändern.

Einer der Ansätze dazu besteht in der Veranstaltung eines Radrennens, das inzwischen internationale Bedeutung erreicht hat. Trotz oder vielleicht auch wegen der außergewöhnlichen Höhenlage auf der Tibetischen Hochebene (im Schnitt mehr als 3000 m über N. N.) wurde dieses Rennen 2002 in den internationalen Radsportkalender aufgenommen.

Die erste Austragung war keine einfache Angelegenheit. Hunderte von Kilometern neuer Straßen und neue Hotels mussten in kürzester Zeit gebaut werden. Aber es gelang, und 2002 fiel wie geplant der erste Startschuss. Das Rennen verlief über neun Etappen. Siebzehn Teams waren dabei, und der Gewinner war der US-Amerikaner Tom Danielson. Er sicherte sich zwei Etappensiege, darunter den bei der Schlüsseletappe hinein nach Xining, die einen 30 km langen Anstieg beinhaltete.

Das Rennen hat seitdem jedes Jahr stattgefunden und ständig an Bedeutung gewonnen. Auf der UCI-Skala hat es inzwischen die gleiche Bewertung wie die Tour of Britain.

4. August
Luc Leblanc hat Geburtstag
(1966)

Es ist eine Geschichte von Tragik und Triumph, von Erfolgen und einem Hauch Skandal. Luc Leblanc wurde 1966 in Limoges geboren. Als Kinder wurden sein Bruder und er von einem Auto angefahren; während sein Bruder starb, überlebte der junge Luc schwer verletzt. Er musste das Gehen neu erlernen und hatte nun zwei unterschiedlich lange Beine.

1987 kam Leblanc im Team Toshiba zu den Profis; 1990 fuhr er seine erste Tour de France und erreichte Platz 73. Im folgenden Jahr gab es einen großen Sprung nach vorn: ein Tag in Gelb und Platz fünf in Paris!

Das beste Jahr des Kletterers war 1994. Nach Platz sechs und dem Bergtrikot bei der Vuelta wurde er Vierter der Tour; dazu kam ein Etappensieg bei der ersten Auffahrt der Tour hinauf zum Hautacam.

Im gleichen Jahr sicherte Leblanc sich auch das Regenbogentrikot. Die Weltmeisterschaften 1994 fanden in Sizilien statt und Leblanc setzte sich gegen den Heimfavoriten Claudio Chiapucci und den Franzosen Richard Virenque durch. Das war der größte Sieg seiner Karriere.

Luc Leblanc trat 1999 vom aktiven Sport zurück, nachdem ihn sein Polti-Team entlassen hatte, wogegen Leblanc dann erfolgreich geklagt hatte. Die Auswirkungen der Festina-Affäre erreichten auch Leblanc, der im Jahr 2000 dann zugab, während seiner Zeit dort ebenfalls leistungssteigernde Mittel zu sich genommen zu haben. Sein Weltmeistertitel, darauf bestand Leblanc stets, sei aber sauber zustande gekommen.

5. August
Die Tour de Guadeloupe wird Teil der UCI America Tour
(2005)

Die Rundfahrt um die zu Frankreich gehörende Karibikinsel Guadeloupe wird bereits seit 1948 veranstaltet. 2005 wurde sie Teil der UCI America Tour. Diese Austragung beinhaltete einen Prolog und neun Etappen; die Gesamtdistanz betrug 1280 km.

Der Kolumbianer José Flober Pena gewann das Rennen, außerdem drei Etappen. Das war sein zweiter Sieg – im Vorjahr war er ebenfalls erfolgreich gewesen. Auch die Austragungen 2007 und 2008 sollte er für sich entscheiden und somit den Rekord von vier Gesamtsiegen seines Landsmannes José Daniel Bernal einstellen. Pena hält zudem den Rekord der meisten Etappensiege: Es sind bisher dreizehn.

Das Rennen zog 2014 insgesamt dreiundzwanzig internationale Teams an. Sieger war John Nava aus Venezuela.

6. August
Oakleys Marke «Overthetop» wird eingetragen
(2002)

Mitte der 1980er-Jahre revolutionierte die Firma Oakley die Welt der Fahrradbrillen. Vorher war der berühmteste Augenschutz der Radwelt die runde Nickelbrille von Laurent Fignon gewesen, einer der Gründe für seinen Spitznamen «le Prof» (Professor). Aber dann kamen Greg LeMond und Oakley.

Der Wissenschaftler Jim Lannard hatte die Firma Oakley 1975 mit dem Ziel gegründet, neue Maßstäbe bei Sportzubehör zu setzen. Begonnen hatte er mit Motorrad-Handgriffen, aber nachdem er erfolgreich eine Motocross-Brille auf den Markt gebracht hatte, richtete er in den Achtzigerjahren seine Aufmerksamkeit auf Sonnenbrillen. Speziell für Radsportler gestaltete Modelle hatte es zuvor noch nicht gegeben. Greg LeMond trug Oakleys auf der Tour 1985. Er wurde Dritter und machte die futuristisch wirkenden Modelle schnell bekannt.

LeMond ging gern neue Wege, er machte Dinge gern anders. Und dieser Augenschutz war definitiv anders. Anfangs lachte man noch über ihn, aber schnell war die Radwelt überzeugt. Und dann waren die Oakleys bald überall.

2002 ließ Oakley dann das Markenzeichen seines vielleicht innovativsten Produktes eintragen, der Overthetop-Sonnenbrille. In der Anmeldeschrift wurde sie als «rahmenloser Augenschutz ohne Ohrbügel» beschrieben – das Glas wölbt sich eher um den oberen Teil des Kopfes, als dass es auf Ohren und Nase sitzt, was dem Träger einen sehr futuristischen Auftritt verschafft.

Im Radsport blieb das Modell recht selten, aber das einzigartige und mutige Design festigte das Image von Oakley als das einer innovationsfreudigen Firma, die bereit ist, an Grenzen zu gehen. «Erfindungen verpackt in Kunst», wie Jannard es selbst einmal gesagt hat.

7. August
Ferdi Kübler gewinnt seine Tour
(1950)

Im Jahr 1950 gewann der erste Schweizer die Tour de France: Ferdi Kübler. Am 7. August kam er als Erster mit guten neun Minuten Vorsprung vor dem Belgier Constant «Stan» Ockers nach Paris. Dieser Sieg aber hatte einiges mit dem zu tun, was zwei Wochen vorher am Col d'Aspin geschehen war.

Die Tour-Austragungen 1948 und 1949 waren von den beiden Italienern Gino Bartali und Fausto Coppi gewonnen worden. Frankreich war unzufrieden, die Fans waren sauer. Man wollte nicht mehr weiter zusehen müssen, wie die Nachbarn die eigene nationale Rundfahrt gewannen. Die elfte Etappe führte über den Tourmalet und den Aspin. Bartali und die Franzosen Louison Bobet und Jean Robic bildeten die Führungsgruppe. Die Fans drängten auf die Straße. Oben auf dem Col d'Aspin berührten sich Robic und Bartali. Beide fielen hin, und Robic hatte eine Acht im Rad. Die Menge war aufgebracht und beschimpfte Bartali. Steine flogen. Bartali sprang voller Wut wieder in den Sattel und gewann die Etappe. Sein italienischer Mannschaftskamerad Fiorenzo Magni übernahm das Gelbe Trikot. Aber Bartali zog seine Konsequenzen. Am Abend rief er seinen Manager zu sich und sagte ihm, dass er die Tour verlassen würde und dass alle anderen Italiener ihm folgen sollten. «Kein Italiener wird morgen noch fahren», sagte er der Presse.

Und natürlich geschah es so. Alle Italiener reisten ab, einschließlich des Gesamtführenden Magni. Damit übernahm Kübler das Gelbe Trikot, und er hatte nicht vor, es wieder aus der Hand zu geben. Als nun bei Weitem stärkster Fahrer im Rennen gewann er zwei weitere Etappen (eine hatte er bereits in der ersten Woche für sich entschieden) und baute seinen Vorsprung bis nach Paris aus.

8. August
Das letzte Coors Classic beginnt
(1988)

Im Jahr 1988 fiel bei einem Rennen der Vorhang, das einmal das größte der USA gewesen war; mit der ersten Austragung 1975 unter dem Namen Red Zinger Race.

Sechs Jahre bevor der erste US-Amerikaner an der Tour teilnahm, hatte der Geschäftsmann Mo Seigel aus Colorado die Idee zu einem eigenen Radrennen, unter anderem, um seine Kräutertee-Firma Celestial Seasonings bekannter zu machen. 1975 startete die Veranstaltung unter dem Namen eines seiner Tees als Red Zinger Race über drei Etappen rund um Boulder. Gewinner war John Howard.

Das Rennen entwickelte sich gut und zog bald Fahrer aus dem ganzen Land an. 1979 verlief es bereits über acht Etappen, aber die große Veränderung sollte erst noch kommen.

1980 übernahm der Bier-Magnat Coors, vorher Co-Sponsor, das Rennen und taufte es um in Coors International Bicycle Classic, kurz Coors Classic. Es expandierte schnell weiter; Etappen wurden in anderen Bundesstaaten durchgeführt, sogar auf Hawaii. Bald war es das bei Weitem bedeutendste Radrennen der USA und eines der ersten, bei dem es sowohl eine Männer- als auch eine Frauen-Austragung gab.

Zu den Coors-Siegern gehören Greg LeMond und Bernard Hinault. Dennoch zog Coors 1988 sein Sponsoring zurück und ließ das Rennen sterben. Der letzte Gewinner war Davis Phinney, der mit 21 Erfolgen auch den Rekord für die meisten Etappensiege hält.

9. August
Renato Longo hat Geburtstag
(1937)

Der in Vittorio Veneto geborene Italiener Renato Longo war in den 1960er-Jahren der beste Querfeldein-Fahrer (heute Cyclocross) der Welt. Der gelernte Bäcker wurde 1960 Radprofi. Seinen ersten wichtigen Titel hatte er schon 1958 erobert, allerdings auf der Bahn, als er Italienischer Meister im Steher-Rennen wurde. Dann wechselte er zum Cyclocross und war unmittelbar erfolgreich.

Zwischen 1959 und seinem Karriereende 1972 verpasste Longo nur zweimal den Titel des Italienischen Meisters. Zwölf Meisterschaften sind nach wie vor einsamer Rekord. Und er hatte nicht nur in Italien Erfolg. Seine erste Weltmeisterschaft sicherte sich der für einen Crosser recht schmächtige Longo 1959 in Genf, als er gegen den Deutschen Rolf Wolfshohl gewann. Das war der erste Querfeldein-Weltmeistertitel, der nicht von einem Franzosen gewonnen worden war.

Longo und Wolfshohl begegneten sich Anfang der Sechzigerjahre immer wieder und gaben sich den Weltmeistertitel gegenseitig in die Hand. Insgesamt wurde Longo fünfmal Weltmeister, bevor er den Titel des besten Crossfahrers schließlich an den Belgier Erik de Vlaeminck weitergab.

10. August
Maris Strombergs verteidigt olympisches BMX-Gold
(2012)

Litauens Goldjunge Maris Strombergs ist der einzige Mensch, der bisher Olympia-Gold im BMX gewonnen hat. Die Sportart wurde 2008 in Peking erstmals olympisch; Strombergs gewann die erste Goldmedaille auf dem Laoshan BMX-Kurs vor Mike Day. 2012 kam er nach London, um dieses Titel zu verteidigen.

Strombergs, genannt auch «die Maschine», gewinnt bereits sein ganzes Leben lang BMX-Wettbewerbe. Seine erste Weltmeisterschaft sicherte er sich in Brighton (England) schon in sehr jungen Jahren: Er gewann die Wertung bei den neunjährigen Jungen. Nationale und europäische Juniorentitel folgten. 2008 dann gewann er seine erste Weltmeisterschaft in der Elite, noch vor den Spielen in Peking.

Als er 2012 in London eintraf, war sein Erfolg dennoch alles andere als sicher. 2010 war er schwer gestürzt und hatte ein halbes Jahr verloren.

Strombergs zeigte erst spät, wie weit seine Genesung fortgeschritten war. Bei der Qualifizierung und den Ausscheidungsrennen konnte er nicht vollständig überzeugen, gelangte aber dennoch klar ins Finale. Dort ließ er dann alle Zurückhaltung fallen. Er führte bereits in der kritischen ersten Kurve und ließ danach niemanden mehr an sich vorbei. Die Titelverteidigung hatte perfekt geklappt. Das war die dritte der bisher von Litauen überhaupt eroberten Goldmedaillen bei Olympia. «Ich denke, mein Land hat an mich geglaubt», sagte Strombergs hinterher.

11. August

Der Geburtstag von Alfredo Binda, dem ersten Profi-Weltmeister
(1902)

Zum Ende der 1920er- und in den beginnenden 1930er-Jahren war Alfredo Binda der unangefochtene König der Radsportwelt. In seiner großen Karriere gewann er fünfmal den Giro und dreimal die Weltmeisterschaften; dazu kamen vier Lombardeirundfahrten, Siege bei Mailand–San Remo und vier Italienische Meisterschaften im Straßenrennen. Über acht Jahre dominierte Binda den italienischen Straßenradsport komplett.

Alfredo Binda hatte diese Dominanz von Costante Girardengo übernommen. Als dessen Karriere zu Ende ging, begann Bindas gerade erst.

Der in Cittigio bei Varese geborene Binda war jenseits der Grenze, in Nizza, aufgewachsen. Die Radsportwelt registrierte ihn zum ersten Mal bei der Lombardeirundfahrt 1924. Er wurde Vierter, hatte aber den Ghisallo hinauf allein vorn das Rennen angeführt und es auf den abschließenden Kilometern mit der italienischen Elite aufgenommen. Als die Presse herausbekam, dass der junge Herausforderer Italiener war, hatte sie ein Thema

und ließ ihn nicht mehr aus den Augen. Bald darauf hätte sie ihn gar nicht mehr übersehen können, auch wenn sie gewollt hätte. 1925 fuhr Binda seinen ersten Giro und gewann mit fast fünf Minuten Vorsprung vor Girardengo. Er war erst 21, Gira zehn Jahre älter. Hier wurde eine Fackel weitergegeben.

René Vietto beschrieb Bindas einzigartigen Fahrstil einmal mit der Vermutung, man könne ihm eine Tasse mit Milch auf den Rücken stellen, die würde er nicht verschütten. Binda gewann den Giro erneut in den Jahren 1927, 28, 29 und 33. Seine fünf Titel bleiben Rekord, auch wenn dieser inzwischen von Fausto Coppi und Eddy Merckx eingestellt worden ist. Zu sagen, dass Binda die Giro-Austragung 1929 dominiert hätte, wäre eine Untertreibung. Er gewann zwölf von 15 Etappen und hatte im Ziel einen Vorsprung von mehr als 27 Minuten. Im gleichen Jahr gewann er auch die erste Austragung der Weltmeisterschaften, wiederum gegen Girardengo.

1930 befürchteten die Giro-Veranstalter, dass ein weiterer Sieg Bindas das Interesse am Giro zum Einschlafen bringen würde, und zahlten ihm für sein Nichtantreten ebenso viel, wie ihm die Siegerprämie gebracht hätte.

Weil er überwiegend für italienische Teams fuhr, lag Bindas Fokus immer auf dem Giro. Er startete nur einmal bei der Tour, im Jahr 1930. Dabei gewann er zwei Etappen in den Pyrenäen, musste dann aber das Rennen aufgeben. Er sollte erst als Teamchef zur Tour zurückkehren und dann zwei Fahrer zu Gesamtsiegen führen: Gino Bartali und Fausto Coppi.

12. August

Der Geburtstag von Laurent Fignon
(1960)

Mit seinem blonden Pferdeschwanz, dem Stirnband und den runden Brillengläsern war Laurent Fignon eine ziemlich ungewöhnliche Figur im Profi-Radsport der 1980er- und beginnenden 90er-Jahre.

Der in Paris geborene Fignon nutzte sein Fahrrad ursprünglich nur für den Weg zum geliebten Fußballtraining. Als er aber herausbekommen hatte, dass er um einiges schneller fahren konnte als seine Freunde, trat er einem Fahrradverein bei, La Pédale de Combs-la-Ville. Sein erster Wettbewerb war ein Straßenrennen über 50 km, und er gewann. Recht bald war er der Mann, den es zu schlagen galt in der lokalen Radszene.

Mit 18 schrieb er sich an der Université Paris XIII in Villetaneuse ein, nur um kurz darauf zum Militärdienst zu gehen und dann mit dem Radsport weiterzumachen. Dieser kurze akademische Abstecher und seine typische Brille sorgten dann für seine späteren Spitznamen «le Prof», der Professor.

Ein beeindruckender Auftritt bei der Korsikarundfahrt 1981 verschaffte ihm einen Profi-Vertrag in der Renault-Mannschaft von Bernard Hinault. 1983 fuhr Fignon dann seine erste Tour. Hinault war verletzt und so wurde Fignon gleich zum Kapitän. Sein erstes Gelbes Trikot kam ein bisschen unverdient, weil der gesamtführende Franzose Pascal Simon die Tour verlassen musste. Vorher hatte dieser die Herzen der Fans erobert, weil er über sechs Tage mit einer gebrochenen Schulter weitergefahren war. Aber Fignon gewann noch die vorletzte Etappe und hatte in Paris schließlich mehr als vier Minuten Vorsprung.

Im Jahr darauf, 1984, sollte er diesen Sieg wiederholen, nachdem er Hinault, der zum neuen Team La Vie Claire gewechselt war, niedergerungen hatte. Die Etappe hinauf nach l'Alpe d'Huez ging in die Geschichte ein: Hinault hatte unermüdlich angegriffen, aber Fignon konnte immer parieren und ließ Hinault dann am Schlussanstieg stehen.

Zwei Toursiege bei zwei Versuchen – es sah ganz nach einer Epoche der Fignon-Dominanz aus. Aber leider sollte es anders kommen. Verletzungen stahlen Fignon manche seiner besten Jahre. Trotz anderer Siege, z. B. bei Mailand–San Remo, kam er erst 1989 zur Tour zurück.

In diesem Jahr hatte er seinen ersten und einzigen Giro gewonnen und wollte nun das prestigereiche Giro/Tour-Double klarmachen. Am Ende wurde er dann im knappsten Finish der Tour-Geschichte Zweiter hinter Greg LeMond (s. 23. Juli). Die Ereignisse dieser Tour-Austragung sollten ihn über sein weiteres Leben begleiten.

Laurent Fignon starb 2010 an Magenkrebs.

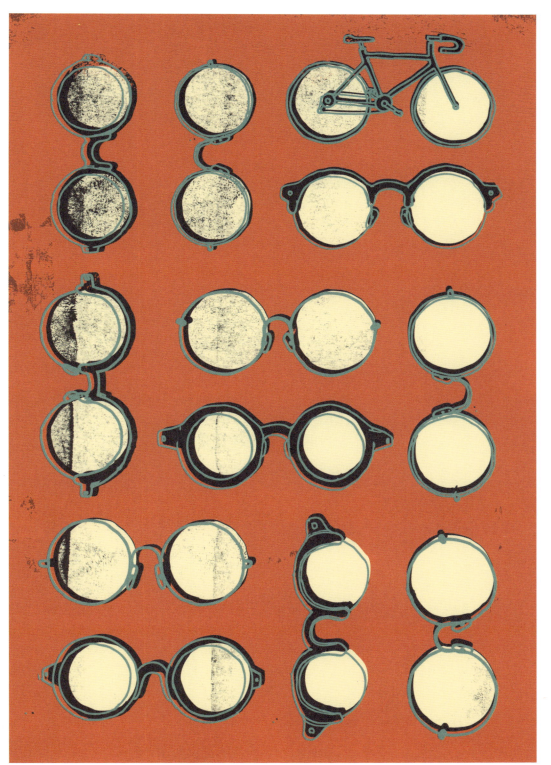

13. August
José Beyaert gewinnt Gold in London
(1948)

Das olympische Straßenrennen 1948 verlief über 120 Meilen (193 km) und bestand aus insgesamt 17 Runden auf einem Kurs rund um den Windsor Park. Ein flacher Kurs, etwas für starke Fahrer, die eine Sprintankunft für sich entscheiden konnten.

Der 1925 geborene Beyaert hatte bis 1948 nur einen dritten Platz bei den französischen Amateurmeisterschaften vorweisen können, war aber bei den Qualifizierungsrennen sehr gut gefahren und schließlich vom Teamchef Georges Speicher für die Olympiamannschaft ausgewählt worden.

Das Straßenrennen fand am letzten Tag der Spiele statt, bei Regen und heftigem Wind. Ein enger, technischer Kurs und schwierige Witterungsbedingungen ließen ein nervöses, hektisches Rennen erwarten. Ständig bildeten sich Fluchtgruppen, Ausreißer versuchten, sich abzusetzen, und das Hauptfeld fing sie immer wieder ein. Ein ständiger Wechsel, aber als es in die letzte Runde ging, war Beyaert mit sechs anderen Fahrern in einer Spitzengruppe.

Beyaert griff sehr früh an und nutzte so einen Überraschungseffekt. Und war dann stark genug, seinen Vorsprung zu halten und mit mehr als drei Sekunden zu gewinnen. Damit war er der dritte französische Olympiagold-Gewinner im Straßenrennen, und ist bis heute der letzte geblieben.

14. August
Der Geburtstag von Coppis treuem Helfer Andrea Carrea
(1924)

Wenige Begebenheiten zeigen die Denkweise eines wahrhaft treuen Domestiken so deutlich wie die neunte Etappe der Tour-Austragung von 1952. Fausto Coppi war Kapitän des Bianchi-Teams, und mit ihm (und für ihn) fuhr sein treuer Helfer Andrea «Sandrino» Carrea.

Von einem treuen Helfer zu reden ist eigentlich viel zu wenig. Carrea bewunderte den Campionissimo grenzenlos und wusste, dass dessen Fähigkeiten die seinen weit überstrahlten. Er war einfach stolz darauf, ihm helfen zu dürfen.

Die neunte Etappe führte das Peloton nach Lausanne. Eine Fluchtgruppe konnte sich absetzen, und Carrea, der die Interessen seines Kapitäns wahren sollte, war hinterhergesprungen. Der Abstand zum Feld wuchs. Gegen Ende des Rennens hatten die Ausreißer mehr als neun Minuten Vorsprung auf das Hauptfeld und Coppi. Ohne es zu wissen, war Carrea inzwischen Führender des Rennens. Er hatte fünf Minuten Vorsprung vor seinem Kapitän.

Als Carrea dies im Ziel schließlich herausfand, weinte er – aber nicht vor Freude, sonder vor Sorge. Seine Leistung hatte es ihm erlaubt, das berühmteste Trikot des Radsports auf seinen Schultern zu tragen, aber er fand, dass er gar kein Recht dazu hätte. Er ging zu Coppi und entschuldigte sich. Coppi lachte nur und beglückwünschte ihn.

Am Ende stand Coppi in Paris ganz oben auf dem Podium, und Carrea fand Eingang in die Geschichtsbücher als derjenige Fahrer, der Gelb trug, ohne es wirklich gewollt zu haben.

15. August
Sara Carrigan gewinnt Gold bei Olympia
(2004)

Die Straßenrennen bei den Olympischen Spielen 2004 in Athen fanden auf einem 13,2 km langen Rundkurs statt. Am zweiten Tag standen die Wettkämpfe der Frauen auf dem Programm – neun Runden ergaben knappe 119 km Distanz.

Das australische Team war stark: Olivia Gollan, Oenone Wood und Sara Carrigan wussten, dass die Medaille in Reichweite war. «Wir wollten alle gern auf dem Podium stehen, und wir waren alle darauf vorbereitet, dass eine von uns Gold gewinnen könnte», sagte Carrigan später.

Nach einer vorsichtigen ersten Hälfte begannen die Ausreißversuche zur Mitte des Rennens. Die Australierinnen hielten sich zurück. Eingangs der letzten Runde ging Carrigan dann zum Angriff über. Sie fuhr das Loch zur Führungsgruppe zu und ging vorbei. Nur die Deutsche Judith Arndt konnte folgen. Carrigan überließ ihr die weitere Führung und war mit einem Platz im Windschatten sehr zufrieden. Auf der Zielgeraden ging die bessere Sprinterin Carrigan dann an der Deutschen vorbei und sicherte Australien die zweite olympische Goldmedaille im Frauen-Straßenrennen.

16. August
Julien Absalon hat Geburtstag
(1980)

Der Franzose Julien Absalon, der größte Mountainbiker in der jungen Geschichte dieses Sports, ist in Remiremont in den Vogesen geboren. 1998 wurde er Juniorenweltmeister in Mont Sainte-Anne, Kanada. Dieser Sieg, so sagte er später, hätte ihm klargemacht, dass er eine Zukunft im Mountainbiken hätte.

Und was für eine! Im Jahr 2003 wurde er in Métabief erstmals Französischer Meister. Diesen Titel hat er dann Jahr für Jahr zwölfmal hintereinander verteidigt. Aber das war lange nicht alles.

In den zehn Jahren nach seinem ersten nationalen Meistertitel gewann er fünfmal die Weltmeisterschaften im Cross Country, sechsmal den World Cup und dreimal die Europameisterschaften. 2004 und wiederum 2008 sicherte er sich die Goldmedaille bei den Olympischen Spielen.

Und es sieht nicht so aus, als sei er durch mit dem Thema. 2016 fährt er nach Rio, nachdem er 2012 in London das Rennen frühzeitig mit einem platten Reifen hatte abbrechen müssen. 2014 war sein bestes nichtolympisches Jahr: Er gewann bei den Weltmeisterschaften, beim World Cup, bei den Europameisterschaften und wurde wieder Französischer Meister. Er sicherte sich jeden Titel, den er überhaupt erreichen konnte. «2014 war eine traumhafte Saison für mich», sagte er.

17. August

Filippo Simeoni hat Geburtstag
(1971)

Der Italienische Meister von 2008 und zweifache Etappengewinner der Vuelta Filippo Simeoni wurde wegen seiner Rolle in der Dopingaffäre um den italienischen Arzt Michele Ferrari bekannt und wegen der daraus folgenden Auseinandersetzung mit Lance Armstrong, lange bevor dieser zugab, leistungssteigernde Mittel zu sich genommen zu haben.

Simeoni hatte den Ermittlern gegenüber zugegeben, dass er sich in den Jahren 1996 und 1997 von Ferrari, der zu dieser Zeit schon für einige von Simeonis Mannschaftskameraden tätig gewesen war, hatte betreuen lassen und dass dieser ihn mit Dopingprodukten behandelt bzw. versorgt hätte. Simeoni wurde für acht Monate gesperrt und musste ein Bußgeld zahlen. Dann begann Lance Armstrong, der bekanntermaßen ebenfalls bei Ferrari in Behandlung war, Simeoni anzugreifen und bezeichnete ihn als Lügner. Simeoni reichte daraufhin Klage gegen den Amerikaner ein.

So unschön all dies auch war, es spielte sich immerhin noch vor Gericht und innerhalb anwaltlicher Schriftsätze ab. Aber das sollte sich ändern, und zwar auf der 18. Etappe der Tour-Austragung 2004. Da wurde es wirklich hässlich.

Zwei Tage vor Paris führte Armstrong völlig ungefährdet. Eine Fluchtgruppe machte sich davon, von der keine Gefahr für das Gelbe Trikot ausging. Simeoni, auf Platz 114 im Gesamtklassement und über zwei Stunden hinter Armstrong liegend, sprang ebenfalls davon und gesellte sich zu den Ausreißern – an seinem Hinterrad ein Fahrer im gelben Hemd.

Das Gelbe Trikot auf der Jagd nach einer Fluchtgruppe, die ihm in keinster Weise gefährlich werden konnte, das hatte es noch nicht gegeben. Aber Armstrong konnte es nicht lassen. Er wollte die öffentliche Erniedrigung Simeonis und machte klar, dass er so lange in der Fluchtgruppe bleiben würde, wie Simeoni dort bliebe. Hinter ihnen machte sich das Team Telekom bereits an die Aufholjagd; die Flucht und damit die Aussicht auf einen Etappengewinn wären gescheitert. Simeoni wurde von den anderen zurückgeschickt. Armstrong ließ sich ebenfalls zurückfallen und lachte ihn, zurück im Hauptfeld, aus. Er würde keinen Etappensieg verdienen, sagte er. Und machte eine Bewegung vor dem Mund, die das Schließen eines Reißverschlusses imitierte. Die Aussage war klar.

Simeoni fuhr die Tour nie wieder mit und blieb so etwas wie ein Outlaw des Radsports. 2008 wurde er Italienischer Meister, aber trotzdem wurde ihm die Teilnahme am Giro 2009 verweigert, während Armstrong, der nach seinem Rücktritt 2005 nun sein Comeback versuchte, willkommen geheißen wurde. Das war eine schwere Brüskierung, die viel zu Simeonis Rückzug aus dem Radsport noch im gleichen Jahr beitrug.

18. August

Karel Kaers wird jüngster Weltmeister im Straßenrennen
(1934)

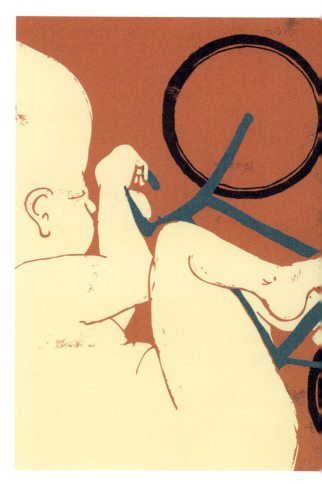

Die Radsport-Weltmeisterschaften des Jahres 1934 fanden in Leipzig statt, ein Jahr nach der Machtergreifung durch die Nationalsozialisten. Der Radsportjournalist Pierre Chany berichtete von 70 000 Zuschauern und Musikkapellen, die von morgens bis abends Militärmärsche spielten.

Am Start des Straßenrennens über 225 km standen nur 26 Fahrer. Unter den Favoriten waren Learco Guerra, der Weltmeister des Jahres 1931, und Antonin Magne, der Sieger des Vorjahres. Ganz sicher nicht zu den Favoriten gehörte der Belgier Karel Kaers. Mit fast zwei Metern war er sehr groß für einen Radsportler und auch eher im Bahnsport zu Hause, wo er bereits zweimal Belgischer Juniorenmeister geworden war. Mit 20 Jahren war er zudem recht jung.

Trotzdem gelang ihm das Unmögliche. Das Rennen entwickelte sich am Ende zu einem Zielsprint von 14 Fahrern, und der junge Belgier konnte Guerra auf der Ziellinie hinter sich lassen. Die Reaktionen waren etwas gedämpft; mindestens ein Berichterstatter wies auf den seltsamen Umstand hin, dass nun ein Bahnfahrer die Straßenmeisterschaft gewonnen hätte. Kaers' Sieg machte ihn zum jüngsten Gewinner in der Geschichte der Weltmeisterschaften im Straßenrennen, der er auch heute noch ist. 1939 sollte ihm noch ein weiterer bedeutender Sieg auf der Straße gelingen, nämlich bei der Flandernrundfahrt.

19. August

Pendleton gewinnt ihr erstes olympisches Gold
(2008)

Die beste britische Bahnsprinterin Victoria Pendleton gewann ihre erste olympische Goldmedaille bei den Spielen in Peking 2008. Damals war sie bereits sechsfache Weltmeisterin: 2005, 2006 und 2007 im Einzelsprint, 2007 und 2008 im Teamsprint und 2007 im Keirin. Sie kam als beste Bahnfahrerin und Favoritin zu den Spielen.

Queen Victoria dominierte von Anfang an. In der Qualifikation fuhr sie bereits einen olympischen Rekord und rauschte dann unangefochten durch die Viertel- und Halbfinalläufe bis ins Finale, wo sie auf die Australierin Anna Maeres traf.

Maeres hatte gerade ein fantastisches Comeback nach einem zweifachen Wirbelbruch acht Monate zuvor hingelegt, war aber noch keine Gegnerin für die Britin, die nur zwei von drei Rennen benötigte, um sich die Goldmedaille zu sichern.

Pendleton gewann auch 2012 im Keirin olympisches Gold. Dazu kam Silber im Sprint, denn in diesem Jahr kehrte die Australierin Maeres das Ergebnis von 2008 um. Inzwischen hatte Pendleton drei weitere Weltmeistertitel eingesammelt. Sie trat als Großbritanniens meistdekorierte weibliche Olympiateilnehmerin vom aktiven Sport zurück.

20. August

Hoy gewinnt Gold im Zeitfahren
(2004)

Sir Chris Hoy schaut heute auf eine bemerkenswerte Karriere im Bahnradsport zurück, die 1998 begann und 2012 endete.

Ursprünglich war das Zeitfahren über einen Kilometer seine Spezialdisziplin. Auf den dritten Platz bei den Britischen Meisterschaften 1998 folgte der zweite Platz im Jahr darauf. Dann kamen die Olympischen Spiele in Sydney im Jahr 2000. Zusammen mit Craig MacLean und Jason Queally sicherte sich Hoy Silber im Teamsprint, während Queally das 1000 m-Zeitfahren gewann.

Vier Jahre später war Hoy dran. Im Sommer 2004 verteidigte er in Athen Queallys Gold für Großbritannien und fuhr mit einer Zeit von 1:00:711 neuen olympischen Rekord.

Damit begannen wahrhaft goldene Jahre für Hoy. In Peking gewann er 2008 drei weitere Goldmedaillen und war mit dreimal Gold bei einer einzigen Austragung der Spiele der erfolgreichste Brite bei Olympia seit Henry Taylor 1908. Zwei weitere Goldmedaillen bei Olympia sicherte er sich vier Jahre später. Mit insgesamt sieben olympischen Medaillen ist er zusammen mit Bradley Wiggins der meistdekorierte britische Olympionike, wobei er sechsmal Gold erreicht hat, Wiggins nur viermal.

Abseits der Olympischen Spiele war Hoy mit elf Weltmeistertiteln ebenso erfolgreich. Nach den Spielen in London 2012 zog er sich für eine Weile zurück und dachte über seinen weiteren Weg nach. Schließlich erklärte er im April 2013 seinen Rücktritt und beschloss damit eine der goldensten Karrieren des Radsports.

21. August
Odile Defraye, der erste belgische Tour-Sieger, stirbt
(1965)

Der Belgier Odile Defraye nahm an insgesamt sieben Austragungen der Tour de France teil, kam aber nur einmal ins Ziel. Diese Zielankunft aber hatte es in sich: 1912 war er derjenige, der das Klassement anführte und das Rennen gewann.

Wenn man sich die Liste der Toursieger nach Nationen anschaut, sieht man, dass Belgien mit 18 Siegen als Zweiter hinter Frankreich mit 36 Erfolgen rangiert. Aber es dauerte bis zur zehnten Austragung der Tour, bis ein Belgier den ersten Toursieg einfahren konnte. Und das war Defraye.

Die Austragung von 1912 war die letzte, in der nach einer auf der Platzierung der Fahrer bei den Etappenankünften beruhenden Punktevergabe gewertet wurde (je weiter vorn, desto weniger Punkte); der Fahrer mit den wenigsten Punkten insgesamt war Sieger in Paris. Defraye hatte seinen Sieg also wirklich erkämpft.

Mit seinen 48 Punkten lag er um 60 Zähler weniger vor Eugène Christophe, dem Zweiten. Defraye hatte drei Etappen gewonnen und sich auf der letzten von ihnen, die über den Port, den Portet d'Aspet und den Ares von Perpignan nach Luchon führte, seinen entscheidenden Vorsprung gesichert.

Nach diesem Sieg war Belgien erst einmal nicht mehr aufzuhalten. Zwar konnte Defraye selbst nicht noch einmal gewinnen oder auch nur einen Etappensieg erzielen, aber die nächsten sechs Austragungen des Rennens gingen sämtliche an Belgier. Defraye sollte noch ein weiteres bedeutendes Rennen gewinnen, bevor er sich 1924 vom aktiven Sport zurückzog: Mailand–San Remo 1913.

22. August
Sarah Ulmer holt Gold für Neuseeland
(2004)

Die Neuseeländerin Sarah Ulmer ging bei den Olympischen Spielen 2004 in Athen als Favoritin in die Einzelverfolgung über 3000 m.

Die Juniorenweltmeisterin in dieser Disziplin von 1994 wollte nun, zehn Jahre später, ihre Sammlung an Erfolgen um den wichtigsten Titel von allen ergänzen. 1998 und 2002 hatte sie bei den Commonwealth Games Gold gewonnen und war 2004 – zwei Monate vor Athen – in Melbourne Weltmeisterin geworden. Außerdem hatte sie den aktuellen Weltrekord inne.

Die Aufmerksamkeit war auf sie gerichtet, und nicht nur wegen ihrer eigenen Erfolge. Auch ihre Familiengeschichte gab allen Anlass, mit ihr zu rechnen: Bereits ihr Großvater Ron war in der Nationalmannschaft Bahnrennen gefahren, und ihr Vater Gary war Neuseeländischer Meister sowohl auf der Bahn als auch auf der Straße. Sie sollte dieser Vorgeschichte mehr als gerecht werden.

Bei der Qualifikation fuhr sie neuen Weltrekord und verbesserte diesen im Finale gegen die Australierin Katie Mactier nochmals. Mit ihren 3:24:537 war sie mehr als drei Sekunden schneller als ihre Gegnerin. Das war die erste olympische Goldmedaille für Neuseeland.

Nach den Spielen in Athen wechselte Ulmer zum Straßenrennen. Sie wurde Neuseeländische Meisterin und gewann 2006 die Neuseelandrundfahrt, bevor sie ihre Karriere im darauffolgenden Jahr beendete.

23. August

Audrey McElmury wird erste Weltmeisterin der USA
(1969)

Als die in San Diego geborene Audrey McElmury 1969 die Weltmeisterschaft im Straßenrennen gewann, war das eine absolute Premiere für die USA.

McAlmury nahm bereits zum vierten Mal an den Weltmeisterschaften teil. 1968 war sie Fünfte geworden. Mit ihrem USA-Meistertitel von 1966 als einzigem größeren Erfolg gehörte sie dennoch nicht zum Kreis der Favoritinnen.

Es war ein schwerer Kurs, fünf Runden á 14 km im tschechischen Brünn (damals noch Tschechoslowakei) mit einem steilen Anstieg über 4 km. Und hier holte McElmury zum entscheidenden Schlag aus.

Die US-Amerikanerin war kräftezehrende Steigungen gewöhnt, weil sie meist in den Hügeln rund um La Jolla, einer Gemeinde bei San Diego, trainierte. Obwohl der Kurs in Brünn als die schwierigste Strecke bezeichnet wurde, die das Peloton der Frauen jemals unter die Räder genommen hätte, sagte McElmury der Zeitung *Sports Illustrated* hinterher: «Verglichen mit den Hügeln um La Jolla war das leicht.» Sie gewann nach einem Solo ins Ziel vor der Britin Bernadette Swinnerton und überraschte die Veranstalter damit so sehr, dass die Siegerehrung verschoben werden musste. Man fahndete nach einer Tonaufnahme von The Star Spangled Banner ....

McElmury hatte für die Vereinigten Staaten von Amerika Radsportgeschichte geschrieben, aber das wurde in Europa mehr gewürdigt als in den USA selbst. Erst mit der wachsenden Popularität des Radsports in den Staaten begann man sie dort als echte Sportgröße wahrzunehmen. Anlässlich ihres Todes im Jahr 2013 sprach Joe Herget von der US Bicycling Hall of Fame dann davon, dass der Radsport eine seiner größten Ikonen verloren hätte.

24. August
Roger de Vlaeminck hat Geburtstag
(1947)

Der Belgier Roger de Vlaeminck (genannt Mr. Paris-Roubaix) war ein Klassikerfahrer par excellence. Er gewann zahllose Rennen; Eddy Merckx bezeichnete ihn einmal als den einzigen Fahrer, den er je gefürchtet hätte. Dass er sich diese vielen Siege in einer Zeit erkämpfte, in der Merckx den gesamten Radsport dominierte, macht die Einzigartigkeit dieser Leistung nur noch deutlicher.

Der in Eeklo geborene De Vlaeminck war schon Weltmeister, bevor er zu den Profis kam. 1968 siegte er bei den Amateur-Weltmeisterschaften – am gleichen Tag, an dem sein Bruder die Austragung der Elite gewann.

Als er dann zu Beginn der Saison 1969 bei der Flandria-Mannschaft als Profi unterkam, beeindruckte er von Anfang an. Er gewann sein erstes Rennen (Het Volk), wurde Zweiter bei seinem ersten Monument (Mailand-San Remo) und sicherte sich die Belgische Meisterschaft im Straßenrennen. Eine atemberaubende erste Saison, aber das sollte erst der Anfang sein. Im Jahr darauf siegte er bei Kuurne-Brüssel-Kuurne sowie bei Lüttich-Bastogne-Lüttich und gewann eine Etappe bei der Tour. Seine besten Jahre waren die von 1972 bis 1979. In dieser Zeit gewann er vier Austragungen von Paris-Roubaix (s. 17. April), drei von Mailand-San Remo, zwei der Lombardeirundfahrt und einmal die Flandernrundfahrt. Dieser Sieg war etwas umstritten. Freddy Maertens hatte ihn praktisch ins Ziel gezogen, im Wissen, dass er selbst wegen eines unerlaubten Radwechsels am Koppenberg disqualifiziert werden würde. Maertens sprintete nicht einmal. Also verzichtete De Vlaeminck sogar auf den Jubel beim Überqueren der Ziellinie.

Mit oder ohne Jubel – dieser Sieg komplettierte seine Erfolge bei den Monumenten, und er bleibt einer von nur drei Fahrern, die alle fünf Siege erreicht haben; die anderen sind Merckx und Rik van Looy. Bei der Tour startete De Vlaeminck nur dreimal und erreichte nie Paris, aber beim Giro sah es besser aus: 22 Etappensiege und drei Punkte-Trikots.

De Vlaeminck war auch gut in den einwöchigen Etappenrennen. Er siegte bei der Tour de Suisse 1975 und erreichte eine Rekordzahl von sechs Siegen bei Tirreno-Adriatico (s. 16. März). Die Straßenweltmeisterschaften sollte er nie gewinnen, aber 1975 wurde er Weltmeister im Querfeldeinrennen (Cyclo Cross).

25. August

Merckx sichert sich die erste Dreifach-Krone im Radsport
(1974)

Die letzten 300 Meter bei der Weltmeisterschaft der Männer im Straßenrennen 1974 in Montreal: Zwei Männer werden in den nächsten Sekunden um den Sieg sprinten, nachdem sie den für rund 100 km allein vorn fahrenden und nun ermüdeten Bernard Thévenet gestellt und überholt haben.

Eddy Merckx klebt am Hinterrad von Raymond Poulidor. Merckx zieht die Riemen fest und macht sich bereit, Poulidor blickt sich nervös nach ihm um. Der Sprint beginnt. Merckx geht kurz aus dem Sattel und ist neben Poulidor. Er setzt sich für einen Moment wieder, schaut hinüber zu Poupou. Dann geht er wieder aus dem Sattel und zieht durch. Poulidor kommt als Zweiter über die Linie, und Merckx hatte mehr als genug Zeit, die Hände zum Jubeln in den Himmel zu strecken. «Merckx ist Merckx», sagte Poulidor später, «ich hatte keine Chance gegen ihn.»

Das war Merckx' drittes Regenbogentrikot und ein historischer Sieg. Er hatte nicht nur mit Alfredo Binda gleichgezogen, der als Einziger vor ihm drei Weltmeisterschaften für sich entscheiden konnte. Merckx hatte in diesem Jahr zudem bereits das Rosa Trikot des Giro und das Gelbe Trikot der Tour gewonnen. Dass ein Fahrer sich die drei wichtigsten Trikots des Radsports in einer Saison sichern konnte, war absolute Premiere. Merckx hatte die erste Dreifach-Krone des Radsports gewonnen.

26. August

Der Geburtstag von Tullio Campagnolo
(1901)

Zuerst die Legende. Der in Vicenza geborene Tullio Campagnolo entdeckt früh den Radsport und fährt als Amateur sowie als Profi Straßenrennen, allerdings ohne größere Erfolge. Aber eines seiner Erlebnisse dabei sollte zur Legende werden.

Am 11.11.1927 nahm Campagnolo demnach am Gran Premio della Vittoria teil, bei Schneefall und Minusgraden. Am Anstieg zum Croce d'Aune hielt er an, um sein Hinterrad umzudrehen. Zu dieser Zeit gab es noch keine Gangschaltung. Die Fahrräder führten je ein unterschiedlich großes Ritzel an beiden Seiten der Hinterradnabe – eines für Anstiege, eines für Abfahrten und Ebenen. Die Fahrer hielten kurz an, öffneten die Flügelmuttern, nahmen das Hinterrad heraus, drehten es, setzten es wieder ein und fuhren weiter.

Mit seinen eiskalten Fingern gelang es Campagnolo an diesem Tag nicht, die Radmuttern zu öffnen. So kämpfte er sich schimpfend im bisherigen Gang weiter voran und war entschlossen, etwas an diesem Zustand zu ändern. Später inspirierte ihn diese Begebenheit dann zur Erfindung des Schnellspanners; das wiederum war der Beginn der Firma Campagnolo, dem vielleicht bedeutendsten Komponentenhersteller in der Geschichte des Radsports.

Eine fantastische Geschichte, die man auf der offiziellen Website der Firma nachlesen kann. Aber ob sie auch wahr ist?

2014 veröffentlichte das englische Radmagazin *Bicycle Quarterly* einen ausführlichen Beitrag, der geeignet war, die gesamte Story als Mythos zu entlarven. Danach war die Austragung dieses Rennens 1927 nicht von Schneefällen begleitet; zudem tauche Tullio Campagnolos Name auf überhaupt keiner Rennteilnehmerliste der 1920er-Jahre auf – und das Patent, das auf das Jahr 1930 datiert sein soll, gäbe es gar nicht.

Was auch immer die Inspiration zur Gründung der Firma gewesen sein mag, unstrittig ist, dass sie den Radsport veränderte. Berühmt für die Qualität und das einzigartige italienische Design ihrer Produkte sowie für ihre Innovationskraft, dominierte die Firma Campagnolo über Jahrzehnte den Radrennsport. Bei der 50. Austragung der Tour im Jahr 1962 gewannen Fahrer mit Campagnolo-Ausstattung 18 der 21 Etappen, dazu die Gesamt-, die Punkte- und die Mannschaftswertung.

Tullio Campagnolo starb 1983 im Alter von 81 Jahren.

27. August

Maria Canin gewinnt den Weltmeistertitel im Teamzeitfahren
(1988)

Als die Italienerin Maria Canin ernsthaft mit dem Radsport begann, war sie bereits 32 Jahre alt und als fünfzehnfache Italienische Meisterin eine äußerst erfolgreiche Cross-Country-Skifahrerin. 1982 gewann sie dann ihre erste Nationale Meisterschaft im Straßenrennen; fünf weitere sollten noch folgen.

Canin war eine ungeheuer talentierte Fahrerin. Die Ausdauer, die sie sich im Schnee erarbeitet hatte, kam ihr auf Europas Straßen sehr zugute. 1985 gewann sie die Norwegenrundfahrt, bevor sie nach Frankreich kam und die Tour de France der Frauen für sich entschied. Sie siegte bei fünf Etappen, alle in den Bergen, und hatte im Ziel einen Gesamtvorsprung von mehr als 21 Minuten. Beide Titel konnte sie im Jahr darauf erfolgreich verteidigen. Zwei Jahre später, 1988, gewann sie die erste Austragung des Giro Donne.

Es war eine unglaubliche Sammlung an Siegen in nur fünf Jahren, besonders wenn man bedenkt, dass sie erst mit Anfang 30 zu diesem Sport gekommen war. Ein Erfolg aber fehlte noch: das Regenbogentrikot. Sie war ihm mit zwei zweiten Plätzen bei den Straßenweltmeisterschaften sehr nahe gekommen, aber das oberste Treppchen war ihr verwehrt geblieben.

Am 27. August 1988 änderte sich das. Auf dem 54 km langen Kurs in Renaix, Belgien, gewannen Canin und ihre drei italienischen Mannschaftskameradinnen Gold im Teamzeitfahren. Nun war die vielfache Nationale Meisterin auch Weltmeisterin.

1995 zog Maria Canin sich vom aktiven Sport zurück, unglaubliche 25 Jahre, nachdem sie ihre erste Italienische Meisterschaft auf Skiern gewonnen hatte.

28. August
Die erste Tour de Suisse beginnt
(1933)

Zeitweise als die wichtigste nationale Rundfahrt nach Tour, Giro und Vuelta angesehen, beginnt die Geschichte der Tour de Suisse im Jahr 1933. Mit Ausnahme von drei Kriegsjahren ist sie seitdem jedes Jahr durchgeführt worden.

Die erste Austragung begann in Zürich und wurde vom Österreicher Max Bulla gewonnen, der angeblich erst eine Stunde vor dem Startschuss in Zürich eingetroffen war. Bull hatte 1931 drei Etappen bei der Tour de France gewonnen und war einen Tag in Gelb gefahren. Zudem war er zweifacher Österreichischer Meister. Dennoch sollte der Sieg bei der Schweizrundfahrt 1933 seinen Karrierehöhepunkt markieren; er gewann zwei Etappen und wurde mit einer Minute Vorsprung Gesamtsieger.

Die ersten Austragungen bestanden aus fünf aufeinanderfolgenden Tagesetappen, aber das Rennen wuchs schnell, an Länge wie an Prestige. In den Siegerlisten finden sich viele der Größten des Sports. Gino Bartali, Eddy Merckx, Hugo Koblet und Ferdi Kübler sind darunter (mehr zu Koblet und Kübler bei diesem Rennen s. 23. Juni).

Der Italiener Pasquale Fornara hält mit vier Siegen den aktuellen Rekord. Rui Costa wiederum wurde 2014 der erste Fahrer, der die Tour de Suisse dreimal in Folge gewinnen konnte.

29. August
Félicia Ballanger fährt sechsten Weltrekord im Teamzeitfahren
(1998)

Am 13. Juni 1993 fuhr die Kanadierin Tanya Dubnikoff mit einer Zeit von 36,705 Sekunden Weltrekord über 500 m bei stehendem Start. Nur drei Wochen später verbesserte Félicia Ballanger diese Marke in Hyères, Frankreich, um fast eine Sekunde.

Die nächsten 14 Jahre gehörte dieser Rekord Ballanger. Zum ersten Mal verbesserte sie ihn noch im selben Monat, in Bordeaux. Dann zweimal im Jahr 1994 und nochmals 1995. Diese 1995er-Zeit hatte immerhin drei Jahre Bestand, bis Ballanger am 19. August 1998 wieder nach Bordeaux zurückkehrte.

Auf dieser ihr gut bekannten Bahn rauschte Ballanger in 34,010 Sekunden über die 500 m, sieben Hundertstel schneller als ihre vorherige Bestzeit. Das war das sechste Mal innerhalb von fünf Jahren, dass sie die Weltbestmarke gesetzt hatte. Dieser Rekord galt bis 2007, als er schließlich von der Chinesin Jiang Yonghua übertroffen wurde.

Ballangers Rekorde fielen in eine Zeit, als die Französin den Bahnsprint der Frauen dominierte. In eine Radsportfamilie hineingeboren (ihr Name war nach dem Italiener Felice Gimondi gewählt worden), gewann Ballanger die Weltmeisterschaften sowohl im Sprint als auch im 500 m-Zeitfahren fünf Jahre in Folge, von 1995 bis 1999.

Ballanger gewann auch olympisches Gold, in Atlanta und in Sydney. Nach den Spielen von Sydney trat sie noch auf dem Höhepunkt ihrer Karriere vom aktiven Sport zurück.

30. August

Elsy Jacobs gewinnt den ersten Weltmeistertitel der Frauen
(1958)

Seit 1927 gibt es bereits die Weltmeisterschaften der Männer im Straßenrennen, aber es sollte bis 1985 dauern, bis auch die Frauen die Gelegenheit bekamen, um das Regenbogentrikot zu fahren.

Nach einiger Lobbyarbeit der UCI und dem Versprechen verschiedener Landesverbände, starke Teams zu entsenden, beschloss die UCI die Durchführung einer Frauen-Weltmeisterschaft im folgenden Jahr. Reims war der Ort der Wahl, mit einem Rennen über drei Runden eines 20 km langen Kurses.

28 Fahrerinnen aus acht Ländern waren am Start, unter ihnen die 24 Jahre alte Elsy Jacobs aus Luxemburg. Ihre älteren Brüder Roger, Edmond und Raymond waren alle Radprofis; angesteckt von deren Leidenschaft, hatte Elsy sich schon früh ihre Rennräder ausgeliehen und damit trainiert. Bald fuhr sie selbst Rennen.

Zum Zeitpunkt der ersten Austragung der Frauen-Weltmeisterschaften war die 1933 geborene Jacobs bereits fünf Jahre aktiv und eine der bekanntesten Fahrerinnen im Peloton der Frauen.

Jacobs erwischte die frühe und rennentscheidende Fluchtgruppe. Auf der zweiten Runde sprang sie dieser davon und fuhr in der verbliebenen Rennhälfte einen komfortablen Vorsprung heraus. Im Ziel lag sie fast drei Minuten vor den beiden Russinnen Tamara Novikova und Maria Lukshina. Mit diesem ersten Weltmeisterschaftstitel im Straßenrennen der Frauen schrieb Elsy Jacobs sich in die Geschichtsbücher ein.

Einen solchen Erfolg sollte sie nicht wieder erreichen, obwohl sie insgesamt fünfzehn Mal Luxemburgische Meisterin wurde. Im Jahr 1998 starb sie; heute erinnert das jährlich stattfindende Dreitagesrennen Festival Luxembourgeois du Cyclisme Féminin an Elsy Jacobs.

31. August

Hinault gewinnt sein einziges Regenbogentrikot
(1980)

Wenn die Franzosen heute sehnsüchtig auf einen Nachfolger Bernard Hinaults bei der Tour warten (kein Franzose hat nach Hinault 1985 die Frankreichrundfahrt gewonnen), so war es 1980 nicht der ausbleibende Erfolg bei der dreiwöchigen Jagd rund um Frankreich, der sie bewegte (Hinault und Bernard Thévenet sei Dank waren vier der letzten fünf Austragungen an Frankreich gegangen), sondern beim Kampf um das Regenbogentrikot.

Als die Weltmeisterschaften im Straßenrennen 1980 im französischen Alpenstädtchen Sallanches begannen, war es mittlerweile 18 Jahre her, dass sich ein Franzose das Regenbogentrikot des Siegers überziehen konnte. Vier Fahrer waren ihm nahe gekommen – Jacques Anquetil, Raymond Poulidor, Cyrill Guimard und Jean-René Bernaudeau waren alle erst im Schlusssprint unterlegen –, aber keiner war als Erster im Ziel seit Jean Stablinski 1962.

Die Strecke um Sallanches galt als eine der anspruchsvollsten bei Weltmeisterschaften überhaupt bisher. Mit 268 Kilometern Länge war sie zwar etwas kürzer als die der beiden vorherigen Austragungen, aber sie war sehr bergig und beinhaltete 20 Auffahrten auf die kurze, aber steile Côte de Domancy, die bis zu 16 Steigungsprozente aufweist.

Der Morgen war trübe und kalt, die Alpengipfel verborgen hinter schweren Wolken. Es sah nach einem ekligen Tag für die Fahrer aus.

Je schwieriger die Bedingungen, desto besser für Hinault, klar. Als die erste Hälfte der Strecke geschafft war, war der Dachs Teil einer fünfköpfigen Ausreißergruppe, die sich vom Feld hatte absetzen können. Dann ging er an die Arbeit.

Er setzte sich in Führung und hielt das Tempo dermaßen hoch, dass die Mitausreißer einer nach dem anderen zurückfielen. Auf der letzten Schleife war nur noch einer verblieben – der Italiener Gianbattista Baronchelli. Als die letzte Auffahrt auf den Domancy begann, trat Hinault an.

«Und jetzt! Jetzt greift er an! Hinault greift an!», schrie der Kommentator, als Hinault davonzog. Baronchelli konnte nicht mehr reagieren. Schnell war Hinault allein vorn und fuhr sich in die Annalen des Radsports, zumindest des französischen. «Hinault, Hinault, Hinault», skandierten die Zuschauer, als er seinen Schlusssprint fuhr.

Hinault siegte in 7:32:16, knapp über eine Minute vor Baronchelli. An diesem harten Tag kamen von 107 Startern nur 15 überhaupt ins Ziel. Frankreich war das völlig egal. Die lange Wartezeit auf einen französischen Weltmeister war vorbei.

SEPTEMBER

1. September

Ian Steel gewinnt die erste Tour of Britain
(1951)

Die erste Austragung der Britannienrundfahrt fand 1951 statt, zu einer Zeit, die von dem Streit zwischen zwei konkurrierenden Verbänden geprägt war.

Die National Cycling Union (NCU) hatte sich am Ende des 19. Jahrhunderts gegen Straßenrennen entschieden und sie seitdem nicht mehr durchgeführt. Der Fahrer Percy Stallard war in den 1930er-Jahren auf dem Kontinent bei Straßenrennen aktiv gewesen und führte derartige Rennen mit Massenstart in England wieder ein. Die NCU schloss ihn aus, daraufhin gründete er einen eigenen Radsportverband, die British League of Racing Cyclists (BLRC).

Diese BLRC organisierte schließlich die erste Austragung der Tour of Britain, wobei Stallard zu diesem Zeitpunkt schon nichts mehr mit der Organisation zu tun hatte. Am 19. August begann die 1400 Meilen (2250 km) lange, 14 Etappen umfassende Rundfahrt mit Start und Ziel in London, einem Bogen in den Süden über Plymouth und einen nach Norden über Glasgow. 49 Starter nahmen teil, angelockt vom Preisgeld, das der Sponsor *Daily Express* ausgesetzt hatte.

Der Schotte Ian Steel gewann das Rennen. Er sicherte sich insgesamt drei Etappen und übernahm in seiner Heimatstadt Glasgow die Gesamtführung. Den Rest des Rennens fuhr er in Gelb und siegte schließlich mit mehr als sechs Minuten Vorsprung.

Ian Steel sollte 1952 auch noch die Friedensfahrt gewinnen, als einziger britischer Fahrer, dem dieser Erfolg gelang (s. 20. Mai).

2. September

Indurain erhält den Prinz-von-Asturien-Preis
(1992)

Oviedo, Spanien, 1992: Der Radrennfahrer Miguel Indurain erhält den mit 125 000 $ und einer Skulptur von Miró dotierten Prinz-von-Asturien-Preis in der Kategorie Sport. Das Preisgeld reflektiert das Prestige dieser Auszeichnung. Die Pressemitteilung zur Preisverleihung an den Spanier führte aus, dass «seine Persönlichkeit, sein Temperament und sein Charakter ... stets im Einklang mit seinen sportlichen Fähigkeiten gestanden hätten».

Trotz dieser großen Auszeichnung hatte Indurain, im Rückblick betrachtet, 1992 gerade erst mit seinen Erfolgen angefangen. Er hatte erst zwei seiner fünf Toursiege eingefahren, die Weltmeisterschaft noch nicht gewonnen (s. 4. Oktober) und auch nicht seine Goldmedaille bei Olympia.

Allerdings hatte er schon beim Giro gesiegt und im Sommer 1992 das berühmte Giro/Tour-Double vollendet. Im folgenden Jahr sollte ihm dies erneut gelingen, womit er der einzige Fahrer in der Geschichte ist, der dies zweimal hintereinander erreichte.

Seine Erfolge und seine Dominanz waren außerordentlich, dennoch wird er häufig nicht ausreichend gewürdigt. Er siegte meist durch seine Überlegenheit beim Zeitfahren; in den Bergen beschränkte er sich darauf, seine Führung zu verteidigen. Er siegte durch Kontrolle des Rennens und nie durch persönlichen Kampfgeist und Einsatz in der Auseinandersetzung Kopf an Kopf. Und so sind die Herzen der Fans nur schwer zu erobern.

3. September

José Louis Laguía hat Geburtstag
(1959)

Der in Pedro Munoz geborene Spanier José Luis Laguía hält den Rekord der meisten Erfolge bei den Bergwertungen der Vuelta. Nachdem er sich bei der Tour de l'Avenir 1979 einen Podiumsplatz sichern konnte, kam er 1980 zu den Profis. 1981 gewann er zum ersten Mal die Bergwertung der Vuelta. Im Jahr zuvor war er bereits Dritter der Gesamtwertung geworden und hatte die Etappe nach Gijón gewonnen, aber 1981 war das erste Jahr, in dem er seine Hand auf den Bergpreis legte. Er sicherte

sich 144 Punkte und hatte damit 46 Punkte mehr als der Zweite der Wertung, der Kelme-Fahrer Vicente Belda. Laguía gewann erneut 1982, 1983, 1985 und 1986. Seine fünf Siege sind Rekord, vor den beiden Vierfach-Gewinnern José Maria Jiménez und David Moncoutié. Laguía gewann vier Vuelta-Etappen und die Spanische Meisterschaft während seiner Karriere, aber kein Rennen außerhalb Spaniens. 1992 zog er sich aus dem aktiven Sport zurück und ist heute directeur sportif beim Team Movistar.

4. September
Greg LeMond wird erster US-Weltmeister im Straßenrennen
(1983)

Im Jahr 1982 war Greg LeMond bei den Weltmeisterschaften der Herren als Zweiter ins Ziel gekommen. Drei Jahre zuvor hatte er bereits die Junioren-Weltmeisterschaft gewonnen (s. 13. Oktober). Das beides sowie ein Etappengewinn bei Tirreno–Adriatico und drei Etappen plus Gesamtsieg bei der Tour de l'Avenir waren schon ein deutlicher Hinweis auf das, was LeMond im Profi-Radsport zu leisten in der Lage war.

Die Weltmeisterschaften 1983 fanden auf einem schwierigen 15 km langen Rundkurs in der Schweiz statt. Die Strecke war lang, der Rundkurs hügelig mit zwei schwierigen Anstiegen. 30 km vor dem Ziel war LeMond Teil einer dreiköpfigen Fluchtgruppe, zusammen mit dem Spanier Faustino Rupérez und dem Italiener Moreno Argentin. Auf der vorletzten Runde fiel Argentin zurück. LeMond und Rupéréz blieben übrig, 15 km vor dem Ruhm.

Bis zum letzten Anstieg schenkten sie sich nichts. Dann beschleunigte LeMond. Eine Lücke entstand. Ein Meter wurde zu zweien, dann zehn, dann zwanzig, dann fünfzig. Plötzlich war der Amerikaner allein vorn, mit nur noch einer Abfahrt und der Zielgeraden vor sich und der Tatsache, als erster US-Amerikaner das Regenbogentrikot des amtierenden Weltmeisters überstreifen zu können.

Nach mehr als sieben Stunden Fahrt überquerte er die Ziellinie mehr als eine Minute vor Adrie van der Poel aus den Niederlanden und dem Iren Stephen Roche. LeMond hatte Geschichte geschrieben. Es sollte nicht das letzte Mal gewesen sein.

5. September
Eddy Merckx gewinnt seine erste Weltmeisterschaft im Straßenrennen
(1964)

Es gibt eine Fotografie von Eddy Merckx, die am 5. September 1964 entstanden ist und ihn auf der obersten Stufe des Podiums zeigt. Hinter ihm ragt ein Berg in den Himmel. Merckx hat seine Arme hoch über den Kopf gehoben. In der Rechten hält er einen Blumenstrauß, um den Hals hängt eine Medaille, er trägt das weiße Trikot mit den Streifen des Regenbogens: Eddy Merckx hat gerade die Amateur-Weltmeisterschaft gewonnen. Er ist 19 Jahre alt.

Das Foto wurde in Sallanches, in den französischen Alpen, aufgenommen. Merckx wäre beinahe gar nicht an den Start gegangen. Nach den medizinischen Checks im Rahmen des Auswahlverfahrens hatte man ihm gesagt, dass er ein Problem mit dem Herzen hätte und keinen Platz in der Mannschaft bekommen könne. Seine Mutter Jenny zweifelte das an. Sie sprach mit dem für die Auswahl zuständigen Mann und konsultierte den Hausarzt. Der bestätigte ihr, dass ihr Sohn keinerlei Herzprobleme hätte.

Dank ihrer Intervention ging Merckx doch an den Start. Er bedankte sich bei seiner Mutter mit einem fulminanten Solosieg, 27 Sekunden vor einer Gruppe, die von seinem Landsmann Willy Planckaert angeführt wurde.

Merckx ging im Jahr darauf zu den Profis. Danach sollte der Radsport nicht mehr derselbe sein wie zuvor.

6. September

Stephen Roche gewinnt die Dreifach-Krone des Radsports
(1987)

Die erste Hälfte seiner Karriere hatte dem Iren Stephen Roche einige bedeutende Siege gebracht, darunter Paris–Nizza, zwei Romandierundfahrten und einen dritten Platz bei der Tour 1985 inklusive Etappensieg (s. 17. Juli). Trotzdem deutete nichts auf das hin, was ihm in der Saison 1987 gelingen sollte.

Roche kam in diesem Jahr nicht als Mannschaftskapitän seines Teams Carrera, sondern als Helfer für Roberto Visenti zum Giro. Visenti hatte im Vorjahr gewonnen und wollte seinen Titel verteidigen. Roche übernahm früh das Rosa Trikot, verlor es aber bei einem Bergzeitfahren wieder an Visenti. Dieser hatte nun mehr als zweieinhalb Minuten Vorsprung auf Roche, der Zweiter der Gesamtwertung war. Die beiden waren Mannschaftskameraden; die Titelverteidigung schien also völlig ungefährdet zu sein.

Aber Roche hatte andere Pläne. Man hatte ihm ursprünglich zugesagt, dass Visenti bei der folgenden Tour de France für ihn fahren würde, aber im Verlauf des Giro hörte sich das plötzlich ganz anders an. Also schloss Roche sich auf der 15. Etappe, in den Dolomiten, einer Fluchtgruppe an. Das Carrera-Team jagte schließlich seinem eigenen Mann hinterher, aber ohne Erfolg: Roche war fast sieben Minuten vor Visenti im Ziel und übernahm wieder die Gesamtführung.

Seine Mannschaft war stocksauer, und die Tifosi tobten. 2012 erzählte Roche dem *Guardian*, dass er in den folgenden Tagen mit Wein und Reis bespuckt worden sei. Aber er hielt stand und gewann den Giro d'Italia, als erster und bis heute einzige Ire.

Einige Wochen später begann die Tour de France. Roche fuhr Kopf an Kopf mit dem Spanier Pedro Delgado.

Roche trug Gelb, als es in die Alpen ging, verlor es aber am Anstieg nach l'Alpe d'Huez an Delgado. Die nächste Etappe führte über den Madeleine und dann hinauf nach La Plagne. Roche lag nur 25 Sekunden zurück; mit der Aussicht auf ein noch ausstehendes Zeitfahren und der Gewissheit, der deutlich Bessere der beiden im Kampf gegen die Uhr zu sein. Er musste jetzt nur am Spanier dranbleiben, um ihm dann beim Rennen der Wahrheit das Gelbe Trikot wieder abzunehmen.

Aber Roche ging lieber in die Offensive. Am Beginn des Anstiegs zum Madeleine war er Teil einer Fluchtgruppe und hatte über eine Minute Vorsprung auf Delgado. Doch das war zu früh, auf der Abfahrt wurden die Ausreißer eingeholt. Dann kam der Anstieg nach La Plagne, und Delgado zog davon.

Nur noch 10 km vom Ziel entfernt lag Roche bereits zwei Minuten zurück. Der Toursieg schien ihm aus den Fingern zu gleiten. Die TV-Kameras zeigten ihn nur selten, und so wusste niemand, wie groß der Abstand wirklich war, als Delgado über die Ziellinie fuhr. Zweifellos ging es dabei aber um Minuten. Irrtum. In einer der ganz großen einen Rennsieg rettenden Aufholjagden hatte Roche den Rückstand auf unglaubliche vier Sekunden reduziert! Im Ziel brach er zusammen; Sauerstoff wurde verabreicht. Vier Tage später stand er in Gelb in Paris auf dem Podium.

Roche hatte also das Giro/Tour-Double gewonnen, aber es sollte noch besser kommen. Am 7. September stand er an der Startlinie des Rennens um die Straßenweltmeisterschaft in Villach, Österreich. Auf den letzten Kilometern fuhr er in der Führungsgruppe, die den Sieg unter sich im Sprint ausmachen würde.

Im Wissen, dass er den anderen in dieser Gruppe im klassischen Zielsprint unterlegen war, zog Roche seinen Sprint früh und von vorne an. Es funktionierte. Er hatte die anderen überrascht und sauste schließlich mit einer Sekunde Vorsprung vor dem Italiener Moreno Argentin über die Ziellinie.

Eine Saison, drei Trikots: Rosa, Gelb und Regenbogen. Roche war damit der zweite Fahrer nach dem unvergleichlichen Eddy Merckx, der sich diese Dreifach-Krone aufsetzen konnte.

7. September
Der Geburtstag von Albéric Schotte
(1919)

Der Belgier Albéric (genannt «Briek») Schotte, dessen Name ein Synonym für die Flandernrundfahrt werden sollte, wurde 1919 in Kanegem in Westflandern geboren. Als Sohn einer großen Bauernfamilie hatte er früh die Aufgabe, seine Brüder mit dem Fahrrad zur Schule zu bringen, die 10 km entfernt lag.

Dieses spezielle Training zahlte sich später aus. 1940 wurde Briek Schotte Radsportprofi, nachdem er die Tour de l'Ouest gewonnen hatte, ein Profi-Rennen, das «indépendants» (Semi-Profis) die Teilnahme erlaubte. Schotte wurde der Sieg zugesprochen, weil er die Gesamtwertung anführte, als das Rennen wegen des Kriegsausbruchs beendet werden musste.

An seiner ersten Flandernrundfahrt nahm Schotte 1940 teil, als jüngster Fahrer im Feld wurde er Dritter. Danach bestritt er dieses Rennen in jedem einzelnen Jahr seiner 20-jährigen Karriere. Zweimal siegte er, weitere fünfmal erreichte er das Podium. Später sagte er, dass Reifenpannen und mechanische Probleme ihn bis zu vier weitere Siege gekostet hätten. Als er 1959 das letzte Mal teilnahm, war er der älteste Fahrer an der Startlinie. Schotte und die Flandernrundfahrt: von 1940 bis 1959, vom Jüngsten zum Ältesten.

Der Journalist Albert Baker d'Isy nannte Briek Schotte einmal den letzten Flamen. Andere kannten ihn als den «Eisernen Mann». Zu seinen Siegen bei der Flandernrundfahrt kamen zwei Weltmeistertitel (1948 und 1950), zwei Siege bei Gent-Wevelgem (1950 und 1955) und ein zweiter Platz bei der Tour de France hinter Gino Bartali 1948.

8. September
Der Geburtstag von Jean Aerts
(1907)

Der 1907 in Laeken bei Brüssel geborene Belgier Jean Aerts war der erste Fahrer, der sowohl die Amateurweltmeisterschaft als auch die Weltmeisterschaft der Profis im Straßenrennen gewinnen konnte.

1927 nahm Aerts am Weltmeisterschaftsrennen auf dem Nürburgring teil. Zum ersten Mal überhaupt durften sich Profis bei diesem Rennen zu den Amateuren gesellen. Die UCI hatte sich dazu entschieden, zwei Titel zu vergeben: einen für die Profis im Peloton und einen für die Amateure. Zwei Rennen in einem also.

Der Italiener Alfredo Binda gewann den ersten Weltmeisterschaftstitel der Profis. Jean Aerts war als Fünfter im Ziel, aber das war das beste Resultat unter den Amateuren, daher bekam er den Weltmeistertitel der Amateure zugesprochen.

Aerts nahm auch an den Olympischen Spielen 1928 teil und ging dann selbst zu den Profis. Als solcher gewann er die Belgienrundfahrt und eine ganze Anzahl von Etappensiegen bei der Tour de France, darunter 1933 eine Handvoll Bergetappen, obwohl er gemeinhin als Sprinter galt.

1935 gewann er dann auch den Titel bei den Weltmeisterschaften der Profis, die in seinem Heimatland Belgien ausgetragen wurden, mit einem Solo hinein nach Floreffe. Damit war er der erste Fahrer, der sowohl als Amateur als auch als Profi Weltmeister im Straßenrennen geworden war. Erst der Schweizer Hans Knecht sollte es ihm darin 1946 gleichtun.

9. September
Das erste Gent–Wevelgem wird ausgetragen
(1934)

Als zumindest zeitweise eines der prestigereichsten Klassikerrennen nach den fünf Monumenten hat das Rennen Gent–Wevelgem seit seiner ersten Austragung im Jahr 1934 eine reiche und bewegte Geschichte erlebt.

Gegründet von den drei Geschäftsleuten Leon Baekelandt, Gerard Margodt und Georges Matthys, war die Startliste in den ersten beiden Jahren ausschließlich für Amateure offen. Die erste Austragung, über 120 km, wurde von Gustaaf van Belle gewonnen. 1937 öffnete sich die Veranstaltung dann für Semi-Profis; 1945 wurde ein Profi-Rennen daraus.

Über die Jahre veränderte sich der Streckenverlauf über die Asphaltstraßen und Kopfsteinpflasterpassagen Belgiens. Trotz seines Namens beginnt das Rennen nicht mehr in Gent, sondern im nahe gelegenen Deinze. Die heutige Streckenführung schickt die Fahrer zuerst an die Küste, dann südlich und westlich über einige kurze, aber heftige gepflasterte Anstiege, darunter den berühmten Kemmelberg.

Gent–Wevelgem ist die Quintessenz eines belgischen Straßenrennens: Beinmuskeln mordende Straßen, Lungen sprengende Anstiege, Knochen brechendes Kopfsteinpflaster. Oft kommt schlechtes Wetter hinzu. Fünf Fahrer teilen sich den Rekord von jeweils drei Siegen: Robert van Eenaeme, Eddy Merckx, Rik van Looy, Mario Cipollini und Tom Boonen.

10. September
Le Petit Journal gibt den ersten Sieger von Paris–Brest–Paris bekannt
(1891)

«Was hat er für Emotionen hervorgerufen, dieser epische Kampf! Schließlich erreichte Charles Terront gestern als Sieger die Zielstation ... weniger als 72 Stunden, nachdem er Paris verlassen hat.»

So begann der Aufmacher-Artikel auf der Titelseite von *Le Petit Journal* am 10.9.1891.

Der Herausgeber Pierre Gifford hatte das Rennen organisiert, um die ungeheuren Möglichkeiten des neuen Verkehrsmittels Fahrrad unter Beweis zu stellen. Die Strecke war unglaubliche 1200 km lang und nicht in Etappen unterteilt. *Le Petit Journal* berichtete täglich vom Vorankommen der Fahrer auf der Route. Die Regeln schrieben vor, dass die Fahrer das komplette Rennen mit demselben Rad zu bestreiten hatten. Die ungeheure Distanz schien weniger Interessenten abzuschrecken, als sie andere anzog, die sich dieser Herausforderung stellen wollten. Über 200 Fahrer starteten in Paris.

Der für Michelin fahrende Charles Terront gewann mit einer Zeit von 71 Stunden und 22 Minuten, angeblich ohne eine einzige Schlafpause einzulegen. Als Zweiter kam mehr als acht Stunden später Pierre Jiel-Laval ins Ziel. Immerhin die Hälfte der Starter, 100 Fahrer, beendeten das Rennen; manche kamen erst Tage später an.

Der Wettbewerb war derartig beanspruchend, dass man sich entschied, es nur einmal pro Jahrzehnt stattfinden zu lassen. Maurice Garin, der spätere Gewinner der Tour, siegte bei der zweiten Austragung 1901.

Die letzte Austragung als Profi-Rennen fand 1951 statt. Dennoch gibt es die Veranstaltung auch heute noch; sie wird von Amateuren gefahren, sowohl als sogenanntes Brevet (freie Wahl der Geschwindigkeit, alle vier Jahre) als auch als Audax-Veranstaltung (Fahren in geschlossenen Gruppen, alle fünf Jahre).

11. September

Der Geburtstag von Lucien Buysse
(1892)

Der Belgier Lucien Buysse ging 1914 zu den Profis, nachdem er 1913 die Amateur-Austragung der Belgienrundfahrt gewonnen hatte. Seine Profi-Karriere wurde sehr bald durch den Krieg unterbrochen, aber 1919 kam er zum Sport zurück und begann sich einen Namen zu machen.

Er schnitt bei einigen der Eintagesklassiker gut ab, wurde Vierter beim Giro 1921 und beeindruckte bei der Tour als zäher, angriffslustiger Fahrer. 1923 wurde er Achter in Paris, 1924 wurde er Dritter, 1925 Zweiter. Dann kam die Austragung 1926.

Diese Tour von 1926 sollte über die längste Strecke der Tourgeschichte führen: 5745 km in 17 Etappen. Auf der zehnten übernahm Buysse Gelb. Und dieser Tag sollte in die Geschichte eingehen.

Mit 323 km war es bei Weitem nicht die längste Etappe der Tour, aber es war die härteste, denn sie führte über den Aubisque, den Tourmalet, den Aspin und den Peyresourde. Als wäre das noch nicht Aufgabe genug, kam an diesem Tag auch noch ein furchtbar schlechtes Wetter hinzu. Bei schneidendem Wind, sintflutartigen Regenfällen und Eis und Schnee auf den Bergen verwandelten sich die Schotterpisten in Schlammpfade. In seinem Buch *Le Tour de France et les Pyrénées* nannte Dominique Kérébel die Bedingungen «dantesk».

Donner rollte und Blitze zuckten um die Bergriesen der Pyrenäen, als Buysse seinen Angriff begann. Er hatte diese Etappe lange vorher als Schlüsselstelle der Tour erkannt. Und er hatte Schlimmeres durchgemacht. In den ersten Tagen des Rennens war seine Tochter gestorben, aber die Familie hatte ihn zum Weiterfahren überredet. Schlechtes Wetter war für ihn wirklich kein Thema.

Buysse griff früh an und führte das Feld über den Aubisque. Er führte eine Spitzengruppe über den Tourmalet, aber dann machte er sich allein davon. Einsam kurbelte er über den Aspin und den Peyresourde und erreichte das Ziel in Luchon mehr als 25 Minuten vor dem nächsten Fahrer. Er hatte mehr als 17 Stunden im Sattel gesessen.

Hinter Buysse spielte sich ein Drama ab. Nur 54 Fahrer kamen bis nach Luchon. *L'Auto* schrieb in bestem französischen Sportberichterstatter-Stil von einem «Tag unermesslichen Leidens». Fahrer hatten aufgegeben oder in Bars und Cafés Schutz gesucht und waren nicht mehr zum Weiterfahren in der Lage. Um Mitternacht wurden Suchtrupps nach noch immer vermissten Teilnehmern losgeschickt.

Buysse aber trug nun Gelb. Er behielt es bis Paris und sicherte sich so seinen bedeutendsten Erfolg.

12. September
Die Vuelta erobert den Alto del Angliru
(1999)

Die achte Etappe der Vuelta-Austragung 1999 führte über eine Strecke von 175 km. Sie begann in Léon, die Zielankunft lag am Ende eines neuen Anstieges, den die Vuelta erstmals befuhr. Heute ist es der vielleicht am meisten gefürchtete Vuelta-Anstieg von allen. Sein Name? Alto del Angliru.

Damals noch unter der Bezeichnung La Gamonal kam diese Strecke auf Anregung von Miguel Prieto, Leiter der Kommunikation bei ONCE (Sponsor eines spanischen Radsportteams in den 1990er-Jahren) ins Rennen. Er hatte den Anstieg 1996 kennengelernt und ihn dem damaligen Renndirektor Enrique Franco wärmstens empfohlen: es könne der Mortirolo (ein legendärer Anstieg beim Giro d'Italia) der Vuelta werden ...

Franco schaute sich die Sache an und war begeistert. 1998 kündigte man an, dass die Vuelta im folgenden Jahr eine neue Bergankunft beinhalten würde, die den Namen Alto del Angliru hätte.

Schon bald sollte dieser Name kalte Furcht in die Köpfe und Beine der Vuelta-Fahrer senken. Als Teil der asturischen Sierra del Aramo beginnt die Auffahrt etwa 15 km von Oviedo entfernt. Der Stachel sitzt dabei im Schwanz. Die ersten sechs der insgesamt 12,5 km sind mit durchschnittlich 6,5% Steigung noch einigermaßen gnädig. Aber der Steigungsdurchschnitt der Gesamtstrecke liegt bei mehr als 10 %! Das sagt alles, was man wissen muss über die zweite Hälfte der Strecke.

Sie ist brutal. Die letzten 6,5 km haben eine durchschnittliche Steigung von 13,5 %, darunter sind Passagen mit 23 %. Hier, an diesen Steilstellen, drängen sich die Fans, wenn die Vuelta vorbeikommt. Tausende blockieren die Straße und machen nur eine ganz kleine Gasse für die Fahrer frei, die sich hier Pedaltritt um Pedaltritt im kleinsten Gang hinaufwuchten und mit dem Gleichgewicht kämpfen. Ein Höllenlärm umtost die Ohren der armen Seelen, die mit diesem gnadenlosen Berg kämpfen müssen, ein Ringen mit der Natur, ein verzweifelter Kampf um jeden einzelnen Meter.

Der erste Besuch 1999 wurde von José Maria Jiménez gewonnen. Im Jahr darauf kehrte das Rennen gleich wieder zurück, aber seitdem ist es nur noch gelegentlich vorbeigekommen. Insgesamt hat es erst sechs Ankünfte am Angliru gegeben. Aber dennoch wurde dieser Anstieg aufgrund seiner Schwierigkeit (der spanische Fahrer Oscar Sevilla bezeichnete ihn als unmenschlich) schnell zu einer der berüchtigtsten Bergstrecken des Radsports.

13. September

Diana Žiliūtė gewinnt das Frauenrennen Beneden-Maas

(1998)

Die Litauerin Diana Žiliūtė gewann schon die Juniorenweltmeisterschaft 1994, aber erst vier Jahre später legte sie richtig los. 1998 siegte sie beim damals erstmals ausgerichteten World Cup, bevor sie sich im niederländischen Valkenburg auch die Weltmeisterschaft im Straßenrennen sicherte.

Der Word Cup 1998 war die erste Austragung dieses Wettbewerbes, der bis heute sehr erfolgreich ist. Die Wertung fasst mehrere Rennen über die gesamte Saison zusammen; 2008 beispielsweise waren es sechs Eintagesrennen zwischen März und September.

Runde fünf im Jahr 1998 war die Rundfahrt Beneden-Maas, eine 120 km lange Strecke rund um die Stadt Spijkenisse in den Niederlanden. Das dritte Rennen (in Ottawa) hatte Žiliūtė bereits gewonnen, dazu kamen zwei weitere Top-3-Platzierungen. Žiliūtė ging damit als Führende der Weltcup-Wertung ins Rennen.

Es war ein kalter, unfreundlicher Tag in den Niederlanden, aber Žiliūtė war nicht zu schlagen. Ihr Team arbeitete unermüdlich für sie, und im Ziel revanchierte sie sich mit dem Sieg im Schlusssprint. Dieser Erfolg bedeutete gleichzeitig den zweiten Weltcup-Titel für sie, obwohl noch ein Rennen ausstand. Ihr Punktestand zum Schluss lag mit 271 Zählern mehr als doppelt so hoch wie der der Zweiten Alessandra Cappellotto.

Und es kam in dieser Saison noch besser, als Žiliūtė im Oktober die Weltmeisterschaft für sich entschied. Im Jahr 1999 siegte sie dann bei der Tour de France der Frauen. 2000 sicherte sie sich erneut den Weltcup und Etappen beim Giro d'Italia Femminile. Bei den Olympischen Spielen in Sydney im Jahr 2000 erreichte sie eine Bronzemedaille im Straßenrennen.

14. September

Alfons van Hecke gewinnt die zehnte Kampioenschap van Vlaanderen

(1922)

Im September 2015 beging die Kampioenschap van Vlaanderen ihre 100. Austragung; damit gehört sie zu den Rennen mit der längsten Geschichte im Radsportkalender. Heute in der UCI Europa-Tour als Rennen der Kategorie 1.1 geführt, reichen seine Wurzeln bis zur ersten Austragung 1908 zurück. Die Siegerliste zeigt viele wichtige Namen, darunter Größen wie Eddy Merckx, Rik van Looy, Freddy Maertens und Johann Museeuw.

Van Hecke gewann die zehnte Austragung des Rennens am 14. September 1922. Der Belgier war 1919 Profi geworden. Ihm gelangen viele gute Platzierungen bei der Flandernrundfahrt, bei Lüttich-Bastogne-Lüttich, Paris-Roubaix und Paris-Brüssel, aber dieser Sieg war das beste Resultat, das er bis zum Ende seiner Profikarriere 1926 erreichen sollte.

Abgesehen von Unterbrechungen während der beiden Weltkriege wurde das Rennen seit 1908 jedes Jahr veranstaltet. Den Rekord für die meisten Siege hält der Belgier Niko Eeckhout mit vier Erfolgen.

15. September
Chris Horner gewinnt die Vuelta a España
(2013)

Bis 2013 waren die bedeutendsten Siege des US-Amerikaners Chris Horner seine Etappensiege bei der Romandierundfahrt und der Tour de Suisse, dazu ein Etappen- und der Gesamtsieg bei der Kalifornienrundfahrt 2011. Er galt eher als Edel-Domestike – als jemand, der zwar gute Platzierungen bei wichtigen Rennen herausfahren, aber nicht unbedingt ein Team bei einer der großen nationalen Rundfahrten in Führung bringen konnte. Das sollte sich 2013 ändern.

Horner war inzwischen 42 Jahre alt. Seine Saison hatte unter einer Knieverletzung gelitten, die er sich bei Tirreno–Adriatico zugezogen hatte. Zwar hatte er das Rennen beenden können, aber die Verletzung hatte sich in Spanien noch verschlimmert; schließlich musste er nach einer Operation für Monate aussetzen.

Im August war er in Utah wieder am Start und wurde bei der dortigen Rundfahrt Zweiter. Dann flog er zurück nach Spanien zur Vuelta. Die Streckenführung war anspruchsvoll und beinhaltete elf Bergankünfte, darunter der schreckliche Angliru. Und genau hier fuhr Horner den wichtigsten Sieg seiner Karriere ein. Er ging mit dem Roten Trikot des Gesamtführenden in die Etappe, hatte aber nur drei Sekunden Vorsprung auf Vicenzo Nibali. Dieser hatte schon zwei große Rundfahrten gewonnen und war einer der weltbesten Kletterer. Zweifellos würde er sich das rote Leibchen am Angliru zurückholen.

Horner sollte den Italiener komplett überraschen. Nibali versuchte viermal, ihn an diesem letzten Anstieg abzuhängen, aber Horner kämpfte sich immer wieder heran. Und schließlich, zwei Kilometer vor dem Ziel, griff er selbst an. Auf diesen verbleibenden 2000 Metern nahm er dem Italiener sage und schreibe 28 Sekunden ab!

Chris Horner hatte seine erste große Rundfahrt gewonnen – als ältester «Grand Tour»-Gewinner der Geschichte und als erster US-Amerikaner bei der Vuelta.

16. September
Mariano Cañardo Lacasta gewinnt die Katalonienrundfahrt
(1928)

Der Spanier Mariano Cañardo Lacasta gewann zwar Etappen der Vuelta und war sogar einmal Gesamtsieger dieser nationalen spanischen Rundfahrt. Er gewann auch eine Etappe der Tour de France. Aber dennoch stand sein Name über die gesamten 18 Jahre seiner Karriere vor allem für ein Rennen: die Volta Ciclista a Catalunya – die Katalonienrundfahrt.

Lacasta kam 1926 zu den Profis und wurde in seiner ersten Saison gleich Dritter bei diesem Etappenrennen rund um Katalonien. Im folgenden Jahr beendete er sie als Zweiter. Eine Periode der Lacasta-Dominanz kündigte sich an.

Die Rundfahrt war erstmals 1911 mit drei Etappen über eine Gesamtdistanz von 363 km ausgetragen worden. Bei ihrer zehnten Austragung 1928 waren es bereits neun Etappen und eine Länge von 1300 km. Lacasta gewann drei Etappen und mit mehr als fünf Minuten Vorsprung die gesamte Rundfahrt. Er sollte sich schnell an den Geschmack dieses Sieges gewöhnen.

Als er sich aus der aktiven Karriere zurückzog, hatte Lacasta bei der Volta Ciclista a Catalunya sieben Gesamtsiege erreicht – den letzten 1939 – und insgesamt 14 Etappengewinne. Noch heute hält er den Rekord für die meisten Gesamtsiege. Lacasta starb 1987 in Barcelona.

17. September
Eddy Merckx gewinnt sein letztes Rennen
(1977)

Es ist unwahrscheinlich, dass irgendeinem der vielen sich am Straßenrand drängenden Zuschauer am 17. September 1977 im belgischen Ruien klar war, dass dort gerade Radsportgeschichte geschrieben wurde. Aber genau so war es, denn ebendiese Zuschauer beim Kriterium von Kluisbergen sollten Zeugen des letzten Sieges sein, den der große Eddy Merckx bei einem Profi-Rennen für sich beanspruchen konnte.

Merckx rollte in Kluisbergen zum letzten Mal mit erhobenen Händen als Erster über die Ziellinie – nach einer einzigartigen Radsportkarriere, die vierzehn Jahre angedauert hatte und die unglaubliche Anzahl von 525 Siegen beinhaltete.

Dabei ist es gar nicht einmal die pure Zahl, die den Belgier von den anderen Göttern im Radsportpantheon abhebt, es ist die Qualität und das Prestige der Rennen, die er gewann. Er siegte bei elf großen nationalen Rundfahrten, bei neunzehn Monumenten und bei drei Profi-Weltmeisterschaften. Er ist der einzige Fahrer, der jede große Rundfahrt und jedes Monument gewonnen hat. Er ist der einzige Fahrer, der sowohl den Giro als auch die Tour fünfmal gewonnen hat. Er ist der einzige Fahrer, der jedes der Monumente mehr als einmal gewonnen hat. Er hält den Rekord für Tour-Etappensiege (34), Tage in Gelb (96) und Tage in Rosa (78). Er hält den Rekord für die meisten Straßenweltmeister-Titel, wobei er sich diesen mit Alfredo Binda, Rik van Steenbergen und Oscar Freire teilen muss.

Niemand hatte vorher den Radsport so sehr dominiert, niemand hat nach ihm den Radsport so sehr dominiert. Es gab eine Zeitspanne von drei Jahren, innerhalb derer Merckx jedes dritte Rennen gewann, in dem er startete. Eine strategische Auswahl dieser Rennen zu treffen, war nicht sein Ding. Er wollte sie alle gewinnen, ohne Ausnahme.

Das Kriterium von Kuisbergen sollte sich als sein letzter Sieg herausstellen. Seine Saison war (für jeden anderen) erfolgreich genug gewesen: Sechster bei der Tour und mehr als zwanzig Siege. Aber Merckx spürte, dass seine Zeit an der Spitze ihrem Ende zuging. Im Frühjahr 1978 gab er seinen Rückzug aus dem aktiven Sport bekannt.

Der «Kannibale» hatte das Peloton verlassen.

18. September

Der erste Grand Prix der Nationen wird ausgetragen
(1932)

Über mehr als sechs Jahrzehnte galt der Grand Prix des Nations als inoffizielle Weltmeisterschaft im Zeitfahren. Die erste Austragung fand 1932 statt. Das Rennen war eine Idee von Albert Baker d'Isy und Gaston Bénac, Journalist und Herausgeber der Zeitung *Paris-Soir*.

In den frühen 1930er-Jahren war die Idee, als Zeitung ein Radrennen zu veranstalten und damit die Auflage zu steigern, alles andere als originell. Was aber nicht bedeutete, dass sie nicht noch funktionierte. Zudem war es eine Frage des Prestiges: *Paris-Soir* war ein angesehenes Blatt, das mit *L'Auto* konkurrierte. Man brauchte ein eigenes Rennen.

Baker d'Isy und Bénac entschieden sich dafür, ein Zeitfahren zu organisieren. Es sollte über eine Distanz von 142 km verlaufen und in Versailles beginnen und enden.

Das erste Rennen wurde von Maurice Archambaud gewonnen und war ein großer Erfolg. Die französische Presse griff das Spektakel auf, und die Fahrradhersteller sahen schnell das hohe Werbepotenzial darin. Bald wurde das Rennen als Klassiker angesehen, neben den ganz großen Rennen des Radsportkalenders.

In den 1990er-Jahren ging die Bedeutung dieses Grand Prix der Nationen dann zurück, vor allem, weil die UCI eine offizielle Zeitfahrweltmeisterschaft eingeführt hatte. Aber die Liste der Gewinner zeigt deutlich das Prestige, das diese Veranstaltung einst besaß: Coppi, Bobet, Anquetil, Merckx und Hinault – sie alle gewannen dieses besondere Rennen der Wahrheit.

19. September

Das letzte Londoner Sechstagerennen wird abgehalten
(1980)

Im Jahr 1967 fand das Londoner Sechstagerennen bereits zum fünfzehnten Mal in der Earls Court Arena im Westen Londons statt. Es hatte allerdings einiger Muskelarbeit der Fahrradindustrie bedurft, diesen Erfolg zu erreichen, nachdem diese Art Rennen auf der Insel (im Gegensatz zum Kontinent) etwas aus der Mode gekommen war.

In Earls Court wurde es am Rande einer Fahrradmesse veranstaltet und zog inzwischen wieder über 40 000 Zuschauer, über die sechs Tage verteilt, in seinen Bann.

Der Kugellagerhersteller Skol war Sponsor, und mit attraktiven Preisgeldern zog die Veranstaltung ein Feld erstklassiger internationaler Fahrer an, darunter auch den Niederländer Peter Post, der in seiner Karriere fünfundsechzig Siege bei Sechstagerennen einfahren konnte.

Die erste Earls-Court-Austragung wurde vom dänischen Gespann Palle Lykke und Freddy Eugen gewonnen und im Wochenmagazin *Cycling* enthusiastisch gefeiert: «Geld, Unterstützung, Fahrer, ein kampfbetontes Rennen ohne Doping- und Bestechungsskandale – all das waren die Skol Six!»

Von nun an waren diese Skol Six ein jährliches Event. 1968 zogen sie von Earls Court nach Wembley um, wo sie bis zur letzten Austragung 1980 blieben. Don Allen und Danny Clarke standen bei diesem letzten Londoner Sechstagerennen ganz oben auf dem Treppchen.

20. September

Alejandro Valverde gewinnt die Vuelta a España
(2009)

Er galt lange als ein Fahrer, der jederzeit den ganz Großen gefährlich werden konnte. Seinen trotz dieser Einschätzung einzigen Sieg bei einer großen Rundfahrt erreichte Alejandro Valverde 2009 bei der Spanienrundfahrt.

Das war abzusehen gewesen. 2002 hatte Valverde das Rennen noch auf der Etappe hinauf zum Angliru verlassen müssen, aber im folgenden Jahr sammelte er einige Etappensiege ein und wurde Dritter. 2005 erreichte er den vierten Platz, 2006 den zweiten und 2008 den fünften. Daneben hatte er bei der Tour 2007 wie 2008 unter den ersten zehn Fahrern abgeschnitten. Er stand immer knapp vor dem Podium einer der großen Rundfahrten, aber es hatte bisher noch nie gereicht. Valverde schien bei diesen Rennen immer mindestens einen schlechten Tag zu erwischen. Und ein schlechter Tag bei einer der großen Rundfahrten ist einfach fatal.

2009 änderte sich das. Valverde siegte beim Critérium du Dauphiné, konnte aber an der Tour wegen einer vom italienischen Verband ausgesprochenen Dopingsperre nicht teilnehmen. Sie galt zwar nur für Italien, aber da die Tour diesem Nachbarland 2009 einen Besuch abstatten wollte, war Valverde draußen. Der Giro kam natürlich erst recht nicht in Frage, also konnte er alle Energien auf die Vuelta konzentrieren.

Das sollte sich auszahlen. Er übernahm das Goldene Trikot des Gesamtführenden (das seine Farbe seitdem in Rot verändert hat) auf der neunten Etappe nach Xorret del Cati und behielt es für den Rest des Rennens. Lange Zeit war es eine knappe Führung, etwas über 30 Sekunden vor Robert Gesink. Aber dann hatte dieser mal einen schlechten Tag, was Valverde etwas mehr Raum zum Atmen gab. Schließlich gewann er mit 55 Sekunden Vorsprung.

Seit diesem Sieg 2009 ist Valverde mit Etappensiegen erneut bei der Vuelta erfolgreich gewesen, zudem erkämpfte er sich 2012, 2013 und 2015 das Punktetrikot, aber zum Gesamtsieg hat es nicht wieder gereicht (s. 25. April für mehr zu Alejandro Valverde).

21. September
Der Geburtstag von Émile Georget
(1881)

Émile Georget war ein Fahrer mit ungeheurer Ausdauer. Seine größten Erfolge hatte er bei Rennen, die genau dies verlangten: Er siegte 1910 und 1912 bei Bordeaux-Paris und 1911 bei Paris-Brest-Paris.

Sein bestes Jahr bei der Tour de France hatte er 1907. In diesem Jahr gewann er fünf Etappen und hätte sich vermutlich auch den Gesamtsieg gesichert, wenn er nicht wegen eines regelwidrigen Radwechsels auf der neunten Etappe nach Bayonne mit einer Zeitstrafe belegt worden wäre. Damals wurde das Rennen noch auf Basis eines Punktesystems entschieden, das die Etappenplatzierung zur Grundlage hatte: Der Etappenerste erhielt keinen Punkt, der Zweite einen und so weiter. Wer in Paris am wenigsten Punkte hatte, gewann. Georgets vier Etappensiege vor der nach Bayonne hatten ihm 16 Punkte Vorsprung eingebracht, aber die Rennleitung bestrafte ihn massiv für den Radwechsel, sodass seine Aussichten auf den Sieg dahin waren. Dennoch blieb er im Rennen und gewann noch eine weitere Etappe auf dem Weg nach Paris, wo er schließlich noch Dritter wurde.

Am bekanntesten wurde Georget durch seinen legendären Ritt über den Galibier 1911, als die Tour diesen Giganten zum ersten Mal überquerte. Auf der Etappe von Chamonix nach Grenoble setzte Georget sich vom Feld ab und führte das Rennen über den Berg. Als erster Fahrer, der diesen Alpengipfel bezwang, fand er so Eingang in die Geschichtsbücher. Er gewann die Etappe in Grenoble schließlich mit 15 Minuten Vorsprung. Und wieder wurde er Dritter in Paris, aber mit einem sicheren Platz in den Annalen der Tour.

22. September
Giuseppe Saronni hat Geburtstag
(1957)

Es sind die letzten 500 m der Straßenweltmeisterschaften 1982. Vorn fährt der US-Amerikaner Jonathan Boyer, das Peloton jagt ihm hinterher, an seiner Spitze nicht recht erklärbar Boyers Mannschaftskamerad Greg LeMond.

Boyer rauscht um eine Kurve und lässt sich etwas nach links tragen, da blitzt es kurz blau neben ihm auf. Boyer nimmt das aus den Augenwinkeln heraus war und schaut auf. Zu spät. Mit eingeschaltetem Nachbrenner verschwindet der Italiener Giuseppe «Beppo» Saronni hinter dem Horizont bzw. hinter der Ziellinie und sichert sich das Regenbogentrikot.

Saronni wurde 1977 Profi, mit gerade einmal 19 Jahren. Schon im darauffolgenden Jahr sicherte er sich einige wichtige Siege: Tirreno-Adriatico und drei Etappen beim Giro.

1979 erreichte er dann seinen ersten Gesamtsieg beim Giro, nachdem er wiederum drei Etappen für sich entschieden hatte. Das war der Beginn einer sehr heftigen Rivalität mit Francesco Moser. Autor Herbie Sykes beschrieb sie in seinem Buch über den Giro als «wie Coppi und Bartali, aber mit unverhohlener Gehässigkeit». Saronni gewann 1983 erneut den Giro.

Er war aber auch gut bei den Eintagesrennen, wie es die erwähnte 1982er-Weltmeisterschaft noch einmal bewies. Saronni gewann drei Klassiker in seiner Karriere: den Wallonischen Pfeil 1980, die Lombardeirundfahrt 1982 und Mailand-San Remo 1983. Als er sich 1990 schließlich vom aktiven Radsport zurückzog, hatte er mehr als 190 Siege eingefahren.

23. September

Roberto Laiseka erreicht den ersten Etappensieg für Euskaltel
(1999)

Als Roberto Laiseka am 23.9.1999 die Vuelta-Etappe Nummer 18 für das kleine Team Euskaltel-Euskadi gewann, war dies der erste Etappensieg bei einer der großen Rundfahrten für diese Mannschaft, die sehr bald eine große Menge an Sympathie auf sich ziehen sollte. Laiseka hatte sich auf dem Schlussanstieg hinauf nach Alto de Abantos abgesetzt, passenderweise also bei einer Bergankunft, denn es waren die hohen Gipfel Europas, bei denen dieses Team in den folgenden Jahren immer wieder vorn dabei sein sollte.

Die Mannschaft war 1993 als Teil eines Masterplans zu Förderung des baskischen Radsports gegründet worden. Die Profi-Mannschaft bestand nur aus gebürtigen Basken und Fahrern, die zumindest ihre prägenden sportlichen Jahre im Baskenland verbracht hatten.

Der größte Moment des kleinen Teams kam vielleicht bei der Tour 2001, als Laiseka die Etappe hinauf nach Luz Ardiden gewinnen konnte, vor den Augen vieler Tausender begeisterter baskischer Fans, die die Flanken des Berges in das strahlende Orange der Euskaltel-Teamtrikots tauchten. Ein orangener Traum war Wirklichkeit geworden.

Auch in den darauffolgenden zwölf Jahren war die Mannschaft immer gut für einen Erfolg in der nächsthöheren Gewichtsklasse. Am Ende der Saison 2013 löste sich das Team dennoch auf. «Wir gehen mit dem Gefühl, einen sehr guten Job gemacht zu haben.» Das sagte Sportdirektor Alvaro González de Galdeano nach dem letzten Rennen.

24. September

Italo Zilioli hat Geburtstag
(1941)

Zweifellos ist Raymond Poulidor der berühmteste Fahrer, der niemals an Jacques Anquetil vorbeikam (und der sich dabei auch noch den gar nicht gerechtfertigten Beinamen «der ewige Zweite» einfing). Ein kleiner Trost für ihn mag es sein, dass noch ein anderer talentierter Fahrer dieser Jahre seine nationale Rundfahrt nicht ein einziges Mal gewinnen konnte, obwohl er mehrfach nahe dran war. Und wie bei Poulidor war ihm dabei, zumindest einmal, Jacques Anquetil im Weg.

Italo Zilioli wurde in Turin geboren. Seine 15 Jahre währende Profi-Karriere war mit mehr als 50 Siegen sehr erfolgreich, darunter eine Etappe der Tour 1970. In diesem Jahr gewann er mit seinem Faemino-Faema-Team zudem das Mannschaftszeitfahren der Tour.

Aber am besten sind seine Erfolge beim Giro in Erinnerung. Er nahm elfmal an der Italienrundfahrt teil, gewann fünf Etappen und stand viermal auf dem Podium der Gesamtwertung. Drei Jahre in Folge wurde er Zweiter (1964 bis 66), dabei war er dem Sieg im Jahr 1964 am nächsten. In jenem Jahr lag er nur eine Minute und 22 Sekunden hinter – Jacques Anquetil.

Zilioni zog sich 1976 aus dem aktiven Sport zurück. Auf das oberste Treppchen des Giro hat er es leider nie geschafft.

25. September

Die Zwillinge Rasa und Jolanta Polikevičiūtė haben Geburtstag
(1970)

Die in Panevezys in Litauen geborenen eineiigen Zwillinge Rasa und Jolanta Polikevičiūtė haben eine vielleicht nicht identische, aber doch sehr ähnliche und vergleichbar erfolgreiche Radsportkarriere hinter sich gebracht. Bis 2009 fuhren sie im gleichen Team USC Chirio Forno d'Asolo, dann zog sich Rasa ein Jahr vor ihrer Schwester aus dem Profisport zurück.

Beide Frauen nahmen während ihrer Karrieren an drei Olympischen Spielen teil: Rasa 1996, 2000 und 2004; Jolanta 1996, 2004 und 2008. Keine von ihnen konnte eine Medaille erreichen; Jolanta erreicht mit dem fünften Platz beim Straßenrennen 1996 die höchste Platzierung unter ihnen.

Bei den beiden wichtigsten Etappenrennen des Frauenradsports, der Tour de France der Frauen und dem Giro d'Italia Femminile erreichten beide je einen Etappensieg.

Jolanta hat geringfügig mehr Siege in ihren Palmarès, aber Rasa erreichte den prestigeträchtigsten Erfolg der beiden mit ihrem Sieg bei der Straßenweltmeisterschaft 2001 in Lissabon. Vor ihrer Landsfrau Edita Pucinskaite und der Französin Jeannie Longo-Ciprelli siegte sie nach den 120 Kilometern des Rennens in einem spannenden, hart umkämpften Zielsprint.

26. September
Erik Zabel gibt seinen Rücktritt bekannt
(2008)

«Es gibt keine Freundschaften auf den letzten Kilometern ... da sind wir alle keine Fahrer mehr, sonder nur noch Teufel. Alle mit dem gleichen Ziel: gewinnen.» So hat es Erik Zabel, der große deutsche Sprinter, einmal *L'Equipe* gegenüber beschrieben, und er muss es wissen. Bei seinem Rücktritt 2008 hatte er in seiner sechzehnjährigen Profi-Karriere mehr als 200 Rennen gewonnen, darunter acht Klassiker und 20 Etappen bei den drei großen Rundfahrten.

Zwischen 1996 und 2005 war Zabel ziemlich eindeutig der beste Sprinter der Welt. Er war ohne Zweifel der erfolgreichste, was die Punktewertungen bei den großen Rundfahrten anging. Zwischen 1996 und 2004 kam er am Ende jeder einzelnen Saison mit einem Punktetrikot im Gepäck nach Hause. Sechs grüne Trikots (Punktewertung) bei der Tour in Folge sind einsamer Rekord; danach wandte Zabel seine Aufmerksamkeit der Vuelta zu. Seinen spektakulärsten Sieg fuhr Zabel 2001 auf der Schlussetappe der Tour ein: Er lag bis dahin zwei Punkte hinter Stuart O'Grady und zog auf den Champs-Élysées noch an ihm vorbei. Die Rekordzahl von neun Punktetrikots bei den großen Rundfahrten bringt ihm die Spitzenposition in dieser Wertung, gefolgt von Sean Kelly, der acht Trikots erreichte.

Zu Zabels Klassiker-Siegen gehören drei bei Paris–Tours (Rekord, s. 9. Oktober) und vier bei Mailand–San Remo. Und das wären eigentlich fünf gewesen, aber 2004 bemerkte er den nahenden Oscar Freire nicht: Er hob zu früh die Arme und dieser fing ihn noch auf der Ziellinie ab.

27. September
Anquetil deklassiert das Feld beim Grand Prix der Nationen
(1953)

Im Jahr 1953 brach ein junger Mann namens Jacques Anquetil über den Radsport herein; und er sollte noch für einige Jahre bleiben...

Anfang der Fünfzigerjahre war der Grand Prix der Nationen zu einem der prestigereichsten Rennen des internationalen Radsports geworden. Die vergangenen drei Jahrzehnte hatten dort Männer wie Coppi, Bartali und Bobet siegen sehen.

Anquetil war erst 19 Jahre alt. Im Vormonat hatte er das Peloton auf dem Rennen Paris-Normandie pulverisiert und dort mit mehr als neun Minuten Vorsprung gewonnen. Ein gewisser Francis Pélissier hatte zugesehen. Pélissier, selbst ein alter Recke des Sports, war Sportlicher Leiter der Mannschaft La Perle und suchte einen Fahrer, der Louison Bobet herausfordern konnte, welcher sich gerade in die Herzen der Franzosen gefahren hatte. Er hatte sich Anquetil genau angesehen: gut aussehend, jung, sehr talentiert. Pélissier hatte seinen Mann.

Und so stand Jacques Anquetil als relativ unbekannter, sehr junger Fahrer im Trikot von La Perle am Start des Grand Prix des Nations, einem Zeitfahren über 140 km. Er sollte den Radsport auf den Kopf stellen.

Nach nur 20 km Strecke hatte er einen Vorsprung von einer Minute. Und er wurde nicht müde, schwächelte nie. Mit seinem unglaublich präzisen, gleichmäßigen Fahrstil baute er seinen Vorsprung weiter und weiter aus.

Schließlich gewann er das Rennen mit mehr als sechseinhalb Minuten. Er hatte nicht nur gesiegt, er hatte die Konkurrenz vernichtet. Und er war noch nicht einmal Vollprofi!

Die französische Presse rastete aus: «Sensation! J. Anquetil, ein 19 Jahre alter Semi-Profi, dominiert von Start bis Ziel!», jubelte *L'Equipe*. Pélissier lächelte nur: «Wartet mal ab, bis wir richtig loslegen ...»

Die Geschichte sollte ihm Recht geben.

28. September
Emile Masson sen. gewinnt den Grand Prix Wolber
(1923)

Über die vergleichsweise kurze Zeit zwischen 1922 und 1931 war der Grand Prix Wolber ein wichtiges Eintagesrennen. Es wurde am Ende der Saison ausgetragen und hatte eine einzigartige Besonderheit: Teilnehmen durften ausschließlich Fahrer, die in der abgelaufenen Saison mindestens eine Platzierung unter den ersten Drei bei den Eintagesrennen in Frankreich, Belgien, Italien und der Schweiz erreicht hatten.

Mit diesem Auswahlkriterium gewann das Rennen schnell an Bedeutung und wurde zu einer Art inoffizieller Straßenweltmeisterschaft. Als die UCI dann 1927 eine ordnungsgemäße Weltmeisterschaft ins Leben rief, verlor der GP Wolber an Bedeutung. Ab 1931 wurde er dann als Etappenrennen ausgetragen.

Die zweite Austragung fand am 28. September 1923 statt und führte über 361 km. Nur zwölf der 39 Starter kamen ins Ziel. Sieger wurde der Belgier Emile Masson sen., der mehr als dreizehneinhalb Stunden unterwegs war. Neben diesem GP Wolber-Sieg verbuchte er in seiner Karriere zwei Etappen bei der Tour und einen Gesamtsieg bei Bordeaux-Paris als wichtigste Erfolge.

1915 hatte er einen Sohn bekommen. Auch dieser kam als Profi zum Radsport und wiederholte die Erfolge des Vaters, indem er 1938 eine Tour-Etappe und 1946 Bordeaux-Paris für sich entschied. Dazu allerdings kamen noch einige Klassikersiege: Paris-Roubaix 1939 und Wallonischer Pfeil 1938. Das hatte ihm der Vater nicht vorgemacht.

29. September

Felice Gimondi hat Geburtstag

(1942)

Eine Woche vor dem Beginn der Tour de France 1965 lud der Chef der Salvarini-Mannschaft, Luciano Pezzi, den 22 Jahre alten Felice Gimondi zum Essen ein. Gimondi war die erste Saison als Profi unterwegs und fuhr für Salvarini. Wenige Wochen zuvor hatte er sich den dritten Platz beim Giro gesichert. Beim Essen teilte Pezzi dem jungen Mann mit, dass er ihn zur Tour mitnehmen würde. «Halte die Augen und Ohren weit offen», gab er ihm mit auf den Weg, «und wenn sich eine Gelegenheit ergibt, schnappst du sie dir.»

Auf der 3. Etappe ergab sich eine Gelegenheit, und Gimondi griff zu: Er gewann den Sprint hinein nach Rouen und sicherte sich gleichzeitig das Gelbe Trikot, das er über die folgenden fünf Tage tragen sollte. Ein Etappengewinn und fünf Tage in Gelb – keine schlechte erste Woche für einen Tour-Neuling.

Aber Gimondi war auch kein normaler Anfänger. Nur zwei Tage später hatte er das gelbe Hemd wieder, nach einem scheußlichen Tag in den Pyrenäen, über den Aubisque und den Tourmalet, bei brütender Hitze. Elf Fahrer gaben auf. Aber nicht Gimondi. Jetzt war er zurück an der Spitze.

Und da blieb er. Er wehrte eine Attacke von Raymond Poulidor am Mont Ventoux ab und gewann das Zeitfahren am Mont Revard und hinein nach Paris. So sicherte er sich den Gesamtsieg. «Ich habe eine Tour gewonnen, die ich nicht einmal zu fahren geplant hatte», sagte er später.

Gimondi sollte noch weitere Tour-Etappen gewinnen, aber nie wieder Gelb tragen. Er konzentrierte sich mehr auf den Giro, den er dreimal für sich entscheiden konnte. Sechs weitere Male kam er dort unter die ersten Drei. 1968 gewann er auch die Vuelta und hatte sich damit in die Siegerlisten aller drei großen Rundfahrten eingetragen. Als kompletter Fahrer siegte Felice Gimondi aber auch bei drei Monumenten (zweimal bei der Lombardeirundfahrt, je einmal bei Mailand–San Remo und Paris–Roubaix) und wurde Straßenweltmeister, bevor seine fantastische Karriere zu Ende ging.

30. September

Der «schlechteste Kletterer von allen» hat Geburtstag
(1982)

Bei der Tour 2009 stand der Autor dieser Zeilen an der Flanke des Col du Petit Saint Bernard. Ich jubelte, als die Führenden vorbeikurbelten. Ich applaudierte den diversen Fahrergrüppchen, die sich den Berg hinaufkämpften. Dann ... Stille. Ich reckte den Hals und starrte bergab. Kein weiterer Fahrer zu sehen; die Fans begannen bereits, sich auf ihre Räder zu schwingen und den Berg hinabzurollen. Aber der Besenwagen war noch nicht durch. Es musste noch jemand auf der Strecke sein.

Genau so war es. Kenny van Hummel.

Van Hummel war es bereits gewohnt, sich die Berge allein hinaufzuwuchten. Er war der Letzte in Saint-Girons, der Letzte in Tarbes, der Letzte in Verbier gewesen. Heute würde er der Letzte in Bourg-St. Maurice sein. Sein kulminierter Rückstand auf die Sieger dieser Etappen betrug mehr als zweieinhalb Stunden. Am folgenden Tag zitierte *L'Equipe* einen der Direktoren der Tour, Jean-François Péchaux, mit der Einschätzung, van Hummel sei der schlechteste Kletterer der Tour-Geschichte.

«Ich steig' erst aus, wenn ich vom Rad falle», sagte van Hummel.

Unglücklicherweise für ihn und alle Romantiker des Radsports rund um den Globus sollte genau das am nächsten Tag passieren: Van Hummel hatte frühzeitig an einem Berg Zeit verloren und versuchte, auf der Abfahrt zu retten, was zu retten war. Dabei hatte er einen Unfall und musste das Rennen beenden.

1. Oktober

Marianne Vos gewinnt ihr erstes Regenbogentrikot
(2004)

Um 9:30 Uhr am Morgen des 1. Oktober 2004 stehen 66 Fahrerinnen an der Startlinie der Junioren-Straßenweltmeisterschaft der Frauen in Verona. Vor ihnen liegen fünf Runden auf einem 14,7 km langen Kurs, und damit auch fünf kraftraubende Anstiege über drei Kilometer, bekannt unter dem Namen Torricelle. Unter den Starterinnen ist die siebzehnjährige Niederländerin Marianne Vos.

Vos wurde 1987 in 's-Hertogenbusch geboren. Das Radfahren gefiel ihr schon, als sie ihren Bruder dabei beobachtete, und mit sechs Jahren lernte sie es selbst. Mit acht nahm sie schon an Rennen teil und gewann; es war zu sehen, dass die kleine Vos ein besonderes Talent besaß. Aber natürlich konnte damals niemand voraussehen, wie besonders es war.

Bei dem Rennen in Verona 2004 zeigte Vos schon zu Beginn, worauf sie hinaus wollte. Sie griff aus dem Nichts heraus an – und wurde bald darauf wieder eingefangen. Es war nur ein kleiner Beinwärmer und Appetitmacher auf das, was noch kommen sollte. Im Laufe des Rennens gab es immer wieder Ausreißversuche, Fluchtgruppen sprangen davon, aber alle wurden wieder vom Feld geschluckt. Doch auf der letzten Runde sollte sich das ändern.

Vos setzte sich auf dem letzten Anstieg zum Torricelle ab, 10 km vor dem Ziel. Bald hatte sie mehr als 20 Sekunden Vorsprung. Und das reichte aus. Hinter ihr entwickelte sich eine verzweifelte Aufholjagd, aber ihre drei Mannschaftskameradinnen hatten alles im Griff. Vos gewann ihr erstes Regenbogentrikot mit fast 30 Sekunden Vorsprung. Es sollte nicht ihr letztes gewesen sein.

Die damals ungeheuer vielversprechende siebzehn Jahre alte Marianne Vos gilt heute als die beste Radsportlerin ihrer Generation. Der einzige Fahrer, mit dem sie sich noch vergleichen lässt, ist Eddy Merckx. Wie damals er wird heute sie «Kannibalin» genannt. Vos hat bereits alles gewonnen, was gewinnenswert ist: zwölf Weltmeisterschaftstitel im Straßenrennen, auf der Bahn und beim Cyclo Cross, zwei olympische Goldmedaillen, fünfmal den Weltcup (Rekord), fünfmal La Flèche Wallone (Rekord), dreimal den Giro. Bisher sind es mehr als 300 Siege, die sie erreicht hat, und die Zahl steigt. Schnell.

Marianne Vos ist einfach die Beste!

2. Oktober

Millie Robinson gewinnt die Tour de France Féminin
(1955)

Vor Wiggins und Froome. Vor Cooke und Pooley. Wenn man sich anschaut, welche britischen Fahrer(innen) die Tour de France gewinnen konnten, muss man zu diesen vier großen Namen noch einen weiteren hinzuzählen. Einen weniger bekannten, zugegeben, aber einen, mit dem sich jetzt und für immer der erste britische Sieg bei einer Tour de France verbindet: Millie Robinson. Der Sportautor und Organisator von Radrennen Jean Leulliot hatte 1955 das dreitägige Frauen-Etappenrennen Circuit Lyonnais-Auvergne beobachtet, bei dem Millie Robinson alle drei Etappen und den Gesamtsieg gewann. Danach entschied er sich, ein fünftägiges Etappenrennen für Frauen in der Normandie auf die Beine zu stellen. Er nannte es die Tour de France Féminin.

Großbritannien schickte ein Team von sechs Fahrerinnen und dominierte die Veranstaltung. Die 373 km waren in sechs Etappen unterteilt, von denen die Britinnen drei gewannen. Eine sicherte sich June Thackeray, zwei weitere Millie Robinson – darunter die entscheidende vierte, auf der sie sich absetzen konnte und mit 13 Sekunden Vorsprung ins Ziel ging. Damit übernahm sie die Gesamtführung und baute diese beim Zeitfahren des nächsten Tages noch weiter aus. Robinson und Thackeray wurden schließlich Erste und Zweite der Gesamtwertung; zwei weitere ihrer Teamkolleginnen kamen ebenfalls unter die ersten zehn.

Robinson sollte 1958 auch noch den Stundenweltrekord der Frauen aufstellen. Eine Tour de France Féminin wurde erst 1984 wieder durchgeführt.

3. Oktober

Oscar Freire gewinnt seinen dritten Weltmeistertitel
(2004)

Vier Männer teilen sich den Rekord für die meisten Weltmeistertitel im Straßenradsport: Alfredo Binda, Rik van Steenbergen, Eddy Merckx und der Spanier Oscar Freire. Freire gesellte sich in diese illustre Reihe, als er nach 1999 und 2001 im Jahr 2004 in Verona zum dritten Mal in das Regenbogentrikot schlüpfen konnte. Das Rennen über 265,5 km kulminierte in einer klassischen Sprinterankunft mit fünfzehn Fahrern. Freire katapultierte sich mit gefletschten Zähnen vor dem Deutschen Erik Zabel über die Linie, nachdem ihn sein Team in die perfekte Ausgangsposition gefahren hatte.

Oscar Freire war während seiner 15 Jahre dauernden Profi-Karriere einer der besten Sprinter im Peloton. Neben seinen drei Weltmeistertiteln sicherte er sich noch drei Siege bei Mailand–San Remo sowie je einen bei den Klassikern Gent–Wevelgem und Paris–Tours. Er gewann vier Etappen der Tour de France sowie das Grüne Trikot im Jahr 2008. Bei der Vuelta sicherte er sich insgesamt sieben Etappensiege und fuhr zweimal im Trikot des Gesamtführenden, aber beenden konnte er dieses Rennen nie.

4. Oktober

Indurain gewinnt die Weltmeisterschaft im Einzelzeitfahren
(1995)

Im Oktober 1995 war der Spanier Miguel Indurain auf dem Höhepunkt seiner Karriere. Im Sommer war er der vierte Fahrer geworden, der die Tour de France fünfmal gewinnen konnte – und dazu der Erste, dem dies in ununterbrochener Folge gelungen war. Den Giro hatte er ebenfalls bereits zweimal gewonnen.

Seine Siege schmiedete der Spanier stets im Zeitfahren; während der 1995er-Tour hatte er beide Zeitfahretappen für sich entschieden. Er war klar der beste Zeitfahrer der Welt, und als die UCI das Einzelzeitfahren schließlich 1994 in das Programm der Radweltmeisterschaften aufgenommen hatte, war das die ideale Gelegenheit für «Big Mig», sich ein Regenbogentrikot zu sichern.

Bei der erste Austragung war er nicht am Start, und der Brite Chris Boardman kam zum Zug, aber ein Jahr später war Indurain dabei. Seine Anwesenheit bei dieser Austragung in Boyacá in Kolumbien zog fieberhafte Aufmerksamkeit der Fans und der Presse auf sich.

Die Strecke war 43 km lang und begann auf 2400 m über dem Meer; das Ende lag noch 300 m höher. Indurain startete als Letzter. Beim ersten Kontrollpunkt hatte sein Landsmann Abraham Olano noch eine Sekunde Vorsprung. Nach 27 km war daraus ein Rückstand von 33 Sekunden geworden und im Ziel führte Indurain mit 49 Sekunden. Das Regenbogentrikot war seins.

Indurain fuhr nur noch eine Saison. 1996 verlor er seine Tour-Krone und gewann olympisches Gold im Zeitfahren. Im Januar 1997 erklärte er dann seinen Rücktritt und schloss mit den Worten: «Meine Familie wartet.»

5. Oktober

Henri Pélissier gewinnt seine erste und einzige Meisterschaft
(1919)

Der Name Henri Pélissier leuchtete während seiner 18 (!) Jahre dauernden Karriere (von 1911 bis 1928, mehr dazu siehe 22. Januar und 1. Mai) derartig hell über dem französischen Radsport, dass es vielleicht überrascht zu hören, dass er in dieser Zeit nur ein einziges Mal Französischer Meister geworden ist.

Henri war der erste der Pélissier-Brüder, der sich in die Namensliste der Französischen Straßenmeister einschreiben konnte, als er 1919 in Versailles vor Honoré Barthélémy ins Ziel ging. Man könnte glauben, dass sich nun die Schleusen für weitere Meistertitel geöffnet hätten, aber dem war nicht so.

Im folgenden Jahr wurde Henri Zweiter hinter Jean Alavoine. 1921 und 1924 sollte er wiederum Zweiter werden, aber in diesen beiden Jahren war es sein jüngerer Bruder Francis, der ihm nun vom obersten Treppchen herab auf den Kopf schaute.

Francis Pélissier gewann die Französischen Straßenmeisterschaften insgesamt dreimal (1921, 1923 und 1924) und kam zweimal als Zweiter ins Ziel. Nur Jean Stablinski hat diesen Titel häufiger gewonnen. Ein dritter Bruder, Charles, kam ebenfalls aufs Podium, 1927 und 1930.

Es war schon eine bemerkenswerte Zeit hinsichtlich der Pélissiers: Zwischen 1919 und 1931 gab es nur drei Jahre, bei denen keiner von ihnen auf dem Podium der Französischen Meisterschaften stand.

6. Oktober

Hushovd wird U23-Weltmeister im Einzelzeitfahren
(1998)

Im Jahr 2010 gewann Thor Hushovd das Weltmeisterschaftsrennen der Elite im Straßenradsport. Dies war aber nicht das erste Mal, dass er sich ein Regenbogentrikot überziehen konnte.

Der «Donnergott» hatte sich gute zwölf Jahre zuvor bereits einmal international bemerkbar gemacht. Als zweifacher Norwegischer Juniorenmeister im Zeitfahren und Gewinner der U23-Wertung bei den beiden Klassikern Paris–Roubaix und Paris–Tours kam Hushovd im Oktober 1998 ins niederländische Valkenburg zu den Weltmeisterschaften in der U23-Kategorie.

Zwar hatte der Norweger früher im Jahr bereits Siege eingefahren, aber danach hatte ihn eine Verletzung für fast sechs Monate an jedweder Rennteilnahme gehindert.

So war der Sieg gar keine ernsthafte Option für ihn. Ein Podiumsplätzchen vielleicht, aber nicht das oberste, nicht das Regenbogentrikot. Doch nach 33 km Zeitfahren in Wind und Regen erwartete ihn genau das. Seine Stärke, die bald im gesamten Radsport bekannt sein würde, hatte ihn bei grässlichen Witterungsbedingungen an die Spitze des Feldes gebracht.

Da war er erst zwanzig Jahre alt und stand am Beginn einer fantastischen Karriere (s. 18. Januar).

7. Oktober

Jeannie Longo-Ciprelli gewinnt das fünfte Regenbogentrikot
(1995)

Als die Französin Jeannie Longo-Ciprelli am 7. Oktober 1995 bei der Weltmeisterschaft der Frauen im Straßenrennen am Start steht, ist sie 37 Jahre alt und will Geschichte schreiben.

Über sechs lange Jahre hatte sie sich den Rekord der meisten Weltmeistertitel mit der Belgierin Yvonne Rynders geteilt, die ihre Siege in den 1950er- und 60er-Jahren eingefahren hatte. Beide waren vierfache Weltmeisterinnen. Longo will den fünften Titel. Sie will allein ganz oben im Baum sitzen.

Das Rennen beginnt nicht gut für sie: Sie stürzt auf der zweiten von fünf Runden. Unter großen Schmerzen fährt sie weiter (nach dem Rennen muss eine klaffende Wunde am Oberschenkel genäht werden) und kämpft sich wieder an die Führungsgruppe heran. Zwei Runden vor dem Ziel setzt sie sich dann zusammen mit ihrer Teamkameradin Catherine Marsal ab; am letzten Anstieg schließlich lässt sie auch diese stehen und fährt zum Sieg. Und zu einem neuen Eintrag in die Rekordlisten.

Zwanzig Jahre danach fährt Jeannie Longo immer noch. Ihre Karriere ist einzigartig, sowohl was die Länge als auch was die Erfolge betrifft. Ihre erste Französische Meisterschaft im Straßenrennen gewann sie 1979, die letzte 2011. Dazwischen liegen 32 Jahre! Insgesamt hat sie diesen Titel ganze zwanzigmal erobert, elfmal den der Französischen Zeitfahrmeisterin. Sie ist sowohl fünffache Straßen-Weltmeisterin als vierfache Zeitfahr-Weltmeisterin. Alle diese Zahlen sind Rekorde. Wenn man ihre Titel im Bahnradsport hinzuzählt, sind es insgesamt 59 nationale und 13 internationale Meistertitel, die sie erreicht hat. Dazu olympisches Gold. Und vier Siege bei der Tour de France Féminin. Auch das ist ein Rekord, wenngleich einer, den sie teilen muss.

8. Oktober

Der Geburtstag von Philippe Thys

(1890)

Der 1890 in der belgischen Stadt Anderlecht geborene Philippe Thys ist der erste Fahrer, der die Tour de France dreimal für sich entscheiden konnte. Den ersten Sieg holte er sich 1913. Er verteidigte seinen Titel 1914 und erneuerte ihn dann 1920. Es dauerte 35 Jahre, bis Louison Bobet diesen Rekord einstellen konnte; er gewann 1955 seine dritte Tour. Erst weitere acht Jahre später wurde diese Zahl von Jacques Anquetil übertroffen (1963). Allein diese Tatsache beweist, dass Thys es verdient hat, als einer der großen Champions der Tour-Geschichte gewürdigt zu werden. Bedenkt man, dass seine besten Jahre vom Krieg unterbrochen wurden, lässt sich annehmen, dass dieser Fahrer durchaus zu fünf oder mehr Siegen in der Lage gewesen wäre.

Weil seine Erfolge so früh in der Geschichte der Tour stattfanden, wird Thys oft übersehen, wenn die Geschehnisse und Legenden dieses Rennens erzählt werden. In mehr als hundert Jahren Tour-Geschichte haben nur ganze vier Fahrer dieses Rennen häufiger gewonnen als er, und dennoch sind die Geschichten anderer Recken wie Coppi, Bartali und Fignon viel bekannter als die von Thys. Obwohl dieser die Tour häufiger als sie alle gewonnen hat, wird er selten im gleichen Atemzug wie sie genannt. Aber es ist ein Fehler, den ersten ganz großen Sieger der Tour zu ignorieren.

Als einer der ersten Fahrer, die sich auf die Tour konzentrierten, hat Thys nur wenige andere Rennen gewonnen; die bemerkenswertesten unter ihnen sind die Lombardeirundfahrt und Paris–Tours.

Der belgische Autor Johan van Win beschreibt Philippe Thys als einen hochintelligenten Fahrer, der seine Rennen mindestens so sehr mit dem Kopf wie mit den Beinen und der Lunge gewann. In einer Epoche langer Fluchten und Solo-Fahrten war Thys jemand, so Van Win, der seine Aktionen genau abwog, der klug abwartete und dann ohne Blick zurück seine Attacken setzte. Er zeichnet das Bild eines Fahrers, der seiner Zeit weit voraus war: ein Mann, der spezifisches Training durchführte, statt sich einfach nur Kilometer in die Beine zu fahren. Der sich zudem Gedanken über seine Ernährung machte und dessen besonders niedrige Fahrposition ihm den Beinahmen «Basset-Hund» einbrachte.

Nach seinem Sieg 1920 sollte Thys in den nächsten fünf Jahren noch weitere sieben Etappen bei der Tour für sich entscheiden, aber die Gesamtführung konnte er nicht wieder übernehmen. 1927 beendete er seine Karriere mit insgesamt dreizehn Etappenerfolgen und den drei Gesamtsiegen in den Palmarès.

9. Oktober

Erik Zabel gewinnt zum dritten Mal Paris–Tours

(2005)

Vier Fahrer haben bisher den Sprinter-Klassiker Paris–Tours dreimal gewinnen können. Der letzte von ihnen ist Erik Zabel, der seinen dritten Sieg am 9. Oktober 2005 festzurren konnte (s. 17. Mai zu den anderen).

Zabel hatte den alljährlichen Tiefflug hinein nach Tours das erste Mal 1994 gewonnen. Der zweite Sieg kam 2003, als er den Italiener Alessandro Petacchi und den Australier Stuart O'Grady auf der Linie schlagen konnte.

Seinen dritten Erfolg erreichte Zabel in seiner letzten Saison beim Team T-Mobile. Er war seit 1993 bei dieser Mannschaft in ihren unterschiedlichen Variationen, und das Rennen nach Tours war sein letzter Auftritt in Magenta. Es wäre beinahe um Haaresbreite schiefgegangen. Mit etwas über 25 km verbleibender Strecke und nachdem eine Fluchtgruppe eingefangen worden war, die es bis auf einen Vorsprung von mehr als neun Minuten gebracht hatte, setzte sich ein Fahrerpärchen erneut ab, im verzweifelten Versuch, einer Sprinterankunft zuvorzukommen. Die beiden, Philippe Gilbert und Stijn Devolder, sollten später noch manchen Klassiker gewinnen. Gilbert entwickelte sich zu einem der besten Eintagesklassikerfahrer überhaupt, aber damals standen beide noch am Beginn ihrer Karrieren.

Gilbert und Devolder taktierten auf den letzten Metern etwas zu lange. Das Feld rauschte mit Lichtgeschwindigkeit über die lange, gerade Avenue de Grammont heran. Kurz vor der Linie waren die beiden Ausreißer eingeholt, und Zabel lancierte seinen Sprint perfekt. Er siegte mit einer halben Radlänge. Es war sein letzter Sieg bei einem der großen Eintagesrennen.

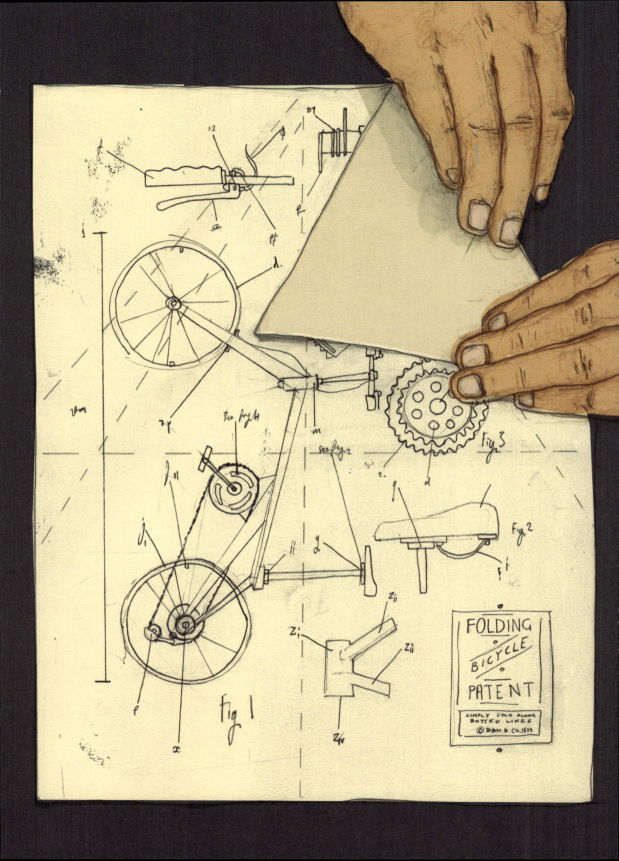

10. Oktober

Isaac Johnson lässt ein faltbares Fahrrad patentieren
(1899)

All die vielen Pendler rund um den Globus, die ihre Fälträder in Bussen und Eisenbahnen verstauen, sind einem US-amerikanischen Erfinder Dank schuldig, der im letzten Jahr des ausgehenden 19. Jahrhunderts einen faltbaren Fahrradrahmen zum Patent anmeldete.

Isaac R. Johnson aus Manhattan hatte seinen Patentantrag im April des Jahres eingereicht. Darin beschrieb er seine Erfindung als einen Fahrradrahmen, der sich zum Zwecke der platzsparenden Aufbewahrung z.B. in Gepäckabteilen oder anderen kleinen Räumen oder zum einfacheren Tragen auseinandernehmen ließ.

Möglich wurde dies durch eine ganze Anzahl von Gewinden, Muttern, Scharnieren, Scheiben und Sicherungen. Die komplizierte Konstruktion, die in der Patentschrift haarklein beschrieben wurde, erlaubte die komplette Zerlegung des Rahmens, wenn es notwendig sein sollte. Das Patent wurde am 10. Oktober 1899 erteilt.

Unter technischen Gesichtspunkten haben heutige Fälträder mit Johnsons Lösung nur wenig gemein, aber sie teilen natürlich den nach wie vor gleichen Zweck. Heute gibt es auch diverse Faltrad-Rennen. Das größte unter ihnen ist die Brompton-Weltmeisterschaft, die vom gleichnamigen britischen Hersteller durchgeführt wird. Das Rennen beinhaltet das Zusammensetzen der Räder aus dem gefalteten Zustand heraus und eine anschließende Wettfahrt über 15 km, alles im Büro-Outfit, versteht sich. 2014 gingen 800 Teilnehmer an den Start.

11. Oktober

Das erste Chrono des Herbiers der Frauen wird durchgeführt
(1987)

Die erste Frauen-Austragung des Chrono des Herbiers 1987 wurde von Jeannie Longo gewonnen. Es war bereits das sechste Mal, dass diese Veranstaltung ausgetragen wurde, aber das erste Mal, dass ein Frauenrennen zum Programm gehörte.

Ausgetragen im französischen Departement La Vendée, war das Rennen 1982 zum ersten Mal durchgeführt worden, als Amateur-Veranstaltung. Fünf Jahre später öffnete es sich auch für Profis. Ab 1995 war es dann ein reines Profi-Rennen und in den letzten zehn Jahren Bestandteil der UCI Europa-Tour.

Im Folgejahr nach Jeannie Longos Sieg gewann die Italienerin Maria Canin, ebenso im Jahr darauf. Aber Jeannie Longo war auch noch nicht fertig mit diesem Rennen. Sie gewann noch 1992, 1995, 2000, 2009 und 2010. Mit sechs Erfolgen hält sie den Rekord für die meisten Siege. Bei den Männern gehört dieser Titel Pascal Lance mit vier Siegen (1987, 1988, 1994 und 1995).

2006 änderte sich der Name des Rennens in Chrono des Nations-Les Herbiers-Vendée.

12. Oktober
Der iranische Radsportler Mehdi Sohrabi hat Geburtstag
(1981)

Der Iraner Mehdi Sohrabi kam 2012 zum belgischen WorldTour-Team Lotto-Belisol, und das sorgte für einige Aufmerksamkeit in der sportlichen Öffentlichkeit.

Warum die Aufregung? Das hatte mit der Art und Weise zu tun, nach der die UCI ihre Lizenzen für die sogenannte WorldTour vergibt. Es gibt nur eine begrenzte Anzahl von Lizenzen, und diese erlauben den jeweiligen sie haltenden Teams die Teilnahme an allen Rennen dieser obersten UCI-Kategorie. Werden mehr Lizenzen nachgefragt, als es zu verteilen gibt, zieht die UCI die gesammelten UCI-Punkte aller einzelnen Fahrer des jeweiligen beantragenden Teams als Entscheidungskriterium dafür heran, welche Teams teilnehmen dürfen und welche nicht. Die Letzteren können nur noch auf sogenannte Wildcards hoffen, um Zugang etwa zur Tour de France zu erhalten.

2011 war Sohrabi sehr erfolgreich in Asien unterwegs gewesen. Er hatte die UCI AsiaTour gewonnen und dabei eine erkleckliche Anzahl von Punkten eingesammelt. Wer immer ihn für die Saison 2012 verpflichtete, bekam diese Punkte bezüglich der Lizenzerteilung gutgeschrieben. Plötzlich war Sohrabi ganz heiße Ware.

Er unterschrieb bei Lotto und half der Mannschaft so dabei, ihren Platz zu sichern. Er blieb nur für eine Saison und konnte kein einziges Rennen gewinnen, aber seinen entscheidenden Beitrag hatte er auch schon mit seiner Unterschrift geleistet. 2013 ging er wieder nach Asien. Und zurück in die Siegerspur.

13. Oktober
LeMond gewinnt die Juniorenweltmeisterschaft
(1979)

Als sich Greg LeMond, damals noch ein Teenager, vornahm, einmal ein großer Radsport-Profi zu werden, schrieb er eine Liste von Punkten auf einen gelben Notizzettel, die er dafür erledigen wollte. Nummer eins auf der Liste war ein gutes Abschneiden bei der Juniorenweltmeisterschaft im Straßenrennen 1978. Nummer zwei war der Gewinn dieser Meisterschaft 1979.

Als dann 1979 die Austragung der Weltmeisterschaften näher rückte, war LeMond bereits ein vielversprechender Fahrer. Zwei nationale Titel bei den Junioren hatte er sich schon gesichert (1977 und 1979), und eine Platzierung unter den ersten zehn bei der Juniorenweltmeisterschaft 1978. Punkt eins also. Nun reiste er nach Buenos Aires, um den zweiten Punkt seiner Liste abzuarbeiten.

Am Ende der 120 km langen Strecke fand LeMond sich in einem Zweimann-Kampf mit dem Belgier Kenny de Maerteleire wieder. Beim Sprint verließ der Belgier wieder und wieder seine Linie und drängte den Amerikaner in die begrenzenden Reifenstapel. De Maerteleire kam zuerst ins Ziel, LeMond folgte – mit viel Glück noch auf dem Rad sitzend – als Zweiter. Pech gehabt. Oder?

Nein! Den Schiedsrichtern gefiel keineswegs, was sie da hatten mitansehen müssen, und dem Belgier wurde der Sieg aberkannt. LeMond hatte sein erstes Regenbogentrikot gewonnen und den zweiten Punkt seiner Liste erledigt.

Er war der erste US-Amerikaner, der sich diesen Titel holen konnte. 1983 ließ er den Weltmeistertitel der Elite folgen und wiederholte dies 1989. Er ist bisher der einzige Fahrer, der sowohl die Junioren- als auch die Elite-Weltmeisterschaft gewinnen konnte.

14. Oktober
Floyd Landis hat Geburtstag
(1975)

Der in Lancaster, Pennsylvania in eine Mennoniten-Familie hineingeborene US-Radsportler Floyd Landis wurde im Jahr 2006 international bekannt, als er zuerst die Tour de France gewann und bald darauf der erste Fahrer in der Geschichte des Rennens war, dem dieser Sieg wieder aberkannt wurde. Landis begann seine sportliche Karriere im Mountainbiken, was er ursprünglich vor seiner Familie verheimlichte, im Wissen, dass sie dies nicht gutheißen würde. 1993 wurde er dennoch US-Juniorenmeister im Mountainbiken. 1999 war er dann zum Straßenradsport gewechselt und Profi beim Team Mercury geworden.

Nachdem er bei den Teams US Postal und Discovery als Domestike für Lance Armstrong gefahren war, ging er 2005 als Mannschaftskapitän zu Phonak. Sein neunter Platz bei der Tour wurde dann 2006 zum ersten, trotz erheblicher Schmerzen aufgrund einer Knochennekrose an der Hüfte, die auf mangelnde Blutzufuhr zurückging. Dass er unter diesen Bedingungen überhaupt Rad fahren konnte, war für sich schon bemerkenswert, und das auch noch beim härtesten Rennen überhaupt. Aber der Titel wurde ihm nach der Auswertung einer Urinprobe, die er am Ende einer legendären Alpenetappe abgab, wieder aberkannt (s. 20. Juli).

Dann kamen das übliche Abstreiten, die Gerichtsverfahren, das Geld-Einsammeln, das Buch usw. Nach einem langen und sehr teuren Versuch, seinen Namen wieder reinzuwaschen, gab Landis 2010 im TV-Sender ESPN schließlich öffentlich zu, während seiner Karriere gedopt zu haben. Er sagte zudem, dass der schwerste Telefonanruf seines Lebens sei der bei seiner Mutter gewesen, als er ihr die Wahrheit mitteilte.

15. Oktober
Sean Kelly gewinnt seinen ersten Klassiker
(1983)

Im Oktober 1983 war der Ire Sean Kelly 27 Jahre alt. Er war seit sieben Jahren Radsportprofi. Er hatte Etappen bei der Tour und bei der Vuelta gewonnen. Er hatte die Tour de Suisse gewonnen und Paris–Nizza. Er hatte die Punktetrikots der Tour und der Vuelta getragen. Er war ein ungemein erfolgreicher Fahrer und Mannschaftskapitän. Aber er hatte noch keinen der großen Eintagesklassiker gewonnen. Und es war nicht recht zu verstehen, warum. Kelly hatte eindeutig die Fähigkeiten, einen Klassiker zu dominieren, aber irgendwie funktionierte es nicht. Manche dachten, dass es ihm vielleicht am entscheidenden Quäntchen Killerinstinkt fehlte, den es bei diesen Rennen braucht. Aber im Herbst 1983, beim Ausklangsrennen der Klassikersaison, der Lombardeirundfahrt, sollte Kelly schließlich all diese Zweifler in den Wald schicken.

Es waren noch drei der insgesamt 255 km des Rennens zu fahren, und alle Favoriten waren an der Spitze des Feldes versammelt. Darunter auch Sean Kelly. An seinem Hinterrad klebte Greg LeMond. Der Sprint wurde angezogen. Und was für ein Sprint es war! 18 Fahrer stehen mit identischer Zeit im Ergebnisprotokoll des Rennens. Und an der Spitze dieser ausgewählten Truppe waren vier: Kelly, LeMond, Adrie van der Poel und Hennie Kuiper. Das Zielfoto zeigt sie alle nebeneinander über die Straße verteilt. Kelly liegt einen Hauch vor LeMond, Van der Poel dahinter auf Platz drei. Es ging um Zentimeter. Aber Kelly hatte sein erstes Monument gewonnen.

Und nun war der Bann gebrochen. Am Ende seiner Karriere sollte Sean Kelly neun Monumente eingesammelt haben und einen ganzen Strauß von anderen Eintagesklassikern.

16. Oktober

Samuel Sánchez gewinnt erneut beim Montjuic-Bergrennen

(2005)

Die Escalada a Montjuic war über viele Jahre eines der berühmtesten Bergrennen der Welt. Am 16. Oktober 2005 gewann dort der Spanier Samuel Sánchez, der das Rennen schon einmal für sich hatte entscheiden können. Diesmal verwies er den zukünftigen Tour-Sieger Carlos Sastre auf den zweiten Platz.

Aber die Zukunft des Rennens stellte sich als düster heraus. Im September 2008, also nur zwei Austragungen nach Sánchez' Sieg, waren die Veranstalter zur Absage des Rennens gezwungen. Wie bei so vielen anderen Events des europäischen Radsports fanden sich keine Sponsoren mehr, oder zumindest nicht genug. Die ökonomische Krise mit dem Platzen der Immobilienblase zum einen, die Glaubwürdigkeitskrise des Radsports nach den EPO-Skandalen zum anderen hinterließen große Wunden. Europa hatte ein weiteres wichtiges Rennen verloren.

Das war ein schwerer Schlag. Die Escalada a Montjuic, ausgetragen auf den Hügeln über Barcelona, hatte seit 1965 jährlich stattgefunden. Es war eine eintägige Veranstaltung, die aber aus zwei Etappen bestand: einem Bergrennen mit Massenstart und einem kürzeren Einzelzeitfahren. Die Zeiten wurden addiert, der Gesamtschnellste war der Sieger. Unter diesen Siegern waren einige der besten Fahrer, die je im Sattel saßen: Bahamontes, Poulidor, Merckx, Thévenet, Zoetemelk – alle gewannen am Montjuic; Merckx nicht weniger als sechsmal.

Der letzte Sieger des Rennens hieß Daniel Moreno, der damit der elfte Spanier wurde, der diesen Titel in seine Erfolgsliste aufnehmen konnte.

17. Oktober

Philippe Gilbert gewinnt sein erstes Monument

(2009)

Der in eine Radsportfamilie hineingeborene Belgier Philippe Gilbert kam 2003 im französischen Team La Française des Jeux zu den Profis, nachdem er in Belgien bereits als Junior und in der U23-Kategorie beeindruckt hatte.

In den sechs Saisons mit diesem Team glückten Gilbert viele Erfolge, darunter Siege beim Omloop Het Volk und bei Paris–Tours. 2009 ging er dann zurück nach Belgien und zum Team Silence-Lotto, und hier sollte seine Karriere erst richtig in Fahrt kommen. Ein Etappensieg beim Giro im Frühjahr war nur die Fanfare für ein fantastisches Quartett von Erfolgen im Herbst: Coppa Sabatini, Paris–Tours, Giro del Piemonte und schließlich die Lombardeirundfahrt.

Gilberts Sieg beim «Rennen der fallenden Blätter» war das Ergebnis seiner erfolgreichen Flucht am Anstieg San Fermo della Battaglia sechs Kilometer vor dem Ziel. Mit dabei war der Spanier Samuel Sánchez, der aber im Sprint zum Ziel unterlag. Das war Gilberts erster Sieg bei einem Monument und der erste Sieg eines Belgiers bei der Lombardeirundfahrt seit Alfons de Wolf 1980.

Inzwischen hat Gilbert eine ganze Anzahl von Klassikern gewonnen, darunter ein zweites Mal die Lombardeirundfahrt. 2011 war er der erste Belgier, der die drei Ardennen-Klassiker Amstel Gold Race, Wallonischer Pfeil und Lüttich–Bastogne–Lüttich in einer Saison gewinnen konnte. Außerdem verbuchte er Etappengewinne bei allen drei großen Rundfahrten und wurde 2012 Weltmeister im Straßenrennen.

18. Oktober

Tony Doyle gewinnt sein erstes Sechstagerennen in Berlin
(1983)

Großbritanniens bester Sechstage-Fahrer, Tony Doyle, fuhr sein erstes Sechstagerennen 1980 bei den Skol Six in London, aber es sollte noch bis 1983 dauern, bis er sich seinen ersten Sieg holte.

Doyle war in diesem Jahr Vierter im Verfolgungsrennen der Weltmeisterschaft geworden und Fünfter beim Punkterennen. Wenn er selbst von diesem Ergebnis vielleicht enttäuscht war, so hatte er doch den Chef der Berliner und Dortmunder Sechstagerennen, Otto Ziegler, beeindruckt. Dieser brachte ihn mit dem Australier Danny Clark in Verbindung, einem sehr erfolgreichen Sechstage-Fahrer, der gerade einen neuen Partner suchte. Beim Rennen in Berlin fuhren sie das erste Mal zusammen – und gewannen. Das Gleiche geschah in Dortmund. Das war der Beginn einer äußerst erfolgreichen Zusammenarbeit. Als Team gewannen sie in den nächsten acht Jahren 19 Sechstagerennen.

Im Jahr 1989 wären Doyles Karriere und sogar sein Leben beinahe zu einem tragischen Ende gekommen, als er während des Münchner Sechstagerennens einen schrecklichen Sturz erlitt und zehn Tage im Koma lag. Sein Zustand war derart ernst, dass man sich schon auf seinen Tod vorbereitete. Aber er kam zurück ins Leben. Es kostete ihn Monate, wieder laufen zu lernen, aber zur großen Überraschung vieler kam er ein Jahr später zurück nach München. Er verschenkte Eintrittskarten zum Sechstagerennen an das Personal der Klinik, das ihn im Jahr zuvor gepflegt hatte. Und wer von diesen dann zum Rennen kam, konnte den ehemaligen Patienten siegen sehen.

Als Doyle sich 1991 aus dem aktiven Sport zurückzog, hatte er 23 Sechstagerennen und zwei Weltmeisterschaftstitel gewonnen.

19. Oktober

Der Todestag von André Mahé

(2010)

Der im November 1919 in Paris geborene André Mahé war etwa zehn Jahre lang, nach dem Ende des Zweiten Weltkrieges, Radprofi. In dieser Zeit fuhr er für sieben verschiedene Teams (sogar elf, wenn man die damals für die Tour zusammengestellten Regionalteams mitzählt) und erreichte einige Rennsiege. Mit einem von diesen ist er in die Geschichtsbücher eingegangen.

Wir schreiben den 17. April 1949. Später Nachmittag. Das Velodrom in Roubaix ist bis auf den letzten Stehplatz gefüllt mit Fans, die auf die Ankunft der Spitzengruppe bei der 47. Austragung des Eintagesklassikers Paris–Roubaix warten. Drei Fahrer nähern sich dem Velodrom: Mahé, Jesus-Jacques Moujica und Frans Leenen. Sie haben Minuten Vorsprung auf ihre Verfolger. Die drei erreichen die Radrennbahn, aber ein Offizieller weist ihnen den falschen Weg. Statt drinnen zur Ziellinie zu sprinten, fahren sie nun außen herum und suchen nach dem Eingang. Der Sieg ist im Begriff, ihnen aus den Händen zu gleiten. Moujica stürzt. Mahé und Leenen rütteln verzweifelt an einer Tür. Sie öffnet sich! Die beiden schultern ihre Räder, gehen hinein und finden sich auf der Pressetribüne wieder. Die Menge, die gebannt auf den üblichen Eingang zum Velodrom starrt, ist völlig aus dem Häuschen angesichts zweier Profis, die mit geschulterten Rädern über die Sitzreihen klettern, um hinunter zur Rennbahn zu gelangen. Dort springen sie auf ihre Räder und jagen über die Ziellinie. Mahé gewinnt dieses bizarre Finale.

Die Verfolgergruppe kommt unter der Führung von Serse Coppi, dem Bruder von Fausto, ins Ziel. Wegen Mahés Verlassen der Rennstrecke reklamiert Serse Coppi den Sieg für sich. Es beginnen Monate des Ringens um ein gerechtes Ergebnis.

Im November 1949 wird schließlich ein Kompromiss verkündet: Coppi und Mahé teilen sich den Sieg. Aus diesem Grund findet man heute zwei Namen unter der Jahreszahl 1949 in der Siegerliste des Monumentes Paris–Roubaix: André Mahé und Serse Coppi.

Mahé starb am 19. Oktober 2010 im Alter von 90 Jahren.

20. Oktober

Christophe Bassons wird suspendiert

(2012)

Es war eine Wendung in der schmerzlichen Doping-Geschichte des Radsports, die unglaublich schien und das ohnehin wackelige moralische Fundament des Sports noch einmal für kurze Zeit erschütterte: Im Oktober 2012 wurde über den Fahrer Christophe Bassons eine einjährige Sperre verhängt, weil er einen Doping-Test nach der Französischen Meisterschaft im Mountainbike-Marathon verpasst hatte.

Bassons war mehr als zehn Jahre vorher bekannt geworden als der einzige Fahrer der Festina-Mannschaft, der nicht von der großen Doping-Affäre des Teams 1998 betroffen war. Die Ermittlungen sprachen ihn von jedem Verdacht frei. 1999 nahm er an seiner ersten Tour teil und schrieb dabei eine tägliche Kolumne für *Le Parisien*. Unter anderem berichtete er darin von der Überraschung (und den Zweifeln) innerhalb des Pelotons bezüglich Lance Armstrongs Leistungen.

Damit hatte er sich der ultimativen Versündigung schuldig gemacht. Er hatte angedeutet, dass nicht alles so sein müsse, wie es aussehe. Er hatte in die Suppe gespuckt, und deshalb wurde er nun von seinen Fahrerkollegen geschnitten. Armstrong legte ihm nahe, das Peloton zu verlassen. Ach was, den Radsport zu verlassen. Seine Mannschaftskameraden weigerten sich, ihn zu unterstützen. Auf der elften Etappe gab er das Rennen auf. Er sollte nie mehr zur Tour zurückkehren. Zwei Jahre später hatte er dem Sport komplett den Rücken zugekehrt. Bassons wurde das Gesicht der Gefallenen: derjenigen Fahrer, die sich weigerten, ihre Erfolge auf Betrug aufzubauen, und so in dieser dunkelsten Epoche des Sports ihre Karrieren aufgeben mussten.

Und nun wurde auch dieser Mann suspendiert? Was war geschehen? Bassons hatte das Rennen erschöpft aufgegeben, hatte die Veranstalter informiert und sich dann auf den Heimweg gemacht. Unterwegs erhielt er einen Anruf mit der Aufforderung, sich innerhalb von 30 Minuten zum Doping-Test einzufinden. Inzwischen viel zu weit weg, verpasste er den Test. Die Suspendierung folgte unausweichlich.

Es gab keinerlei Hinweise auf irgendetwas Unzulässiges. Bassons war sauer und focht die Sperre an. Sie wurde auf einen Monat reduziert. Bassons weigerte sich, sie anzuerkennen. Er fühlte sich vom französischen Sportministerium und der französischen Anti-Doping-Agentur verschaukelt. Er focht auch die abgemilderte Sperre an. Im Mai 2013 wurde sie schließlich zurückgenommen.

21. Oktober

Der Geburtstag von Alfred de Bruyne
(1930)

Der im flandrischen Berlare geborene Belgier Alfred de Bruyne wurde 1953 Radsport-Profi und blieb es neun Jahre lang. Seine beste Zeit hatte er zwischen 1956 und 59. In diesen vier Jahren gewann er drei Etappen bei der Tour (zusätzlich zu den dreien, die er schon 1954 gewonnen hatte), zweimal Paris-Nizza, dreimal die Desgrange-Colombo-Challenge (der Vorläufer der UCI-Weltrangliste) und sieben große Klassiker.

Seinen ersten Klassikersieg fuhr er 1956 bei Mailand-San Remo ein. Da war er Teil einer frühen Ausreißergruppe, die sich im Verlauf des Rennens viele Attacken und Gegenattacken lieferte. 30 km vor dem Ziel konnte er sich absetzen und blieb bei schrecklichen Witterungsbedingungen allein vorn bis zum Ziel in San Remo. Eine erstaunliche Art, seinen ersten Klassiker zu gewinnen. Sieben Wochen später legte er mit Lüttich-Bastogne-Lüttich nach.

1957 gewann er das Flandern/Roubaix-Double und Paris-Tours. 1958 und 59 kamen zwei weitere Siege in Lüttich dazu, womit er der dritte Fahrer überhaupt war (nach Léon Houa und Alfons Schepers), der dieses Triple erreichte. Eddy Merckx und Moreno Argentin sollten die Marke später mit fünf bzw. vier Siegen übertreffen.

Nach dem Ende seiner Profi-Karriere blieb de Bruyne dem Sport treu. Er arbeitete für Radsport-Teams und für das Fernsehen und schrieb eine Handvoll Bücher, darunter seine Memoiren. 1994 starb er im Alter von 63 Jahren.

22. Oktober

Wilfried Peeters tritt zurück
(2001)

Der belgische Fahrer Wilfried Peeters beendete im Herbst 2001 seine sechzehn Jahre dauernde Profi-Karriere. Er war bekannt als einer der besten Domestiken des Pelotons.

Seine größten eigenen Erfolge erreichte er bei den Frühjahrsklassikern. 1994 gewann er Gent-Wevelgem, indem er Franco Ballerini im Zielsprint abhängte. Zweimal stand er auf dem Podium von Paris-Roubaix: 1998 als Dritter und 1999 als Zweiter, hinter Andrea Tafi. Peeters fuhr damals für Mapei, ebenso wie Tafi. Ihr Mannschaftskamerad Tom Steel wurde Dritter, und damit war es das dritte Mal innerhalb von fünf Jahren, dass Mapei das komplette Podium stellte.

In seiner letzten Saison, 2001, war Peeters erneut an einem 1-2-3-Finish beteiligt, diesmal aber kam er selbst nicht mit aufs Treppchen. Inzwischen fuhr er für das französische Team Domo-Farm Frites. 90 km vor dem Ziel konnte er sich absetzen und eine Führung von mehr als einer Minute herausfahren. Das zwang die anderen Favoriten dazu, die Verfolgung aufzunehmen, was es wiederum dreien seiner Mannschaftskameraden erlaubte, sich mitziehen zu lassen, ohne selbst viel tun zu müssen.

Nach zwei Stunden Solofahrt wurde Peeters schließlich eingefangen, weniger als 15 km vor der Ziellinie. Aber die Taktik ging perfekt auf. Seine drei Kameraden standen am Ende alle auf dem Podium, Peeters wurde Fünfter.

Nach seinem Rücktritt vom aktiven Sport wurde Peeters Sportlicher Leiter, zurzeit arbeitet er für das Team Etixx-Quick Step.

23. Oktober

Alex Zanardi hat Geburtstag

(1966)

Im Jahr 2001 war der italienische Rennfahrer Alex Zanardi in einen schweren Unfall während eines Autorennens auf dem Lausitz-Ring verwickelt. Er kam nach einem Pit-Stop auf die Rennstrecke zurück und geriet vor mit voller Geschwindigkeit heranrasende Konkurrenten. Alex Tagliani traf ihn an der Seite, die Frontpartie seines Fahrzeuges wurde komplett zerstört. Zanardis Herz blieb für sieben Minuten stehen. Er überlebte dennoch, verlor aber beide Beine.

Er kam zum Motorsport zurück und war noch sechs Jahre lang in der Touring-Car-Weltmeisterschaft unterwegs. 2009 begann er mit dem Handcycling und nahm bald an Marathons teil. Seine erste bedeutende Medaille war die silberne im T4-Zeitfahren bei der Weltmeisterschaft 2011. Zanardi fuhr 2012 für Italien zu den Londoner Paralympics, wo er zweimal Gold gewann, im H4-Einzelzeitfahren und im H4-Straßenrennen. Er feierte seinen Sieg, indem er seinen Rolli in die Luft stemmte. «Ich habe ein magisches Abenteuer erlebt, und dies ist sein fantastisches Ende», sagte er.

Aber die magische Geschichte war noch lange nicht vorbei. 2013 und 2014 folgten weitere Erfolge, und der größte war wohl der vom September 2014, als Zanardi an den Ironman-Weltmeisterschaften auf Hawaii teilnahm, gemeinsam mit den nicht-behinderten Athleten. Zanardi war unter den ersten 300 der mehr als 2000 Teilnehmer im Ziel dieses unglaublich harten Rennens und ergänzte so noch ein weiteres Kapitel zu seiner ohnehin schon außerordentlichen Geschichte.

24. Oktober
Die UCI führt den Biologischen Pass ein
(2007)

Am 24. Oktober 2007 stellte die UCI ihre neueste Waffe im Kampf gegen den Sportbetrug mit Hilfe von Dopingmitteln vor: den sogenannten Biologischen Pass. Von der leitenden Organisation des internationalen Radsports als «neue Ära im Kampf gegen das Doping» angekündigt, befähigt diese häufig auch ungenau als Blutpass bezeichnete Sammlung relevanter biologischer Parameter eines Sportlers die Kontrollinstanzen, sich ein Bild vom Normalzustand des Betreffenden zu machen, um so Unregelmäßigkeiten, die auf den Gebrauch von Dopingmitteln hinweisen könnten, besser ausmachen und ihren Ursachen auf den Grund gehen zu können.

Eingeführt für die Saison 2008, liegt es in der Natur dieses Instrumentes, dass Werte über einen gewissen Zeitraum hin gesammelt werden müssen, um individuelle Leistungen richtig einschätzen können. Die UCI war der erste Radsportverband, der den Pass einsetzte bzw. forderte, und der erste Verband, der Sanktionen allein auf Hinweise aus der Auswertung des Passes hin aussprach.

Seit 2009 hat die Überwachung dieser Daten eine Reihe von Hinweisen auf Regelverstöße erbracht. Einer der stärksten davon betraf den Briten Jonathan Tiernan-Locke, der nach einer ausgezeichneten Saison 2012 bei Endura für 2013 vom Team Sky unter Vertrag genommen worden war. In diesem Jahr gab es dann Ermittlungen wegen unnormaler Werte seines Biologischen Passes, die Folge eines Blutdopings im Jahr 2012 sein konnten. 2014 beendet Sky den Vertrag mit ihm. Nachdem eine zweijährige Sperre gegen ihn ausgesprochen wurde, bezeichnet sich Tiernan-Locke als Opfer eines fehlerhaften Systems.

25. Oktober
Merckx stellt den Stundenrekord auf
(1972)

Um 9:56 Uhr am 25. Oktober 1972 signalisiert der Schuss einer Startpistole im Agustín Melgar Velodrom in Mexico City das Ende von Eddy Merckx' erster und einziger Stundenweltrekordfahrt. Merckx umkreist weiter das Oval und verringert dabei langsam die Geschwindigkeit. Einige Tausend Zuschauer skandieren «Eddy, Eddy». Merckx kommt in der dünnen Luft um Atem ringend zum Stehen und wird von seinem Team gestützt. Auf der Anzeigetafel erscheinen schließlich die ersehnten Worte «Eddy Merckx: neuer Rekord».

Die vergangene Stunde zeigte Merckx als Musterbeispiel der Konzentration. Trotz der Warnung von niemand Geringerem als Jacques Anquetil, sich nicht zu früh zu verausgaben, wollte Merckx die Fahrt schnell beginnen, und genau das hatte er getan. Nach 20 km lag er bereits elf Sekunden unter dem bisherigen Rekord. Und der Belgier ließ nicht nach. Die UCI-Rekordliste gibt die Strecke von 49,432 km als Ergebnis an, und damit 778 m mehr als beim vorherigen Rekordhalter Ole Ritter. Merckx' Marke hatte bis 1984 Bestand, wobei die Veränderungen bei Materialien und Bauweisen von Fahrrädern die UCI dazu gezwungen hatten, einige zwischenzeitlich erreichte Rekorde aus der Kategorie zu nehmen (s. 11. Mai für mehr Informationen zum Stundenweltrekord).

26. Oktober

Sarah Storey hat Geburtstag

(1977)

Sarah Storey, geborene Bailey, Dame Commander of the Order of the British Empire (DBE), ist eine der erfolgreichsten Athletinnen Großbritanniens. Sie kam mit einer verkrüppelten linken Hand zur Welt, die sich wegen einer Nabelschnurschlinge nicht richtig entwickeln konnte. Storey hat die Paralympic-Szene über drei Jahrzehnte und zwei Sportarten hinweg dominiert.

Ihr erster Sport war das Schwimmen. Nachdem sie im Alter von sechs Jahren die Olympischen Spiele in Los Angeles verfolgt hatte, träumte sie davon, einmal ihr Land bei Olympia zu vertreten. Sie trainierte unermüdlich und kämpfte ebenso zäh um Einladungen zu Wettkämpfen. Ihr Talent und ihre Entschlossenheit sorgten dafür, dass sie nicht übersehen wurde. 1992, mit nur vierzehn Jahren, nahm Storey an ihren ersten Paralympischen Spielen in Barcelona teil und brachte fünf Medaillen mit, zwei davon aus Gold. Mehr Gold gab es in Atlanta und Silber in Sydney und Athen. Insgesamt gewann sie im Pool 16 paralympische Medaillen über vier Austragungen der Spiele hinweg, dazu ein ganzes Bündel von Weltmeistertiteln.

2005 war sie immer noch Schwimmerin, zog sich aber eine schwere Ohrenentzündung zu, die sie für einige Monate aus dem Wasser holte. Um trotzdem fit zu bleiben stieg sie auf das Fahrrad. Das sollte ihre Karriere umkrempeln. Am Ende des Jahres hatte Storey den Weltrekord beim 3000m-Zeitfahren im Paracycling inne. Eine Zukunft auf Rädern stand vor der Tür.

Der erste wichtige Wettkampf auf dem Rad waren die Europameisterschaften 2005. Sie kam mit einem Strauß von Medaillen zurück: drei goldene und eine silberne. Jetzt kannte jedermann im Paracycling ihren Namen.

Seit ihrem Wechsel zum Paracycling hat Storey an zwei weiteren Paralympischen Spielen teilgenommen und weitere sechs Goldmedaillen gewonnen. Vier davon holte sie sich bei den Spielen in London 2012.

Die Gesamtzahl von Storeys Siegen ist ungeheuer, und nicht alle sind aus dem Behindertensport; sie hat auch häufig an offenen Wettkämpfen teilgenommen. 2010 vertrat sie England bei den Commonwealth-Spielen, zudem gewann sie Gold in Teamverfolgungsrennen des World Cup und eine Anzahl von nationalen Titeln auf der Bahn. Bis 2015 hatte sie 22 Medaillen bei den Paralympischen Spielen eingesammelt, davon 11 goldene; 24 Weltmeistertitel, 21 Europameistertitel, 7 World Cup-Titel (zwei davon allgemeine) und mehr als 140 nationale Titel (fünf davon allgemeine).

«Wenn du weißt, dass sich all die harte Arbeit gelohnt hat, ist das schon ein ganz besonderes Gefühl», sagte sie mir. «Der Moment oben auf dem Podium ist der erste, in dem du wieder ruhig wirst und begreifst, was du gerade getan hast. Das ist ein Moment, wie du ihn sonst niemals im Sport erlebst.» Ein Gefühl, das sie besser kennt als jeder andere britische Athlet.

27. Oktober
Greg Hill hat Geburtstag
(1963)

Als einer der erfolgreichsten BMX-Fahrer der Geschichte hat der US-Amerikaner Greg Hill eine 21 Jahre dauernde Profi-Karriere hinter sich gebracht. Er war erst zehn Jahre alt, als er über einen Freund zum BMX-Sport kam und ihm sofort mit Leib und Seele verfiel. BMX sollte sein Leben beherrschen.

1977, mit nur 13 Jahren, war er bereits Profi und fuhr in den Folgejahren zahllose Titel ein. Er war einer der herausragenden Fahrer in den 1980er-Jahren, als das BMX noch um seinen Platz im Radsport kämpfen musste. Er wurde fünfmal Weltmeister (damals wurde das BMX noch nicht von der UCI geführt) und gewann ebenfalls Rennen der International BMX Federation (BMXF) und internationale Rennen der ABA/NBL.

1983 sicherte Hill sich den Titel der ESPN Pro Champion-Serie. Sie verlief über sieben Rennen, von denen Hill die beiden letzten für sich entschied und damit den Titel gewann. In einem Interview bezeichnete er diesen Erfolg einmal als den, der ihn besonders glücklich gemacht hätte.

Greg Hill spielte eine wichtige Rolle bei der Entwicklung des BMX-Sports, und das nicht nur als Aktiver, der neue Fans anzog und begeisterte. Er entwickelte auch neue Techniken und Produkte – daher sein Spitzname «Businessman». 1983 gründete er die Firma Greg Hill Products (GHP), und 2005 wurde er in die US Bicycling Hall of Fame aufgenommen.

28. Oktober
Ina-Yoko Teutenberg hat Geburtstag
(1974)

Als Ina-Yoko Teutenberg 2001 beim Team Saturn Profi wurde, war die Siebzehnjährige bereits Juniorenweltmeisterin auf der Bahn und auf der Straße, und Deutsche Meisterin Elite auf der Bahn. Weitere Siege folgten bald, darunter Etappen bei der Tour de l'Aude Cycliste Féminin – ein Rennen, bei dem sie immer wieder erfolgreich sein sollte und schließlich die Rekordzahl von 21 Etappengewinnen erreichte.

Aber erst nach ihrem Wechsel zu T-Mobile 2005 startete sie richtig durch. In diesem Team unter der Leitung von Bob Stapleton blühte Teutenberg förmlich auf. Sie gewann Etappen bei der Route de France Féminine und dem Giro d'Italia Femminile, dem wichtigsten Etappenrennen der Frauen im Radsportkalender. 2009 siegte sie bei der Flandernrundfahrt und sicherte sich damit ihren größten Erfolg bei einem Eintagesrennen, 2012 holte sie mit ihren Mannschaftskameradinnen Gold im Teamzeitfahren bei der Weltmeisterschaft.

Teutenberg musste sich 2013 frühzeitig aus der Saison zurückziehen, nachdem sie bei einem Eintagesrennen in den Niederlanden schwer gestürzt war. Vier Monate später gab sie bekannt, dass sie nicht mehr in den Profisport zurückkehren würde. Sie hatte in ihrer Karriere bis dahin mehr als 200 Siege eingefahren.

29. Oktober

Jens Voigt gewinnt den Commonwealth Bank Classic
(1994)

Der weltweit beliebte gebürtige Norddeutsche Jens Voigt war Radsportprofi von 1997 bis 2014. Er gewann hochklassige Rennen und fuhr sich mit seiner Offenheit in die Herzen der Fans, der Medienleute und seiner Sportkameraden.

Sein Sieg beim Commonwealth Bank Classic 1994 war sein erster Erfolg außerhalb Europas. Danach bekannte Voigt, dass er kein derartig herausforderndes Rennen erwartet hätte. In einem Interview mit der *Canberra Times* sagte er, was er gedacht hatte: «Oh, Australien. Down Under, ein bisschen Radfahren, ein bisschen Urlaub. Leichtes Rennen.» Aber nun wüsste er, dass dies ein richtig hartes Rennen sei. Das war die erste von sehr vielen unterhaltsamen Stellungnahmen, die der Mecklenburger Junge der internationalen Presse ins Mikrofon sprechen sollte. Sehr bald kannte man ihn auch als eine der interessanteren Stimmen im Peloton.

Voigt war ein ungeheuer leistungsstarker, zäher und angriffslustiger Fahrer, bekannt für lange Fluchten vor dem Peloton und ebensolche Aufholjagden im Dienste seiner Mannschaften. Im Verlauf einer Tour, bei der er tagelang an der Spitze des Pelotons rackerte und einen Angriff nach dem nächsten fuhr, fragten ihn die Reporter einer dänischen Fernsehstation einmal, wie er das eigentlich durchhalten würde. «Ach je, ich sag' einfach ‹Haltet die Klappe, Beine›», war seine Antwort – auf Englisch natürlich (Voigt kann sich in allen Radsportsprachen der Welt verständlich machen). Und genau dieses «Shut up, legs» wurde sofort zu seinem Markenzeichen.

Seine größten Siege holte er sich bei der Tour (zwei Etappensiege), beim Critérium International (da teilt er sich mit anderen den Rekord von fünf Siegen) und bei der Deutschland-Tour, die er zweimal für sich entscheiden konnte.

2014 stellte er einen neuen Stundenweltrekord auf und trat danach vom aktiven Sport zurück. In seinem Blog für das *Bicycling Magazine* schrieb er: «Also, meine Freunde, seid nicht traurig, dass es vorbei ist. Lächelt, dass es passiert ist!»

Recht hat er. Aber dennoch ist jedem seiner Fans nur allzu klar, dass der Radsport ohne «Voigte» erheblich ärmer geworden ist.

30. Oktober
Der Todestag von Apo Lazaridès
(1998)

In Frankreich auch unter seinem Spitznamen «der kleine Grieche» bekannt (weil seine Familie aus Athen stammte), fuhr Jean-Apôtre «Apo» Lazaridès von 1946 bis 1955 Radrennen. Als talentierter Kletterer nahm René Vietto ihn nach dem Krieg unter seine Fittiche.

Und direkt nach Kriegsende erreichte Lazaridès auch seinen größten Erfolg. Nachdem L'Auto eingestellt worden war, wetteiferten mehrere interessierte Parteien um das Recht, die Tour de France ausrichten zu dürfen. 1946 wurden zwei rivalisierende Rennen veranstaltet, die als Visitenkarte für diese Interessenten dienten.

Die Zeitung Ce Soir organisierte die Ronde de France; neun Tage später folgte Le Parisien Libéré zusammen mit L'Equipe (als Nachfolger von L'Auto) mit dem Course du Tour de France. Das war ein Rennen über 1300 km in fünf Etappen, mit Start in Monaco und Ziel in Paris.

Obwohl er keine Etappe gewinnen konnte, schlug Lazaridès seinen Mentor mit fast 40 Minuten Vorsprung und sicherte sich den Sieg. Lazaridès bekam in Paris ein Gelbes Trikot verliehen, und L'Equipe erhielt das Recht, im nächsten Jahr die Tour de France auszutragen.

Lazaridès nahm noch siebenmal an der Tour teil und kam noch zweimal unter die ersten Zehn. Einen Etappensieg erreichte er nicht wieder. Sein älterer Bruder Lucien fuhr ebenfalls die Tour und wurde 1951 Dritter. 1954 und 1955 erreichte er Etappensiege.

31. Oktober
Binda gewinnt die Lombardeirundfahrt mit einem Rekord
(1926)

1926 war Alfredo Binda der dominierende Fahrer des italienischen Radsports. Er hatte einen Arm voll Giro-Etappen gewonnen und auch schon einmal den Gesamtsieg erreicht. Auch die Lombardeirundfahrt hatte er bereits gewonnen – und er war erst 24, seine besten Jahre begannen gerade erst.

Binda hatte die Austragung im Jahr zuvor mit mehr als acht Minuten Vorsprung auf Battista Giuntelli gewonnen. Wenn das schon recht beeindruckend war, so war es doch nichts im Vergleich zu dem, was 1926 geschehen sollte.

69 Fahrer gingen an den Start dieser Austragung. Die Startflagge senkte der große Costante Girardengo, den eine Handgelenksverletzung an der Teilnahme hinderte. In strömendem Regen sah Binda seine Sportkollegen einen nach dem anderen zurückfallen, als der Tag seinen Lauf nahm.

Am ersten Anstieg zum Ghisallo war Binda dann völlig allein, noch 160 km vom Ziel entfernt. Was tun? Zurückfallen lassen, in die Sicherheit des Hauptfelds, oder das Unmögliche versuchen? Binda wusste, was er zu tun hatte.

160 km später fuhr er allein nach Mailand hinein. Als Zweiter kam Antonio Negrini ins Ziel. Er hatte einen Rückstand von 29 Minuten und 40 Sekunden. Der letzte der 24 Fahrer, die noch im Feld waren, kam mehr als zweieinhalb Stunden nach Binda ins Ziel. Die anderen hatten aufgegeben. Binda hatte das Feld pulverisiert. Kein anderer Lombardei-Gewinner sollte jemals wieder in die Nähe eines solchen Abstands kommen. Es war, wie La Stampa schrieb, eine Offenbarung.

NOVEMBER

1. November

Anquetil und Poulidor fahren die Trofeo Baracchi
(1963)

Eine der berühmtesten Rivalitäten der Radsportgeschichte war die zwischen den beiden Franzosen Jacques Anquetil und Raymond Poulidor. Obwohl ihre Karrieren nicht völlig gleichzeitig verliefen, waren sie in der zweiten Hälfte der 1960er-Jahre derart miteinander verwoben, dass man kaum über einen von ihnen sprechen konnte, ohne den anderen zu erwähnen.

Wie ihre Persönlichkeiten waren auch ihre Karrieren sehr unterschiedlich. Anquetil gewann zahllose Rennen, galt aber als emotionaler Kühlschrank und konnte nie zu den Herzen der Menschen durchdringen. Poulidor auf der anderen Seite war mit seinem warmherzigeren Wesen deutlich beliebter, obwohl er nicht annähernd so oft gewinnen konnte wie Anquetil. Das nagte ziemlich am fünffachen Tour-Sieger.

1963 sollten sie zusammen die Trofeo Baracchi fahren, ein Zeitfahren in Zweier-Teams im italienischen Bergamo, das seit 1949 durchgeführt wurde. Magni, Coppi und Baldini hatten das Rennen in der Vergangenheit gewonnen, und auch Anquetil hatte das. Er hatte schon 1953 teilgenommen, musste aber bis 1962 warten, bis er hier siegen konnte, eine lange Zeit, wenn man bedenkt, dass er weithin als bester Zeitfahrer anerkannt war. Erstaunlicher noch als diese Tatsache selbst war die Art und Weise, wie er 1962 gewonnen hatte: Das deutsche Sprinter-As Rudi Altig musste ihn mehr oder weniger ins Ziel tragen. Er ging immer wieder für lange Zeit in Führung und schob seinen Teamkameraden zuweilen sogar. Anquetil war so erschöpft, dass er bei der Einfahrt in das Vigorelli-Velodrom prompt mit einem Pfosten kollidierte. Trotz dieses Einbruchs glückte dem Paar der Sieg. Die Fotos von der Siegerehrung zeigen einen zerschrammten, blutenden Anquetil, der alles andere als siegreich aussieht.

Ein Jahr später und nun im Team mit Poulidor, war Anquetil entschlossen, die Sache geradezubiegen.

Das sollte nicht ganz gelingen. Auf der Strecke dieses 113 km langen Rennens kamen bald nur zwei Teams für den Sieg infrage: Anquetil/Poulidor und ihre beiden Landsleute Joseph Velly und Joseph Novales. An der 35 km-Marke hatten diese beiden bereits zwei Sekunden Vorsprung. 30 km weiter waren es schon acht. In der zweiten Hälfte des Rennens kamen Anquetil und Poulidor ihnen zwar wieder näher, aber es sollte nicht mehr zum Sieg reichen: Velly und Novales gewannen mit neun Sekunden Vorsprung.

Anquetil sollte dieses Rennen noch zweimal gewinnen. Poulidor nie.

2. November

Die erste Vuelta a Bolivia beginnt
(2008)

Die erste Vuelta a Bolivia (Bolivienrundfahrt) wurde 2008 ausgetragen. Sie hatte ihre Wurzeln im Rennen Doble Copacabana de Ciclismo, das seit 1974 veranstaltet wurde. Das war ein Zweitagesrennen; es führte von La Paz aus zum Copacabana-Heiligtum am Titicacasee, wo es einen Schrein für die Jungfrau von Copacabana gibt, die Schutzheilige Boliviens. Von dort ging es zurück nach La Paz.

Das Rennen wuchs mit den Jahren an Länge und Bedeutung. Im Jahr 2000 erhielt es UCI-Status, und 2007 verlief es über eine Strecke von 950 km und sechs Etappen. Da war es eines der wichtigsten Sportereignisse Boliviens. 2008 veränderte sich es sich erneut. Nun hieß es Vuelta a Bolivia und war als Tour zur Verbindung der Regionen und Volksgruppen gedacht. «Wir wollen, dass ganz Bolivien diese Party genießt», sagten die Veranstalter. Ungeheuer anstrengend war die Streckenführung, meistens oberhalb 3000 Meter mit einem «Höhepunkt» von 4500 Meter über N. N. – das höchstgelegene Rennen des UCI-Kalenders. Die erste Austragung verlief über acht Tage und 1277 km; Sieger war Fernando Camargo.

Unglücklicherweise gab es nur sechs Austragungen. Nach 2013 war die finanzielle Ausstattung nicht mehr ausreichend. Aber wer weiß? Vielleicht kommt die Party eines Tages ja zurück.

3. November

Brian Robinson, der erste britische Tour-Finisher, hat Geburtstag
(1930)

Bis 1955 war Brian Robinsons bestes Ergebnis ein zweiter Platz bei der Tour of Britain. In diesem Jahr aber ging der aus Yorkshire stammende Engländer zu den Profis, und im Juli war er Mitglied einer zehnköpfigen britischen Mannschaft bei der Tour de France.

Die Fahrer waren nicht auf das vorbereitet, was vor ihnen lag. Keiner von ihnen hatte bisher an einem Etappenrennen dieser Länge und dieser Bedeutung teilgenommen. Nach nur zehn Etappen waren nur noch zwei von ihnen im Rennen: Robinson und Tony Hoar. Beide hielten bis zum Ende durch, Hoar wurde mit dem Platz 69 und mehr als sechs Stunden Rückstand der Letzte. Robinson kam auf Platz 29, immerhin mitten im Feld.

Von dieser 1955er-Truppe war Robinson der Einzige, der zur Tour zurückkehren sollte. Im Ganzen nahm er an sieben Austragungen teil. Seine beste Platzierung erreichte er 1956 mit dem 14. Platz. 1958 aber war er wiederum der erste Brite, als er die 7. Etappe von Saint Brieuc nach Brest gewann. Zwar kam er dort als Zweiter ins Ziel, aber die Rennleitung sprach ihm den Sieg zu. Einen britischen Etappensieg hatte es bis dahin noch nicht gegeben. Ein weiterer sollte ihm im Folgejahr gelingen, als er allein vorn in Chalon-sur-Saône siegte.

Abseits der Tour war sein größter Erfolg der Gesamtsieg beim Critérium du Dauphiné mit mehr als sechs Minuten Vorsprung, nachdem er unterwegs bereits eine Etappe gewonnen hatte.

4. November

Ein Fahrrad-Geschwindigkeitsrekordhalter hat Geburtstag
(1960)

Gern auch «der Rote Baron» genannt, hält der Franzose Éric Barone den Weltrekord für die schnellste mit einem Fahrrad erzielte Zeit. Genau genommen hält er zwei Rekorde, auf Schnee und auf Schotter, und zwar mit Fahrrad-Prototypen. Die beiden Rekorde für Serienmodelle hält Markus Stöckl.

Barone, ein ehemaliger Stuntman, stellte seinen ersten Rekord im Jahr 1994 im Skigebiet von Les Arcs auf: 151,57 km/h. Ein Jahr später erhöhte er ihn um unglaubliche 42 km/h, und weitere zwölf Monate darauf erreichte er 200 km/h.

In der Zwischenzeit hatte sich sein Equipment deutlich weiterentwickelt. In weniger als vier Jahren war aus einem Mann im Skianzug auf einem Mountainbike eine Art Superheld auf einer Maschine geworden, die eher nach einem Formel 1-Fahrzeug als nach einem Fahrrad aussah.

Im Jahr 2000 kam Barone nach Les Arcs zurück. Dort stellte er den Rekord auf, der heute noch Bestand hat: 222,22 km/h. Achtzehn Monate später schraubte er den Rekord auf Schotter am Vulkan Cerro Negro in Nicaragua auf 172,661 km/h. Und diese Meisterleistungen versucht Barone mit weit über 50 Jahren auch heute noch zu übertreffen.

5. November

Der Geburtstag von Thomas (Tommy) Godwin
(1920)

Im Jahr 1948 gewann Tommy Godwin zwei Bronzemedaillen bei den Olympischen Spielen in London, die eine im Teamzeitfahren, die andere im 1000 m-Zeitfahren.

Godwin war in Connecticut/USA zur Welt gekommen, als Kind britischer Eltern, die 1930 auf die Insel zurückkehrten. Sein Interesse am Fahrrad resultierte aus den Geschichten über die Olympischen Spiele, die ihm erzählt wurden. Sein Vater fragte ihn einmal, ob er dort nicht auch irgendwann laufen wolle. Stattdessen sollte er dort Fahrrad fahren.

Als die Zeit der Wettkampfteilnahmen für ihn vorbei war, blieb Godwin dem Sport treu. Er eröffnete 1950 einen Fahrradladen und begann junge Fahrer zu coachen, woraus schließlich die erste bezahlte Nationaltrainerstelle werden sollte. Er organisierte das erste Trainingscamp auf Mallorca und führte sein Team zu den Olympischen Spielen 1964 in Tokio.

Godwin blieb bis zum Schluss aktiv. Er half bei der Wiederherstellung des Herne Hill Velodroms in Süd-London, dem Ort seiner olympischen Erfolge, und trug 2012 das Olympische Feuer durch seine Heimatstadt Solihull.

Godwin starb im November 2012. Brian Cookson, der damalige Präsident des Britischen Radsportverbandes, nannte es ein Privileg für den Sport, mit diesem Mann verbunden gewesen zu sein.

6. November

In Paris wird das Verfahren gegen Cofidis eröffnet
(2006)

Die im Jahr 2004 begonnenen Ermittlungen gegen das französische Team Cofidis wegen des Verdachtes auf Dopingmittel-Gebrauch führten schließlich am 6. November 2006 zur Eröffnung eines Gerichtsverfahrens in Paris.

Angeklagt waren zehn Personen: ein Mechaniker, ein Pharmakologe und ein Betreuer wegen Beschaffung und Weitergabe von leistungssteigernden Mitteln; und sieben Fahrer wegen Besitz und Verwendung dieser Substanzen.

Unter den Fahrern war auch der Brite David Millar. Dieser hatte nach einer Durchsuchung seines Appartements 2004 bereits die Verwendung von EPO gestanden. Zum Zeitpunkt der Prozesseröffnung hatte er bereits eine zweijährige Sperre verbüßt und war im spanischen Team Saunier Duval ins Peloton zurückgekehrt, nun eine laute Stimme gegen das Doping.

Millar beschrieb die Kultur des Teams Cofidis als eine des Erfolges um jeden Preis: «Liefere Ergebnisse und tue, was du dafür tun musst.» Zwei Monate später wurden die Urteile bekannt gegeben: Millar wurde freigesprochen, die anderen Fahrer erhielten abgemilderte Strafen.

Millar fuhr noch für acht weitere Jahre und wurde sowohl Fahrer als auch Miteigentümer des Teams Garmin. Er blieb immer aktiv im Bestreben, das Doping aus dem Radsport herauszubekommen. 2014 zog er sich als eine der intelligentesten und respektiertesten Stimmen innerhalb des Pelotons aus dem aktiven Sport zurück.

7. November

Das erste Langstreckenrennen wird ausgetragen: Paris–Rouen
(1869)

Die ersten Fahrradrennen fanden in den späten 1860er-Jahren in Frankreich statt. Eine Gedenktafel in Paris bezeichnet die Rennen im Mai 1868 im Parc de Saint-Cloud als die ersten, obwohl es auch Hinweise auf frühere gibt. Sicher aber ist, dass diese Veranstaltungen in Saint-Cloud ein großer Erfolg waren. Sie führten über eine Distanz von 1000 m (neben anderen, bei denen es darum ging, möglichst lange möglichst langsam zu fahren, ohne dabei umzufallen) und zogen große Aufmerksamkeit auf sich. Bald wurden im ganzen Land derartige Rennen abgehalten.

Die Strecken waren dabei immer recht kurz, und manche zweifelten auch daran, dass diese merkwürdigen Maschinen überhaupt längere Distanzen zuverlässig zu überwinden in der Lage waren.

Ein führender Hersteller, die Firma Michaux, hatte die Rennen in Saint-Cloud veranstaltet. Befeuert von deren Erfolg und im Bestreben, die Belastbarkeit ihrer Modelle unter Beweis zu stellen, veranstaltete sie nun ein längeres Rennen.

Mit Unterstützung der vierzehntägig erscheinenden Zeitschrift *Le Vélocipède Illustré* startete so am 7. November 1869 das Rennen Paris–Rouen, das erste Langstreckenrennen für Fahrräder. Die Strecke war 123 km lang, und Hunderte Fahrer nahmen daran teil. James Moore, ein in Paris lebender gebürtiger Brite, gewann mit einer Zeit von 10 Stunden und 45 Minuten und erhielt die 1000 Francs Siegprämie. 35 Fahrer kamen bis Rouen, darunter auch eine geheimnisvolle «Miss America».

8. November

Der Geburtstag von Léon Houa
(1867)

Der in Lüttich geborene Léon Houa gewann die ersten drei Austragungen des Eintagesklassikers Lüttich–Bastogne–Lüttich.

Bekannt unter dem Beinamen La Doyenne, die alte Dame, ist Lüttich–Bastogne–Lüttich das älteste der großen Klassikerrennen und eines der fünf sogenannten Monumente des Radsports. Die erste Austragung fand 1892 statt, organisiert vom Lütticher Radsportverband. Es war eine Veranstaltung für Amateure; 33 Fahrer gingen um 5:40 Uhr am Morgen des 29. Mai auf die 250 km lange Strecke.

Favorit war Léon Lhoest, der zwei Jahre zuvor Belgischer Amateurmeister geworden war. Bald fanden sich drei Fahrer an der Spitze wieder: Lhoest, Houa und Louis Rasquinet. Als Lhoests Reifen Luft verlor, wies Houa seinen begleitenden Coach an, diesem das eigene Ersatzrad zur Verfügung zu stellen – ein Akt reiner Großzügigkeit. Aber Lhoest hatte erneut einen Platten; sie hatten noch nicht einmal die Hälfte der Strecke hinter sich.

Houa legte den Rest alleine zurück. 10 km vor dem Ziel stürzte er und zerbrach sich ein Pedal, sodass er mit nur einem weiterfahren musste. Lhoest kam als Zweiter ins Ziel, 22 Minuten später.

Houa kam 1893 zurück und siegte wieder. 1894 war er zwar Profi geworden, aber in diesem Jahr öffnete sich die Doyenne erstmals für professionelle Fahrer. Houa ging erneut an den Start und fuhr zu seinem dritten Sieg. Später im Jahr gewann er die erste Belgische Meisterschaft für Profi-Fahrer.

Nur zwei Jahre später zog Houa sich aus dem aktiven Sport zurück.

9. November
Die Firma Castelli erhält den Discobolo-Preis
(1979)

Die italienische Zeitung *Corriere dello Sport* verlieh den Discobolo-Preis am 9. November 1979 an die Firma Castelli für die Revolutionierung der Fahrradbekleidung. Die Geschichte dieses Herstellers begann bereits mehr als hundert Jahre zuvor.

Im Jahr 1876 eröffnete ein Schneider namens Vittore Gianni ein Geschäft in Mailand. Er versorgte zahlreiche Sportler unterschiedlichster Disziplinen mit geeigneter Kleidung. Erst 35 Jahre später allerdings sollten Radsportler dabei sein, darunter der junge Alfredo Binda.

Ein gewisser Armando Castelli arbeitete für die Firma Gianni und übernahm schließlich das Geschäft. Sein Sohn Maurizio stieg später ebenfalls in das Unternehmen ein.

1974 brachte Maurizio schließlich die Marke Castelli auf den Markt. Sie wurde schnell für allerhand Neuerungen bekannt: Lycra-Fahrerhosen, Thermokleidung, aerodynamische Ganzkörperanzüge – all das kam von Castelli. Die Firma entwickelte ein Färbeverfahren, das es erlaubte, die Sponsorennamen und -logos in das Lycra einzuarbeiten. Sie war auch dafür verantwortlich, dass eine nichts ahnende Fahrrad-Öffentlichkeit beim Giro 1981 erstmals von bunten Fahrer-Shorts geblendet wurde.

Maurizio starb 1995 mit nur 47 Jahren, als er beim Radfahren einen Herzinfarkt erlitt. Aber sein Name ist immer noch sehr lebendig als der einer bekannten und sehr respektierten Marke auf dem Fahrradmarkt.

10. November
Kristina Vogel hat Geburtstag
(1990)

Kristina Vogel ist eine deutsche Bahnsprinterin, die diverse Weltmeistertitel trägt und bei den Olympischen Spielen in London Gold im Teamsprint gewann, als diese Disziplin zum ersten Mal olympisch wurde.

Vogel wurde in Kirgisien geboren, kam aber schon im ersten Lebensjahr mit ihren Eltern nach Deutschland. Als sie siebzehn Jahre alt war, hatte sie bereits die Deutschen, die Europäischen und die Welt-Juniorenmeisterschaften gewonnen.

Zwei Jahre später erlitt sie beim Training einen schweren Unfall – schuld war ein Zivilfahrzeug der Polizei Thüringen. Sie wurde wegen zahlreicher Frakturen für zwei Tage in ein künstliches Koma versetzt.

Bemerkenswerterweise war sie im folgenden Jahr zurück auf der Bahn und sicherte sich drei Meistertitel (ihre ersten in der Elite) und gewann den Sprint beim Weltcuprennen in Cali/Bolivien.

Der erste Weltmeistertitel in der Elite-Kategorie folgte 2012 im Teamsprint, zusammen mit Miriam Welte. Das Paar fuhr dann in London Gold ein, nachdem sie Großbritannien im Halbfinale und China im Finale schlagen konnten (beide Siege erfolgten nach Disqualifikation der Gegner wegen Regelverletzungen).

Vogel siegt weiter auf der Bahn, erreichte inzwischen mehrere weitere Weltmeistertitel und stand am Ende der Saison 2013/14 an der Spitze der UCI-Weltranglisten im Teamsprint, Einzelsprint und Keirin.

11. November

Christian Prudhomme hat Geburtstag
(1960)

Trotz der mehr als elf Jahrzehnte, die die Tour de France schon Radsportgeschichte schreibt, standen erst acht Menschen an ihrer Spitze, acht Männer, um genau zu sein.

Henri Desgrange, der «Vater der Tour», regierte sie, bis seine nachlassende Gesundheit ihn dazu zwang, die Macht 1963 an den Chef von *L'Auto*, Jacques Goddet, weiterzugeben. Goddet nahm den Posten wieder ein, als die Tour nach dem Zweiten Weltkrieg wieder in Gang kam, und teilte ihn sich ab 1962 mit Félix Lévitan. Dieser war Chef der Zeitung *Le Parisienne Libéré*, und der Eigner dieser Zeitung, Emilien Amaury, hatte sich bereiterklärt, das Rennen als Sponsor zu unterstützen – unter der Bedingung, dass ein eigener Mann an der Spitze stehen würde. Zusammen leiteten Goddet und Lévitan das Rennen für weitere 25 Jahre. Diese beiden sind für den großen ökonomischen Erfolg verantwortlich, den diese Mega-Veranstaltung bis heute hat. Insgesamt war Goddet 50 Jahre lang für das Rennen verantwortlich. Heute steht ein Denkmal für ihn oben am Col du Tourmalet.

Der gegenwärtige Direktor heißt Christian Prudhomme. Geboren am 11. November 1960, übernahm er die Tour im Jahr 2007. Als früherer Sportberichterstatter in Rundfunk und Fernsehen hat er sich schnell einen Namen für Neuerungen gemacht, die mit der Sichtbarkeit des Rennverlaufes zu tun haben. Es geht dabei unter anderem um Rennverläufe, die sich gut im TV zeigen lassen. Dazu gehören kürzere Bergetappen, die aggressiveres Fahren möglich machen, weniger Zeitfahrkilometer und Etappen mit vielen knackigen Anstiegen. Weniger Epik, mehr Aktion – das ist sein Markenzeichen, und das ist die Richtung, die das Rennen unter seiner Leitung nimmt.

12. November

Der Rote Teufel gewinnt die Lombardeirundfahrt
(1905)

Giovanni Gerbi, Spitzname «der Rote Teufel» wegen seines bevorzugten Trikots, war ein italienischer Fahrer mit einer ziemlich gerissenen Art und Weise, sich den Sieg zu sichern. Im Jahr 1905 gewann er die erste Austragung der Lombardeirundfahrt, die über 230 km von und nach Mailand verlief. Es waren 54 Fahrer am Start. Der Tag war schrecklich kalt und neblig. Gerbi hatte seine Hausaufgaben gemacht; er kannte die Strecke genau. Er wusste, dass sie in schlechtem Zustand war, und er wusste, dass seine Kenntnis der Details ihm den Sieg bringen konnte, wenn er sie richtig einsetzte.

Die Berichte über die Einzelheiten variieren etwas. Der französische Autor Pierre Chany gibt folgende Version wieder: Gerbi wusste von einer Stelle im ersten Teil des Rennens, an der sich die Strecke derart verengte, dass nur ein Fahrer jeweils hindurchfahren konnte. Aus der Kenntnis dieses wichtigen strategischen Punktes entwickelte er einen Plan. Kurz vor dem Engpass wollte er das Rennen kurz unterbrechen und sich aus dem unzweifelhaft ausbrechenden Sturzchaos heraushalten. Dann wollte er sein Rad schultern und über die sich gerade erst wieder sortierenden Konkurrenten hinwegsteigen. In etwa so lief es ab.

Und so fuhr Gerbi die verbleibenden 199 km der ersten Lombardeirundfahrt allein. In Lecce hatte er 20 Minuten Vorsprung und war noch nicht einmal zur Hälfte durch. Der Fluchtversuch selbst war zweifellos ziemlich gerissen, aber den Rest hatte er in den Beinen. Als er nach Mailand hineinrollte, betrug sein Vorsprung mehr als 40 Minuten. Der Rote Teufel war der erste Sieger der Lombardeirundfahrt.

1907 überquerte Gerbi die Ziellinie ein zweites Mal als Erster. Wiederum hatte er sehr clever agiert, diesmal unter anderem mit geschlossenen Gattern, mit Nägeln und Scherben auf der Straße und sogar mit der Hilfe von Trainingskameraden, die ihm Windschatten gaben. Aber die Rennleitung hatte genug von derartigen «Fahrtbeschleunigern» und Gerbi wurde disqualifiziert.

Giovanni Gerbi fuhr noch bis 1932 (s. 14. Mai), aber der Sieg 1905 sollte der größte Erfolg seiner Laufbahn bleiben. Und er brachte ihm den ehrenvollen Eintrag als erster Gewinner des berühmten «Rennens der fallenden Blätter».

13. November

Der Geburtstag von James «Choppy» Warburton
(1845)

Er war einer der ersten Trainer im Radsport, der 1845 in Lancashire geborene James Warburton, Spitzname «Choppy». Er war ein guter Athlet, wurde Britischer Amateurmeister in der Leichtathletik und reiste zu Wettkämpfen in die USA.

Er hatte allerdings den zweifelhaften Ruf, seine Leistungen an den Meistbietenden zu verkaufen. Man warf ihm vor, für Wett-Ganoven und betrügerische Buchmacher zu laufen und nur dann zu gewinnen, wenn es ihm seine größtenteils eher zweifelhaften Begleiter signalisierten.

Warburtons Lauf-Karriere endete 1892, worauf er sich auf den Radsport stürzte. Er trainierte eine Anzahl von Fahrern, darunter den Waliser Jimmy Michael, der 1895 Weltmeister auf der Bahn werden sollte.

Leider folgte Warburtons schlechte Reputation ihm auch in den Radsport, und wohl nicht ohne Grund. Mit viel Show zauberte er zum Beispiel ein schwarzes Fläschchen aus der Tasche, von dem er dann seinen Fahrern zu trinken gab, oft mit verblüffendem Effekt. Die Neugier auf den Inhalt der geheimnisvollen Flasche war groß. Warburton galt bald als der Coach, der seine Fahrer dopte. 1896 beschuldigte Jimmy Michael selbst ihn einer Vergiftung, als er nach einer Rennpause und einem Schluck aus der ominösen Flasche in der falschen Richtung weitergefahren war. Warburton drohte zwar, rechtlich gegen diese Beschuldigung vorzugehen, aber der Fall kam nie vor Gericht.

Obwohl nie wirklich etwas bewiesen wurde (ganz davon abgesehen, dass es damals keinerlei Anti-Doping-Regulierungen gab), wurde Warburton schließlich seitens der National Cycling Union aus dem Sport verbannt. Er starb 1897 im Alter von 52 Jahren.

14. November
Die British League of Racing Cyclists wird gegründet
(1942)

Weil die noch recht neue Erfindung Fahrrad von der konservativen englischen Oberschicht mit großer Reserviertheit betrachtet wurde, nahm die National Cycling Union im Jahr 1890 alle Arten von Straßenrennen aus ihrem Programm. Das führte dazu, dass der Sport im kontinentalen Europa zwar immer erfolgreicher wurde und die Menschen überall begeisterte, in England aber ausschließlich auf die Rennbahnen beschränkt blieb. Es sollte tatsächlich mehr als 60 Jahre dauern, bis auch in England offizielle Verbandsrennen auf der Straße stattfinden konnten.

So entstand eine Art Untergrundbewegung. Zeitfahren wurden inoffiziell vom Road Racing Council (heute CTT) organisiert und bei hereinbrechender Dunkelheit veranstaltet; die Fahrer trugen dunkle Trikots und fuhren ohne Startnummer. Schließlich musste die NCU akzeptieren, dass sie wenig gegen Zeitfahren auf öffentlichen Straßen unternehmen konnte. Irgendwann folgten die ersten «offiziellen» Veranstaltungen.

Straßenrennen mit Massenstart aber blieben weiterhin vom Verband geächtet. Inzwischen wurde die NCU aber ausdauernd von Percy Stallard bedrängt, einem Straßenrenn-Enthusiasten, der an der Amateur-Weltmeisterschaft teilgenommen hatte (s. 1. September).

Als die NCU sich weiterhin nicht bewegte, nahm Stallard die Sache schließlich selbst in die Hand und organisierte die Rennen auf eigene Faust. Am 14. November 1942 gründete er die British League of Racing Cyclists (BLRC). Sie war schnell erfolgreich und setzte eine Entwicklung in Bewegung, die schließlich 1955 zum ersten britischen Team bei der Tour de France und zur ersten Tour of Britain führen sollten.

1959 verschmolzen die beiden Verbände zur British Cycling Foundation.

15. November

Urs Freuler gewinnt die Europameisterschaft im Bahnsprint
(1981)

Der in Bilten geborene Schweizer Urs Freuler war von 1980 bis 1995 professioneller Radsportler auf der Bahn und auf der Straße; in beiden Bereichen errang er große Erfolge.

Nachdem er im vorhergehenden Jahr seinen ersten Europameistertitel in der Disziplin Omnium gewinnen konnte, siegte Freuler auf der Europameisterschaft 1981 zweimal. Zum einen verteidigte er erfolgreich seinen Omnium-Titel, zum anderen gewann er zwei Tage später vor 7000 Fans in Dortmund auch den Sprintwettbewerb.

Freuler sollte nur noch einen weiteren europäischen Titel gewinnen, aber nur, weil er sich größere Ziele gesetzt hatte. Im Verlauf seiner Karriere sicherte er sich zehn Regenbogentrikots auf der Bahn, davon acht im Punktewettbewerb, sieben davon aufeinanderfolgend. Die acht Titel sind absoluter Rekord bei diesem Wettbewerb, doppelt so viel wie der Nächstfolgende in der Liste.

Berühmt für seinen Schnurrbart, gewann Freuler auch diverse Etappen bei den beiden wichtigsten Rundfahrten seiner Heimatregion, der Tour de Romandie und der Tour de Suisse. Er startete auch einmal bei der Tour, die er wie geplant zu Beginn der Berge verließ, aber nicht, ohne sich vorher einen Etappenerfolg gesichert zu haben. Den Giro fuhr er häufiger und gewann dabei 15 Etappen sowie 1984 das Trikot des Punktbesten.

16. November

Die Ruandarundfahrt wird international
(2009)

Als Etappenrennen für Sportler aus Ruanda und benachbarte Länder 1988 gegründet, wurde die Ruandarundfahrt 2009 international, als die UCI sie in ihre Africa Tour aufnahm. Das war die Erfüllung eines Traumes für Aimable Bayingana, den Chef der Ruanda Cycling Federation. Er wollte dem Land beim Wiederaufbau helfen, nachdem es 1994 die unvorstellbaren Schrecken eines Völkermordes erlebt hatte, der etwa 800000 Menschen das Leben gekostet hatte. Wie die meisten Landesrundfahrten sollte auch diese sein Land der Weltöffentlichkeit präsentieren, indem internationale Profis auf seinen Straßen unterwegs waren.

Und so standen am 16. November 2009 erstmals auch Fahrer aus Frankreich, Deutschland, Portugal und den Niederlanden am Start dieses Rennens. Insgesamt 63 Teilnehmer gingen auf die 1069 km lange Strecke, die in acht Etappen unterteilt war. Neun Tage später gewann der Marokkaner Adil Jelloul, ein mehrfacher nationaler Meister, mit drei Minuten Vorsprung vor seinem Landsmann Abdelatif Saadoune.

Der Dritte auf dem Podium war der Vorjahressieger Adrien Niyonshuti aus Ruanda, der hier in seinem Heimatland sechs Geschwister durch den Genozid verloren hatte.

17. November

Der Geburtstag von Lucien Michard
(1903)

Der im französischen Epinay sur Seine geborene Lucien Michard war in den ausgehenden 1920er- und beginnenden 30er-Jahren einer der besten Bahnsprinter der Welt. Als Amateur gewann er viele nationale und Weltmeister-Titel und schließlich 1924 in Paris olympisches Gold. Im Jahr darauf war er Profi; in den folgenden zehn Jahren sollten zahlreiche weitere Welt- und Nationalmeisterschaftstitel dazukommen.

Michard siegte bei vier Sprint-Weltmeisterschaften in Folge, von 1927 bis 1930, aber vor allem der Kampf um den Titel im Jahr 1931 ging in die Sportgeschichte ein. Dort war er ebenfalls als Erster im Ziel, bekam aber dennoch nur den zweiten Platz zugesprochen.

Und das kam so: Die Weltmeisterschaft 1931 wurde in Kopenhagen ausgetragen. Das Finale fand zwischen dem Dänen Willy «Falk» Hansen und Lucien Michard statt, der mit vier vorangegangenen Siegen natürlich der überwältigende Favorit war. Aber Hansen hatte klaren Heimvorteil. Im ersten Rennen trug ihn der Jubel der Fans zum Sieg. Kein Problem für Michard – es gab ja noch ein bzw. zwei Rennen.

Im zweiten Rennen lag Hansen auf dem Weg in die letzte Kurve vorn und fuhr auf der Innenseite. Als sich eine kleine Öffnung zwischen ihm und der Bahnkante auftat, brauchte Michard keine zweite Einladung: Er stach hindurch und sprintete innen vorbei ins Ziel.

Aber dann wurde das Ganze zur Farce. Der Wertungsrichter hatte das Paar durch die letzte Kurve fliegen sehen und nicht mitbekommen, dass Michard innen vorbeigegangen war. Er wertete den als Sieger, den er in der Kurve innen vorn gesehen hatten: Willy Hansen. Proteste folgten auf dem Fuß, aber das Reglement ließ eine Revision der Entscheidung nicht zu.

Hansen war also Weltmeister. L'Auto wertete Michard als moralischen Sieger und verlieh dem Franzosen ein weißes Trikot mit Abbildungen der Weltkugel auf der Vorder- und Rückseite. Michard versuchte in den Folgejahren, den Titel erneut zu gewinnen, aber auch 1932 und 1933 kam er nicht über den zweiten Platz hinaus.

18. November

Der Geburtstag von Henri Pépin
(1864)

Der Franzose Henri Pépin war ein wohlhabender Mann, der vom Fahrrad besessen war. In der Legende wird er gern als Graf oder Baron bezeichnet, mit dem vollständigen Titel Baron Pépin de Gontaud, aber in Wirklichkeit war er kein Edelmann, jedenfalls nicht im formalen Sinn. Er war wohl einfach jemand, der es sich leisten konnte, seine Zeit seinem Hobby zu widmen. Und das war die Teilnahme am härtesten Radrennen der Welt.

Und Pépin war keine Flasche. Er hatte Stehvermögen. 1905 fuhr er die Tour zum ersten Mal mit und blieb bis zur siebten Etappe im Rennen. Das bedeutete mehr als 1800 km mit einem schweren Rad auf schlechten Straßen – wahrlich kein Zuckerschlecken.

1907 war er wieder dabei. Diesmal hatte er zwei erfahrene Teilnehmer angeheuert, die ihn begleiteten und unterstützten. Er wollte dabei gar nicht verbergen, dass er dieses Rennen als Freizeitvergnügen fuhr. Es heißt, dass er beim Start des Rennens noch mit der holden Pariser Weiblichkeit schäkerte, als die anderen Teilnehmer schon Richtung Horizont unterwegs waren. In Roubaix traf er schließlich vier Stunden nach dem Etappensieger ein.

Pépin blieb bis zur fünften Etappe dabei, nach der er seine Begleiter schließlich auszahlte und sich auf den Heimweg machte. Statt des Tagesgeldes, auf das die Starter ein Anrecht hatten, bat er Henri Desgrange schriftlich um eine Medaille. 1914 startete er noch einmal, gab aber schon auf der ersten Etappe auf. Später im gleichen Jahr starb er dann, mit nur 50 Jahren.

19. November

BMX wird bei den Asien-Spielen zugelassen
(2010)

Nach den Olympischen Spielen sind die Asien-Spiele das zweitgrößte Multisport-Event auf dem Globus. Ausgetragen alle vier Jahre, reichen sie zurück bis 1951, als sie zum ersten Mal veranstaltet wurden, in Neu-Delhi.

Bei diesen ersten Asien-Spielen gab es nur vier Radsportdisziplinen: ein Straßenrennen der Männer; ein Sprintrennen, ein Zeitfahren und einen Teamsprint der Männer auf der Bahn.

Als die Spiele dann 2010 in Guangzhou in China ausgetragen wurden, war das Fahrrad-Programm erheblich gewachsen. 1986 waren Frauenrennen dazugekommen, 1998 hielt das Mountainbiken Einzug.

In Guangzhou standen nun erstmals BMX-Disziplinen auf dem Programm. Sie wurden alle an einem Tag ausgetragen, auf einem speziell konstruierten Kurs beim Velodrom. Bei den Männern siegte Steven Wong aus Hongkong, bei den Damen Ma Liyun aus China. Erstaunlicherweise hatten sich nur vier Fahrerinnen zum Wettkampf gemeldet. BMX blieb aber im Programm, und bei der Austragung der Spiele 2014 waren es schon doppelt so viele Frauen.

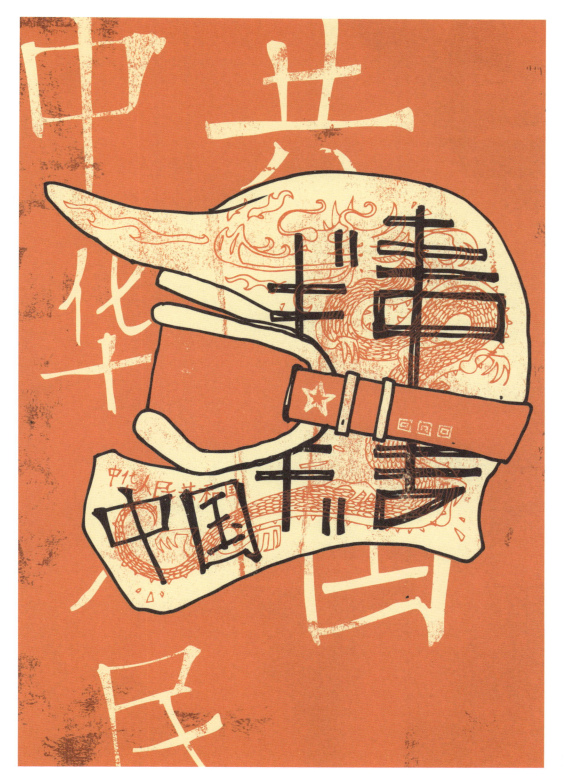

20. November

Lallement erhält ein Patent auf den Kurbelantrieb am Fahrrad
(1866)

Der Franzose Pierre Lallement wird von einigen Fachleuten als zentrale Figur bei der Entwicklung des modernen Fahrrads betrachtet. Das ist nicht einfach zu beurteilen. In der zweiten Hälfte des 19. Jahrhunderts wurden bezüglich des Fahrrads unglaublich viele Erfindungen und Entwicklungen gleichzeitig und mit oder ohne gegenseitige Kenntnis voneinander gemacht. Viele Behauptungen und Gegenbehauptungen, wer wann was erfunden oder wer wann wem was abgekupfert hat, waren und sind im Umlauf.

Heute scheint zumindest gesichert, dass Lallement Mitte der 1860er-Jahre aus Frankreich in die USA ging. Am 4. April 1866 fuhr er seine neue Erfindung, ein Zweirad mit Pedalen, Kurbeln und Lenker, über die Distanz von 12 Meilen von Ansonia nach New Haven, Connecticut. Später reichte er eine Patentschrift ein, in der er angab, dass sein «Velociped» mit ein wenig Übung «mit höchster Geschwindigkeit und geringstem Kraftaufwand» gefahren werden könne.

Am 20. November 1866 erhielt er ein Patent mit der Nummer 59 915 auf diese Konstruktion.

Lallement kehrte zwei Jahre später nach Frankreich zurück, weil er in den USA keinen Erfolg bei der kommerziellen Nutzung seines Patentes erzielt hatte. Hier aber erwartete ihn der Vorwurf, seine Idee dem Hersteller Pierre Michaux gestohlen zu haben, bei dem er vor seiner Reise in die USA gearbeitet hatte.

Schließlich kehrte er in die Vereinigten Staaten zurück, wo er 1891 weitgehend diskreditiert verstarb. Jüngere Recherchen in den USA unterstützen heute aber seinen Anspruch als Erfinder des Tretkurbelvelozipeds. 2005 wurde er in die US Bicycle Hall of Fame aufgenommen.

21. November

Jimmy Michael stirbt mit 27 Jahren
(1904)

Jimmy Michael, zeitweise Schützling von «Choppy» Warburton (s. 13. November), kam aus Aberaman in Süd-Wales. Schlank und nicht besonders groß gebaut, eroberte er in den 1890er-Jahren die Radsportwelt im Sturm.

Er gewann das 100 Meilen-Rennen von Surrey 1894 und verblüffte eine Zuschauermenge, die ihn am Start wegen seiner schmächtigen Statur im Vergleich zu den Konkurrenten noch ausgelacht hatte. Das Gelächter verebbte, als er das Feld aus den Schuhen fuhr.

1895 wurde Michael Profi und gewann die Steher-Weltmeisterschaft. Er wurde einer der bekanntesten Fahrer im Radsport und zog zehntausende Zuschauer an. Er war ein Superstar. William Spears Simpson beauftragte Henri de Toulouse-Lautrec mit der Gestaltung eines Plakates, das Michael auf einem Fahrrad mit der neuen Simpson-Kette zeigte. Michael fuhr auch in den USA, angezogen von den immensen Preisgeldern, die dort gezahlt wurden.

1903 erlitt er in Berlin bei einem schweren Unfall einen Schädelbruch. In der Folge klagte er immer häufiger über Kopfschmerzen und begann Alkohol zu trinken. Im November 1904 ging er an Bord des Dampfers Savoi, um an einem Sechstagerennen in den USA teilzunehmen. Unterwegs verstarb er in seiner Kabine. Als Todesursache wurde zu hoher Hirndruck angegeben.

22. November

Der kolumbianische Radsportler Fabian Parra hat Geburtstag
(1959)

Im Jahr 1988 war der in Sogamoso geborene Fabio Parra der erste kolumbianische Radsportler, der es auf das Podium der Tour schaffte: dritter Platz in Paris.

Kolumbianer waren seit 1975 mit Luis «Lucho» Herrera bei der Tour vertreten, der dort dann 1984 die Etappe nach l'Alpe d'Huez gewann. Wahrlich kein schlechter Ort, um sein Land in die Siegerlisten dieses Rennens einzubringen.

1985 kam Parra dazu, und es wurde ein gigantisches Jahr für die Kolumbianer im Radsport. Herrera und er fuhren gemeinsam im Team Café de Colombia und brachten die Tour zum Funkeln. Erst gewann Herrera die Etappe nach Avoriaz, wobei er Bernard Hinault im Zielsprint schlug. Dann fuhren beide an der Spitze des Rennens in Lans en Vercors ein, und diesmal war Parra der Sieger. Zwei Tage später gewann wiederum Herrera. In Paris trug Herrera das gepunktete Trikot des besten Bergfahrers und Parra das weiße des bestplatzierten Neuprofis.

Parra kam 1986 zur Tour zurück, musste das Rennen aber auf der vierten Etappe abbrechen. Im Folgejahr wurde er Sechster, aber im Jahr darauf, 1988, fuhr er für die Kelme-Mannschaft und sollte Geschichte schreiben.

Er gewann die Etappe nach Morzine, nachdem er 20 km vor dem Ziel allein ausgerissen war. Und am nächsten Tag sollte er sich in die Spitze des Rennens fahren. Es war ein langer Tag im Sattel, über den Madeleine, den Glandon und hinauf nach l'Alpe d'Huez. Parra kam als Vierter ins Ziel, 23 Sekunden hinter dem Etappensieger Steven Rooks, und das war genug für den dritten Platz der Gesamtwertung.

Er rutschte kurz wieder auf den Vierten ab, holte aber in den Pyrenäen wieder auf. Schließlich erreichte er Paris ungefährdet auf dem dritten Platz der Gesamtwertung und war somit der erste Fahrer seines Landes, der auf dem Siegerpodium stand. Das blieb die beste Platzierung eines Mannes vom südamerikanischen Kontinent bis zu Nairo Quintanas zweitem Platz 2013 (s. 4. Februar für mehr zu Quintana).

Parra fuhr auch die Vuelta siebenmal, wobei er zwei Etappen gewinnen konnte' und viermal Fünfter der Gesamtwertung wurde. 1989 wurde er Zweiter, nur 35 Sekunden hinter dem Sieger Pedro Delgado.

1992 zog Parra sich vom aktiven Radsport zurück. 2010 versuchte er dann erfolglos, sich in den kolumbianischen Senat wählen zu lassen.

23. November
Katie Compton gewinnt beim Koksijde Cyclocross
(2013)

Der Cyclocross-Weltcup der Saison 2013/14 wurde über sieben einzelne Wettbewerbe zwischen dem 20. Oktober 2013 und dem 26. Januar 2014 ausgetragen.

Runde drei war das prestigeträchtige Rennen in Koksijde in der belgischen Provinz Westflandern. Ein Cyclocross-Rennen für Männer gibt es dort jährlich seit 1969. Eine erste Austragung für Frauen wurde 2003 durchgeführt, danach erst wieder 2007.

Den Rekord für die meisten weiblichen Siege in Koksijde hält die US-Amerikanerin Katie Compton. Die elffache US-Meisterin gewann dort 2013 zum vierten Mal. Sie war auf dem 15 km langen und über fünf Runden führenden Kurs eine Minute schneller als die Belgierin Sanne Cant. Compton ging in der ersten Runde in Führung und gab sie auf der sandigen Strecke nicht wieder aus der Hand.

Compton hatte auch das vorhergehende Rennen in Tábor gewonnen und sollte auch die drei folgenden für sich entscheiden – sie dominierte den Worldcup. Schließlich gewann sie die Wertung mit 66 Punkten und wiederholte ihren Gesamtsieg von 2012/13.

24. November
Das erste Sechstagerennen von Amsterdam
(1932)

Das erste Amsterdamer Sechstagerennen, durchgeführt in der RAI-Ausstellungshalle, ging am 24.11.1932 zu Ende. Gewinner war das niederländische Team Jan Pijnenburg und Piet van Kempen, im Finale unterlegen waren die beiden Deutschen Viktor Rausch und Gottfried Huertgen. Pijnenburg sollte im nächsten Jahr ein zweites Mal gewinnen, diesmal mit Cor Wals als Partner.

Erstaunlicherweise dauerte es bis 2002, also sieben Jahrzehnte, bis das Amsterdamer Sechstagerennen sein zehntes Jubiläum begehen konnte. Durch die Wirtschaftskrise und den Zweiten Weltkrieg unterbrochen, sollte die vierte Austragung im Jahr 1936 für ganze dreißig Jahre die letzte gewesen sein.

1966 war das Rennen zurück, vor allem wegen des großen Einsatzes des Geschäftsmannes Kurt Vyth. Im neuen RAI-Center wurde eine Bahn errichtet, und das Rennen verblieb nun für die nächsten vier Jahre im Kalender. 1969 war es dann erst einmal wieder vorbei.

Der dritte Anfang wurde dann 2001 gemacht. Und diesmal sollte das Amsterdamer Sechstagerennen mehr als vier Jahre überstehen. 2012 feierte es sein 20. Jubiläum. Den Rekord für die meisten Siege hält Danny Stam, der zwischen 2003 und 2008 viermal gewinnen konnte.

25. November
Die Sechs Tage von New York enden
(1939)

Ein Sechstagerennen in New York wurde zum ersten Mal im berühmten Madison Square Garden ausgetragen, als erste Veranstaltung in dieser heute legendären Arena überhaupt. Anfangs fuhren die Fahrer jeder für sich, in ihren Fahrtzeiten nur begrenzt durch ihre Ausdauer und ihre Toleranz gegenüber dem Schlafmangel. Das erste Rennen wurde von einem Profi namens William Martin gewonnen, bekannt unter dem Spitznamen «Plugger» und für sein Stehvermögen.

1899 hatten sich die Bedingungen etwas verändert. Die Veranstalter waren gezwungen, die Gesundheit der Fahrer zu schützen, die damals wegen der hohen Preisgelder ihre Fahrtzeiten jenseits jeder Vernunft ausdehnten. Im Vorjahr hatte der Sieger Charles Miller von den 142 Stunden ganze 126,5 im Sattel verbracht – und eine halbe Stunde seiner Pause zum Heiraten genutzt. Nun galt die Regel, dass niemand länger als 12 Stunden am Tag fahren durfte. Diese Veränderung führte zur Formierung von Zweier-Teams, und so erlebte der Madison Square Garden 1899 das erste Zweierteam-Sechstagerennen.

Nach der Jahrhundertwende wurden diese Veranstaltungen noch sehr viel populärer. Bald gab es überall in den US-Städten Sechstagerennen. Six-days-Fahrer gehörten zu den bestbezahlten Athleten überhaupt. Die Nachfrage war so groß, dass in New York ab 1920 mehr als ein Rennen pro Jahr stattfand und sich die Prominenten auf den besten Plätzen drängten.

Das letzte dieser Rennen vor dem Zweiten Weltkrieg fand 1939 statt. Der Baseball-Star Joe DiMaggio gab das Startzeichen. Beendet wurde es am 25. November, Sieger waren Cesare Moretti und Cecil Yates.

Die Six-days kamen 1948 zurück nach New York, aber nicht in den Madison Square Garden. Erst 1961 kehrte der Zirkus in seine ursprüngliche Heimat zurück. Viele hofften, dass dies der Beginn einer neuen Blüte wäre, aber dem war nicht so. Die Austragung 1961 sollte im Gegenteil die letzte gewesen sein. Immerhin am Ort des Beginns.

26. November

Der schwarze Zyklon wird geboren
(1878)

Marshall Taylor war ein Amerikaner schwarzer Hautfarbe, der rund um die Welt zahllose Rennen gewann und gleichzeitig gegen schlimmsten Rassismus bestehen musste. In seiner besten Zeit galt er als schnellster Radfahrer der Welt, was ihm den Beinamen «der schwarze Zyklon» einbrachte.

Der 1878 geborene Taylor war der Enkel eines Sklaven aus Kentucky. Seine Familie war mit einer wohlhabenden weißen Familie befreundet, bei der sein Vater arbeitete. Von ihnen bekam der Junge ein Rad, mit dem er Zeitungen ausfuhr und Fahrtricks einübte. Ein Ladeninhaber engagierte ihn, staffierte ihn mit einer Militäruniform aus und ließ ihn als Werbeattraktion vor den Geschäftsräumen auftreten. Und bald sollte dieser kleine «Major» sehr berühmt werden.

Schon als Teenager gewann er Rennen und stellte Rekorde auf. Mit noch nicht zwanzig Jahren wurde er Profi und gilt heute als der erste dunkelhäutige US-Sportler, der Sponsorenvereinbarungen hatte. 1899 wurde er Weltmeister.

Über Jahre dominierte Major Taylor den Bahnsport. Gleichzeitig war er das Ziel rassistischer Anfeindungen der schlimmsten Art, und das fast überall, wo er fuhr. Zu dieser Zeit sperrte auch die League of American Wheelmen alle Farbigen aus. Nach der Niederlage gegen Major Taylor war ein weißer Fahrer einmal derart aufgebracht, dass er ihn bis zur Bewusstlosigkeit würgte.

Der tiefreligiöse Taylor fuhr grundsätzlich nicht am Sonntag. Eine Weile stand das seiner Teilnahme an europäischen Rennen im Weg, denn in Europa fanden diese Sportveranstaltungen überwiegend am Sonntag statt. Am Anfang des neuen Jahrhunderts war seine Reputation dann aber derart groß, dass seinetwegen Termine verlegt wurden. Bald hatte er auf den Bahnen Europas ähnlichen Erfolg wie in den Vereinigten Staaten.

Taylor zog sich 1910 aus dem aktiven Sport zurück. Durch riskante Investitionen verlor er sein Vermögen und musste schließlich von Tür zu Tür ziehen und seine selbst hergestellte Autobiografie verkaufen. Er starb 1932, verarmt und vergessen, und wurde in einem Armengrab beigesetzt. 1948 wurde sein Schicksal dann bekannt; sein Leichnam wurde exhumiert und im Rahmen eines Gedenkgottesdienstes umgebettet.

27. November
Der Geburtstag von Julien Moineau
(1903)

Manchmal braucht es kleine Tricks, um ein Rennen zu gewinnen – etwas, das der am 27.11.1903 geborene Julien Moineau nur zu gut wusste.

Moineau hatte Etappen der Tour-Austragungen 1928 und 1929 gewonnen, außerdem den Gesamtsieg bei Paris-Tours eingefahren. 1935 neigte sich seine Karriere aber dem Ende entgegen, und er wollte sich den Abschied mit einem weiteren wichtigen Sieg doch gern etwas versüßen. Die Gelegenheit ergab sich auf der 17. Etappe der damaligen Tour. Die Austragung des Jahres 1935 litt unter unerträglicher Hitze. Es war so schlimm, dass die Hälfte der Teilnehmer nicht bis Paris durchhielt, darunter auch einige der Favoriten.

Mittwoch, der 24. Juli, der Tag der 17. Etappe, war einer der heißesten. Auf dem Weg von Pau nach Bordeaux kam das Peloton an einem Stall vorbei, aus dem heraus kaltes Bier angeboten wurde. Ein kühles Bierchen an einem derart heißen Tag? Auch Tour de France-Fahrer können einer solchen Versuchung nicht widerstehen. Alle stiegen ab und gönnten sich eine Erfrischung. Bis auf einen: Monsieur Moineau.

Moineau würdigte die Versuchung keines Blickes, trat in die Pedale und zog vorbei. Und dann gab er richtig Gas. Er gewann die Etappe mit mehr als 15 Minuten Vorsprung. Der Lohn der moralischen Standhaftigkeit. Oder doch nicht?

Die ganze Sache war vorher genau geplant gewesen. Die das Bier anbietenden Fans waren in Wahrheit Helfer von Moineau, die er genau dafür engagiert hatte. Im Ziel prostete er den später eintreffenden Konkurrenten zu. Mit einem Bier.

28. November
Patrick Sercu gewinnt sein erstes Sechstagerennen
(1965)

Der Belgier Patrick Sercu war der größte Sechstage-Fahrer von allen. Sein erstes derartiges Rennen gewann er im November 1965 im Team mit seinem Partner Eddy Merckx.

Sercu war zu dieser Zeit bereits Olympiasieger und Amateurweltmeister auf der Bahn, also wahrlich kein Unbekannter mehr. Im Zweierteam mit seinem Freund, dem bald darauf alles gewinnenden Eddy Merckx, war er kaum zu schlagen. Es folgte eine über 18 Jahre verlaufende Profi-Karriere, in der Sercu an 233 Sechstagerennen teilnahm und 88 davon gewinnen konnte. In Gent, Frankfurt, Dortmund und London war er Rekordhalter für die meisten Siege.

Sercu war über mehr als ein Jahrzehnt die größte Attraktion der winterlichen Sechstagesaison, aber er war weit mehr als nur Bahnrennfahrer. Im Frühling und Sommer fuhr er Straßenrennen, und seine Erfolge dabei reichen bei Weitem aus, um auch als einer der Top-Fahrer zu gelten, wenn er niemals auf der Bahn angetreten wäre: sechs Etappensiege und ein Grünes Trikot bei der Tour de France; 13 Etappensiege beim Giro; Etappensiege bei der Romandierundfahrt, bei Paris–Nizza und dem Critérium du Dauphiné; Siege bei Kuurne–Brüssel–Kuurne und der Kampioenschap van Vlaanderen; und einen Arm voller Siege bei Klassikerrennen.

Sercu zog sich 1983 aus dem aktiven Sport zurück. 2014 wurde ihm der Verdienstorden des Belgischen Olympischen Komitees verliehen.

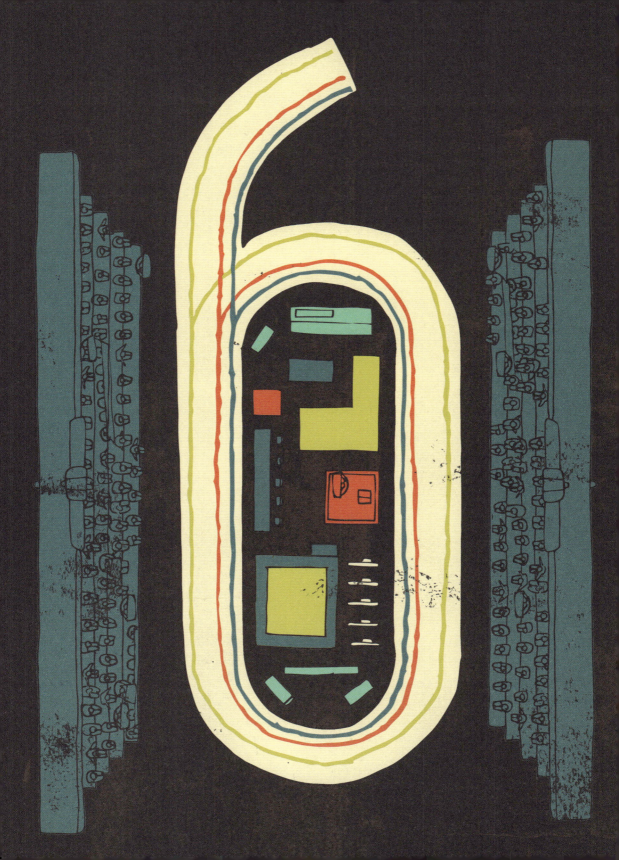

29. November
Alphonse Steinés erhält den Ehrentitel «Gloire du Sport»
(2010)

Der seit 1993 vom französischen Sportverband FISF verliehene Titel «Gloire du Sport» wird an Personen verliehen, die sich um den Sport verdient gemacht haben. Posthum erhielt ihn 2010 der Mann, der für die Einführung der ganz hohen Bergstrecken bei der Tour verantwortlich war. Das war nämlich nicht Henri Desgrange, der Vater der Tour, sonder Alfonse Steinés, sein Assistent bei L'Auto.

Die Tour hatte sich ja schon vorher in die Berge begeben – der bekannteste unter ihnen war bis dahin der Ballon d'Alsace, 1905 zum ersten Mal befahren. Steinés wollte höher hinaus und schlug die Pyrenäen vor. Desgrange ließ seine Fahrer nur zu gern leiden (s. 31. Januar), aber das schien selbst ihm zu gewagt. Steinés machte sich auf den Weg, das Gegenteil zu beweisen. Er fuhr nach Sainte Marie de Campan (dessen Schmiede noch einmal berühmt werden sollte) und von dort zum Col du Tourmalet. Vier Kilometer unterhalb des Passes fand er die Straße von Schnee blockiert, das Auto kam nicht weiter.

Bei hereinbrechender Dunkelheit tat Steinés nun etwas, das nur einem Stadtkind in den Kopf kommen kann: Er ließ seinen Fahrer zurück und machte sich zu Fuß auf den Weg zum Pass. Sein Fahrer, ernstlich besorgt, alarmierte den lokalen Repräsentanten von L'Auto, der bald einen Suchtrupp zusammenstellte.

Man fand Steinés schließlich in der eisigen Dunkelheit, ziemlich unterkühlt. Als er sich erholt hatte, schickte er ein Telegramm an Desgrange, mit folgendem Wortlaut: «Tourmalet überquert – sehr gute Straße – gut passierbar.» Im darauffolgenden Sommer besuchte die Tour erstmals die Pyrenäen (s. 21. Juli).

30. November
Die Familie Gormand verkauft die Firma Mavic
(1990)

Als eine der bekanntesten Marken im Radsport hat die Firma Mavic weit zurückreichende Wurzeln. 1889 gründeten Charles Idoux und Lucien Chanel ein Unternehmen zur Herstellung von Fahrradprodukten. In den 1920er-Jahren stieg Henry Gormand in die Firma ein, dem bereits ein Vernickelungsbetrieb gehörte. Er führte die beiden Unternehmen zusammen und formte daraus Mavic: Manufacture d'Articles Vélocipediques Idoux et Chanel.

Das Geschäft entwickelte sich gut. Mit dem Fokus auf Laufräder erarbeitete Mavic sich unter der Leitung von Gormand und später dessen Sohn Bruno eine hohe Reputation für durchdachte Innovationen. Aluminiumfelgen in den 1920er-Jahren, Scheibenräder in den 80ern, Drei-Speichen-Räder in den 90ern – Mavic war immer ganz vorn an der Spitze der Entwicklung.

Neben all diesen Innovationen ist Mavic aber vielleichtmit etwas ganz anderem weitläufig bekannt geworden: mit seinem neutralen Unterstützungsservice bei Radrennen. Die Idee enstand 1972, als Bruno Gormand einen Teamleiter in seinem Auto mitnahm, dessen Teamfahrzeug ausgefallen war. Seit über 30 Jahren bietet Mavic nun allen Fahrern Unterstützung. Die deutlich in Gelb und Schwarz lackierten Fahrzeuge sind mit Laufrädern u.a. beladen. Es ist nicht untertrieben zu sagen, dass dies den Radsport umkrempelte – es bedeutete das Ende des teilweise langen Wartens von Fahrern mit technischen Problemen auf die Ankunft ihres Teamfahrzeugs. Im November 1990 wurde bei Mavic ein Management-Buyout vollzogen. Inzwischen gehört das Unternehmen der finnischen Firma Amer Sports.

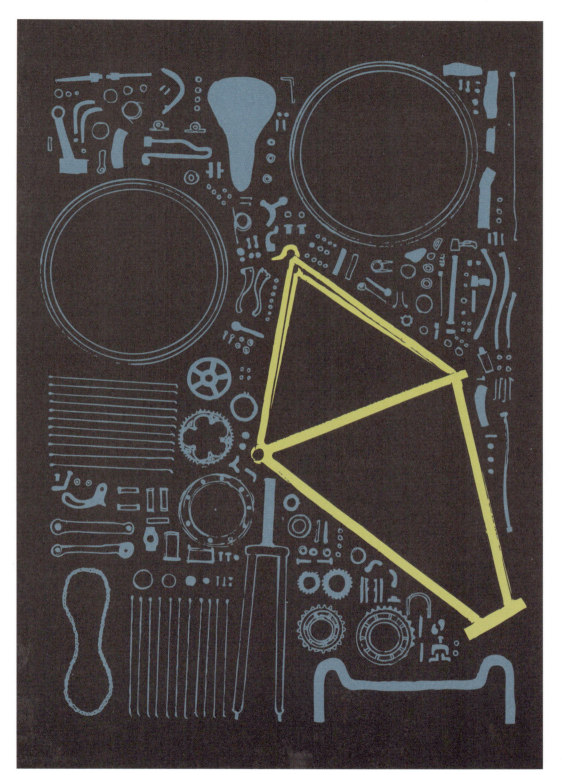

DEZEMBER

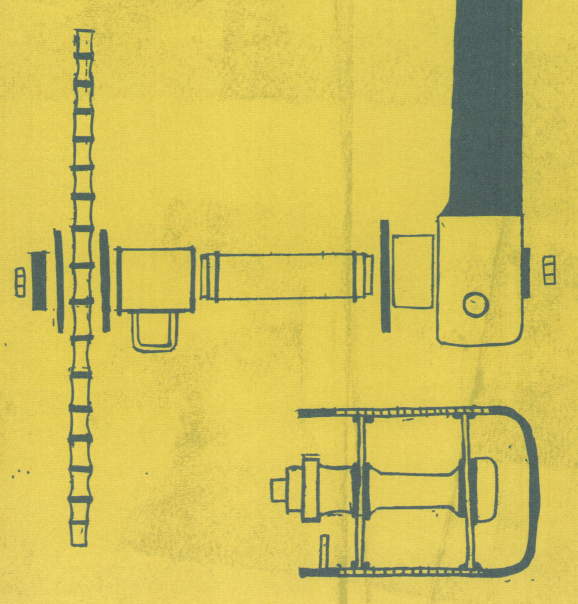

1. Dezember
Der Geburtstag von Luigi Ganna
(1883)

Seine Radsportbeine hatte der Maurer Luigi Ganna auf dem Weg zur Arbeit entwickelt: täglich 100 km. Kein Wunder, dass er bei der ersten Lombardeirundfahrt auf einen beeindruckenden dritten Platz kam. Danach wurde er Profi – es war ihm und seiner Familie klargeworden, dass er so weit mehr Geld verdienen konnte als mit der Arbeit auf dem Bau. Und fahren musste er ja ohnehin …

Der starke, ausdauernde Ganna war besonders gut bei widrigen Witterungsbedingungen und hieß deshalb auch der «Schlammkönig». Seine beste Saison kam 1909, als er für die Mannschaft Atala-Dunlop fuhr. Er gewann sein erstes großes Rennen (heute eines der fünf Monumente), als er bei Mailand–San Remo mehr als drei Minuten vor Emile Georget im Ziel war.

Es sollte noch besser kommen: Einen Monat später stand Ganna am Start des allerersten Giro d´Italia. Siebzehn Tage später war er wieder in Mailand und Sieger eines Rennens, das bald zum größten und wichtigsten Italiens werden sollte.

Ganna zog sich 1915 aus dem aktiven Sport zurück und ging in die Fahrradherstellung. Seine Firma war mehr als zwanzig Jahre lang Sponsor eines Profi-Teams, für das unter anderem Fiorenzo Magni fuhr, als er seinen zweiten Giro gewann.

2. Dezember
Cornet gewinnt die Tour vier Monate nach ihrem Ende
(1904)

Sosehr die erste Austragung der Tour de France die sportlich interessierte Öffenlichkeit auch begeistert hatte – ein Erfolg, den man sich beim veranstaltenden Blatt *L'Auto* nicht zu erträumen gewagt hatte –, so sehr wurde die zweite 1904 zu einem kompletten Desaster.

Bei den lohnenden Preisgeldern lockte der Betrug. Fahrer nutzten den Windschatten von Autos, ließen sich gleich ziehen oder nahmen gar die Eisenbahn. Sie verschacherten Etappenplatzierungen. Unterstützer blockierten Straßen und ließen nur ihre Lieblingsfahrer durch, oder sie bedrohten andere gleich mit Stöcken und Steinen. Zum Teil schwenkte die Rennleitung Pistolen, um den Fahrern den Weg frei zu machen.

Nach drei Wochen Chaos war Maurice Garin der Sieger. Aber Henri Desgrange war entsetzt von den Geschehnissen, und die Union Vélocipédique de France (UVF) war damit auch keineswegs glücklich. Desgrange kündigte an, dass die zweite Austragung der Tour die letzte gewesen sei – sie sei ein Opfer ihres eigenen Erfolges geworden, schrieb er. Die UVF ihrerseits erklärte Garins Sieg für vorläufig, solange der Ablauf des Rennens nicht vollständig geklärt sei.

Diese Klärung durch die UVF dauerte mehr als vier Monate. Am 30. November 1904 wurde dann entschieden, dass Maurice Garin und die drei im Klassement folgenden Fahrer sowie 24 weitere disqualifiziert worden seien. Zwei Tage später wurden die revidierten Ergebnisse veröffentlicht, und dabei wurde Henri Cornet, bisheriger Fünfter, zum Sieger des Rennens erklärt. Cornet war damals erst zwanzig Jahre alt und ist bis heute der jüngste Gewinner der Tour.

Trotz der anderslautenden Ankündigung seitens Henri Desgrange ging die Tour auch 1905 wieder auf die Strecke.

3. Dezember
Joop Zoetemelk hat Geburtstag
(1946)

Der in Den Haag geborene Joop Zoetemelk wuchs in Rijpwetering auf und ist einer der beiden bisherigen niederländischen Tour-Sieger.

Das erste Mal bestritt Zoetemelk die Frankreichrundfahrt 1970, in seinem ersten Jahr als Profi. Er wurde Zweiter hinter Eddy Merckx. Über die nächsten siebzehn Jahre sollte er nur ein einziges Mal nicht an diesem Rennen teilnehmen und sechsmal Zweiter werden, hinter einigen der größten Fahrer der Radsportgeschichte: Merckx, Van Impe, Hinault. Schließlich aber gewann er die Tour doch, im zehnten Anlauf. Dabei schlug er seinen Landsmann Hennie Kuiper mit knapp sieben Minuten Vorsprung, den er sich bei zwei fantastischen Zeitfahren gesichert hatte.

Als Musterbeispiel an Beständigkeit gewann Zoetemelk auch eine stolze Anzahl anderer bedeutender Rennen: die Vuelta, eine Weltmeisterschaft, Paris–Nizza, die Romandierundfahrt, den Wallonischen Pfeil, das Amstel Gold Race, Paris–Tours. Dazu zehn Tour-Etappen, unter anderem an den legendären Anstiegen nach l'Alpe d'Huez und zum Puy du Dôme.

Trotz all dieser Erfolge waren die Fans nie vollständig zufrieden mit seinen Leistungen. Sie warfen ihm mangelnde Angriffslust vor. «Warum ist Zoetemelk so blass?», lautete ein gängiger schlechter Witz: «Weil er im Schatten von Eddy Merckx fährt.» Auf welchen Fahrer hätte das nicht zugetroffen!

4. Dezember
Christa Rothenburger-Luding hat Geburtstag
(1959)

Die Deutsche Christa Rothenburger-Luding schrieb 1988 Sportgeschichte, als sie bei den Olympischen Sommerspielen in Seoul eine Silbermedaille im Bahnsprint eroberte und damit das sieben Monate zuvor gewonnene Gold und Silber aus den Eisschnelllauf-Disziplinen der Winterspiele in Calgary ergänzte. Es war das erste Mal, dass ein Athlet in den Winter- und Sommerspielen desselben Jahres olympisches Edelmetall gewann.

Rothenburger-Luding war eine immens talentierte Eisschnellläuferin, die Weltrekorde und diverse Olympiamedaillen erreichte. Das Radfahren hatte sie nur angefangen, um sich außerhalb der Eislaufsaison fit zu halten.

Als sich herausstellte, dass sie mehr als nur durchschnittliche Qualitäten im Bahnsprint hatte, nahm sie 1986 an den Weltmeisterschaften in Colorado Springs teil. Sie schaffte es bis ins Finale, wo sie die Estin Erika Salumäe auf den zweiten Platz verwies, die für die Sowjetunion fuhr.

Zwei Jahre später in Seoul war die Reihenfolge dann anders herum: Salumäe errang Gold, Rothenburger-Luding Silber. Aber die Sportlerin aus der damaligen DDR schrieb Geschichte. Eine Geschichte, die heute, nachdem die Winterspiele verschoben wurden und nicht mehr im gleichen Jahr wie die Sommerspiele stattfinden, nicht mehr wiederholt werden kann.

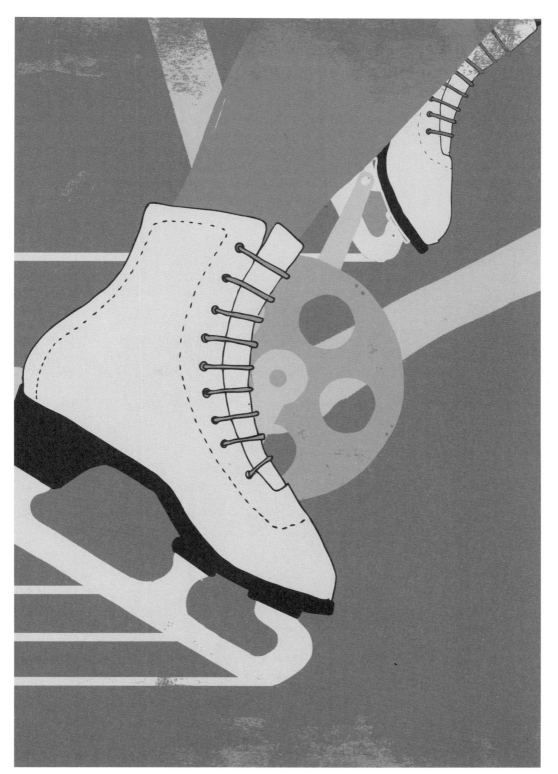

5. Dezember
Großbritannien fährt Weltrekord in der Mannschaftsverfolgung der Frauen
(2013)

Seit das Mannschaftsverfolgungsrennen 2008 in das Programm der Bahnweltmeisterschaften aufgenommen wurde, haben die Britinnen diese Disziplin dominiert. Von den acht Austragungen bisher haben sie sechs gewonnen. Das britische Team war über diese Zeit hinweg ein so sicherer Tipp, wie es im Sport nur möglich ist.

2012 kam es als heißer Favorit zu den Londoner Olympischen Spielen, und die Fahrerinnen sollten nicht enttäuschen. Laura Trott, Dani King und Joanna Rowsell beherrschten die Bahn und pulverisierten die Konkurrenz. Sie fuhren bei jeder der drei Runden des olympischen Wettbewerbes Weltrekord und verbesserten sich damit jedesmal auf ihrem Weg zu Gold. Über die drei Kilometer war das britische Dreierteam praktisch unschlagbar.

Als die UCI das Format 2013 schließlich auf ein Viererteam und vier Streckenkilometer veränderte, waren alle Beobachter gespannt, wie sich dies auf die britische Dominanz auswirken würde. Da musste man nicht lange warten. Im Oktober 2013 fuhren die britischen Frauen auf den Europameisterschaften wiederum Weltrekord. Zwei Wochen später brachen sie ihn. Am 5. Dezember fuhren sie dann in Mexiko und brachen auch den neuen Rekord.

In wenig mehr als sechs Wochen hatten sie den ersten Weltrekord aufgestellt, ihn zweimal gebrochen und um unglaubliche zehn Sekunden verbessert. 2014 gewannen sie die Weltmeisterschaft erneut, bevor dann Australien vorbeizog, die Weltmeisterschaft 2015 gewann und eine neue Weltbestmarke aufstellte.

6. Dezember
Alberto Contador hat Geburtstag
(1982)

Als der vielleicht beste Rundfahrtenspezialist seiner Generation gehört der Spanier Alberto Contador zu den nur sechs Fahrern in der Geschichte, die alle drei großen Rundfahrten für sich entscheiden konnten. Zurzeit hat er zweimal die Tour und zweimal den Giro gewonnen (je ein weiterer Sieg wurden aberkannt), sowie dreimal die Vuelta.

Obwohl seine Karriere durch den 2010 erfolgten positiven Test auf Clenbuterol, die darauf folgende Auseinandersetzung und die Aberkennung der beiden Titel überschattet ist, und obwohl Contador nie eine Top-Platzierung bei einem der Klassiker oder bei der Weltmeisterschaft erreichen konnte, war er über die vergangenen acht Jahre doch einer der wenigen Fahrer, die auf einer dreiwöchigen Rundfahrt immer wieder anzugreifen in der Lage waren.

Seinen ersten Tour de France-Sieg sicherte er sich bei seiner zweiten Teilnahme. Er glänzte in den Pyrenäen und übernahm Gelb, als Rasmussen aus dem Rennen genommen wurde (s. 1. Juni); danach behielt er es bis Paris.

Er ist ein guter Zeitfahrer, aber noch besser am Berg. Dabei hat er eine ganz eigene Art der Krafteinteilung, die ihn in die Lage versetzt, immer wieder anzutreten und kurz davonzuziehen. Damit kann er fast jeden mürbe machen, der an seinem Hinterrad hängt – eine Qualität, die er mit keinem anderen Rundfahrten-Crack teilt.

7. Dezember

Der Geburtstag von Fiorenzo Magni

(1920)

Alle Straßenradsportler sind zähe Hunde. Das müssen sie sein, um Tag für Tag Hunderte von Kilometern fahren zu können, bei welchem Wetter auch immer. Sie kämpfen sich steilste Berge hinauf und bieten Stunde um Stunde auch dem heftigsten Wind die Stirn. Aber auch hier gilt: Mögen auch alle zäh sein – manche sind zäher. Zum Beispiel Fiorenzo Magni.

Magni war zwar in der Toskana geboren, aber er liebte schlechtes Wetter. Brüllende Hitze oder eisige Kälte, gleißende Sonne oder blind machender Schnee – ihm machte das alles nichts aus. Wenn die anderen einpackten, ging er an die Spitze. Er siegte beim Giro, bei der Flandernrundfahrt und bei den Italienischen Meisterschaften jeweils dreimal. Bei der Flandernrundfahrt ist das Rekord. Magni teilt ihn zwar mit fünf anderen Fahrern, aber er ist der Einzige, der seine Siege in ununterbrochener Folge einfuhr.

Sein Spitzname lautete der «Koloss von Monza». Sein erster Giro-Gewinn war umstritten, weil er sich angeblich von hilfreichen Fans durch ein paar freundliche «Schubser» an den Anstiegen unterstützen ließ. Das brachte ihm eine Zeitstrafe ein und ließ Coppi unter Protest aus dem Rennen aussteigen, weil er diese Strafe nicht ausreichend fand. Sein letzter Giro zeigte aber noch einmal ganz deutlich, aus welch hartem Holz Magni wirklich geschnitzt war.

Er hatte seinen Rückzug aus dem Sport bereits angekündigt, als er 1956 noch einmal beim Giro antrat. Auf der Hälfte des Rennens erlitt er einen Sturz. Er kletterte wieder auf das Rad und beendete die Etappe, aber hinterher musste er ins Krankenhaus, wo man einen Bruch des Schlüsselbeins feststellte. Die Ärzte wollten ihn aus dem Rennen nehmen. Magni sollte ein Rennen beenden, das er schon dreimal gewonnen hatte? Niemals.

Die folgende Etappe 13 war ein kurzes Bergzeitfahren. Die Schmerzen beim Ziehen am Lenker waren zu groß, also ließ sich Magnis findiger Mechaniker etwas einfallen: Er befestigte ein Stück Fahrradreifen am Lenker, sodass Magni die Hände nur locker zum Lenken auflegen musste und mit dem Ende des Mantels zwischen den Zähnen den Zug auf den Lenker brachte.

Im weiteren Verlauf des Rennens stürzte Magni erneut. Diesmal wurde er mit einer Ambulanz vom Unfallort weggefahren. Aber nur so lange, bis Magni die Sanitäter anschrie, ihn zurückzubringen. Er hatte einen Armknochen gebrochen Er fuhr trotzdem weiter.

Aber es sollte noch nicht genug sein: 1956 war das Jahr des Bondone-Schneesturms. An diesem Tag zeigten die Dolomiten dem gefrierenden Peloton, was ein Wintereinbruch in ihrem Schatten bedeuten konnte. 60 Fahrer gaben das Rennen auf! War Magni dabei? Natürlich nicht.

Schließlich kam er mit zwei gebrochenen Knochen nach Mailand – als Zweiter der Gesamtwertung.

Manche sind eben zäher.

Magni tat noch etwas Erstaunliches: Er veränderte das Gesicht des Radsports. Als sein Team 1954 um Unterstützung für die nächste Saison ringen musste, war er der Erste, der einen Sponsor von außerhalb des Radsports einbinden konnte, was in naher Zukunft gang und gäbe sein sollte. Und wer war der Sponsor, der den härtesten Mann des Pelotons unterstützte? Nivea.

Magni starb im Oktober 2012 im Alter von 91 Jahren.

8. Dezember
Das erste Radrennen mit Massenstart findet statt
(1867)

Am 8. Dezember 1867 um 10:00 Uhr morgens versammelten sich mehr als hundert Menschen vor dem Panorama der Schlacht von Solferino an den Pariser Champs-Élysées. Alle hatten ihre Velozipeds mitgebracht und starteten zusammen Richtung Versailles.

Ob es sich wirklich um ein Rennen handelte, mag bezweifelt werden, aber es wurden zumindest Zeiten genommen und es ist überliefert, dass der erste der ankommenden Teilnehmer etwas weniger als eine Stunde für die 17 Kilometer benötigt hatte. Die Pariser Presse berichtete von dieser Fahrt und gab sich große Mühe, die neue Fahrmaschine in ihrer Funktionsweise vorzustellen: «Wir wissen, dass das Veloziped ein Gefährt mit zwei Rädern ist, welches der auf einem schmalen Sitze ruhende Fahrer durch abwechselndes Herunterdrücken von mit den Rädern verbundenen Pedalen vorantreibt», hieß es im Bericht des *Le Petit Journal*.

«Das Veloziped ist eines der schönsten Dinge, die man schenken kann», stellte *Le Courrier de la Drôme* fest, als Augenzeuge der Fahrt.

Das Zeitalter des Fahrrads brach an.

9. Dezember
Ryder Hesjedal hat Geburtstag
(1980)

Der in Victoria in British Columbia geborene Ryder Hesjedal war der erste Kanadier, der eine der großen Rundfahrten gewinnen konnte, und zwar den Giro 2012.

Hesjedal war seit 2004 Profi. In den ersten Jahren seiner Karriere fuhr er überwiegend als Helfer für andere Fahrer und erreichte so nur mäßige Platzierungen. Das sollte sich ändern, nachdem er 2009 eine Etappe der Vuelta für sich entschieden hatte. Platzierungen unter den ersten Zehn bei einigen Ardennen-Klassikern wurden von einem fünften Platz im Gesamtklassement der Tour 2010 gefolgt, nachdem sein urprünglich sechster Platz durch die Disqualifikation von Alberto Contador aufgewertet wurde. Das war das beste Abschneiden eines Kanadiers seit mehr als zwanzig Jahren und ohnehin erst das dritte Mal, dass ein Kanadier unter den Top Ten der Tour auftauchte.

Der Giro 2012 bestätigte Hesjedals Möglichkeiten dann endgültig. Über das Rennen hinweg hatte dieser sich einen Zweikampf mit dem Spanier Joaquin Rodriguez um das Rosa Trikot geliefert. Rodriguez ging als besserer Bergfahrer und im Rosa Trikot in die letzten bergigen Etappen und schien nun deutlich im Vorteil. Aber Hesjedal blieb dran und hielt seinen Rückstand in Grenzen.

Als es auf das abschließende Zeitfahren über 28 km ging, hatte sich der Wind gedreht: Hesjedal als besserer Zeitfahrer hatte nur 31 Sekunden Rückstand auf Rodriguez und war nun der Favorit. Und er wurde dieser Rolle gerecht. An diesem Abend trug er in Mailand Rosa und war damit der erste Kanadier, dem dies gelungen war.

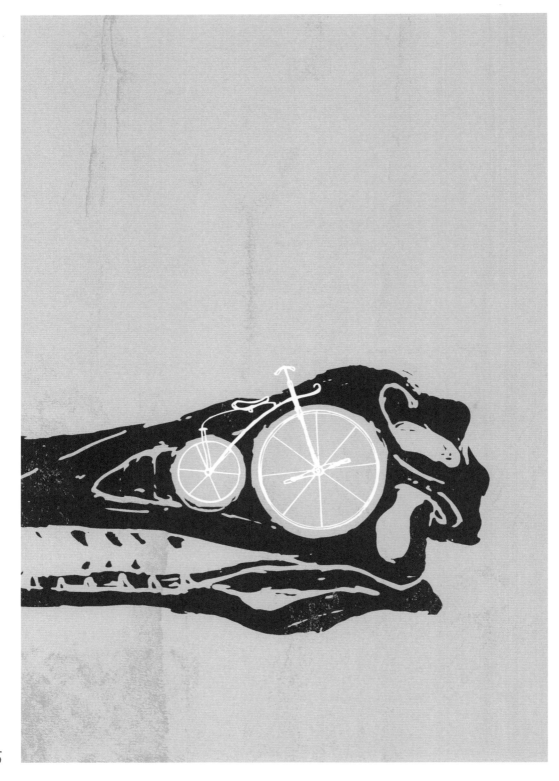

10. Dezember

Der Bürger Karl Friedrich Drais, geborener Freiherr von Sauerbronn, stirbt

(1851)

Die Entwicklung des Radsports lässt sich bis zu der Erfindung zurückverfolgen, die das Fahrrad selbst auf den Weg brachte: die Laufmaschine des (damals noch) Freiherrn Karl Friedrich Drais von Sauerbronn. Aus einer Familie des badischen Beamtenadels stammend, hatte Drais Technik studiert und wurde Forstmeister im Staatsdienst, allerdings ohne Forstamt. Das ließ ihm Zeit für das Erfinden und Konstruieren von Maschinen. Er erfand unter anderem eine Tauchmaschine, einen Klavierrekorder zur Aufzeichnung von Noten, die Schreibmaschine, einen fußkurbelbetriebenen Wagen und auch das per Hand betriebene Schienenfahrzeug, das nach ihm benannt ist (Draisine).

Seine Laufmaschine gab dem Fahrer die Möglichkeit, sich durch Abstoßen mit den Füßen auf einem lenkbaren einspurigen (also beweglichen und leichten) Gefährt voranzubewegen. Die Lösung fand europaweit Aufmerksamkeit, wegen mangelnder Patentsicherheit wurde sie vielfach ohne Lizenz nachgebaut. Nach heftiger behördlicher Verfolgung vielerorts (wegen der Gefährdung von Fußgängern einerseits, aber auch wegen der politischen Verhältnisse: «Sport» war z.B. in den deutschen Fürstentümern das Ertüchtigungsinstrument der demokratisch gesinnten Studenten und wurde strengstens reglementiert) geriet es dennoch für einige Jahrzehnte wieder in Vergessenheit.

Als überzeugter Demokrat legte der Bürger Karl Drais auch seinen Adelstitel ab. Das brachte ihm den Hass und die Verachtung der Monarchisten ein, die nicht müde wurden, ihn und seine Erfindung lächerlich zu machen.

1851 starb Karl Drais, mittellos und vergessen.

11. Dezember

Der tschechische Cyclocross-Fahrer Zdeněk Štybar hat Geburtstag

(1985)

Es läuft die letzte Runde beim Weltmeisterschaftsrennen im Cyclocross 2010 in Tabor, einer tschechischen Stadt etwa 90 km südlich von Prag. Die Strecke liegt unter tiefem Schnee. Tausende Fans säumen sie, die tschechische Fahne wird geschwungen. An der Spitze des Rennens fährt der nur 175 km entfernt geborene Zdeněk Štybar. Kurz vor der Ziellinie schaut er sich um, aber da ist niemand mehr. Da ist schon seit einer Weile niemand mehr. Štybar schüttelt den Kopf und streckt die Arme zum Himmel. Im Schnee von Tabor feiern die Fans den ersten tschechischen Weltmeister seit 1991.

Štybars Sieg war abzusehen. Er hatte bereit zweimal die U23-Weltmeisterschaft gewonnen. Als BMX-Fahrer hatte er ebenfalls schon Siege auf nationaler, europäischer und weltweiter Ebene eingefahren und 2002 seinen ersten tschechischen Juniorenmeistertitel im Cyclocross gewonnen. Inzwischen hat er drei Weltmeistertitel bei der Elite, sieben nationale Titel und einen Weltcup-Sieg erreicht. In den letzten Saisons war Štybar auch auf der Straße erfolgreich, unter anderem mit einem Etappengewinn bei der Vuelta, dem Sieg bei der Eneco Tour und Top-Ten-Platzierungen bei Eintagesklassikern.

12. Dezember

Tsujiura gewinnt den 9. Nationalen Cross-Titel

(2010)

Die nicht eben große Cyclocross-Szene Japans wurde für fast ein Jahrzehnt von Keiichi Tsujiura dominiert. Der in der Region Kansai 1980 geborene Tsujiura sicherte sich 2003 erstmals die Japanische Meisterschaft im Cyclocross. 2008 hatte er schon sieben Titel hintereinander gewonnen und begann, sich nach Konkurrenz zu sehnen. «Ich bedauere die Tatsache, dass niemand diesen Titel verhindern konnte. Ich hoffe, dass bald mehr Fahrer teilnehmen und das Niveau in Japan steigt», sagte er nach seinem siebten Sieg 2008.

Tatsächlich sollte es noch drei Jahre dauern, bis jemand ihn stoppen konnte. 2009 gewann er erneut, und 2010 sicherte er sich den neunten Titel.

Aber im Folgejahr musste er sich schließlich Yu Takenouchi geschlagen geben. Es war ein Kopf-an-Kopf-Rennen, bis Takenouchi auf der letzten Runde ausbüxte und mit 36 Sekunden Vorsprung gewann.

Sein Sieg hat zweifellos eine Ära der Dominanz beendet, aber wie es scheint eine neue eröffnet. Der Herausforderer hat seitdem jede einzelne nationale Meisterschaft gewonnen und ist somit inzwischen selbst vierfacher Japanischer Meister.

13. Dezember

Rik van Steenbergen gewinnt die erste Argentinienrundfahrt

(1952)

Der eher für seine Siege bei Eintagesklasssikern bekannte Belgier Rik van Steenbergen (s. 2. April) reiste im November 1952 nach Argentinien, um an der ersten Austragung der Argentinienrundfahrt teilzunehmen.

Das war ein Rennen über 14 Etappen und eine Dauer von 18 Tagen von und nach Buenos Aires, mit Stationen in Santa Fe de la Vera Cruz, Mendoza und Córdoba. Es wurde von europäischen Fahrern dominiert; Belgier, Italiener, Franzosen und Niederländer gewannen 13 Etappen. Nur die sechste sicherte sich ein Argentinier, Saul Crispin.

Die Gesamtwertung gewann Van Steenbergen (nach vier Etappensiegen) mit zwölf Minuten Vorsprung vor seinem Landsmann Stan Ockers. Das war einer von nur drei Rundfahrtsiegen seitens Van Steenbergen in seiner 23-jährigen Laufbahn (wobei er seine beeindruckendste Leistung während des 1951er Giro ablieferte, bei dem er Zweiter wurde).

Die Argentinienrundfahrt konnte nicht recht Anker werfen. Die erste Austragung 1952 war gleich für fast vierzig Jahre die letzte. 1991 kam das Rennen zurück, für ein Jahr; und dann wiederum 1999. Aber die Austragung 2000 war dann schon wieder die vorerst letzte.

14. Dezember
Rochelle Gilmore hat Geburtstag
(1981)

Die australische Profi-Fahrerin Rochelle Gilmore gewann sowohl auf der Bahn als auch auf der Straße Medaillen bei den Commonwealth Games und Weltcup-Rennen, bevor sie das Frauen-Straßenradsportteam Wiggle-Honda auf die Beine stellte.

Gilmore begann im zarten Alter von drei Jahren mit dem Radrennsport. Ursprünglich fuhr sie BMX, aber mit dem Blick auf die Olympischen Spiele (bei denen BMX erst 2008 zugelassen werden sollte) wechselte sie auf die Bahn und die Straße. 2001 gewann sie eine Etappe des Giro d'Italia Femminile und wiederholte dies 2003. Ihren ersten Weltcup-Sieg fuhr sie 2005 in Geelong, Australien ein – sie bezeichnete ihn später als ein Highlight ihrer Karriere. – Im Jahr 2012 kündigte sie an, ein Frauen-Profiteam zu gründen. Wiggle-Honda wurde Sponsor und zur Saison 2013 hatte sie bereits eine ganze Anzahl hochkarätiger Sportlerinnen unter Vertrag, darunter die britischen Olympiasiegerinnen Joanna Rowsell, Laura Trott und Dani King, sowie die zweifache Italienische Meisterin Giorgia Bronzini.

Im August sollten sie Geschichte schreiben. Bei der Route de France siegte Bronzini bei sechs Etappen nacheinander, ein Rekord. Die siebte Etappe und der Gesamtsieg gingen an ihre Mannschaftskameradin Linda Villumsen. Die einzige Etappe, die das Team nicht für sich entscheiden konnte, war das Zeitfahren beim Prolog.

Gilmore fuhr selbst noch bis 2014, bevor sie sich ganz auf die Teamleitung konzentrierte.

15. Dezember
Der Todestag von Charles Holland
(1989)

Im Jahr 1937 reiste der Brite Charles Holland nach Frankreich, um in einem Drei-Mann-Commonwealth-Team an der Tour teilzunehmen.

Zusammen mit Bill Burl und dem Kanadier Pierre Gachon sowie 98 anderen Startern rollte Holland aus Paris heraus Richtung Lille. Gachon hielt nicht lange durch und stieg schon unterwegs nach Lille aus; Burl folgte ihm am Tag darauf. Zwei Etappen – und Holland war allein.

Wenige Monate zuvor hatte er zu den Profis gewechselt. Er war vorher bei zwei Austragungen der Olympischen Spiele angetreten und hatte 1932 Bronze auf der Bahn gewonnen. 1936 wurde er beim Straßenrennen Fünfter, knapp an der Medaille vorbei bei einem Zielsprint von 15 Teilnehmern. Auch bei den Amateur-Weltmeisterschaften 1934 war er schon nicht auf das Podium gekommen. Nun aber rollte er durch Frankreich.

Mit Blick auf seinen Mangel an Erfahrung (Massenstartrennen auf der Straße wurden in Großbritannien nicht durchgeführt) und Unterstützung schlug er sich wirklich beachtlich. Er hielt bis zur 18. Etappe durch und beendete sechs Etappen unter den ersten Fünfzehn. Dann aber musste er in den Pyrenäen aussteigen. Er hatte drei Reifenschäden auf der Etappe nach Luchon. Seine Pumpe war kaputt und er hatte keine weiteren Ersatzreifen. Es blieb ihm nichts übrig, als die Segel zu streichen. An diesem Rennen nahm er nicht wieder teil.

Bevor der Zweite Weltkrieg seine Karriere beendete, stellte Holland noch eine Anzahl von Langstreckenrekorden auf, inklusive Land's End–London. Als Veteran sollte er auch noch Zeitfahrmeisterschaften gewinnen. Er starb 1989 im Alter von 81 Jahren.

16. Dezember

Der Geburtstag von Charly Mottet
(1962)

Der in Valence im Südosten Frankreichs geborene Charly Mottet, Spitzname «Petit Charly», war ein talentierter Kletterer, der diverse hochkarätige Rennen gewonnen hat, ohne je ganz nach oben zu kommen. Er fuhr in den Jahren von Hinault und Fignon und hatte das Pech, immer etwas im großen Schatten zu stehen, den diese beiden Giganten der Landstraße warfen.

Trotzdem gewann er Rennen, und das mit großem Einsatz. Zwischen 1985 und 1994 nahm er an zehn aufeinanderfolgenden Austragungen der Tour teil. Er sicherte sich drei Etappen, fuhr sechs Tage in Gelb und wurde zweimal Vierter in Paris. 1990 gewann er die Königsetappe des Giro, über fünf Pässe zu einer Bergankunft auf dem Pordoi. Dieser Sieg katapultierte ihn auf den zweiten Platz der Gesamtwertung, den er bis Mailand nicht mehr aus der Hand gab. Er bedeutet aber auch, dass Mottet nun zu den Fahrern gehörte, die Etappen aller drei großen Rundfahrten gewonnen hatten.

Abseits der dreiwöchigen Touren teilt er sich mit Hinault, Nello Lauredi und Luis Ocana den Rekord von drei Siegen beim Critérium du Dauphiné. Und 1988 gewann er die Lombardeirundfahrt, als er sich auf der letzten Abfahrt absetzen konnte und seinen Vorsprung ins Ziel rettete.

Er zog sich 1994 aus dem aktiven Sport zurück, blieb ihm aber als Mitarbeiter von Rennveranstaltern, des französischen Radsportverbandes und der UCI eng verbunden.

17. Dezember

Moreno Argentin hat Geburtstag

(1960)

Im April 1987 startete der in San Doná di Piave geborene Italiener Moreno Argentin bei Lüttich-Bastogne-Lüttich mit dem festen Vorsatz, bei der Doyenne seinen dritten Sieg in einer Reihe zu holen. Das war vor ihm erst zwei Fahrern bei diesem Monument des Radsports gelungen: dem ersten Sieger überhaupt, Léon Houa, und Eddy Merckx. Argentin war auf dem Weg in allerbeste Gesellschaft.

Aber als das Rennen Lüttich wieder erreichte, sah es so aus, als wäre alles danebengegangen. Der Belgier Claude Criquelion hatte den Italiener an der Côte du Sart-Tilman abgehängt und war mit dem Iren Stephen Roche auf und davon. Die beiden spannten zusammen und kamen mit einem so gut wie uneinholbaren Vorsprung auf die letzten Kilometer.

Weiter hinten hatte Argentin die Hoffnung schon fast aufgegeben und versuchte nur noch, sich das unterste Treppchen auf dem Podium zu sichern. Doch dann begannen Criquelion und Roche ein fatales Sprinter-Katz-und-Maus-Spiel um den Sieg, und der Italiener holte auf. Er fuhr im Regenbogentrikot und war mit Marc Madiot und Robert Millar unterwegs; die drei gaben ununterbrochen Vollgas. Der Vorsprung schmolz. Schnell.

In einem Hui war alles vorbei. Bevor Criquelion und Roche begriffen, wie ihnen geschah, war Argentin an ihnen vorbei und zog durch Richtung Ziel. Verblüfft preschten sie hinterher, aber es war schon zu spät. Argentin hatte dem Schicksal einen seiner berühmtesten Siege entwunden.

Moreno Argentin war bereits Juniorenmeister auf der Bahn, bevor er einer der besten Klassikerfahrer Italiens werden sollte. Im Ganzen gewann er schließlich viermal in Lüttich, siegte bei der Lombardei- und der Flandernrundfahrt sowie dreimal beim Wallonischen Pfeil, ein Rekord, wenn auch ein geteilter. Er gewann dreizehn Etappen beim Giro und zwei bei der Tour; 1986 wurde er Weltmeister im Straßenrennen.

Argentin, Spitzname «El Capo», war ein stolzer Mann. Er hatte einen berühmten Zusammenstoß mit dem jungen Lance Armstrong, als er diesen 1993 mit einem seiner Mannschaftskameraden verwechselte. Armstrong zahlte mit gleicher Münze zurück und sprach Argentin mit dem Namen eines von dessen Teamkameraden an: Chiapucci.

Argentin, Gewinner von Monumenten, Etappen großer Rundfahrten und ehemaliger Weltmeister, war stocksauer auf das junge Großmaul. Ein paar Tage später fuhren die beiden den Sprint beim Trofeo Laigueglia untereinander aus. Direkt vor der Ziellinie ging Argentin in die Bremsen und ließ ein paar Fahrer vorbei – er wollte keinesfalls mit Armstrong gemeinsam auf einem Podium stehen. Armstrong nannte das später eine ungewöhnlich elegante Form der Beleidigung.

18. Dezember
Michael Barry, Autor und Radsportler, hat Geburtstag
(1975)

Der Kanadier Michael Barry war 14 Jahre im Peloton der Profis auf den Straßen der Welt unterwegs. Er war Domestike, sein Job war die Unterstützung anderer. Daher ist die Zahl seiner eigenen Erfolge sehr gering. Zehn Siege sind unter seinem Namen verbucht, vier davon betreffen Mannschaftszeitfahren. Aber genau darin besteht das Leben eines Domestiken, und Barry wusste das vorher. Er hatte sich den Sport sorgfältig angesehen, bevor er selbst einstieg, und sagte später, dass ihn genau das gereizt hätte: diese Aufopferung des Einzelnen und eines ganzen Teams, sich über Stunden in Grund und Boden zu fahren, damit am Ende der wichtigste Mann davonfliegen und den Ruhm einstreichen konnte.

Barry sollte dennoch bekannter als andere seiner Kollegen aus dem Galeerendeck werden. Schon während seiner Karriere schrieb er interessante Beiträge, unter anderem für die *New York Times* und den *Toronto Star*. Zudem schrieb er vier Bücher, darunter *Inside the Postal Bus* (2005) und *Le Métier* (2010). 2014 veröffentlichte er *Shadows on the Road*, in dem es um sein eigenes Doping geht, das er 2012 im Zuge der USADA-Ermittlungen gegen das Team US Postal gestand.

19. Dezember
Zoulfia Zabirova hat Geburtstag
(1973)

Zoulfia Zabirova war die erste Athletin aus Usbekistan, die bei Olympischen Sommerspielen eine Goldmedaille gewinnen konnte, als sie 1996 das Einzelzeitfahren in Atlanta für sich entschied.

Obwohl sie in Taschkent, der Hauptstadt Usbekistans, geboren wurde, entschied sie sich nach dem Zerfall der Sowjetunion dafür, für Russland zu fahren. Ihr Großvater hatte sie zum Radfahren gebracht, aber sie erzählte später von den großen Schwierigkeiten für eine Usbekerin, eine Radsportkarriere zu verfolgen (in manchen Landesteilen hätte sie aus Angst vor einer Steinigung gar nicht trainieren können). Sie zog vor den Olympischen Spielen nach Russland um, wodurch ihre Goldmedaille nun ihrer neuen Heimat zugerechnet wurde.

2002 gewann sie ein Regenbogentrikot, als sie sich die Weltmeisterschaft im Einzelzeitfahren vor den Schweizerinnen Nicole Braendli und Karin Thuerig sichern konnte.

Als ausgezeichnete Zeitfahrerin gewann Zabirova zwischen 1997 und 2002 viermal den Chrono des Herbiers (inzwischen Chrono des Nations). Zurzeit ist sie die einzige Frau, die diesen Titel drei Jahre in Folge gewinnen konnte. Sie fuhr auch weitere wichtige Siege ein, inklusive Etappen beim Giro d´Italia Femminile und der Tour de France Féminin, sowie bei der Flandernrundfahrt und der Primavera Rosa.

2005 wechselte Zabirova erneut die Nationalität, als sie nach Kasachstan zog, wo sie bald mehrere nationale Titel errang. Bei ihrem Rücktritt 2009 war sie damit ehemalige nationale Meisterin sowohl in Russland als auch in Kasachstan.

20. Dezember

Rik van Looy hat Geburtstag
(1933)

Jacques Anquetil nannte ihn einmal seinen einzigen echten Rivalen bei den großen Rundfahrten – der Belgier Rik van Looy war eine Siegesmaschine und gewann während seiner 18 Jahre dauernden außergewöhnlichen Karriere beinahe jeden Klassiker.

Der «Kaiser von Herental» (nach dem kleinen belgischen Ort, in dem er wohnte) war 1961 der erste Fahrer, der alle fünf Monumente gewonnen hatte, als er einen Dreimann-Sprint im Ziel von Lüttich–Bastogne–Lüttich für sich entscheiden konnte. Nur Eddy Merckx und Roger de Vlaeminck konnten damit bisher gleichziehen.

Van Looy hatte seine Klassikerserie erst drei Jahre nachdem er Profi wurde eröffnet, mit einem Sieg bei Gent-Wevelgem 1956. Zwei Jahre später gewann er Mailand-San Remo, und in den nächsten Jahren dominierte er die bedeutenden Eintagesrennen. Insgesamt erreichte Van Looy vierzehn Siege bei wichtigen Klassikern.

Er gewann auch zwei Weltmeisterschaften hintereinander, 1960 und 1961, und verlor die dritte im Jahr 1963 nur, weil er im Zielsprint feststellen musste, dass er gegen seinen eigenen Mannschaftskameraden Benoni Beheyt kämpfte, der ihn dann knapp schlug. Van Looy war die Gelegenheit zu einem dritten Regenbogentrikot und dem Ausgleich mit Alfredo Binda und Rik van Steenbergen genommen worden. Seine Fans nannten es Betrug.

Abseits der Eintagesrennen gewann Van Looy 37 Etappen bei der Tour, dem Giro und der Vuelta. Er gewann auch Trikots aller drei Rundfahrten: das Punktetrikot der Tour und die Bergtrikots von Giro und Vuelta, dank eines langen Solos in den Alpen.

1970 zog Van Looy sich zurück und leitete danach eine Radsport-Schule.

21. Dezember

Der Melbourne Cup on Wheels wird durchgeführt
(2013)

Als Fixpunkt im australischen Bahnsportkalender und mittlerweile in seinem 80. Jahr ist der Melbourne Cup on Wheels ein vielseitiges Radsportfest (Down Under nennt man es einen Carnival), das derzeit im Darebin International Sports Center ausgetragen wird.

Unter anderem gibt es ein Handicap-Rennen über 2000 m. Das Rennen über acht Runden beginnt mit unterschiedlichen Startpositionen; von der Startlinie selbst bis hin zu 250 m (eine Runde) Vorlauf stellen sich die Teilnehmer entsprechend ihrem Handicap auf. Nach dem Startschuss holen die schnelleren Fahrer auf. Unterstützt von einem einheizenden Kommentar, entwickelt sich ein packendes Finale. In den letzten Jahren hat das Rennen auch internationale Beachtung gefunden; 2008 wurde es erstmals von einem Nicht-Australier gewonnen: Josh Ng aus Malaysia.

Die Finalrennen des Cup on Wheels sind der Höhepunkt dieser Bahnsportshow. 2013 erhielten Sprint und Keirin erstmals den UCI-Status Kategorie 1, was der Veranstaltung noch mehr Prestige und die Teilnahme von Weltklassefahrern einbrachte. Auch die beiden Weltmeister Matthew Glaetzer und Anna Meares waren dabei und siegten.

22. Dezember

Der Todestag von Oscar Aaronson
(1900)

Beim New Yorker Sechstagerennen im Jahr 1900 gehörten Oscar Aaronson und sein Teampartner Oscar Babcock zu den Favoriten. Die Zeitungen berichteten, Aaronson sei bisher gefahren «wie der Teufel», und dass er und Babcock von vielen Fachleuten als wahrscheinliche Sieger eingeschätzt würden.

Und das hatte offensichtlich seinen Grund, denn über drei Tage führten die beiden das Rennen an. Aber dann war Aaronson in einen schweren Sturz verwickelt, bei dem er mit dem Kopf auf die Bahn prallte. Andere Fahrer konnten nicht ausweichen und rasten in den bewegungslos daliegenden Sportler hinein.

Aaronson wurde ins Krankenhaus gebracht, sein Leben hing an einem dünnen Faden. Die Sportwelt hielt den Atem an, auch weil die Sechstagerennen wegen der hohen Belastung ihrer Fahrer ohnehin vielfach sehr kritisch gesehen wurden. Der Tod eines Fahrers konnte das Aus für diese Spektakel bedeuten.

Aaronson zeigte im Klinikbett das gleiche Durchhaltevermögen wie auf der Bahn, aber nach sechs Tagen erlag er schließlich seinen Verletzungen. Als Todesursache gaben die Ärzte eine Lungenentzündung wegen Erschöpfung an.

Aaronson hätte drei Tage später seine langjährige Freundin geheiratet. Er wollte sein Familienleben mit dem Preisgeld genau des Rennens beginnen, das ihn nun das Leben gekostet hatte. Er starb im Alter von nur 25 Jahren.

23. Dezember

Wim Vansevenant hat Geburtstag
(1971)

Am letzten Tag der Tour de France 2008, als die Radsportwelt bereits auf das Gelbe Trikot von Carlos Sastre anstieß, feierte der Belgier Wim Vansevenant seinen eigenen Eintritt in die Radsportgeschichte.

Er hatte keine Etappe gewonnen. Auch keines der Wertungstrikots. Weit davon entfernt. Aber er war von den 145 Fahrern, die Paris erreichten, der absolut Letzte im Klassement. Genauso wie im vorigen Jahr. Und in dem Jahr davor.

Das war eine Premiere: Ein Fahrer hatte die Tour dreimal hintereinander als Letzter beendet. Vansevenant war die erste dreifache «lanterne rouge» der Tour. Diese Bezeichnung rührt noch von dem roten Licht her, das man früher an den letzten Waggon eines Zuges hängte. Über die Jahre wurde der Begriff der Roten Laterne aber auch eine Art Symbol für den Geist der Tour, ein Ausweis für Zähigkeit und Durchhaltewillen: Der Träger der Roten Laterne hatte eben nicht aufgegeben, hatte sich von den Zumutungen dieser Aufgabe nicht kleinkriegen lassen.

Manchmal war die Rote Laterne der Tour bekannter geworden als Fahrer, die deutlich besser abgeschnitten hatten. Das resultierte dann in besseren Anschlussverträgen und Antrittsgeldern bei den weiteren Rennen des Jahres. So kam es zu Kämpfen um diesen «Titel»: Fahrer fuhren bewusst langsam, nahmen längere Pausen oder versteckten sich sogar.

Ende der 1970er-Jahre wurde das durch besondere Regeln beendet, aber einen gewissen Kult um die «lanterne rouge» gibt es immer noch, auf Webseiten und in Büchern. Wim Vansevenant hat nun für einen besonderen Eintrag unter seinem Namen gesorgt.

24. Dezember
Die Rücktrittbremse wird patentiert
(1889)

Zum Ende des 19. Jahrhunderts entwickelte sich das Fahrrad im Eiltempo. Überall auf der Welt wetteiferten Erfinder um neue Ideen und Lösungen, die das Fahren noch einfacher, sicherer und weniger anstrengend machen sollten.

Der Engländer Daniel Stover war Eigentümer der Stover-Werke, die in den 1860er-Jahren zur Herstellung von Maschinen, darunter auch Windmühlen, gegründet worden waren. 1888 begründete er die Stover Bicycle Works und begann mit der Herstellung von Fahrradzubehör. Im August 1889 reichte er zusammen mit William Hance eine Patentschrift für eine Rücktrittbremse ein.

Am 24. Dezember wurde das Patent erteilt, und die Lösung wurde unter dem Namen Sicherheitsbremse (safety brake) oder Rücktrittbremse bekannt und war bald weit verbreitet. Stovers Werke begannen 1891 selbst mit der Produktion von Fahrrädern. Auch weitere Patente wurden eingereicht und erteilt, unter anderem zum Design von Sätteln und Tretkrubeln.

Die Firma brachte von 1892 bis 1898 Fahrräder unter der Marke Phoenix auf den Markt, dann schloss sie ihre Tore.

25. Dezember
Guido Reybrouck hat Geburtstag
(1941)

Als eine der schnellsten unter den Sprintern siegte der Belgier Guido Reybrouck bei zahlreichen Klassikern und auch bei Etappen großer Rundfahrten. Sein liebstes Jagdrevier war Paris–Tours, das er dreimal gewann. Das lag wohl in der Familie, denn damit zog er mit seinem Onkel Gustave Danneels gleich (wie auch Paul Maye und Erik Zabel). Seinen dritten Sieg erreichte er 1968, nachdem sein Faema-Mannschaftskamerad Eddy Merckx den Sprint angezogen hatte – der selbst zu gut bewacht war, als dass er sich den Sieg hätte holen können.

Reybrouck gewann auch bei Kuurne–Brüssel–Kuurne 1965, bei den Belgischen Meisterschaften 1966 und beim Amstel Gold Race 1969, als er Jos Huysmans im Zweimannsprint auf der Linie schlug.

1965 nahm Reybrouck zum vierten Mal an der Tour Teil und sicherte sich zwei Etappen, eine davon in den Pyrenäen. Sechsmal sollte er dieses Rennen fahren und dabei insgesamt sechs Etappen gewinnen. Auch beim Giro und der Vuelta holte er sich Etappensiege, bei der Vuelta 1970 auch das Trikot der Punktewertung.

26. Dezember
Sven Nys gewinnt den Hofstade Cyclocross
(2003)

Zwischen 2001 und 2007 bedeutete der zweite Weihnachtstag für Belgiens Elite der Querfeldein (Cyclocross)-Fahrer genau eines: die Kersttrofee in Hofstade. Der erste Sieger auf dem 2,6 km langen Kurs durch Sand, Schotter und Matsch und Gewinner dieser Weihnachtstrophäe war Mario de Clerq, der seine Karriere später als dreimaliger Weltmeister beenden sollte. Das erste Rennen der Frauen wurde von Daphny van den Brand gewonnen.

Über die ersten drei Austragungen wuchs das Rennen an Popularität und Prestige. Zwischen 2004 und 2007 gehörte es zum UCI World Cup. Als die UCI diesen Status nach Zolder wandern ließ, wurde das Rennen in Hofstade eingestellt.

Über seine kurze Geschichte hinweg wurde es von Sven Nys dominiert. Von den sieben Austragungen gewann Nys vier und wurde zweimal Zweiter. Das einzige Jahr, in dem er nicht auf dem Podium stand, war 2006 – da wurde er Fünfter. Den Rekord für die meisten Siege bei den Frauen teilen sich Daphny van den Brand und Hanka Kupfernagel mit jeweils drei Erfolgen.

27. Dezember
Muenzer wird Kanadas Athletin des Jahres
(2004)

Im Prolog zu ihrer Autobiografie *One Gear, No Brakes* beschreibt Lori-Ann Muenzer ihre Gedanken auf einer einsamen Busfahrt. Sie ist auf dem Weg zu einer Trainingsrunde im olympischen Velodrom in Athen, vier Tage vor der Austragung ihrer Disziplin, dem Sprint. Muenzer erzählt von ihrer Einsamkeit, dem Gefühl, von ihrem Team abgeschrieben worden zu sein. Zweifel kommen auf: Warum ist sie überhaupt hier? Warum glaubt sie, es mit 38 Jahren mit deutlich jüngeren und besser unterstützten Sportlerinnen aufnehmen zu können?

Nicht einmal ihr Team glaubt an sie. Es ist verschwunden. Sie hat niemanden dabei, der ihre Zeit nehmen kann. Aber dann steigt Lori-Ann Muenzer aus dem Bus und tut das, was sie seit Jahren tut: Sie fährt Rad.

Vier Tag später steht sie mit der Goldmedaille auf der Brust in Athen und lauscht der Nationalhymne.

Muenzer war Kanadas erste und bisher einzige Radsportlerin, die olympisches Gold gewonnen hat. Und danach nahmen die Menschen sie wahr. Im Dezember des Jahres erhielt sie den Bobbie Rosenfeld-Preis für die beste Athletin, der in Kanada seit 1933 verliehen wird. Der Preis ging erst zum zweiten Mal an jemanden aus dem Radsport.

28. Dezember
Marianne Vos gewinnt das Azencross-Rennen
(2011)

Marianne Vos ist die dominierende Fahrerin ihrer Generation. Eigentlich aller Generationen. Im Sommer beherrscht sie die Straßen, im Winter die Cross-Strecken.

Beweise gewünscht? Schauen wir uns einfach mal ihre Cross-Saison 2011/12 an. Im ersten Rennen, dem Weltcup-Rennen in Koksijde, wurde sie Zweite. Am nächsten Tag in Gieten siegte sie. Und damit war sie in der Spur.

Als sie am 28. Dezember das Azencross-Rennen gewann, hatte sie schon sieben Siege auf dem Konto. Vos hatte ihre Konkurrentinnen einfach stehen lassen, als sie über die glitschige Strecke schlidderte. «Langweilig? Ein bisschen», sagte sie hinterher. «Aber man muss zusehen, dass man den Fokus nicht verliert.»

Sie hielt den Fokus auch über den Jahreswechsel hinweg aufrecht. Zur Weltmeisterschaft hatte sie schon weitere sechs Siege eingesammelt. Sie war die überwältigende Favoritin auf das Regenbogentrikot (ihr fünftes) und wurde dieser Rolle locker gerecht, mit einem Vorsprung von 37 Sekunden im Ziel.

Ihr letztes Cross-Rennen der Saison gewann sie am 18. Februar 2012 in Valkenburg. Drei Wochen später startete sie beim ersten Rennen des Straßen-Weltcups. Sie gewann, logisch.

29. Dezember
Juan Carlos Rojas Villegas gewinnt seine dritte Costa Rica-Rundfahrt
(2013)

Die Vuelta a Costa Rica ist ein Etappenrennen, das seit 1965 jährlich im Dezember ausgetragen wird. Die Route führt bis zu 3000 m hoch hinauf in die Berge, fällt dann wieder hinab zur Küste und durch ihre lebendigen Ortschaften. Zwei Wochen tourt das Peloton durch eine fruchtbare und teilweise dramatische Landschaft.

Die Austragung 2012 verlief über 12 Etappen, drei davon in den Bergen, andere als Zeitfahren. Sie wurde von Juan Carlos Rojas Villegas aus Costa Rica gewonnen, der hier bereits 2005 und 2010 siegen konnte. Der dritte Sieg war Rekord.

Villegas sollte diesen Rekord aber noch um einen Zähler erhöhen: Auch 2014 war er als Erster im Ziel. Das war die Krönung einer großartigen Saison für den Vierunddreißigjährigen, in der er erstmals nationaler Meister geworden war und die er als Führender der UCI-AmericaTour-Punkteliste beendete.

30. Dezember

Lars Boom hat Geburtstag

(1985)

Inzischen überwiegend als Straßenfahrer erfolgreich, hatte der Niederländer Lars Boom 2003 seinen internationalen Durchbruch, als er die Junioren-Weltmeisterschaft im Cyclocross in Monopoli in Süditalien für sich entschied. Mit Zdeněk Štybar und Niels Albert war das Feld hochkarätig besetzt, aber Boom siegte mit Leichtigkeit. Das sah nach mehr aus.

In den folgenden Jahren gewann Boom nationale und europäische Titel, und schließlich 2007 auch die U23-Weltmeisterschaft. Auch hier waren Stybar und Albert wieder mit dabei. Boom hatte noch eine Rechnung offen, denn 2005 und 2006 hatte er den Sprint gegen Stybar verloren. Diesmal war das anders. Diesmal war Boom zu stark. Er setzte sich ab und sicherte sich den Sieg mit einer guten Minute Vorsprung.

Zwölf Monate später hatte er ein weiteres Regenbogentrikot in der Tasche, das der Elite. Junior, U23, Elite – Lars Boom hatte nun das komplette Set, das der Cross-Sport zu vergeben hat.

Danach wechselte Boom auf die Straße, obwohl er gelegentlich immer noch Cyclocross fährt. Seinen größten Sieg auf der Straße bisher erreichte er bei der Tour 2014, als er eine Etappe gewann, die großenteils auf den sonst für Paris-Roubaix reservierten pavés (Pflastersteinpassagen) verlief. Und das bei einem Wetter, das die Strecke dem sehr ähnlich machte, was er nur allzu gut kannte: Cyclocross.

«Als ich das Wetter heute Morgen gesehen habe, musste ich lächeln», sagte er hinterher. «Dies ist mein allerschönster Sieg.»

31. Dezember

Tommy Godwin fährt den Jahresrekord mit 75 065 Meilen/ 120 805 km

(1939)

Am 1. Januar 1939, noch vor der Dämmerung, schwang sich der 26 Jahre alte Tommy Godwin aus Stoke-on-Trent auf sein Fahrrad und fuhr davon. In den nächsten zwölf Monaten sollte er nur selten anhalten.

Godwin fuhr Fahrrad, seit er mit 14 als Zustelljunge gearbeitet hatte. Bald begann er Rennen zu fahren (und zu gewinnen) und wurde einer der besten Zeitfahrer seines Landes. Er sicherte sich zahlreiche Siege landauf, landab. 1938 hatte er dann seinen Schwerpunkt auf eine ganz andere Art von Herausforderung gerichtet, die man sich in ihrem Umfang nur schwer vorstellen kann: den Jahresrekord.

Diese Wertung der meisten Jahreskilometer eines Fahrradfahrers geht bis auf das Jahr 1911 zurück, als das Magazin *Cycling* einen Wettbewerb ausrief, um herauszufinden, wie viele 100-Meilen-Rennen ein Radfahrer im Jahr bewältigen könnte. Schnell hatte sich diese Aufgabe in einen Wettbewerb um die Jahreskilometerzahl verwandelt. Marcel Planes war der erste Rekordhalter, mit 34 666 Meilen (55 790 km). Dieser Rekord hatte für mehr als 20 Jahre Bestand, aber in den 1930er-Jahren fiel er dann wieder und wieder. Als Godwin sich in den Sattel setzte, lag er bei unglaublichen 62 657 Meilen (100 837 km) und wurde von Ossie Nicholson gehalten. Das ist beinahe der achtfache Erddurchmesser am Äquator.

1939 wollten gleich drei Briten gleichzeitig diesen Wert übertreffen. Neben Godwin waren auch Edward Swann und Bernard Bennett auf der Straße. Swann erlitt frühzeitig einen Unfall und musste aufgeben, aber Bennett blieb dabei und führte eine ganze Weile vor Godwin.

Als das Jahr voranschritt, legte Godwin richtig Strecken drauf. Seine Kilometerzahlen für Mai, Juni, Juli und August betrugen 6557, 7661, 8583 und 7367 Meilen (10 552/12 329/13 813/11 856 km). Am 21. Juni, dem längsten Tag des Jahres, legte er 361 Meilen (581 km) zurück – die längste seiner Tagesstrecken überhaupt.

Solche Entfernungen bedeuteten, dass er erstklassiges Material benötigte. Ursprünglich wurde er von seinem Arbeitgeber Ley Cycles unterstützt, aber im Mai begann die Sache langsam richtig teuer zu werden, und ein neuer Sponsor wurde gesucht. Raleigh sprang ein und stellte ihm ein Rad mit Viergang-Schaltung zur Verfügung.

Am 26. Oktober fuhr Godwin als neuer Rekordhalter über den Trafalgar Square. Aber er stieg nicht ab. Um Mitternacht des 31. Dezember hatte er 75 065 Meilen (120 805 km) auf der Uhr. Er hatte den bisherigen Rekord eingestampft, mit einer durchschnittlichen Tagesleistung von 205 Meilen (330 km) über das gesamte Jahr hinweg. Er hatte sich nur einen Tag Urlaub gegönnt.

Aber das war ihm noch nicht genug. Er setzte sich ein neues Ziel und strebte nun die 100 000-Meilen-Marke an (160 934 km). Am 14. Mai 1940 hatte er sie schließlich erreicht. 500 Tage hatte er gebraucht, seit er am Neujahrsmorgen 1939 gestartet war, und damit die bisherige Marke um einen vollen Monat unterboten.

Einige Wochen später ging Godwin zur Royal Air Force und zog in den Krieg.

Godwins Rekord galt lange als nicht zu übertreffen, aber es machten sich immer wieder Menschen daran, es zu versuchen. Er hatte schließlich bis zum Jahreswechsel 2015/16 Bestand, als er vom US-Amerikaner Kurt Searvogel eingestellt wurde, der ihn auf 76 076 Meilen (122 432 km) anhob.

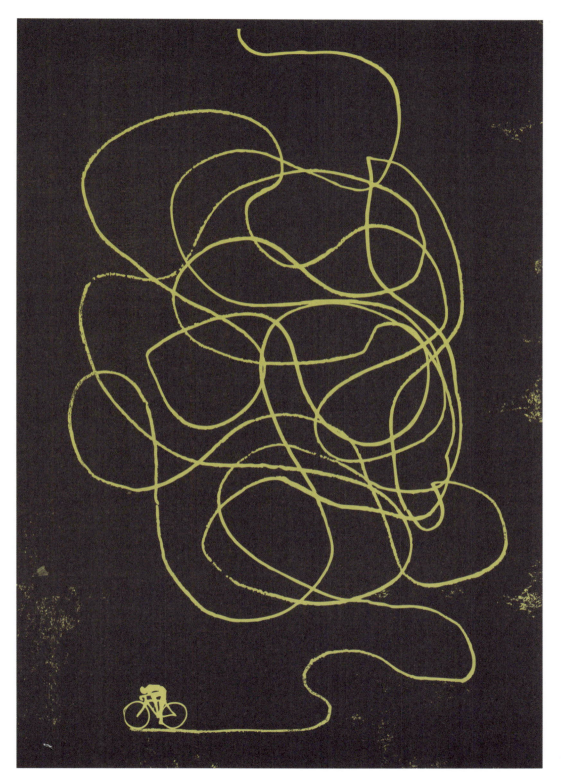

GLOSSAR

Abandon: Frz./engl. für Aufgabe/aufgeben. Im Radsport der Begriff für das Aussteigen eines Fahrers aus einem Rennen, wegen technischer Probleme, Verletzung oder Erschöpfung.

Arrivée: Frz. Ankunft; im Radsport für die Ziellinie oder im weiteren Sinne für den Ankunftsort.

Bahnrennen: Veranstaltungen auf Radrennbahnen, entweder unter freiem Himmel oder unter Dach.

Berg-Kategorie: Etappenrennen wie die Tour de France ordnen den einzelnen Bergstrecken bestimmte vergleichende Bewertungen zu, die Grundlage der zu vergebenden Bergpunkte sind. Kategorie 4 bedeutet dort die leichteste Beanspruchung, 1 die schwerste; aber dann gibt es auch noch *hors catégorie* = (frz.) ohne Kategorie. Zu Deutsch: Eigentlich kaum noch fahrbar ...

Besenwagen: Das Fahrzeug, das dem Rennen folgt und die Fahrer einsammelt, die aufgegeben haben oder wegen Zeitüberschreitung aufgeben müssen; daher letztes Fahrzeug eines Rennens. Im Französischen *Voiture-balai* genannt.

Bidon: Trinkflasche zum Transport am Rad. Heute aus Plastik, früher aus Blech; heute in Haltern am Rahmen transportiert, früher am Lenker.

BLRC: British League of Racing Cyclists; gegründet 1946 zur Durchführung von Massenstartrennen auf öffentlichen Straßen (die seitens der National Cycling Union nicht gestattet waren).

BMX-Rennen: Rennen von bis zu acht Fahrern gegeneinander (gleichzeitiger Start) auf einem meist künstlichen Offroad-Kurs mit Sprüngen und überhöhten Kurven.

Bretter: Im Radsport ein umgangssprachlicher Ausdruck für den Bodenbelag einer Radrennbahn. Laut UCI dürfen Bahnen zwischen 133 und 500 m lang sein. Olympische und Weltmeisterschaftswettbewerbe werden auf 250 m langen Bahnen abgehalten.

Clenbuterol: Ein Asthma-Medikament, das auch Muskelwachstum und Fettverbrennung befördert. Benutzung seitens der WADA für Rennteilnehmer untersagt.

Critérium (auch Kriterium): Ein Rennen über mehrere eher kurze Runden, meist innerorts oder in Stadtzentren. Historisch vor allem in Nordeuropa beliebt. Erfolgreiche Profis nutzen ihre großen Namen für gutdotierte Verträge über hohe Antrittsgelder; die Veranstalter erhöhen die öffentliche Aufmerksamkeit durch die populären Teilnehmer.

Cyclocross: In Deutschland auch unter dem traditionellen Begriff Querfeldeinrennen bekannt; Rennen über mehrere Runden auf Offroad-Kursen. Die Räder sind leicht abgewandelte Straßen-Rennräder. Fahrer benötigen sehr gute Kondition, Fahrtechnik und auch Lauftechnik, denn sie müssen die Räder immer wieder schultern, wenn Streckenteile unbefahrbar sind. Klassische Wintervariante des Radsports, auch heute überwiegend im Winterhalbjahr ausgetragen.

Départ: Frz. für Abreisen. Die Startlinie eines Radrennens.

Derny: Ein spezielles Motorrad, das bei bestimmten Bahnrennen (und früher auch bei manchen Straßenrennen) als Schrittmacherfahrzeug verwendet wird.

Domestik: (frz. *domestique*) Die verkannten Helden des Radsports. Sie geben den Mannschaftskapitänen (aber auch den Sprintern) Windschatten, schirmen sie ab, versorgen sie mit Getränken/Proviant («Wasserträger»). Sie werden Fluchtgruppen hinterhergeschickt oder zurückbeordert, um den Chef zu unterstützen. Sie holen bis zum Höhepunkt der Etappe alles aus sich heraus, um dann den «Vollstreckern» den Weg frei zu machen. Ergebnis: ein Platz weit hinten im Klassement. Die Arbeitsrealität für die überwiegende Zahl von Teammitgliedern.

EPO: Erythropoietin, ein körpereigenes Hormon, das die Produktion der roten Blutkörperchen steuert. Seit es künstlich hergestellt werden kann, wird es als Dopingmittel benutzt: Je mehr rote Blutkörperchen, desto mehr Sauerstoff kann das Blut zu den Muskelzellen bringen. Der professionelle Radsport der 1990er- und frühen 2000er-Jahre war weiträumig mit EPO verseucht.

Espoir: Frz. für Hoffnung; bezeichnet Fahrer unter 23 Jahren (U23), manchmal auch speziell das Alter von 19 Jahren.

Fahrertypen: Aufgrund physiologischer Unterschiede haben Fahrer unterschiedliche Stärken und Schwächen. Sprinter, die einen unglaublich hohen Energieoutput für eine recht kurze Zeit in die Pedale bringen müssen, benötigen dafür (und haben auch) eine andere Muskelstruktur als Kletterer, die drei oder vier steile Berganstiege hintereinander in hoher Geschwindigkeit bewältigen können. Noch anders sind die physiologischen Voraussetzungen guter Zeitfahrer. Sowohl im Straßenradsport als auch auf der Bahn gibt es entsprechend unterschiedliche Wettbewerbe (wobei dort Kletterfähigkeiten nicht so gefragt sind). Manche Fahrer können alles recht gut, man bezeichnet sie im Radsport-Slang gern als «komplette» Fahrer. Dieser Fahrertyp hat die besten Aussichten auf Rundfahrten-Siege.

Festina-Affäre: Eine Doping-Affäre, die nach der Festnahme eines Pflegers (frz. *soigneur*) des Festina-Teams ihren Ausgang nahm und auch viele andere Mannschaften berührte. Der Pfleger war vor dem Start der Tour 1998 mit Dopingmitteln im Kofferraum angehalten worden. Zahlreiche Durchsuchungen und Festnahmen folgten. Die 98er-Tour selbst stand kurz vor dem Abbruch.

Flamme rouge: Französische Bezeichnung der roten Flagge, die die letzten 1000 m eines Radrennens anzeigt (deutsch auch «Teufelslappen»).

Flucht/Fluchtgruppe: Das erfolgreiche Sich-Absetzen eines Fahrers oder einer Gruppe von Fahrern vom Hauptfeld. Frühzeitig in einer Etappe meist nur dann erfolgreich, wenn der/die Teilnehmer keine Gefahr für die Führenden des Gesamtklassements darstellen.

Generalclassement (GC): Die Gesamtwertung bei einem Etappenrennen. Der jeweils während des Rennens das GC (bzw. die GW) anführende Sportler trägt das entsprechende farbige Trikot (Tour: gelb, Giro: rosa, Vuelta: golden usw.). Der Führende nach dem Ende der Abschlussetappe ist Gesamtsieger.

Grand départ: Französischer Ausdruck für den Start eines Etappenrennens.

Grand tours: Französische Sammelbezeichnung für die drei großen nationalen Rundfahrten Tour de France, Giro d'Italia und Vuelta a España.

Grimpeur: Umgangssprachlicher französischer Ausdruck für einen guten Bergfahrer (Kletterer).

Indépendant: (frz.) Heute nicht mehr existierende Kategorie von Fahrern, die auch als Semi-Profis bezeichnet wurden. Sie hatten keine Profi-Verträge unterzeichnet, durften aber Sponsorengelder annehmen und um Preisgelder fahren.

Keirin: Besondere Form des Bahnrennens über etwa 2 km; sie kommt aus Japan. Wird mit sehr starkem bis hartem Körpereinsatz gegeneinander ausgefahren.

Kermesse/Kirmes: Radrennen mit Massenstart über mehrere meist kurze Runden (vgl. Critérium). Oft Teil eines größeren Events (Stadtfest etc.); eine vor allem belgische Tradition.

Klassiker: Sammelbezeichnung für die ältesten und prestigereichsten Eintagesrennen. Siehe auch Monumente.

Madison: Eine spezielle Form des Bahnrennens, meist zwischen Zweierteams ausgefahren. Dabei wechseln sich die Fahrer beliebig ab; gewinnen tut das Team, das die meisten Runden zurücklegt. Dazu kommen Punkte aus Zwischensprints.

Monumente: Verbreiteter Sammelbegriff für die fünf wichtigsten und prestigereichsten Klassikerrennen (Eintagesrennen). Das sind (in der Reihenfolge des Radsportkalenders): Mailand–San Remo, Flandernrundfahrt, Paris–Roubaix, Lüttich–Bastogne–Lüttich und die Lombardeirundfahrt.

Mountainbike-Rennen: Rennen auf Offroad-Kursen mit starken Steigungsanteilen. Die wichtigsten Kategorien sind Cross-Country, Downhill, Endurance (Ausdauer) und Marathon. Bisher ist nur das Cross-Country eine olympische Disziplin.

Omnium: Eine Sammelwertung für sechs verschiedene Formen von Bahnrennen, unter anderem Einzelverfolgung und Zeitfahren. Der in der Summe am besten abschneidende Fahrer gewinnt. Seit 2012 olympisch.

Palmarès: Verbreiteter französischer Ausdruck für die Liste der Erfolge eines Fahrers während seiner gesamten Karriere.

Patron: Der Chef des Pelotons; eine informelle, aber sehr respektierte Position unter den Profi-Fahrern. Kommt meist zusammen mit dem Respekt der Kollegen für wiederholte große Erfolge, z.B. Siege bei der Tour.

Pavés: Frz. für Pflasterstein; im Radsport als Bezeichnung für die Kopfsteinpflasterpassagen z.B. bei Paris–Roubaix üblich.

Peloton: Das Hauptfeld eines Radrennens; im übertragenen Sinne auch die Gesamtheit der Radsport-Profis.

RAAM: Das bekannteste Langstreckenrennen der Welt, von der Westküste der USA an die Ostküste. Wird als eine einzige Etappe auf nicht abgesperrten Straßen gefahren; die Fahrer entscheiden selbst, ob und wann sie pausieren. Windschattenfahren ist verboten.

Randonné: Eine organisierte Langstreckenfahrt, die nicht als Rennen, aber mit Zeitlimit gefahren wird, häufig auch als *Brevet* (frz. für Patent, hier im Sinne von bestandener Prüfung) bezeichnet. In England und Australien auch Audax genannt. Teilnehmer, aber auch Langstreckenfahrer allgemein, sind Randonneure (dieses Wort wird wiederum auch als Bezeichnung für besonders hochwertige Reiseräder genutzt…).

Rennen der Wahrheit: Radsportspezifischer Begriff für ein Einzelzeitfahren – eine einzige Person im Kampf mit der Zeit (keine Mannschaftskameraden, kein Windschatten …).

Rennklassifikation: Die UCI klassifiziert Rennen nach ihrem Typ (1 = Eintagesrennen, 2 = Etappenrennen) und ihrer Bedeutung oder Schwierigkeit. Die höchste Einstufung bei Straßenrennen ist die in die sogenannte World Tour, wozu alle drei großen Rundfahrten (aber z.B. auch die Tour du Suisse) und die wichtigsten Klassiker gehören (aber nicht nur die Monumente). Bei den Frauen ist die höchste Klasse der Worldcup. Abseits der Straße haben Olympische Rennen und Weltmeisterschaften die höchste Kategorie.

Rouleur: Radsportlicher Fachausdruck für Fahrer, die weder Sprinter noch Kletterer noch echte Zeitfahrspezialisten sind, aber über lange Strecken und variierende Fahrsituationen hohe Geschwindigkeiten halten können. Ihre Gewinnchancen liegen meist in der Teilnahme an Fluchtgruppen und der (zumindest phasenweisen) Zusammenarbeit mit den anderen «Ausbrechern». Am Ende entscheiden dann Taktik und Reserven für einen eventuellen Zielsprint.

Sechstage-Rennen: Ein Bahnsportwettbewerb, der sich über sechs Tage erstreckt. Im Prinzip sind dabei Zweierteams gegeneinander unterwegs. Heute wird nicht mehr ununterbrochen gefahren, sondern eher vom späten Nachmittag bis in die Nacht. Dabei gibt es viele Varianten und Wertungen sowie ein Rahmenprogramm mit Show und Musik. Kurz: Es ist immer etwas los. Und das Team, das am Ende des Rennens die meisten Punkte gesammelt hat, ist Sieger.

Soigneur: Radsportspezifischer Fachausdruck aus dem Französischen für die Betreuer, die sich innerhalb eines Teams um das leibliche Wohl der Fahrer kümmern (von Verpflegung bis Massage und Versorgung mit persönlichen Dingen). Oft im Deutschen mit Pfleger übersetzt, aber das trifft es nicht richtig.

Sportlicher Leiter: Chefcoach eines Radsportteams (frz. *directeur sportif*)

Sprinter: Spezialist für den hohen, aber kurzen Energieausbruch am Ende eines Rennens. Häufig echte Kraftpakete, die aber nur mit Problemen über die Berge kommen.

Straßenrennen: Im Gegensatz zu Bahn-Wettbewerben auf öffentliche Straßen ausgetragene Rennen, häufig auf kleinen oder großen Rundkursen (bei kurzen Runden werden diese oft mehrfach gefahren), aber auch als Streckenrennen. Seltener, aber spektakulärer sind Etappenrennen, bei denen häufig über mehrere Tage hinweg große Entfernungen zurückgelegt werden.

Teamwork: Zentraler Faktor im Radsport. Die Siege gehen zwar an Individuen, aber ohne ihr Team würden diese nicht rechtzeitig ins Ziel kommen. Ihr Team gibt ihnen Windschatten, damit sie bis möglichst weit ins Rennen frisch bleiben, fährt sie wieder an das Peloton heran, wenn sie Probleme hatten, fährt Lücken zu gefährlichen Ausreißern zu und versorgt sie mit Essen und Trinken. Alles, damit sie im entscheidenden Moment die optimalen Reserven und damit Chancen haben.

Trikot: Bekleidung für Radsportler. Sollte aus aerodynamischen Gründen eng anliegen, den Nierenbereich vor Auskühlung schützen und Taschen auf der Rückseite haben. Das Trikot ist zudem gleichzeitig Erkennungsmerkmal (Teamtrikot, vgl. auch Wertungstrikot) wie Werbefläche (Sponsoren-Logos).

UCI: Der Welt-Radsportverband Union Cycliste International.

Verfolgungsrennen: Eine spezielle Variante des Bahnradsports, bei dem zwei Individuen oder Teams auf gegenüberliegenden Positionen beginnen und dann die vorgeschriebene Strecke möglichst schnell zurücklegen. Holt dabei eine Partei die andere ein, hat sie bereits gewonnen.

WADA: Die 1999 gegründete weltweit tätige und vom Grundsatz her verbandsunabhängige Welt-Anti-doping-Agentur (World Anti-Doping Agency).

Wertungstrikot: Bei Etappenrennen gibt es neben dem Gesamtklassement auch Wertungen für Sprints und Bergfahrten. Die jeweils Führenden tragen unterwegs ein entsprechendes Trikot, das sie aus der Menge heraushebt. Die bekanntesten Wertungstrikots sind das Grüne Trikot (für den Führenden der Sprintpunkt-Wertung) und das gepunktete Trikot (auch Polkadot genannt, für den Führenden der Bergpunkt-Wertung) sowie das Weiße Trikot für den Führenden der U23-Wertung («Jungprofis») bei der Tour de France.

Windschattenfahren: Den Radsport bestimmende Art von Zusammenarbeit zwischen Fahrern: Der Folgende fährt so nah hinter dem Führenden, dass er in dessen Windschatten bleibt. So benötigt er erheblich weniger Energie, kann sich also ausruhen. In Phasen der Zusammenarbeit wird regelmäßig durchgewechselt (auch durch ganze Teams oder etwa das Hauptfeld eines Pelotons): Jeder verausgabt sich vorne «im Wind» für eine Weile und ruht sich dann hinten aus, bis er wieder an der Reihe ist. In anderen Situationen folgt z.B. ein Fahrer einem davonziehenden Sprinter in dessen Windschatten, um kurz vor der Linie daraus hervorzubrechen und mit seinen ausgeruhteren Beinen noch den Sieg zu holen.

Zeitfahren: Wettbewerbsform, bei der entweder die Fahrer einzeln oder als gesamte Mannschaft einen festgelegten Kurs nur gegen die Uhr fahren; häufig Bestandteil von Etappenrennen. Hier können schnell hohe Zeitunterschiede entstehen, die die Gesamtwertung durcheinanderwirbeln.

Zeitlimit: Zeitlicher Rahmen, bis zu dem Fahrer eines Straßenrennens im Ziel sein müssen, um noch gewertet zu werden. Kann variabel sein und bestimmt sich dann nach der Zeit des Ersten – wenn der also sehr schnell im Ziel war, wird es hinten manchmal plötzlich ganz eng.

Danksagung

Dieses Buch wäre ohne die Hilfe und Unterstützung einer ganzen Anzahl von Menschen nicht möglich gewesen. Wir möchten uns bei allen Mitarbeitern von Aurum-Press bedanken, die an diesem Projekt beteiligt waren, vor allem bei Robin Harvie, Jennifer Bar und Lucy Warburton, die uns die ganze Zeit begleitet und großen Anteil an diesem Buch haben.

Großen Dank schulden wir auch allen beim *Boneshaker Magazine*. Durch diese wunderbare Publikation haben wir zum ersten Mal zusammengearbeitet, und ihre Mischung aus fachkundigen Texten und großartigem Design ist eine bleibende Inspiration. Dort hat man sich über jede unserer Nachfragen gefreut, und dafür sind wir sehr, sehr dankbar.

Ein großer Dank geht auch an unsere Familien und Freunde, für ihr Interesse und ihre Unterstützung – und ihr Verständnis, wenn wir uns für Monate aus dem gesellschaftlichen Leben abgeseilt haben und nur gelegentlich (und dann mit den Gedanken meistens ganz woanders) mal wieder auftauchten. Ein besonderes Dankeschön an Edwin Cruden für den Titel.

Zum Abschluss aber der wichtigste Dank – der an unsere Partnerinnen, die uns mit ihrer Begeisterung und beständiger Ermutigung bei dieser ganzen Erfahrung unglaublich unterstützt haben. Ohne sie würde es dieses Buch schlichtweg nicht geben. Karen und Julia – an euch beide, von uns beiden: Danke!

Giles und Dan, im Mai 2015

Bibliografie

Belbin, Giles, *Mountain Kings: Agony and euphoria on the peaks of the Tour de France*, Punk Publishing, 2013.

Cazeneuve, Thierry, Philippe Court and Yves Perret (eds), *Les Alpes et Le Tour*, Le Dauphiné Libéré Hors-Serie, 2009.

Chany, Pierre and Thierry Cazeneuve, *La Fabuleuse Histoire du Tour de France*, Minerva, 2003.

Chany, Pierre, *La Fabuleuse Histoire des Classiques et des Championnats du Monde*, Editions ODI, 1979.

— *La Fabuleuse Histoire du Cyclisme*, Editions ODIL, 1975.

Cossins, Peter, *The Monuments: The Grit and the Glory of Cycling's Greatest One-day Races*, Bloomsbury Publishing Plc, 2014.

Howard, Paul, *Sex, Lies and Handlebar Tape: The Remarkable Life of Jacques Anquetil*, Mainstream Publishing, 2011.

McGann, Bill and Carol McGann, *The Story of the Giro d'Italia*, Vol. 1 & 2, McGann Publishing, 2011.

Millar, David, *Racing Through the Dark*, Orion Books, 2011.

Rendell, Matt, *Blazing Saddles*, Quercus, 2007.

Sykes, Herbie, *Maglia Rosa*, Rouleur Books, Bloomsbury Publishing Plc, 2013.

Weidenfeld and Nicolson, *The Official Tour de France Centennial 1903-2003*, Orion Publishing Group, 2003

Woodland, Les, *The Yellow Jersey Companion to the Tour de France*, Yellow Jersey Press, Random House, 2003.

Ergänzend zu den obigen Publikationen waren folgende Berichte und Informationsquellen besonders hilfreich: Die offiziellen Ergebnisse der Olympischen Spiele, die Berichte von *La Stampa, Le Petit Journal, Le Petit Parisien, Le Journal de Genève, Rouleur, Procycling* und *Miroir-Sport*, sowie des *Guardian* und des *Telegraph*.